U0628955

数中有术 术中有数 中国古代谋略之最

三十六计

（一）

空城计，这是一种心理战术。在己方无力守城的情况下，故意向敌人暴露我城内空虚，就是所谓「虚者虚之」。敌方产生怀疑，更会犹豫不前，就是所谓「疑中生疑」。敌人怕城内有埋伏，怕陷进埋伏圈内。但这是悬而又悬的「险策」。使用此计的关键，是要清楚地了解并掌握敌方将帅的心理状况和性格特征。诸葛亮使用空城计解围，就是他充分地了解司马懿谨慎多疑的性格特点才敢出此险策。诸葛亮的空城计名闻天下，其实，早在春秋时期，就出现过用空城计的出色战例。

原著◎南朝宋·檀道济

图文版

主编◎赖咏

中国书店

图书在版编目 (CIP) 数据

三十六计：图文版 / 赖咏主编. —— 北京：中国书店, 2013.8

ISBN 978-7-5149-0940-1

Ⅰ.①三… Ⅱ.①赖… Ⅲ.①兵法 – 中国 – 古代
Ⅳ.①E892.2

中国版本图书馆CIP数据核字(2013)第179446号

中華典籍

三十六计【图文版】

三十六计（图文版）

责任编辑：钟　书

封面设计：郭英英

出版发行：中国书店

地　　址：北京市宣武区琉璃厂东街115号

邮　　编：100050

总 经 销：全国新华书店

印　　刷：北京楠萍印刷有限公司

开　　本：787 × 1092 毫米　　1/16

印　　张：145.75

字　　数：2400千字

版　　次：2013 年 8 月第 1 版　第 1 次印刷

书　　号：ISBN 978-7-5149-0940-1

定　　价：1560.00元（全6卷）

版权所有，翻版必究。

语源于南朝之宋 成书于明末清初

《三十六计》的由来及内容

"三十六计"一语，先于著书之年，语源可考自南朝宋将檀道济（？—436年），据《南齐书·王敬则传》："檀公三十六策，走为上计，汝父子唯应走耳。"意为败局已定，无可挽回，唯有退却，方是上策。此语后人赓相沿用，宋代惠洪《冷斋夜话》："三十六计，走为上计。"及明末清初，引用此语的人更多。于是有心人采集群书，编撰成《三十六计》。

原书按计名排列，共分六套，即胜战计、敌战计、攻战计、混战计、并战计、败战计。前三套是处于优势所用之计，后三套是处于劣势所用之计。每套各包含六计，总共三十六计。有学者在三十六计中每取一字，依序组成一首诗：金玉檀公策，借以擒劫贼，鱼蛇海间笑，羊虎桃桑隔，树暗走痴故，釜空苦远客，屋梁有美尸，击魏连伐虢。

民国线装版《三十六计》

竹简版《三十六计》

胜战记——君御臣、大御小之术

"胜战记"是处于绝对优势地位之计谋。君御臣、大国御小国之术也。亢龙有悔。包括瞒天过海、围魏救赵、借刀杀人、以逸待劳、趁火打劫、声东击西六计。

【围魏救赵】

公元前354年，赵国进攻卫国，迫使卫国屈服于它。卫国原来是入朝魏国的，现在改向亲附赵国，魏惠王不由十分恼火，于是决定派庞涓讨伐赵国。不到一年时间，庞涓便攻到了赵国的国都邯郸。邯郸危在旦夕。赵国国君赵成侯一面竭力固守，一面派人火速奔往齐国求救。齐威王任命田忌为主将，以孙膑为军师，率军救赵。孙膑出计，要军中最不会打仗的齐城、高唐佯攻魏国的军事要地——襄陵，以麻痹魏军。而大军却绕道直插大梁。庞涓得到魏惠王的命令只得火速返国救援。魏军为疲惫之师，怎能打得过齐国以逸待劳的精锐之师。所以大败。

"围魏救赵"的孙膑

三十六计"瞒天过海"

马陵之战——孙膑减灶，瞒天过海，诱杀庞涓

敌战计——势均力敌破敌之术

"敌战计"是处于势均力敌态势之计谋。或跃于渊。包括无中生有、暗渡陈仓、隔岸观火、笑里藏刀、李代桃僵、顺手牵羊六计。

【暗渡陈仓】

这个成语出自《史记·高祖本纪》，比喻表面故作姿态，暗地里另有所图。楚汉之争时，项羽倚仗兵力强大，违背谁先入关中谁为王的约定，封先入关中的刘邦为汉王，自封为西楚霸王。刘邦听从谋臣张良的计策，从关中回汉中时，烧毁栈道，表明自己不再进关中。后来，刘邦拜韩信为将军，韩信命士兵修复栈道，装作从栈道出击进军关中，实际上却和刘邦率主力部队暗中抄小路袭击陈仓，趁守将不备，占领陈仓。进而攻入咸阳，占领关中。

公孙康斩杀二袁，隔岸观火的曹操

"明修栈道，暗渡陈仓"的栈道

"明修栈道，暗渡陈仓"的韩信

李代桃僵救得赵氏孤儿的程婴

陷害王皇后，无中生有的武则天

攻战计——主动攻击巧胜之术

　　"攻战计"是处于进攻态势之计谋。飞龙在天。包括打草惊蛇、借尸还魂、调虎离山、欲擒故纵、抛砖引玉、擒贼擒王六计。

【擒贼擒王】

　　"擒贼擒王"一语，出自唐代杜甫的五言古诗《前出塞》："挽弓当挽强，用箭当用长。射人先射马，擒贼先擒王。杀人亦有限，立国亦有疆。苟能制侵陵，岂在多杀伤？"从当时历史背景看，此诗原本寓含对唐玄宗李隆基无节制地对外用兵的讽谏之意。

　　玄宗开元18年（730年），西域吐蕃在数败于唐军之后，遣使求和，在玄宗李隆基勉强允准后，吐蕃人撤走了边境的驻兵，双方恢复了和平。七年后，玄宗利用吐蕃人没有防备之际，派兵入侵吐蕃，重创吐蕃军，深入敌境2000里。玄宗开元27年（739年），金城公主去世，吐蕃遣使报丧，并乘便求和，玄宗不允。一年后，吐蕃军攻占唐边境重镇石堡。玄宗天宝七年（748年），唐遣陇右节度使、大将哥舒翰统军三万三千人与吐蕃军激战。石堡收回了，但此役唐军战死者数以万计。

"擒贼擒王"出自于《前出塞》
作者诗圣杜甫

擒贼擒王拿鲁肃，安全返回荆州的
关羽

混战计——乱中求胜伐敌之计

"混战计"是处于不分敌友、军阀混战态势之计谋。见龙在野。包括釜底抽薪、混水摸鱼、金蝉脱壳、关门捉贼、远交近攻、假道伐虢六计。

【关门捉贼】

"关门捉贼"是流传已久的民间俗语，其义不言自明。它与另一民间俗语"关门打狗"的意思相近。后来人们把日常生活中的这种小智谋移用于战争，便有了不同凡响的意义。在军事实践中，它与军事家常讲常用的围歼战、口袋阵等大体相当。古今中外战争史上使用此计的比比皆是。就我国古代战争史来说，使用此计的著名战例，较早的有战国时代孙膑、庞涓马陵道之战（公元前342年），秦赵长平之战（公元前262年），汉初的楚汉垓下之战（公元前203年）等，此后运用此计消灭对手的战例更是不计其数。

对赵括施计"关门捉贼"的秦朝名将
白起

奉行"远交近攻"策略，最终统一全国的
秦始皇

败战计——反败为胜御敌之术

　　"败战计"是处于败军态势之计谋。潜龙勿用。包括美人计、空城计、反间计、苦肉计、连环计、走为上计六计。

【空城计】

　　三国时期，魏国派司马懿挂帅进攻蜀国街亭，诸葛亮派马谡驻守失败。司马懿率兵乘胜直逼西城，诸葛亮无兵迎敌，但沉着镇定，大开城门，自己在城楼上弹琴唱曲。司马懿怀疑设有埋伏，引兵退去。等得知西城是空城回去再战，赵云赶回解围，最终大胜司马懿。

"空城计"的设计者诸葛亮

赤壁之战中巧施"苦肉计"的周瑜

"美人计"之西施

三十六计 一

原著◎南朝宋·檀道济

图文版

主编◎赖咏

中国书店

计策谋略奇书　古代智慧宝库

——《三十六计》（图文版）出版前言

　　《三十六计》是根据我国古代卓越的军事思想和丰富的斗争经验总结而成的兵书，是中华民族悠久文化遗产之一，素有"兵法谋略奇书"之称。它是中国历代无数次战争的实践经验总结，被古今中外许多军事家广泛研习、应用，在千变万化的战争中取得了辉煌的胜利，为后世留下了一个个精彩绝伦的成功战例。

《三十六计》成书及内容

　　《三十六计》的成书年代和作者都是一个谜。后人所能了解的，是《南齐书·王敬则》篇中，首次提出"三十六计"："檀公三十六策，走是上计，汝文子唯庆急走耳。"由此推至在1500年以前，"三十六计"已经形成。但是否就是我们今天所见的面貌，不得而知。可以确知的是，"三十六计"成名很早，代有补充、完善，终于明清之时定本成书。

　　原书按计名排列，共分六套，胜战计、敌战计、攻战计、混战计、并战计、败战计。前三套是处于优胜所用之计，后三套是处于劣势所用之计。每套各包含六计，总共三十六计。其中每计名称后的解说，均系依据《易经》中的阴阳变化之理及古代兵家刚柔、奇正、攻防、彼己、虚实、主客等对立关系相互转化的思想推演而成，含有朴素的军事辩证法的因素。解说后的按语，多引证宋代以前的战例和孙武、吴起、尉缭子等兵家的精辟语句。

　　为便于人们熟记这三十六条妙计，有学者在三十六计中每取一字，依序组成一首诗：金玉檀公策，借以擒劫贼，鱼蛇海间笑，羊虎桃桑隔，树暗走痴故，釜空苦远客，屋梁有美尸，击魏连伐虢。全诗除了檀公策外，每字包含了三十六计中的一计，依序为：金蝉脱壳、抛砖引玉、借刀杀人、以逸待劳、擒贼擒王、趁火打劫、关门捉贼、混水摸鱼、打草惊蛇、瞒天过海、反间计、笑里藏刀、顺手牵羊、调虎离山、李代桃僵、指桑骂槐、隔岸观火、树上开花、暗渡陈仓、走为上、假痴不癫、欲擒故纵、釜底抽薪、空城计、苦肉计、远交近攻、反客为主、上屋抽梯、偷梁换柱、无中生有、美人计、借尸还魂、声东击西、围魏救赵、连环计、假道伐虢。

《三十六计》（图文版）编纂特色

古代战争的烽烟已经远离我们而去，但璀璨的思想之树却永远常青。《三十六计》分胜战计、敌战计、攻战计、混战计、并战计、败战计六套三十六个计策，向人们系统介绍了战争中的谋略，以及在各种处境下克敌或避敌制胜的智慧，早已超出了军事斗争的范畴，对于政治、经济、外交、科技、体育等许多领域，具有很强的现实指导意义。因此我们编纂了这部《三十六计》（图文版）。

我们编纂的这部《三十六计》（图文版），每一计分为"原文"、"按语"、"注释"、"译文"、"传世典故"、"用计锦囊"几大部分，力图以简洁的语言全面展示《三十六计》的丰富内涵。"案例"部分，更是精心选编古今中外政治、军事、经济、外交、社会等等方面的经典事例，依时空次序（先古后今，先中后外）排列，读者既能从这些生动的故事中领会到"三十六计"的魅力，又能读到简明的中外政史、战史，加深理解，丰富知识。同时并在解译原典的基础上，进一步生发开来，集理论分析与实际运用于一体，赋予这部集古代兵家"诡道"之大成、专讲军事谋略的兵书以深刻的历史感和鲜明的时代感。专业的理论分析，提纲挈领，切中要害，为"三十六计"的灵活运用指点迷津；千余个生动案例，内容涵盖军事、政治、体育、商战及日常生活各个领域，尽显"三十六计"谋略之妙；千余幅手绘插图，为进一步理解"三十六计"锦上添花；匠心独运的"读书随笔"栏目，方便读者在阅读思考之余信手记录灵感与思想的火花。他日翻来，细细品评，成为读书的一大乐事！

运用之妙，存乎一心，希望本书的出版能带给读者以更多的启迪。

《三十六计》（图文版）主编　赖咏

目　录

（第一卷）

第一编　《三十六计》原典释译

第二编　《三十六计》施计纲要

1

目录

第三编 《三十六计》处世智慧

三十六计

第四编 《三十六计》智谋经典

(第三卷)

(第四卷)

15

第五编　《三十六计》现代新编

（第六卷）

目录

第一编

《三十六计》原典释译

总　说

【原文】

　　六六三十六①,数②中有术③,术中有数。阴阳④燮理⑤,机⑥在其中。机不可设,设则不中。

【注释】

　　①六六三十六:借用《易经·坤卦》之极阴数"六六"代表三十六计,指诡计多端。

　　②数:易数,本义是推演卦底的依据,此处引申为客观实际规律。

　　③术:计谋方略。

　　④阴阳:一阴一阳,是中国传统哲学中构成事物的两大要素。传统哲学中的阴阳规律是事物发展变化的基本规律。阴阳是对立统一的。

　　⑤燮理:谐调,调和。

　　⑥机:机谋,机变。

【译文】

　　六乘六等于三十六,在实际规律中蕴藏着计谋,而计谋的运用也离不开实际规律。阴阳法则的调理与转化,机谋权变便从中产生。所以,机谋不可以任意设计,否则就会失败。

【按语】

　　解语重数不重理。盖理,术语自明;而数则在言外。若徒知术之为术,而不知术中有数,则术多不应。且诡谋权术,原在事理之中,人情之内。倘事出不经①,则诡异②立见,诧世惑俗,而机谋泄矣。

　　或曰:三十六计中,每六计成为一套。第一套为胜战计,第二套为敌战计,第三套为攻战计,第四套为混战计,第五套为并战计,第六套为败战计。

【注释】

　　①不经:经,常规,原则,常理。不经,即违背常理,违背原则。

　　②诡异:诡,奇异。不正常,奇特怪异。

【译文】

　　以上解语重视的是实际规律而不是一般道理。因为道理通过语言的表达自然会明白,而实际规律却是在语言之外的。如果只知为计谋而计谋,却不知计谋离不开实际规律,计谋的运用往往就不应验。而且,诡诈的计谋和权变的手段,本来就在事理之中、人情之中,如果违背这一原则,奇异之处立刻就会显现,引起人的惊疑,计谋也就暴露了。

三十六计按战争形势的不同,每六计组成一套。第一套为胜战计,第二套为敌战计,第三套为攻战计,第四套为混战计,第五套为并战计,第六套为败战计。

第一章 胜战计原典释译

1 计 **瞒 天 过 海**

【原文】

　　备周①则意怠②,常见则不疑。阴在阳之内,不在阳之对。太阳,太阴③。

【注释】

　　①备周:防备周密。
　　②意怠:思想松懈。
　　③太阳,太阴:根据阴阳互相转化的规律,阳极而阴生,阴极而阳动。

【译文】

　　自以为防备极其周密,其思想就容易松懈;平时看惯了的,就不容易引起怀疑。阴往往深藏在阳之中,依存于阳,并不互相排斥。阳极生阴,阴极生阳。这就是易理中阴阳变换的原则。

【按语】

　　阴谋作为,不能于背时秘处行之。夜半行窃,僻巷杀人,愚俗之行,非谋士之所为也。如:开皇九年①,大举伐陈②。先是弼③请缘江防人,每交代④之际,必集历阳⑤,大列旗帜,营幕蔽野。陈人以为大兵至,悉发国中士马,既而知防人交代,其众复散。后以为常,不复设备。及若弼以大军济江,陈人弗之觉也。因袭南徐州⑥,拔之。

【注释】

　　①开皇:隋文帝建国年号,九年即公元589年。
　　②陈:南朝之陈国,陈霸先建于公元557年,建都建康,今南京。
　　③弼:隋朝大将贺若弼。
　　④交代:即调防。
　　⑤历阳:地名,今安徽和县。
　　⑥南徐州:即江苏镇江。

【译文】

　　要想阴谋有所作为,就不能在阴暗偏僻的地方施用。半夜偷东西,在偏僻的小巷里杀人,这是愚蠢庸俗的人的行为,不是谋士所应做的事。比如,隋朝开皇九年(公元 589 年),隋大举进攻陈国。在此以前,隋将贺若弼命令那些沿江的守备部队,每次调防时,都要在历阳集中,插上很多旗帜,军营帐篷遍地都是。陈国以为隋军大队人马集结,要来进犯,便马上集结国内全部兵力进行防御。事后才知道是隋军的守备部队调防,于是又把部队撤了回去。如此反复,陈国对隋军的做法习以为常,也就不再防备了。后来,等到贺若弼率领大军渡过长江,陈国人还没有察觉,隋军便很顺利地袭击并占领了南徐州。

【传世典故】

瞒天过海:瞒:隐瞒,隐藏实情,不让别人知道。天:天子;即皇帝。瞒天过海原意是指用各种巧妙的伪装,遮挡住皇帝的视听,瞒骗他上船,使其在不知不觉中跟随大队人马安全顺利地渡过大海。引申为用伪装的手段作掩护,暗中活动。

典故出自《永乐大典·薛仁贵征辽事略》。唐太宗御驾亲征,统兵三十万,欲取高丽。

路过辽东,见到距长安五千余里的辽河水,皇帝即产生了后悔之心。不数日,来到海边,那波浪滔天的汪洋大海,又使皇帝产生恐惧。后悔当初没有听从谋士们的劝告。东望高丽,隔海千里,皇帝找来前部总管张士贵问计。张士贵无奈,只好请教于薛仁贵帐下。薛仁贵献计说:现在天子只是担忧大海难渡,无法征讨高丽,我有一计,可以让千里海水,到明天就不见了半点,无论是太宗皇帝,还是士兵,都如同

在平地上一样,平平安安地渡过大海。接着他们见了皇帝禀告说:在附近的海上,居住着一位豪富老人,愿为您的三十万兵马提供粮草。太宗皇帝非常高兴,宣豪富老人进见,豪富老人让太宗皇帝前去海边亲验。当文武百官随太宗皇帝来至海边时,只见眼前上万间房屋都用彩幕遮围着。老人将皇帝请进一间四壁挂着彩绣、地上铺着地毯的屋子。皇帝入座,百官进酒,说说笑笑,好不热闹。过了一会儿只觉得四面的帷幕被风吹得呼呼作响,哗哗的涛

声如雷震响,桌子上的杯子盘子翻落在地,身体也坐不稳。这时皇帝心生疑惑,命人揭开帷幕观看,只见一望无际的涛涛海水,分不清东西南北,太宗皇帝惊恐地问道:"这是什么地方?"张士贵起身回答说:"这就是我们过海的计谋,借着风势,已快到东岸了。"就这样,太宗皇帝在不知不觉中被人渡过大海。

【用计锦囊】

"瞒天过海"是使用伪装的手段,引诱对方,利用机会,乘人之危来坐享成功的策略。也就是在外表上装作就要采取行动,让对方保持警戒之心;但实际上却不采取任何行动。如此反复伪装,使对方误以为这仅仅是虚张声势,而慢慢怠于警戒。这时即刻抓住对方的疏忽,乘虚而入,给予致命的一击。总之,采取各种隐蔽措施,克服敌方的侦察、监视和封锁,顺利地实施己方兵力的动机,这就是"瞒天过海"。

瞒天过海的关键在于一个"瞒"字。瞒得过则大功告成,瞒不过则弄巧成拙。但是,"瞒"不是最终目的,而是"过海"的必要手段。此计中的"天"指对自己构成威胁的对象。要善于抓住"天"的弱点施谋设计,使"天"变成聋子和瞎子。用"瞒"解除了"天"的威胁,"过海"也就不难了。

瞒天过海的情形很多,大而言之,可分为以下几种:

1. 隐迹潜踪。即把自己的踪迹隐藏起来。一般情况下,对方要根据我们的踪迹来判断我们的意图,要根据我们的行踪来对我们施以干扰或攻击。如果我们把行踪隐藏起来,那么对方就无法判断我们的行动方向和位置。甚至不知我们是否存在。在这种情况下,对方处在明处,我们处在暗处,我们就可自由灵活地行动了。这就属《孙子兵法》中的"无形论"。无形论认为:谋划一定要机密,行动一定要无形,使敌人捉摸不定或产生错觉,进而掩盖自己的行动。

2. 转移视听。即把对方的注意力转移到公开的行动上来,而使其忽略在这种公开行动中隐藏的不公开行动。在对抗行动中,如果能做到"无形",当然是最好的,但是在大多数情况下,是很难做到的,稍有不慎,露出蛛丝马迹,反倒使对方更加警觉。如果以一种行动来掩盖另一种行动,那么对方就会被迷惑,进而产生一定的盲区,我们便可在他们的盲区内行动而不被发现。

3. 示假隐真。就是向敌人出示一定的假象,而把真的行动或意图掩护或隐藏起来。虚假的东西很容易制造,所付的代价或所冒的风险都较小,而对对方的蒙骗作用又相当大,所以这种策略常常被先采用。

4. 阳奉阴违。即表面上遵从,暗地里却不执行。表面上的服从可以骗得信任,并削弱对方的警惕,有时甚至可以获得对方主动提供的有利条件,暗中另行其事的时候,则不会被发现。而暗中另行其事则可以实现自己的真正的目的。"阳奉阴违"与"阴在阳内"不同,前者是以臣

第一编　《三十六计》原典释译

属、朋友等身份出现,以假的隐蔽真的;后者一般公开身份,与实际身份是一致的。

对瞒天过海之计,可采取如下防范对策:

1. 发现疑点。俗话说:"若要人不知,除非己莫为。"无论事情做得怎样隐蔽、神秘,总要露出一定的蛛丝马迹来。我们便可抓住这些可疑之点,顺藤摸瓜,见微知著,发现敌人的真正意图。绝不可被一些表面的现象所迷惑,因为对方为了隐蔽自己,有时要施放一些烟幕弹,让我们辨不清目标,但越是这时我们越要提高警惕,因为"烟幕弹下,必有勾当",越是遮遮掩掩,就越是可能有见不得人的东西。

2. 宁有虚防。"害人之心不可有,防人之心不可无",特别是对那些与我们有直接的利益冲突的人,更要认真提防。要常备不懈,以防不测,做到"宁使我有虚防,无使彼得灾害"。只有把对方时时置于我们严密的监视和控制下,才能不被他所蒙蔽和欺骗。

3. 及时反馈。无论发现对方有什么新的动向,特别是在策略行为方面的变化,都要及时发现,并进行全面的信息反馈,做出准确的判断,绝不能熟视无睹,听而不闻,视而不见。在这里"及时"是十分重要的,如果发现过晚或是反应迟缓,都会给对方以可乘之机,最后失去战机,造成不可弥补的损失。

4. 穷追不舍。如果发现对方正在渡海或者已经渡过大海,并爬上了岸边,我们也绝不要轻易放他们逃走,哪怕只有一点可能,也要坚决穷追不舍,以挽回损失。要想追上已经逃走的敌人,要有比敌人更快的速度,或者选择比敌人更近的捷径。另外,还要预先防范敌人过海之后的企图,使之过海之后也难以实现最终的目的。

2计　围魏救赵

【原文】

共敌①不如分敌②,敌阳③不如敌阴④。

【注释】

①共敌:集中的敌人。也作使敌人兵力集中。
②分敌:分散的敌人。也作使敌人兵力分散。
③敌阳:正面攻击敌人。
④敌阴:背后偷袭敌人。

【译文】

与其攻打集中的强敌,不如迫使敌人分散兵力。应该避免与敌人正面交锋,而迂回到敌人的后方,偷袭敌人。

【按语】

治兵如治水:锐者避其锋,如导流①;弱者塞其虚,如筑堰②。如当齐救赵时,孙子谓田忌曰:"夫解杂乱纠纷者不控拳③,救斗者,不搏击。批亢捣虚④,形格势禁⑤。则自为解耳。"

【注释】

①导流:疏导、分流。《孙子·虚实篇》:"夫兵形象水。水之形,避高而趋下;兵之形,避实而击虚。水因地而制流。兵因敌而制胜。故兵无常势,水无常形;能因敌变化而取胜者,谓之神。"
②筑堰:修筑堤坝。
③控拳:用拳头砸。
④批亢捣虚:亢,咽喉部位,形容要害;虚,虚弱的地方。批,用手打,引申为攻击。攻击其要害和虚弱点。
⑤形格势禁:格,阻止,阻碍。禁,禁止,禁阻。即被形势所阻碍。

【译文】

对敌作战如同治水:对于来势凶猛的敌人,要避开它的锋芒,如同疏导洪水;对于弱小的敌人,却要堵住它的漏洞,如同筑堤修坝一样,一举围歼。例如战国时当齐国去营救赵国时,孙膑对田忌说:"要解开杂乱纠结的一团绳索,不能用拳头去打;要劝解打架,不能自己动拳打人。攻击敌人的要害和空虚部位,使他们受到危急形势的阻碍和逼迫,战事就自然而然地解决了。"

【传世典故】

魏、赵是战国时期中原地区的两个国家。其中魏都大梁在今河南开封，赵都邯郸在今河北邯郸。原意是指在魏国包围了赵国的时候，不直接去赵国解围，而是通过反过来包围魏国国都的办法，迫使其回救而自己解赵之围。引申为通过围攻来犯之敌的后方据点，迫使其撤回兵力的作战方法。

典故出自《史记·孙子吴起列传》记载的齐魏桂陵之战。公元前354年(周显王十五年)，魏国派将军庞涓带领八万军队进攻赵国，包围了赵国的首都邯郸。赵国派人到齐国求救，齐威王任命田忌为统帅，孙膑为军师，带兵八万去救援赵国。

田忌接受了齐威王的命令后，立即集中军队，准备粮草，军械。一切准备工作就绪后，便召集全军将领商议进军。

将领们到齐以后，田忌说道："大王命令我们去援救赵国，我们准备工作已经就绪，明天大军兵发邯郸，与魏军决战，救援赵国。"

"是!"众将一齐应道。

这时，军师孙膑却急忙说道："田将军! 我们的大军不应去到邯郸。"

田忌听后，吃了一惊，忙问："大军不去邯郸，去哪里? 军师快说。"

"大军应当到大梁去。"孙膑说道。

田忌惊讶地说："军师! 这就奇怪了。魏国八万大军正在邯郸城下攻城，我们军队不去邯郸城下找魏军作战，却跑到大梁干什么?"

孙膑笑道："请问将军，大王命我们带兵八万去完成什么任务?"

田忌道："解邯郸之围。"

孙膑道："要想解开一团乱丝，不能用拳头去乱打;要想替别人拉架，不能去参加搏斗。现在要去解救赵国的危难，直接去死打硬拼也是不合算的。眼下魏国精兵都在攻打赵国，国内防御必定空虚，我们如发大军直捣大梁，大梁是魏国首都，庞涓必然要回军自救。庞涓一撤军，邯郸的围不就解开了吗? 等到庞涓急忙赶回本国时,我们再在半路上打他个突击,不正好以逸待劳吗?"

田忌一听,恍然大悟,连叫:"好计!好计!"众将也都高兴地赞成。于是,齐国军队不去邯郸,而直接去魏国首都大梁(今开封)。

魏国军队虽在攻打邯郸,但与国内联系却十分密切。庞涓突然接到探马报告,说齐国大队人马浩浩荡荡袭击魏国首都大梁去了。这一惊非同小可。他慌慌张张地带领部队撤离邯郸,日夜行军,回师自救。当魏军赶到桂陵(今山东菏泽东北)时,中了齐军的埋伏。魏军长期在外奔波作战,现在又是急行军,十分劳累;齐国军队却以逸待劳,锐气正盛。魏军抵挡不住,被齐军打得落花流水。齐国军队没有花大力气,就打了大胜仗,解了赵国之围,凯旋而归。

【用计锦囊】

古人云:"治兵如治水。"面对来势凶猛的强敌,一味硬碰,无异于以卵击石。所以应当避其锋芒,采用分导引流的办法:或者攻击敌人的薄弱之处牵制它,或者袭击敌人的要害部位威胁它,或者绕到敌人背后打击它。如此一来,敌人就不得不放弃原来的目标。这是一种转化敌我双方地位的迂回策略。

在此计中,"围魏"是"救赵"的前提条件,不论是真围还是假围,不论是明围还是暗围,"围魏"必须能够引出"救赵"这个后果。也就是说,"围魏"与"救赵"之间具有直接的因果关系。否则,"围魏救赵"只能是一厢情愿的美好打算。

"围魏救赵"有四种含义:

1. 以迂为直。就是通过看似迂远曲折的途径来达到近直的目的。某些事情,如果直接去办,会遇到很多困难,如果绕一绕弯或增加一些中间环节,就可以把困难避开或者把困难化解掉。这就好比开车上山,从山下直奔山顶,路虽然是最直最近的,但是却是最陡最险的,即使能爬得上去,也会费时费力。如果盘旋而上,虽然多走许多路,但却可因此降低了坡度,绕过一悬崖和沟壑。这样不但使一些不可解的事情成为可能,而且可以相对迅速和安全。

2. 避实击虚。就是主动避开敌人的实处,攻击其虚处。在古代兵书战策中,实和虚是两个具有相对意义的哲学概念,其所指也比较广泛。一般无者为虚,有者为实;空者为虚,坚者为实;弱者为虚,强者为实;无备为虚,有备为实等等。这就是如果解牛,要专门寻找骨与骨之间的缝隙处下刀,因为"骨有隙而刀无厚",才能游刃而有余。这就是所谓的批卻导窾。如果举起刀来乱剁乱砍,再锋利的刀也会受不了。所以《孙子兵法》中提出:"无邀正正之旗,勿击堂堂之陈。"告诉我们不要同比自己强大的敌人正面硬拼,要避其锋芒,击其弱处。

3. 从易者始。就是要从相对容易的地方下手,从相对容易的地方做起,能取得事半功倍的效果。抢在对方之前,首先取得胜利,对自己是一个极大的鼓舞,对敌人则是一个严重的震慑。另外,从"易者始"也可

以创造出一种破竹之势,使原来的难者也逐渐自行转化为"易者"。如果难易程度相差不多时,则应选择对全局影响较大的地方入手。

4. 攻其必救。围魏时"魏"这个突破口的选择是非常关键的,它至少要具备两个条件,一是它要比"赵"容易进攻,否则就无舍赵而围魏的必要了。二是魏一定是敌人的必救之处,否则不痛不痒,就达不到救赵的目的。

对围魏救赵之计,可采取如下防范对策:

1. 瞻前顾后。有个典故叫"螳螂捕蝉,黄雀在后",意思是说,只顾为了眼前的利益,而忘记了身后的祸患。所以我们做任何事情都要"杂于利害",要备有防范措施以防不测。

2. 丢卒保车。在不可两全的时候,什么都顾,就什么都顾不上,要学会丢卒保车,必要的时候,还应保帅。在这里,关键是要分清什么是卒,什么是车,什么是帅,准确判断,及时选择。

3. 速战速决。如果能迅速地攻下赵国,就不会出现首鼠两端的情况。所以"夫兵久而利国者,未之有也。"

3 计 借刀杀人

【原文】

敌已明,友未定,引友杀敌,不自出力。以《损》①推演。

【注释】

①《损》:《易经·损卦》:"象曰:损下益上,其道上行。"意思是说:减损下方,增益上方。其方向是由下向上进行的。有所损必有所得。

【译文】

敌人的情况已经明确,友军的情况还不确定。这时,就要诱导友军去消灭敌人，自己避免作战，从而保存实力。此计从损卦推算而出。

【按语】

敌相已露，而另一势力更张，将有所为，便应借此力以毁敌人。如：郑桓公将袭郐①，先问郐之豪杰、良臣、辨智、果敢之士，尽与姓名，择郐之良田赂之，为官爵之名而书之；因为设坛场②郭门③之外而埋之，衅④之以鸡豭⑤，若盟状。郐君以为内难⑥也，而尽杀其良臣。桓公袭郐，遂取之。诸葛亮之和吴拒魏及关羽围樊、襄，曹⑦欲徙都，懿⑧及蒋济说曹曰："刘备、孙权外亲内疏，关羽得志，权必不愿也。可遣人劝蹑其后⑨，许割江南以封权，则樊围自解。"曹从之，羽遂见擒。

【注释】

①郑桓公：西周末年，郑国的君主。郐，当时的一个小国。
②坛场：祭坛，用来祭祀天地、表明心愿的祭祀场所。
③郭门：郭，古代的城市建筑时，在城的外围加筑一道城墙即为郭。郭门，指城门。
④衅：古代的一种祭祀天地仪式，用牲畜的血涂在新制的器物上，引申为涂抹。
⑤豭：公猪。
⑥内难：难，灾难，祸乱。内部叛乱。
⑦曹：曹操，东汉丞相，封魏王。魏建立后追尊魏武帝。
⑧懿：司马懿，曹操的重要谋士。时为主簿。
⑨蹑：跟踪，追随。

【译文】

敌人的情况已经显露，而另一股势力也正在扩张，并将有所作为，便应当借用这股势力去消灭敌人。

例如：西周末年，郑桓公想要袭击郐国。事前，他先问明郐国有哪些英雄豪杰、贤良大臣、能言并善于分辨是非的智谋之士和有胆有识的勇士，一一记了他们的姓名，并选择郐国的良田分送给他们，还封他们官爵，并且都注明在名单上；为此还在城外筑起祭坛，把这张名单埋在地下，杀鸡宰猪，举行了涂血的仪式，仿佛订下盟约似的。郐国国君以为内部发生叛变，就把他们都杀了。郑桓公于是袭击并占领了郐国。又如：三国时诸葛亮联吴抗魏，以及关羽围困樊城、襄阳时，曹操想要迁都，司马懿和蒋济却劝曹操说："刘备、孙权表面上亲密，骨子里却是疏远的。关羽如果得志，孙权必然不愿意的。我们可派人劝孙权跟踪攻击关羽的后方，并答应把江南地方分封给孙权。这样，樊城的围困自然会得到解救。"曹操采纳了他们的意见，结果关羽被孙权所擒。

【传世典故】

借刀杀人原指不用自己的刀而借用别人的刀去杀人，这样自己既可以不被发现，又可以在危急的时候，嫁祸于人。引申为了保存

13

自己的实力,而利用矛盾,巧妙借用第三力量击破敌人,达到自己的目的。

《兵经百字·借字》中说:"艰于力则借敌之力,难于诛则借敌之刃。"借他人之手除掉对手,自己却不抛头露面,这种间接杀人的计谋,就叫"借刀杀人"。

此计是根据《周易》六十四卦中《损》卦推演而得。象曰:"损下益上,其道上行。"此卦认为,"损"、"益",不可截然划分,二者相辅相成,充满辩证思想。此计谓借人之力攻击我方之敌,我方虽不可避免有小的损失,但可稳操胜券,大大得利。

春秋末期,齐简公派国书为大将,兴兵伐鲁。鲁国实力不敌齐国,形势危急。孔子的弟子子贡分析形势,认为惟吴国可与齐国抗衡,可借吴国兵力挫败齐国军队。于是子贡游说齐相田常。田常当时蓄谋篡位,急欲铲除异己。子贡以"忧在外者攻其弱,忧在内者攻其强"的道理,劝他莫让异己在攻弱鲁中轻易主动,扩大势力,而应攻打吴国,借强国之手铲除异己。田常心动,但因齐国已作好攻鲁的部署,转而攻齐,怕师出无名。子贡说:"这事好办。我马上去劝说吴国救鲁伐齐,这不是就有了攻齐的理由了吗?"田常高兴地同意了。子贡赶到吴国,对吴王夫差说:"如果齐国攻下鲁国,势力强大,必将伐齐。大王不如先下手为强,联鲁攻齐,吴国不就可抗衡强晋,成就霸业了吗?"子贡马不停蹄,又说服赵国,派兵随吴伐齐,解决了吴王的后顾之忧。子贡游说三国,达到了预期目标,他又想到吴国战胜齐国之后,定会要挟鲁国,鲁国不能真正解危。

于是他偷偷跑到晋国,向晋定公陈述利害关系:吴国伐鲁成功,必定转而攻晋,争霸中原。劝晋国加紧备战,以防吴国进犯。公元前484年,吴王夫差亲自挂帅,率十万精兵及三千越兵攻打齐国,鲁国立即派兵助战。齐军中吴诱敌之计,陷于重围,齐师大败,主帅及几员大将均死于乱军之中。齐国只得请罪求和。夫差大获全胜之后,骄狂自傲,立即移师攻打晋国。晋国因早有准备,击退吴军。子贡充分利用齐、吴、越、晋四国的矛盾,巧妙周旋,借吴国之"刀",击败齐国;借晋国之"刀",灭了吴国的威风。鲁国损失微小,却能从危难中得以解脱。

【用计锦囊】

在环境受到限制,自身没有能力,或不愿直接抛头露面的情况下,有计划地利用自己以外的人和事来实现自己的意图,达到自己的目的,这样在成功时,自己不用付出任何代价;失败时,自己不用承担任何责任。其中的"杀人"不能仅理解为损人利己之事,而应从广义上理解为达到某种目的。

借刀杀人有三个含义:

1. 不自出力,善于假手于人,巧妙借用外力,自己不用动手不用出力,不花任何代价,同样达到目的。

2. 杀人不见血。借刀杀人,杀人不见血,也就是可以不露任何痕迹,不抛头露面,也就可以不承担任何责任,既实现了目标,又落得两手干净。

3. 拉人下水。借人之刀去杀人,刀之主人,必然也就被诱迫入伙,即使不是心甘情愿地入伙,也必然逃不脱杀人的干系,自然也就拉下了水。尤其是在势均力敌的情况下,谁能争取到第三力量,谁就能取得胜利。通过本计可以增加自己的力量。

对借刀杀人之计,可采取如下防范对策:

1. 不要使自己成为被借之"刀"。

(1)遇事不盲从。不要看别人做什么事,自己也不问青红皂白也跟着干,那种"路见不平,拔刀相助"的人,如果没有一定的分辨是非的能力,很容易被人利用当枪使。

(2)比较利害。某件事,如果对别人利多害少,对自己利少害多,而别人又极力诱使自己去干,那就有被当"刀"使的可能。所以不要为他人做嫁衣裳。当然"为人民服务"又当别论。

(3)"杀人"要有理由。别人"杀人"有别人的理由,比如是仇人,竞争者等。那么我们"杀人"前,要站在自己的角度上,看是否有"杀人"的理由,同样一个人对别人来说可能是不共戴天的仇敌,对我们来说,可能是井水不犯河水。在自己一边若找不出"杀人"的理由,千万不要妄开

三十六计

杀戒。

2. 不要使自己成为被杀之人。

（1）修好自己的篱笆。"害人之心不可有，防人之心不可无"。要时时警惕来自各方面的攻击，当然也要自己身正，因为身正不怕影子歪。

（2）及时揭露。一旦发现自己成为被杀之人，要及时对"借刀"之人进行揭露，指出他的阴险用心，使被借之刀醒悟，不再受骗上当，不再做亲者痛、仇者快的事情。

（3）拆散敌人的联盟。如果敌人已经结成联盟，要千方百计把他们拆散，不使他们互相借刀对付自己，必要时要对危害自己的行为予以坚决果断的打击，或以其人之道还治其人之身。

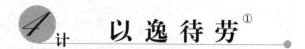

4 计　以　逸　待　劳①

【原文】

困敌之势，不以战。损刚益柔②。

【注释】

①以逸待劳：逸，安逸；劳，疲劳。出自《孙子·军争篇》："以近待远，以佚待劳，以饱待饥，此治力者也。"

②损刚益柔：《易经·损卦》："彖曰：损，损下益上，其道上行……损刚益柔有时，损益盈虚，与时偕行。"意思说："减损下的阳刚以增益上之阴柔要适时，事物的减损增益，盈满亏虚，都要与时机相配合。"在作战时，刚，指进攻的士气和态势；柔，指防御的心理和形势。

【译文】

困扰敌人的兵势，不直接采取战斗。适时适当地采取防御态势，疲惫拖垮敌人，变被动为主动。

【按语】

此即致敌①之法也。兵书云："凡先处战地而待敌者佚，后处战地而趋战②者劳。故善战者，致人而不致于人。"兵书论敌，此为论势，则其旨非择地以待敌，而在以简驭繁③，以不变应变，以小变应大变，以不动应动，以小动应大动，以枢应环也④。

如管仲寓军令于内政，实而备之。孙膑于马陵道伏击庞涓，李牧守雁门，久而不战，而实备之，战而大破匈奴。

【注释】

①致敌：致，招引、调动。调动敌人。

②趋战:趋,奔赴、奔向。仓促奔赴战场。

③以简驭繁:简,简单;繁,繁琐,复杂。驭,驾御,控制。用简单的方法而控制复杂的局面。

④以枢应环:枢,枢纽,中心环节,关键部位;环,围绕,指四周。以中心转动应付四周活动。

【译文】

这就是调动敌人的方法。兵书上说:"凡是先到战场等候敌人的,从容安逸;后到战场仓促应战的,疲劳不堪。所以善于作战的人,能调动敌人而不被敌人调动。"兵书讲的是如何打仗,这里探讨的却是如何掌握主动权。其宗旨不在于选择地形等待时机打击敌人,而是在于阐明用简单的方法控制复杂的局面,用不变化的心态对付变化的形势,用小变化对付大变化,用不动对付活动,用小的运动对付大的变动,这种战术规则,就好像枢纽用转动来对付不断活动的边围一样。

比如:春秋时期,管仲管理齐国,实行军政合一,在农闲时就从事军事训练,实际上是在备战。战国时,孙膑在马陵道伏击庞涓。赵将李牧镇守雁门关时,长期不同匈奴作战,其实是在积极备战,后来一战而大败匈奴。

【传世典故】

以逸待劳:逸:安闲;劳:疲劳;待:等待、等候。指养精蓄锐,痛击远来进犯的疲惫之敌。

以逸待劳,语出于《孙子·军争篇》:"故三军可夺气,将军可夺心。是故朝气锐,昼气惰,暮气归。故善用兵者,避其锐气,击其惰归,此治气者也。以治待乱,以静待哗,此治心者也。以近待远,以佚(同逸)待劳,以饱待饥,此治力者也。"又,《孙子·虚实篇》:"凡先处战地而待敌者佚(同逸),后处战地而趋战者劳,故善战者,致人而不致于人。"原意是说,凡是先到战场而等待敌人的,就从容、主动,后到达战场的只能仓促应战,一定会疲劳、被动。所以,善于指挥作战的人,总是调动敌人,而绝不会被敌人调动。

战国末期,秦国少年将军李信率二十万军队攻打楚国,开始时,秦军连克数城,锐不

可挡。不久,李信中了楚将项燕伏兵之计,丢盔弃甲,狼狈而逃,秦军损失数万。后来,秦王又起用已告老还乡的王翦。王翦率领六十万军队,陈兵于楚国边境。楚军立即发重兵抗敌。老将王翦毫无进攻之意,只是专心修筑城池,摆出一派坚壁固守的姿态。两军对垒,战争一触即发。楚军急于击退秦军,相持年余。王翦在军中鼓励将士养精蓄锐,吃饱喝足,休养生息。秦军将士人人身强力壮,精力充沛,平时操练,技艺精进,王翦心中十分高兴。一年后,楚军绷紧的弦早已松懈,将士已无斗志,认为秦军的确防守自保,于是决定东撤。王翦见时机已到,下令追击正在撤退的楚军。秦军将士人人如猛虎下山,只杀得楚军溃不成军。秦军乘胜追击,势不可挡。公元前 223 年,秦灭楚。

【用计锦囊】

在敌人气势正盛,或自己已经占据十分有利地形的情况下,为了避开敌人的锋芒,增强自己的力量,为了审时度势,寻找战机,首先主动采取守势,一边积极防御,一边养精蓄锐,并因势利导地控制敌人,调动其在预设的战场上四处奔命,待敌人疲惫不堪、锐气削减、敌我态势发生变化时,再后发制人,一举破敌。

本计的特点是,强调把握战场的主动权,以引诱敌人,"调动"敌人,疲劳敌人,然后捉住战机,克敌制胜。按"损"卦的说法,就是:以静制动,"损刚益柔"。

以逸待劳之计有四个含义:

1. 养精蓄锐:凡要攻击敌人,自己首先要有足够的力量,在自己的力量尚不足以击败敌人时,避免过早地同敌人直接交战,而应主动退守,抓紧时机,扩充力量,使我由弱变强。

2. 疲劳敌人。在敌人力量比较强大,气势比较凶猛之时,为了减少不必要的牺牲,而采取调动敌人四处奔命的方法,使其体力疲惫,士气低落,进而削弱其力量。

3. 以守为攻。有时防守是为了准备更大的进攻,有时防守本身就是一种特殊的进攻方式,这时的"不战"便是战,战便是不战,所谓"此时无声胜有声"。在特殊情况下,积极主动自守的不战策略,对敌人力量的消耗,斗志的消磨,甚至比刀枪相拼的效果更好。

4. 等待时机。时机不成熟时要善于等待时机,可以采取退避三舍、虚于应付、慢火煎鱼、故意拖延等办法与敌人巧妙周旋,时机一到,转守为攻,一鼓作气消灭敌人。时机不成熟不动如山岳,时机一到动如脱兔。

对以逸待劳之计应采取如下防范对策:

1. 先处阵地。《孙子兵法》中说:"凡无处战地而待敌者佚",及早进入战地,就有充分的时间进行休整,进行战前准备,就能全面熟悉环境就能掌握战争的主动权,所谓"先下手为强,后下手遭殃"。

2. 以简驭繁。舍去枝叶,留其主干;舍掉不必要的行动,加强关键的程序;控制多余的消耗,把好钢用在刀刃上;以精干灵活的机动部队与庞大拖累的部队进行周旋;提纲挈领,纲举目张。

3. 以静应动。以不变应变,以不动应动,"任凭风浪起,稳坐钓鱼船"。如果随波逐浪,那么浪不止,人不停,就会穷于应付,终至困顿。只有静静的垂钩岸边,才能待得鱼儿上钩。

4. 以枢应环。枢就是门轴,门轴的转动带动门扇的转动。其特点就是以小动制大动,以小变应大变。门扇由闭而开,门轴只是微微地转动一下,但仍在原地不动。同样,我们若以小动、小变来应付敌人的大动、大变,我们就会相对地付出较少的代价,换取敌人较大的代价。

5. 暗中蓄锐。待敌人疲劳的过程中,除了敌人被削弱,而使自己的力量相对增强之外,还要积极利用这个时机,暗中养精蓄锐,才能使自己的力量有绝对的增强。

5 计　趁火打劫

【原文】

敌之害大,就势取利。刚决柔也①。

【注释】

①刚决柔也:《易经·夬卦》:"象曰:夬,决也,刚决柔也。"意思是说:夬,就是决断,犹如阳刚君子果断地制裁阴柔小人。运用到军事上,就是当战争形势对自己有利时,要果断地进攻战胜敌人。

【译文】

敌人内部祸患严重,就要乘机出兵夺取利益。当形势对自己有利时,就要果断地战胜对方。

【按语】

敌害在内,则劫其地;敌害在外,则劫其民;内外交害,则劫其国。如越王①乘吴国内蟹稻不遗种②而谋攻之。后卒乘吴北会诸侯于黄池③之际,国内空虚,因而捣之,大获全胜。

【注释】

①越王:春秋时越王勾践,曾因战争失败而甘做吴王奴隶,卧薪尝胆,以图复仇,后果然打败吴王夫差,得偿所愿。
②蟹稻不遗种:螃蟹死光,水稻颗粒无收。指大灾害。
③黄池:地名,今河南封丘县内。前482年,吴王夫差和晋、鲁等国到黄池会盟,争当霸主。越王勾践趁吴国空虚,出兵吴国。

【译文】

敌人的内部有忧患,就抢占他的土地;敌人的外部有忧患,就掠夺他的百姓;敌方既有内忧又有外患,就劫掠他的国家。比如:春秋时,越王勾践乘吴国遭受大的自然灾害,连螃蟹、稻子都死绝时,谋划进攻吴国。后来终于趁吴王夫差北上黄池与各国诸侯会盟之际,因其国内空虚,便大举进攻吴国,终于大获全胜。

【传世典故】

趁火打劫原意是趁别人家里发生火灾,正处于一片混乱时,乘机抢夺人家的东西。比如趁别人危难时刻,从中捞一把或乘机害人。也就是乘敌人有危机而加以攻击的策略。

本计出自《孙子兵法》"乱而取之"的思想。

《西游记》中有个故事是说唐僧——唐玄奘离开大唐国,前往西天去取《大乘真经》,一天晚上,他和大弟子孙悟空来到一座庙中投宿。庙里上下房间七十多间,僧客二百余人,甚是红火。唐僧等入内后,庙中老方丈命人敬茶,闲谈间,得知唐僧有一大唐宝物——袈裟。方丈欲开开眼,请唐僧拿出一见。唐僧恐惹事端,执意不肯拿。孙悟空看不过,耐不住方丈的苦苦恳求,于是把带来的袈裟拿出来向僧人炫耀。就在解包袱时,万道霞光透过两层包袈裟的油纸迸射而出,当悟空抖开袈裟时,只见红光满室,彩气盈庭,瑞气千条,真是件世所罕见的宝贝袈裟呀!

方丈一见,顿生歹念,他当即跪倒在地,眼中含泪,苦苦哀告着对唐僧说:"我年老体弱,老眼昏花,实在无法欣赏宝物,可否拿到后房仔细观赏?"

唐僧一时心软,便允了老方丈的请求。

老方丈将袈裟拿到后房后,越看越爱,越看越想据为己有,于是就和手下的僧人商议怎样才能将袈裟夺取过来。一个名叫广谋的和尚说:"何不放一把火,将禅堂烧掉,好将他们师徒二人烧死。就算他们逃得出来,也说袈裟被大火烧在了里面,谅他们无可奈何,无非给他们些银两了事。"

方丈觉得此计甚妙,于是就将众僧唤来,用柴草把禅堂圈了个密不透风。悟空此时尚未睡着,听见门外声响,便变成一只小蜜蜂飞出禅堂。只见四圈大火突起,放火的和尚还在手执火把得意地狂笑。悟空一怒之下,一个斤斗翻到南天门,向广目王借了"避火罩",回去罩住了唐僧、白马;然后又念了个咒语,一口气吹过去,霎时间狂风大作,火势向四周蔓延开来,愈烧愈旺,把个观音庙烧得通红,唯有唐僧和白马所在的禅堂得以幸免。

在反转扑来的大火面前,众僧侣抱头乱窜,哭天嚎地,现在成了他们引火烧身,自食其果了。

没想到,螳螂捕蝉,黄雀在后,这场大火惊动了四周山上所有的野兽和鬼怪。风音院正南二十里处有一座山,叫黑风山;山中有一洞,叫黑风洞;洞中有一妖怪,叫黑风怪。它与这方丈素有交情,见院中起火,急忙前去相救。赶到观中,见到那方丈屋里的璀璨袈裟,认得是佛门之宝,顿时起了贪念,于是便不再救火,拿起那袈裟,趁火打劫,驾起黑云,径直返回了它的山洞。

趁火打劫一词即由此而来。

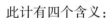
【用计锦囊】

在敌人方面发生严重危难,因而穷于应付,自顾不暇的时候,也正是其防卫能力最弱的时候,要充分利用这个由敌人自己为我们提供的可乘之机,向敌人发起突然进攻,夺取胜利,就可以收到事半功倍的效果。

此计有四个含义:

1. 乘危取利:选择敌人发生危难之时,向敌人发起主动进攻,夺取利益,往往很容易获得成功,也可称为乘间取利,乘人之隙。

2. 落井下石:当敌人已遇到危难时,我们乘机再给他制造更多的困难,这样就可以轻易地把敌人致于死地,也可称为火上浇油。

3. 明助暗夺。对方后院"起火",我方装出"救火"的姿态前去凑热闹,这样既不会被对方拒绝,也不会引起对方的注意。在"救火"过程中,我方便暗中捞取好处,或在暗角再点"新火"。

4. 入伙分利。火是别人放的,别人在趁火打劫,这时我方乘机插手,助上一臂之力,事成之后,论功分肥。

对趁火打劫之计,应采取如下防范对策:

1. 防范于未燃。敌人可乘之机就是我们"家里着火"。根除了"失火的"火源,使我们这里不发生火灾,那么,敌人就无可乘之机了,这是最根本的防范措施。

2. 团结一致。如果敌人乘我们内乱之时,来进攻的话,那么,自己内部发生矛盾的双方要清醒地认识到,"鹬蚌相争,渔人得利"的道理。立即捐弃前嫌,一致对外,这样大家方能得以保存。

3. 关好门户。趁火打劫一般都是乘隙取利,乘乱取利,如果我们关好门户,防止外人乘机进入,那样敌人也就找不到可乘之"隙"了;如果我们虽遇危难,仍然临危不乱,井然有序,敌人也就无可乘之"乱"了。

4. 重点防卫。遇到危难,损失是很难免的,但要尽量减少大的损失。罈罈罐罐都照顾好是不可能的,但家里的金银细软,却要看管得当,所以要根据敌人的特点,敌人可能来打劫的方向等情况,事先进行重点防卫,这也是一种积极的方法。

6计 声东击西

【原文】

敌志乱萃①,不虞②。坤下兑上之象③。利其不自主而取之。

【注释】

①乱志乱萃:萃,丛生的草,象征聚集之意。《易经·萃卦》:"象曰:乃乱乃萃也,其志乱也。"其意是:行动混乱并与人杂聚一起,其心志已经迷乱。

②不虞:意料不到。指将会有预料不到的事情发生。

③坤下兑上之象:指泽地萃卦的卦象。坤象征地,兑象征泽。《易经·萃卦》:"象曰:泽上于地,萃;君子以除戎器,戒不虞。"意思是说:水聚集在地上而成泽,象征聚集。君子应当修治兵器,以防意外之事发生。《六十四卦经解·萃》:"泽上于地,则聚水者堤防耳。故有溃决之虞。"意思是说:水聚在地上成泽,要依赖堤防储积,但是,水越聚越多,堤防就有溃决的危险。这是整条计谋的依据。

【译文】

敌人的意志已经混乱,随时都有意料不到的灾祸发生。这是根据萃卦推算的结果。应当抓住敌人失去控制之有利时机而消灭它。

【按语】

西汉,七国反①,周亚夫②坚壁不战。吴兵奔壁之东南陬,亚夫便备西北。已而,吴王精兵果攻西北,遂不得入。此敌志不乱,能自主也。

汉末,朱隽③围黄巾④于宛⑤,张围结垒,起土山以临城内,鸣鼓攻其西南,黄巾悉众赴之。隽自将精兵五千,掩其东北,遂乘虚而入。此敌志敌萃,不虞也。

然则声东击西之策,须视敌志乱否为定。乱,则胜;不乱,将自取败亡。险策也!

【注释】

①七国反:指西汉七国之乱。公元前154年,以吴王刘濞为首的七个分封国王,反对汉景帝采纳晁错的"削藩"建议,联合反叛中央,历时三个月,叛乱平息。

②周亚夫:西汉名将,沛(今江苏省沛县)人,绛侯周勃的儿子,初封条侯。景帝三年(公元前154年)率兵平定吴、楚等七国之乱,后升丞相职位。

③朱隽:即朱俊,东汉会稽上虞(今浙江省上虞)人。公元184年黄巾起义,东汉朝廷派他为右中郎将,与皇甫嵩等镇压黄巾军。后封钱塘侯。

④黄巾:东汉末年,以张角为首创立"太平道",号召组织农民大起义。公元184年起义,义军头缠黄巾,称黄巾军。后遭政府军和各地豪强、地主武装的血腥镇压而

失败。

⑤宛:宛城,今河南南阳。

【译文】

西汉景帝时,吴、楚等七国联合叛乱。西汉名将周亚夫坚守城堡,拒不出战。围城的吴国军队去攻打城的东南角,周亚夫便守备西北角。不久,吴王的精锐部队果然攻打西北角,终究攻不进去。这是敌人将领的意志不乱,能够自主的战例。

东汉末,右中郎将朱隽把黄巾军围困在宛城(今河南省南阳)。他在城外建立包围工事,并垒起小土山来俯视城内的情况。然后,他擂起战鼓,命令军队向城的西南方进攻,黄巾军便奔去守卫西南角。朱隽却亲自率领五千精兵进攻东北角,于是,趁虚攻进城去。这就是敌人的意志已经混乱,不能预料突然事变的战例。

这样说来,声东击西之计,必须要以敌人将领的意志是否迷乱作为基础,敌人意志乱了,便能成功,敌人意志不乱,便将会自取失败。这是一条冒险的计策呀!

【传世典故】

声东击西是指表面上声张着去打东边,实际上却攻打西边。军事上是指忽东忽西,巧妙诱敌,给对方制造错觉,乘机消灭敌人的出奇制胜的战术。

声东击西出自《淮南子·兵略训》:"用兵之道,示之以柔而迫之以刚,示之以弱而乘之以强,为之以歙而应之以张,将欲西而示之以东,先忤而后合,前冥而后明。"这段话的大意是:用兵的原则,对敌人先佯做柔弱的样子,而以强大的军事力量去打击它,将要发展,先做出收缩的样子,准备向西面进攻,而先佯做向东进攻,先示以与意图相悖的行动,然后再完成实现意图的行动。先隐藏自己的计划,然后再进行公开行动。

东汉时期,班超出使西域,目的是团结西域诸国共同对抗匈奴。为了使

西域诸国便于共同对抗匈奴,必须先打通南北通道。地处大漠西线的莎车国,煽动周边小国,归附匈奴,反对汉朝。班超决定首先平定莎车。莎车国三北向龟兹求援,龟兹王亲率五万人马,援救莎车。班超联合于阗等国,兵力只有二万五千人,敌众我寡,难以力克,必须智取。班超遂定下声东击西之计,迷惑敌人。他派人在军中散布对班超的不满言论,制造打不赢龟兹,有撤退的迹象。并且特别让莎车俘虏听得一清二楚。这天黄昏,班超命于阗大军向东撤退,自己率部向西撤退,表面上显得慌乱,故意让俘虏趁机脱逃。俘虏逃回莎车营中,急忙报告汉军慌忙撤退的消息。龟兹王大喜,误认班超惧怕自己而慌忙逃窜,想趁此机会,追杀班超。他立刻下令兵分两路,追击逃敌。他亲自率一万精兵向西杀班超。班超胸有成竹,趁夜幕笼罩大漠,撤退仅十里地,部队就地隐蔽。龟兹王求胜心切,率领追兵从班超隐蔽处飞驰而过。班超立即集合部队,与事先约定的东路于阗人马,迅速回师,杀向莎车。班超的部队如从天而降,莎车猝不及防,迅速瓦解。莎车王惊魂未定,逃走不及,只得请降。龟兹王气势汹汹,追赶一夜,未见班超部队踪影,又听得莎车已被平定,人马伤亡惨重的报告,大势已去,只有收拾残部,悻悻然返回龟兹。

【用计锦囊】

声东击西,是以制造假象、佯动误敌来伪装攻击方向的谋略。通常是采用灵活机动的行动,不攻而示之以攻,欲攻而示之不攻;形似必然而不然,形似不然而必然;似可为而不为,似不可为而为之。忽东忽西,即打即离。巧妙地制造假象,促使对手的指挥意志发生混乱。我之举动敌人无法推知,我便可以对敌出其不意,攻其不备,一战而胜。

此计一般在我方处于进攻态势的情况下使用。"声东"是虚晃的一枪,所击之"西"是主攻目标。使"西"成为敌方的不备之处或不及之处,是保证此计成功的关键。

我们可以把此计分成以下几种情形:

1. 忽东忽西。我方没有固定的进攻方向,一会儿在此,一会儿在彼,忽而出东,忽而出西,敌方摸不清我方的真正意图,只好处处被动设防,穷于应付,时间一长必然只有招架之功,而无还手之力。

2. 即打即离。时而前来挑战,时而远远离开;敌方以为我方要打,我方却没有打;敌方以为我方不打,我方却突然发动袭击。

3. 发动佯攻。向甲地发动佯攻,借此吸引敌方的注意力,待敌方把兵力调到甲地,我方突然在乙地发起猛攻。

4. 避强击弱。在我方忽东忽西的进攻下,敌方把主力布置在错误的地点。这样,我方就避开了敌之锋芒,打击其薄弱环节,一点点吃掉敌人。

对声东击西之计,应采取如下防范对策:

1. 常山之蛇,首尾呼应。在常山地方有一种蛇,打它的头则尾至;打它的尾,则头至;打它的中间,则首尾俱。为了防止敌人对我施以声东击西之计，必须建立首尾呼应之阵。一处受到攻击，另一处马上可以赶到救援，这样既使一时不能识破敌人的假象，也有应急的办法。

2. 善于分析。发现反常，假的就是假的，总有蛛丝马迹要露出来，只要我们善于分析，总是可以发现破绽的。例如，佯攻一般都是"雷声大雨点稀"旗也比正常的多，鼓也比正常的响，但行动却是比正常的慢，并同时表现出鬼鬼祟祟、十分神秘的样子来。

3. 要进行替换思维。就是站在敌人的角度来进行思考，经常向自己提出："如果我处在他的地位，我应该怎么办？"如果敌人的所作所为与自己所设想的不一样，甚至完全相背，那么就应该考虑其中是否有诈。如果觉得可疑，一定要早做防范。

三十六计

第二章 敌战计原典释译

7计 无中生有

【原文】

诳①也,非诳也,实其所诳也。少阴,太阴,太阳②。

【注释】

①诳:欺诈,欺骗行为。这里指用假象欺骗人。

②少阴,太阴,太阳:是四象中的三象,叠起为风雷益卦。《易经·益卦》:"益,利有攸往,利涉大川。"意思是:有利于前进,有利于渡过大河。这是一种冒险成功的启示。由少阴之象而积累为太阴之象,"阴极阳生",则必然转化为太阳之象。阴若代表假象,阳则为真象。由小的假象而促成大的假象,似乎是确实的假象,最后将这种假象变成真象。

【译文】

用假象去欺骗敌人,但不是要一直弄假,而是要使敌人信假是真,然后,巧妙地由假象变成真象,利用假象掩护真象。按照益卦的原理,用小的假象而促成大的假象,最后突然变成真相。

【按语】

无而示有,诳也。诳不可久而易觉,故无不可以终无。无中生有,则由诳而真,由虚而实矣。无,不可以败敌;生有,则败敌矣。

如令狐潮①围雍丘,张巡②缚稿为人千余,披黑衣,夜缒城下。潮兵争射之,得箭数十万。其后复夜缒人,潮兵笑,不设备。乃以死士五百砍潮营,焚垒幕,追奔十余里。

【注释】

①令狐潮:唐朝叛将安禄山的部将。

②张巡:唐将,安史之乱时,起兵守雍丘,打败令狐潮。公元757年移守睢阳(今河南省商丘南),城陷,被杀。

【译文】

没有而装作有的样子,这是一种骗局。骗局不能长久,否则易被识破,所以没有不能永远没有。从没有变成有,这就是由假象变成真象,由不存在变成存在。假象是不能够打败敌人的,只有从假象变成真象,才能打败敌人。

比如:安史之乱时,令狐潮围了雍丘(今河南省杞县),城中守将张巡下令扎了1000多个稻草人,并为他们披上黑衣,然后在晚上用绳子缒下城去。令狐潮的士兵以为城里出兵偷袭,争相放箭,结果,张巡赚了几千枝箭。后来,又将他的士兵在夜里缒下城去,令狐潮的士兵见了,都笑起来,毫不作战斗准备。于是,张巡以500名敢死士冲击令狐潮的军营,并焚烧了他们的营幕和工事,一直追杀了十多里。

【传世典故】

无中生有,这个"无",指的是"假",是"虚";这个"有",指的是"真",是"实"。无中生有,就是真真假假,虚虚实实,真中有假,假中有真,虚实互变,扰乱敌人,使敌方造成判断失误,行动失误。

本计计语出自中国古代哲学家道家始祖老子的《道德经》第40章:"天下万物生于有,有生于无"。老子揭示了万物的有与无相互依存、相互变化的规律。我国古代军事家尉缭子把老子的辩证法思想运用到军事上,进一步分析虚无与实有的关系。《尉缭子·战权》中说:"战权在乎道之所极,有者无之,安所信之?"主张以无的假象迷惑敌人,乘敌人对"无"习以为常之际,化无为有,化虚为实,出其不意,打击敌人。可见,本计的特点是,制造一种假象,有意让敌人识破,使之失去警惕,然后又化无为有,化假为真,化虚为实;真的攻击敌人了,而敌人却仍然以为是假的,不作防备,从而为我所乘,战而胜之。

唐朝安史之乱时,许多地方官吏纷纷投靠安禄山、史思明。唐将张巡忠于唐室,不肯投敌。他率领二三千人的军队守孤城雍丘(今河南杞县)。安禄山派降将令狐潮 率四万人马围攻雍丘城。敌众我寡,张巡虽取得几次突击出城袭击的小胜,但无奈城中箭只越来越少,赶造不及。无有箭只,很难抵挡敌军攻城。张巡想起三国时诸葛亮草船借箭的故事,心生一计。急命军中搜集秸草,扎成千余个草人,将草人披上黑衣,夜晚用绳子慢慢往城下吊。夜幕之中,令狐潮以为张巡又要乘夜出兵偷袭,急命

部队万箭齐发,急如骤雨。张巡轻而易举获敌箭数十万支。令狐潮天明后,知已中计,气急败坏,后悔不迭。第二天夜晚,张巡又从城上往下吊草人。贼众见状,哈哈大笑。张巡见敌人已被麻痹,就迅速吊下五百名勇士,敌兵仍不在意。五百勇士在夜幕掩护下,迅速潜入敌营,打得令狐潮措手不及,营中折将,只得退守陈留(今开封东南)。张巡巧用无中生有之计保住了雍丘城。

【用计锦囊】

无中生有中的"无",即指迷惑敌人的假象,"有"就是在假象掩盖下的真实企图。空虚无有本身不可以战胜敌人,只有人为制造出虚假的东西,才可以战胜敌人。虚假的东西怎样才能掩盖真实的企图呢?其一,在短时间内,假象不可以有半点纰漏。其二,蒙蔽的对象是那些头脑过于简单过于谨慎的指挥官,并要选择较适当的时机。

此计可分解为三部曲:第一步,示敌以假,让敌人误以为真;第二步,让敌方识破我方之假,掉以轻心;第三步,我方交假为真,让敌方仍误以为假。这样,敌方思想已被扰乱,主动权就被我掌握。使用此计有两点应予注意:第一,敌方指挥官性格多疑,过于谨慎的,此计特别奏效。第二,要抓住敌方思想已乱迷惑不解之机,迅速变虚为实,变假为真,变无为有,出其不意地攻击敌方。

无中生有之计有三种含义:

1. 凭空捏造。把不存在的东西说成事实,把张三的帽子给李四戴,把蚊子说成大象。这样做的目的是为了消灭敌人,陷害他人,为自己谋得利益。

2. 以假代真。把假的装扮成真的,化假为真,以此招摇撞骗,试探风声,捞取好处。

3. 无事生非。在敌方处于平静、无纷争的情况下,我方利用虚假的情报或制造谣言,使敌方发生混乱,然后我方乘机而入,收到出奇制胜的效果。

对无中生有之计,应采取如下防范对策:

1. 不要轻信。正如《六韬》所讲:"信而喜信人者,可诳也。"也就是蒙骗只有在那些头脑简单的人身上才起作用。如果遇事多问几个为什么,特别是对我们的敌人,要进行深入的分析研究,那么敌人的阴谋就很可能被拆穿。

2. 不要松懈。如果敌人翻来覆去重复同样的一件事,特别是一次被拆穿的假象仍一再出现,那么在其背后就可能掩盖着无中生有的意图。反复造假,必有计谋。这时我们千万不要因敌人的阴谋曾被识破而放松警惕。

3. 流言止于知者。散布流言飞语"是敌人施用"无中生有的一种形式,流言蜚语只有在有市场的情况下才能起作用,如果我们冷静地加以分析,及时地加以抵制,敌人的阴谋就会破产。《军庐经略》中说:"两敌相仇,言不足信。其信之者,必愚将也。惟智将不为人所诳,而能诳人焉。"

8计　暗渡陈仓①

【原文】

示之以动。利其静而有主。益动而巽②。

【注释】

①陈仓:地名,在今陕西守鸡东二十里处。

②益动而巽:《易经·益卦》:"象曰:益动而巽,日进无疆。"意思是说:顺着常理而行动,就会每天都有增益,直到永远。巽,在八卦中象征风,顺风而行,必然容易。运用到军事上,若要使用暗渡陈仓之计,所有行动必要符合一般的战争原则。

【译文】

故意暴露自己的行动吸引敌人,利用敌人专心注意自己的动向而固守不动时,我方则采取主动,偷偷迂回到敌人的另一方袭击敌人。根据益卦原理,作战方法一定要顺乎常理才能有所成功。

【按语】

奇出于正①,无正则不能出奇。不明修栈道②,则不能暗渡陈仓。

昔邓艾③屯白水④之北,姜维⑤遣廖化⑥屯白水之南,而结营焉。艾谓诸将曰:"维今卒还,吾军少,法当来渡。而不作桥。此维使化持我,令不得还,必自东袭取洮城⑦矣。"艾即夜潜军,径到洮城,维果来渡。而艾先至,据城,得以不破。

此则是姜维不善于用暗渡陈仓之计,而邓艾察知其声东击西之谋也。

【注释】

①奇正:指战争的出奇制胜的变化和一般原则。《孙子·势篇》:"凡战者,以正合,以奇胜。"

②栈道:在险绝的山上或悬崖绝壁用竹木架设的道路。

③邓艾:三国时魏国人,字士载。当初为司马懿椽属,后作为镇西将军,公元263年同钟会分兵入蜀,灭之。后为钟会所杀。

④白水:即桓水、强川,源出岷山。当时邓艾与蜀将姜维相拒之地,邓艾在北岸,姜维在南岸。

⑤姜维:三国时蜀将,字伯约,长期与魏军作战,多建奇功。

⑥廖化:三国蜀将,字元俭。

⑦洮城:地名,今甘肃岷县西百里处。

第一编 《三十六计》原典释译

【译文】

出奇制胜,产生于常规的用兵方法。没有按照常规的用兵原则行动,就不能达到出奇制胜的目的。如果没有明修栈道的军事行动,就不会取得暗渡陈仓的成功。

过去三国时,魏将邓艾驻守在白水北岸,蜀将姜维却派遣廖化防守在白水南岸,并且安营扎寨。邓艾对各位将领说:"如今姜维突然回军,我们兵力少,按一般的作战规则,姜维应该过河来攻,然而至今仍不见架桥。这是他让廖化来牵制我,他却想断我的归路,必然率领主力部队向东袭击洮城去了。"于是邓艾连夜带兵回到洮城。果然姜维前来,然而邓艾已经先到,固守城池,结果未被攻破。

这是一则姜维不善于运用暗渡陈仓之计,而邓艾却识破了他声东击西之计的战例。

【传世典故】

暗渡陈仓为"明修栈道,暗渡陈仓"的简化,意思是公开表示要从栈道走出,以佯修栈道,可是却利用佯修栈道的时间,从另外的道路偷偷通过,来到陈仓。现指运用迂回战略,从敌人意想不到的地点、方向发起进攻。

"明修栈道,暗渡陈仓"是楚汉相争时,韩信出任大将,首先运用的一个出色计谋。刘邦被项羽封为"汉中王",从关中迁往汉中途中,一方面为了防止章邯的入侵,另一方面为了麻痹项羽,刘邦命人将一条一百多里长的栈道烧毁了。

公元前207年,项羽在巨鹿(今河北平乡西南)与秦军作战,取得了决定性的胜利。之后,他与各路起义军首领,主要是与沛公刘邦争夺天下,历时四年,史称"楚汉战争"。

公元前206年,项羽率四万大军挺进关中,意欲攻下咸阳。这里土地肥沃,是秦王朝的核心地区,所以秦军把守得很牢。进到函谷关时,他才获悉,刘邦的十万大军早已攻占了咸阳城,并自立为关中王了,因为当时农民起义军领袖楚怀王曾许诺:反秦的起义军中,谁第一个攻下咸阳,谁就是关中王。

被刘邦的战绩激怒的项羽,率兵逼进关中,在鸿门(今陕西省临潼东面)扎下营寨,并宣称要消灭刘邦。这时,刘邦在兵力上处于劣势,不能与项羽发生对抗。所以他亲赴鸿门想稳住项羽。项羽设宴招待刘邦。席间,项羽的谋士范增示意项羽的堂弟项庄在刘邦座前舞剑,企图乘机刺杀他。因为在范增看来,今后刘邦必将是项羽的劲敌。但由于张良和樊哙的保护,刘邦在终席前以"如厕"为借口,逃离项羽的营寨。有一些历史知识的中国人都知道"鸿门宴"和成语"项庄舞剑,意在沛公"的故事。

结果,刘邦把咸阳和关中让给了项羽。项羽则在前206年自封"西楚霸王"。他的势力范围在今江苏、安徽、山东、河南地区,并定都彭城(今江苏徐州市)。中国其余地区被分为十八个封地。项羽希望刘邦离他愈远愈好。于是就把汉中封给刘邦,也就是今四川东部和西部地区以及陕西的西南部地区,再加上湖北一小部。刘邦也就因此获得"汉中王"的称号。自此也就有了汉朝的国号和年号。为了防备刘邦今后有非分之想,项羽把与汉中相邻的关中分成三部分,分别封给三个秦朝降将。直接与刘邦相接的雍王就是原秦将章邯。

这样一来,刘邦不得不离开关中。在从关中迁往汉中途中,他命人将途中一条一百多里长的栈道烧毁。此举一方面可以防止诸侯,特别是章邯军队的入侵,另一方面也可以迷惑项羽,似乎刘邦再也无意回关中了。

过了不久,还是在公元前206这一年,没有得到项羽分封的田荣在原先齐国地区起兵反对项羽。刘邦命韩信作好进攻关中的准备。为了蒙骗敌人,韩信派一些士兵前去修复栈道。章邯得知,觉得十分好笑,说:"想用这么几个人把栈道重新修好,简直像儿戏一般。"其实韩信并非真的打算从栈道进攻关中。就在重修栈道开始后不久,他已率领刘邦军队的主力从一条小路,即故道(今陕西凤翔西北)迂回到了陈仓。章邯仓促应战,结果大败。暗渡陈仓是刘邦与项羽一系列战役的开端。这些战役直到前202年方告结束,汉朝最终统一天下。

【用计锦囊】

暗渡陈仓是以正面佯攻、佯动的迷惑手段,来伪装攻击路线和突破点的谋略。

本计的特点是,将真实的意图隐藏在不令人生疑的行动的背后,将奇特的、非一般的、非正规的、非习惯的行动隐藏在普通的、一般的、正规的、习惯的行动背后,迂回进攻,出奇制胜。"明修栈道"表示公开的行动,"暗渡陈仓"表示隐藏的真实意图。

此计适合在我方不便正面进攻,而又另有可"渡"之路的情况下使用。"明修栈道"是做样子给敌人看的,以便吸引和牵制敌人的有生力量,而"暗渡陈仓"是我方所要达到的真实意图。修栈道要"明",让敌人知道,渡陈仓要"暗",掩人耳目。只有做到这一"明"一"暗",才能保证行动的成功。

应用于商战,此计可引申为:故意暴露自己的行动,用以迷惑麻痹竞争对手或以此吸引顾客,然后暗中准备行动,战胜对手或赢得顾客。

在战时,运用暗渡陈仓的谋略,可以攻敌不备,获取胜利。在平时,运用暗渡陈仓的谋略,可以化险为夷,甚至兴业发家。

暗渡陈仓有三种含义:

1. 以迂为直。本来在修好栈道之后,全军通过栈道进攻敌人是一条直而近的路,但是修好栈道需要一定的时间,同时在栈道的另一边,敌人已派重兵防守,很难一下攻破。而绕道陈仓虽然多走一些路,但一则可以使行动立即付诸实施,一则可绕过敌人的防御线,这样时间快,阻力小,从效果上看大大优于出兵栈道。所以有时看起来,是迂远曲折的途径,却可以达到近直的目的。

2. 以明隐暗。一明一暗两套办法同时使用,明的一套大张旗鼓,让敌人知道,暗的一套,"藏于九地之下",敌人无法发现。明的一套为假,暗的一套为真,用明的一套来掩盖暗的一套,暗的一套才能得以顺利实施。这是一种偷袭战术。

3. 以正隐奇。奇正是用兵的变法和常法,《孙子兵法》中说:"凡战者,以正合,以奇胜。"就是打仗作战,一般都是以正兵当敌,以奇兵取胜。本计就是让敌人错误地认为我们是在按常规的战法作战,而实际我们是在暗中使用奇兵,出奇制胜。公开使用的战法常规,是为了掩护机变灵活的非一般战法。

对暗渡陈仓之计应采取如下防范对策:

1. 布成圆阵。《孙子兵法》中说:"浑浑沌沌,形圆而不可败也。"就是在浑沌不清的情况下打仗,必须把队伍部署得四面八方都能应付自如,使敌无隙可乘,无法战败我。在任何情况下,都不可摆出只能应付一种情况的阵势,这样的临战状态,必然失败,因为战场上的情况是多变的。如果布成圆阵,既可对付栈道方面来的敌人,也可对付陈仓方面来的敌人。

2. 善于侦察。要多方收集情报,发现敌人的近期情况及动向,尽早发现向陈仓 移动的部队,并尽早加以防备,使敌人偷袭的目的不能得逞。

3. 事先堵死陈仓之路。如果我们能在敌人之前发现陈仓之路,不等敌人来到就堵死这条路,那么敌人就会不战自退,或反被陷于困境。

*9*计   隔 岸 观 火

【原文】

阳乖①序乱,阴以待逆。暴戾恣睢②,其势自毙。顺以动,豫;豫,顺以动③。

【注释】

①乖:违背,不协调。

②暴戾恣睢:暴戾,残暴凶狠;恣睢,横暴的样子。凶恶残暴,任意横行。

③顺以动,豫;豫,顺以动:《易经·豫卦》:"象曰:豫,刚应而志行,顺以动,豫;豫,顺以动。《易豫·卦疏》:"谓之豫者,取逸豫之义。以和顺而动,动不违众,众皆豫悦也。"其意思是说:顺应时机,采取和顺的态度,就会愉快。

【译文】

敌人的分裂已经趋于公开,秩序开始混乱,我方则暗中等待他们内部发生暴乱。任意横行,穷凶极恶,势必自取灭亡。应时而动,态度和顺,就会得到愉快的结果。

【按语】

乖气浮张,逼则受击,退则远之,则乱自起。

昔袁尚、袁熙①奔辽东,众尚有数千骑。初,辽东太守公孙康②恃远不服。及曹操破乌丸③,或说操遂征之,尚兄弟可擒也。操曰:"吾方使康斩送尚、熙首来,不烦兵矣。"九月,操引兵自柳城还,康即斩尚、熙,传其首。诸将问其故,操曰:"彼素畏尚等,吾急之,则并力;缓之则相图。其势然也。"

或曰:此兵书火攻之道也。按兵书《火攻篇》④,前段言火攻之法,后段言慎动之理,与隔岸观火之意,亦相吻合。

【注释】

①袁尚、袁熙:三国时袁绍的儿子,袁绍死后,袁尚、袁熙逃奔辽西乌丸。乌丸败,又投奔辽东公孙康,被公孙康所杀。

②公孙康:三国时期公孙度的儿子,曾割据辽东。后被曹操任命为左将军。

③乌丸:又称乌桓,东胡族。

④火攻篇:《孙子》篇目之一。

【译文】

敌人的内部矛盾已经暴露出来了,如果逼近他们,就会受到他们的

联合还击。如果让开他们远远地避开，那么，他们的内乱就会发生了。

从前三国时，袁绍的儿子袁尚、袁熙投奔辽东太守公孙康，还带领着几千名骑兵。原先公孙康依仗自己所处的地方偏远，而不肯屈从曹操。等到曹操击败了乌丸以后，有人建议曹操乘胜远征公孙康，就能够抓住袁氏兄弟。曹操说："我正要让公孙康杀掉袁尚、袁熙，把他们的头送来呢，不用劳师动众去远征了。"九月，曹操率领大军从柳城(今辽宁省锦县西北)撤回，公孙康就杀了袁尚、袁熙，把脑袋送来了。各位将领向曹操请教原因。曹操说："公孙康素来害怕袁氏兄弟，如果我急于用兵，他们定然联合抗拒；如果放松一下，他们就会自相火并，这是必然的发展趋势。"

有人说：这是兵书中"火攻法"的原理。按《孙子·火攻篇》所论，前段谈火攻的法则，后段谈慎重用兵的理论，与隔岸观火的意思也是互相吻合的。

【传世典故】

隔岸观火比喻在别人出现危难之时，袖手旁观，待其自毙。在军事上指不靠直接交战，而在敌人内部自相倾轧时，采取坐山观虎斗的态度，促使其矛盾更加激化，在其两败俱伤时，从中取利。

此计起源于《孙子·军争篇》中的"以治待乱，以静待哗"。计名原意为，隔着河观看人家起火，等待机会牟利，即指己方立于一旁观他者之意。在《孙子兵法》中还提到："名君名将常以慎重的态度以达成战争的目的。他们若无有利的情况或必胜之优势绝不起来作战行动，若非万不得已时绝不采取军事行动。"

而且即使我方兵力有必胜的优势，亦不可不分青红皂白的采取攻击行动，因为就算我方真的胜利，亦免不了要付出相当的死伤代价，此种胜算不是最佳的作战方式。

尤其是当对方内部产生纷扰时，我方更应该袖手旁观，以待对方自灭，才是明智之举。在敌方内争纷起时，己方若即攻击，虽有战胜的可能,但亦可能造成使对方因而团结抗战的反效果因此算不得是好战略。总之,仔细的观察敌情,正确的判断,才是成功的"隔岸观火"的策略,达到不战而胜的目的。

东汉末年,袁绍兵败身亡,几个儿子为争夺权力互相争斗,曹操决定击败袁氏兄弟。袁尚、袁熙兄弟投奔乌桓,曹操向桓进兵,击败乌桓,袁氏兄弟又去投奔辽东太守公孙康。曹营诸将向曹操进言,要一鼓作气,平服辽东,捉拿二袁。曹操哈哈大笑说,你等勿动,公孙康自会将二袁的头送上门来的。于是下令班师,转回许昌,静观辽东局势。公孙康听说二袁来降,心有疑虑。袁家父子一向都有夺取辽东的野心,现在二袁兵败,如丧家之犬,无处存身,投奔辽东实为迫不得已。公孙康如收留二袁,必有后患,再者,收容二袁,肯定得罪势力强大的曹操。但他又考虑,如果曹操进攻辽东,只得收留二袁,共同抵御曹操。当他探听到曹操已经转回许昌,并无进攻辽东之急时,认为收容二袁有害无益。于是预设伏兵,召见二袁,一举擒拿,割下首级,派人送到曹操营中。曹操笑着对众将说,公孙康向来惧怕袁氏吞并他,二袁上门,必定猜疑,如果我们急于用兵,反会促成他们合力抗拒。我们退兵,他们肯定会自相火并。看看结果,果然不出我料。

【用计锦囊】

隔岸观火,就是"坐山观虎斗","黄鹤楼上看翻船"。敌方内部分裂,矛盾激化,相互倾轧,势不两立,这时切切不可操之过急,免得反而促成他们暂时联手对付你。正确的方法是静止不动,让他们互相残杀,力量削弱,甚至自行瓦解。

此计的特点是:以静观变,随变而动,使敌人内部自相残杀、自相削弱。当着两股敌对势力相争时,既不援助,也不鲁莽干涉,静观其变化,直到事情发展到有利于自己的地步,才相机行动,及时出击,坐收渔利。

使用此计的先决条件,一是有"火"可观,即敌方出现秩序混乱的局面;二是有"岸"可隔,因为在无"岸"的情况下,观"火"的风险是很大的。

一般说来,在自己不宜出战、无力出战或者不便出战之时,均可以采取"观"的态度。"观"的办法有多样:①袖手旁观;②静而暗观;③退而远观;④顺而动观。

此计的含义有以下三种:

1. 先为不可胜。《孙子兵法》说:"昔之善战者,先为不可胜,以待敌之可胜。"在"火"旺盛的时候,切不可首先趋近取"栗",否则会引火烧身。应当"隔岸"观察"火"的动向,这样可以确保自身的安全。待到机会到来时,再采取行动,定能一举成功。

2. 坐山观虎斗。在通常情况下,外部矛盾的加剧会促使内部矛盾的缓解,外部矛盾的缓解会导致内部矛盾的加剧。在两虎相斗时,可以坐山静观,让它们互相撕咬,两败俱伤。

3. 坐收渔利。"观火"不是最终目的,"观火"是为了取利。因此,在鹬蚌相争之时,要抓住双方不能自拔的有利时机,收取渔人之利。如果贻误时机,恐为别人所得。

对隔岸观火之计应采取如下防范对策:

1. 不要窝里斗。不考虑大的共同的利益,而只是为了一点局部的,小集团的利益而同室操戈,这就等于把屠刀交到敌人手中,使亲者痛、仇者快。

2. 家丑不可外扬。自己内部有这样那样的矛盾和分歧是正常的,而不正常的是把这些情报提供给敌人,使敌人有隙可乘。内部的问题要解决在内部。在敌人面前我们一定要表现出团结一致、牢不可破的气概来,因为血总是浓于水的。

3. 要及时觉悟。在我们自己内部发生争斗的时候,更应把眼睛盯在我们的共同敌人身上。一旦发现有人在看"热闹",想获渔人之利,就应立即觉悟过来,各自主动放手,切莫计较个人恩怨,让给自家,总比同归于尽好。

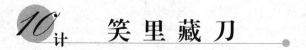

10计 笑里藏刀

【原文】

信而安之,阴以图之;备而后动,勿使有变。刚中柔外①也。

【注释】

①刚中柔外:即外柔内刚之意,表面上柔顺和悦,内心里却刚强不屈。

【译文】

取得敌人的相信,并使其麻痹松懈,却在暗中策划谋取他们。做好充分准备,而后动手,使敌人来不及应变。这就是表面上和好,内心却藏有杀机的谋略。

【按语】

兵书云："辞卑而益备者,进也;……无约而请和者,谋也。"故凡敌人之巧言令色①,皆杀机②之外露也。

宋曹玮③知渭州④,号令明肃,西夏⑤人惮之。一日玮方对客弈棋,会有叛卒数千,亡奔夏境。堠骑⑥报至,诸将相顾失色,公言笑如平时。徐谓骑曰:"吾命也,汝勿显言。"西夏人闻之,以为袭己,尽杀之。此临机应变之用也。若勾践之事夫差,则竟使其久而安之矣。

【注释】

①巧言令色:巧言,说的好听;令色,讨好的表情。花言巧语,讨好于人。

②杀机:杀人的动向。引申为战争迹象。

③曹玮:宋朝大将曹彬之子,有勇谋、善用兵。

④渭州:治所名。北宋时辖地广,相当今甘肃之平凉、华亭、崇信及宁夏之泾源等地。

⑤西夏:古国名,以党项族所建,1038年李元昊定都兴庆(今银川东南)。史称西夏。后为蒙古所灭。

⑥堠骑:堠,古代用来侦察的土堡。堠骑:骑马的侦察兵。

【译文】

兵书写道:"表面上谦卑而实际上加紧战备的定是要图谋进攻;……没有具体条约而请求讲和的,定是另有阴谋。"所以,凡是敌人花言巧语讨好于我,都是要消灭我方企图的显露。

宋朝时,曹玮做渭州的知州,号令严明,西夏人很惧怕他。有一天,曹玮正和客人下棋,正好有几千名士兵叛变,逃往西夏。当侦察的骑兵回来报告的时候,许多将官你看我,我看你,惊恐失色,而曹玮却像平时一样谈笑自如。而后慢慢地告诉骑兵说:"这是我的命令,你们不要声张出去。"西夏人听说后,以为是被派来袭击他们的,就把他们全杀了。这就是临机应变谋略的运用。像春秋时勾践侍奉吴王夫差,竟使夫差相信了他并麻痹大意,放松警惕,一心贪图安逸,最终为其所灭。

【传世典故】

笑里藏刀原意是形容脸露笑容而心有杀机,或外表和善,内心凶狠。在军事上就是表面缓和,借以麻痹敌人,暗中却积极准备,等待时机,突然行动,一举全歼敌人的策略。

此计出自《旧唐书·李义府传》中的一段描述:"义府貌状温恭,与人语嬉必怡微笑,而偏忌阴贼。既处权要,欲人拊己,微杵意者,则加倾陷。故时人言其笑中有刀"。计名原意为以友好的态度接近对方,使对方解除警戒之心的策略,其成功率是很高的。反之,己方亦要严防对方

采取这种笑脸战略,须知笑脸之下往往藏着许多诡计。因此,面对敌人时,应提高警觉,做好应付之对策方行。如不能及早有所准备,即很容易陷入敌人的圈套。

战国时期,秦国为了对外扩张,必须夺取地势险要的黄河崤山一带,派公孙鞅为大将,率兵打魏国。公孙鞅大军直抵魏国吴城城下。这吴城原是魏国名将吴起苦心经营之地,地势险要,工事坚固,正面进攻恐难奏效。公孙鞅苦苦思索攻城之计。他探到魏国守将是与自己曾经有过交往的公子卬,公孙鞅心中大喜。马上修书一封,主动与公子卬套近乎,说道,虽然我们俩现在各为其主,但考虑到我们过去的交情,还是两国罢兵,订立和约为好。念旧之情,溢于言表。他还建议约定时间会谈议和大事。信送出后,公孙鞅还摆出主动撤兵的姿态,命令秦军前锋立即撤回。公子卬看罢来信,又见秦军退兵,非常高兴,马上回信约定会谈日期。公孙鞅见公子卬已钻入了圈套,暗地在会谈之地设下埋伏。会谈那天,公子卬带了三百名随从到达约定地点,见公孙鞅带的随从更少,而且全部没带兵器,更加相信对方的诚意。会谈气氛十分融洽,两人重叙昔日友情,表达双方交好的诚意。公孙鞅还摆宴款待公子卬。公子卬兴冲冲入席,还未坐定,忽听一声号令,伏兵从四面包围过来,公子卬和三百随从反应不及,全部被擒。公孙鞅利用被俘的随从,骗开吴城城门,占领吴城。魏国只得割让西河一带,向秦求和。秦国用公孙鞅笑里藏刀计轻取崤山一带。

【用计锦囊】

笑里藏刀以表面上的友好、善良和美丽的言词、举止作为假象,掩盖阴险毒辣的用心和企图。它的诀窍是:使敌人轻信而安然不动,我方则暗中策划,作好准备,后发制人,不使敌方得以应变,就是暗怀杀机、外示柔和的计策。

使用笑里藏刀一计,要根据敌方指挥员的特点实施,对骄傲自大的要增加他的傲气;对心怀畏惧的,要表示我方的诚意,使敌人放松警惕,我方则暗中准备,寻找有利时机发难。

运用此计的关键在于一个"笑"字。笑必须自然真实,掌握好分寸,使敌人"信而安之"。如果"笑"得做作,"笑"得过火,反而会引起对方的警觉。"笑"的目的是为了"藏刀"。无论何时何地,"刀"要藏在"笑"里,千万不能暴露出来,以防此计被人识破。"刀"可以明出,也可以暗出。"刀"一旦出鞘,要迅速果断,使敌人不及应变。

此计的含义有三种:

1. 口蜜腹剑。嘴里讲的话比蜜还甜,心里却藏着一把杀人的利剑。正所谓"笑中有刀潜杀人"。

2. 刚中柔外。表面上谦恭和善,骨子里却阴毒无比。这是一种以柔克刚的韬晦之术。

3. 伪装顺从。一方面对别人表示诚心服从,按别人的意愿行事;另一方面心怀异志,等待时机,杀人越货。

对笑里藏刀之计应采取如下防范对策:

1. 要警惕无缘由的主动亲近。如果敌人突然对我们表现出十分亲近的样子,而我们又一时找不出同我们亲近的缘由来,那就应该提高警惕,加强戒备,这很可能就是敌人要向我们发动攻势的信号。

2. "辞卑而益备者,无约而请和者"要防。敌人的言辞突然谦卑而实际上又在强紧备战的,没有事先约定而突然来议和的,其中必有阴谋。对于这样的敌人,我们决不能完全相信,要察言观色,看透本质。

3. 巧言令色,鲜矣仁。花言巧语的人,我们不能完全相信,这样的人很少讲仁义道德。

4. 戒骄戒躁。骄傲自恃,刚愎自用,急躁浮动,喜欢奉承之人,是敌人可利用的心理缺点。敌人之所以能利用我们,是因为我们有可利用之处,要想不被敌人所利用,必须彻底克服可被利用的缺点。

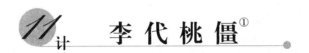

11计 李代桃僵①

【原文】

势必有损,损阴以益阳②。

【注释】

①李代桃僵:僵,僵死,枯萎。原意是指代人受过。出自《乐府诗集·鸡鸣篇》:"桃生露井上,李树生桃旁。虫来啮桃根,李树代桃僵。树木自相代,兄弟还相忘?"军事上用"李代桃僵"作计名,是指牺牲自己兄弟部队,来换取战争的胜利,也即以小的代价换取大的胜利。

②损阴以益阳:阴,指小的,局部;阳,指大的,全局。损失一部分,保全大局。即牺牲一部分人或损失一部分地盘来增强全军的主动性,取得战争的胜利。

第一编 《三十六计》原典释译

【译文】

当战局发展必然要有所损失时,要设法用尽可能小的损失换取全局大的胜利。这就是损卦原理的演用。

【按语】

我敌之情,各有长短,战争之事,难得全胜,而胜负之决,即在长短之相较;而长短之相较,乃有以短胜长之秘诀。

如以下驷①敌上驷,以上驷敌中驷,以中驷敌下驷之类,则诚兵家独具之诡谋,非常理之可推测者也。

【注释】

①驷:马。

【译文】

敌我双方的情况互有长短。在战争过程中,想取得全胜是很难做到的。而谁胜谁负的关键,取决于双方长处和短处的较量。在长处和短处的较量中,还有以短处胜长处的巧妙方法。

比如战国时,田忌用自己的下等马对付人家的上等马,以上等马对付中等马,用中等马对付下等马,二胜一负。这种例子,确实是军事家独具一格的阴谋诡计,并不是用普通道理可以推测到的。

【传世典故】

李代桃僵原意是以李树代桃树受虫蛀。比喻兄弟间互相爱护,互相帮助。它转用比喻互相顶替或代人受过。即用甲来代替乙,或以劣势的兵力牵制优势的敌人,以便为全局争取时间或提供有利条件。

本计语出《乐府诗集·鸡鸣》。诗中说:"桃生露井上,李树生桃旁。虫来啮桃根,李树代桃僵。树林身相代,兄弟还相忘?"此诗的本意是比喻兄弟休戚与共的情谊。后人借"李代桃僵"的成语,表示为借助某种手段,以一事物的损失、牺牲,来换取另一事物的安全、成功,以局部的牺牲换取全局的转危为安的谋略。

战国后期，赵国北部经常受到匈奴国及东胡、林胡等部骚扰，边境不宁。赵王派大将李牧镇守北部门户雁门。李牧上任后，日日杀牛宰羊，犒赏将士，只许坚壁自守，不许与敌交锋。匈奴摸不清底细，也不敢贸然进犯。李牧加紧训练部队，养精蓄锐，几年后，兵强马壮，士气高昂。公元前250年，李牧准备出击匈奴。他派少数士兵保护边寨百姓出去放牧。匈奴人见状，派出小股骑兵前去劫掠，李牧的士兵与敌骑交手，假装败退，丢下一些人和牲畜。匈奴人占得便宜，得胜而归。匈奴单于心想，李牧从来不敢出城征战，果然是一个不堪一击的胆小之徒。于是北率大军直逼雁门。李牧已料到骄兵之计已经奏效，于是严阵以待，兵分三路，给匈奴单于准备了一个大口袋。匈奴军轻敌冒进，被李牧分割几处，逐个围歼。单于兵败，落荒而逃。李牧用小小的损失，换得了全局的胜利。

【用计锦囊】

在两军对峙时，在政治舞台上，在商业竞争中，获得全胜往往很难，有时需要付出一定的代价或做出一定的牺牲。在这种情况下，要恪守"两利相权取其重，两害相权取其轻"的原则，尽量牺牲局部以保全大局，牺牲眼前以希图长远，牺牲他人以拯救自己，牺牲小的利益以换取更大的利益。可见，李代桃僵是一种舍小保大的计谋。

此计以"李"表示做出牺牲的一方，以"桃"表示被保全的一方。因此，"李"与"桃"之间要具备内在的联系，否则无法完成替代任务。要注意"李"轻"桃"重，不能顾此失彼，更不能反向替代。"李"的角色具有悲剧性，若想避免"代桃僵"的命运，应注意这样三条规则：一是非己之过莫要揽；二是是非之地莫要留；三是不白之冤莫要忍。

此计有以下五种含义：

1. 丢车保帅。在象棋中，为了保住帅，宁可丢掉最有攻击力的车。此法在军事、外交、政治、经济和日常生活诸领域无不适用。

2. 弃子争先。在围棋中，古人有"逢危须弃"的要诀。弃子从表面上看失去了一些棋子，但有利于占据先手，达到全盘棋活的目的。此法亦具有普遍适用性。

3. 忍痛割爱。壁虎在尾巴被捉时，会猛力挣断尾巴。壁虎打断尾巴肯定是痛苦的，但为了活命，这样做才是值得的。其实人比壁虎更会忍痛割爱。

4. 抓替罪羊。本来自己有罪，却把罪名强加到别人头上，这样便能逍遥法外。这是一种阴险的手段。

5. 代人受过。在与自己休戚相关的人即将遭难时，自己主动替他承担罪责。这是一种主动献身的行为。

对李代桃僵之计应采取以下防范对策：

1. 非己之过莫要揽。推功揽过虽是一种美德，但只有在正常的同志关系中，才能起到保护好人的作用。如果无原则的承揽别人的过错，很容易被利用，成为别人的挡箭牌，替罪羊。自己的无谓牺牲，反为坏人

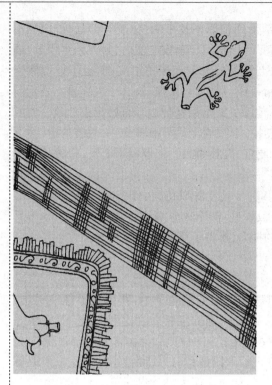

提供了逃之夭夭的机会和条件。

2. 不白之冤莫要忍。在自己受到了不白之冤的背后,肯定会有另一个人逍遥法外,幸灾乐祸。如果我们忍受了别人强加在我们身上的罪责,无疑就成了代替桃僵的李树了。所以一旦发现自己被人当了替罪羊时,一定要奋起抗争,莫要忍耐。

3. 是非之地莫要留。别人争斗之地,或别人作案之地,即为是非之地。尤其是别人的作案之地,千万不能长时间逗留以防有人移花接木,嫁祸于人。

总之不能给别人留有空隙,不能授人以柄。

12计 顺手牵羊

【原文】

微隙①在所必乘,微利在所必得。少阴,少阳②。

【注释】

①隙:空隙,漏洞。指可乘之机。

②少阴,少阳:阴之初生,阳之初生。敌人微小的漏洞或失误,可以被我们利用取得胜利。

【译文】

一旦发现微小的漏洞,也要及时利用;不管多么微小的利益,也要力争获得。利用敌方小的疏忽,为我方争取一些小的利益。

【按语】

大军动处,其隙甚多,乘间①取利,不必以战。胜固可用,败亦可用。

【注释】

①乘间:乘,趁着,凭借,利用;间,夹缝,空隙。趁机之意。

【译文】

大部队行动之处,他们的漏洞和疏忽一定很多。趁机争取一些利益,而不必通过战斗。这个方法,胜利者固然可以用,失败者也同样可以用。

【传世典故】

顺手牵羊意思是乘机顺便把别人的羊牵过来,即伺便窃取。比喻顺便拿走人家的东西,或顺势做某件事情。也用以比喻手疾眼快,有借力使力的智能和技巧。军事上是指利用敌方的间隙和薄弱之处,达到发展和取胜的目的。

本计当出自《草庐经略·游兵》:"伺敌之隙,乘间取胜"。后人以顺手牵羊,形象化地比喻乘敌人的小间隙,向敌人的薄弱处发展,创造和捕捉战机的一种谋略。关汉卿著元剧《尉迟恭单鞭夺槊》台词中,就出现了本计计名。《水浒传》第99回写道:"前面马灵正在飞行,却撞着一个胖大和尚,劈面抢来,把马灵一禅杖打翻,顺手牵羊,早把马灵擒住。"但都不是说的战争。战争史上"顺手牵羊"之计,不乏其例。

公元前354年,魏惠王(前369—前319)打算进攻北面的赵国。他派遣庞涓率领一支精锐部队向赵国杀去。庞涓没费多大力气就杀到了赵国都城邯郸城下,并包围了邯郸。此时,赵国无力应战,只好派使者向实力雄厚的楚国求救。楚王对于要不要救赵犹豫不决。于是,他召集谋士们商议。楚相昭奚反对出兵,认为应当听凭魏国攻打赵国,楚国可以等他们两败俱伤后,坐收渔人之利。

景舍反对昭奚的主张,提出以救赵为名来削弱赵魏的实力,并顺手牵羊,为楚国谋利的计划,受到楚王的赞赏。楚王任景舍为帅,带领一支人数不多的军队,打着救赵的旗

号,跨越赵、楚之间的国界,进入赵国。赵国大将马上将楚国派救兵的消息通告守城官兵,但这一切都没能阻庞涓的进攻。围城七个月后,庞涓终于攻克了邯郸。这时,传来齐国派一支军队直趋魏国都城大梁的消息。庞涓得知这一情报后,马上从赵国撤兵回国。半路上,齐军"以逸待劳",把庞涓率领的魏军打得大败。

魏国和赵国都在战争中受到重创。这对楚国是最好的机会,景舍正是抓住赵国向楚国求救的机会,派兵进入了赵国,而且在魏军撤退之后,不费吹灰之力便"顺手牵羊",占领了部分赵国领土,胜利实现了昭奚的计谋。

【用计锦囊】

顺手牵羊是看准敌方在移动中出现的漏洞,抓住薄弱点,乘虚而入获取胜利的谋略。古人云:"善战者,见利不失,遇时不疑。"意思是捕捉战机,乘隙争利。当然,小利是否应该必得,这要考虑全局,只要不会"因小失大",小胜的机会也不应该放过。

实施此计的关键在于"顺手",即来去顺路,取之顺手,赢之顺时,得之顺便。如果在不顺手的情况下强行取利,不仅徒劳无功,而且会影响原有的主要目的的实现。

羊是一种温顺的动物,只要稍稍牵它一下,它就会随你而来。但是,并不是见"羊"(意外的小利)就牵。首先要观察它是不是诱饵,敌人常常会留下饵食诱你上钩。其次要明确:小利终归是小利,不能代替自己的主要目的。只有在不影响主要目的实现的前提下,才能顺手去取意外之利。否则因小失大,拣了芝麻丢了西瓜。

本计主要有三种含义:

1. 微隙必乘。敌方出现的微小漏洞也必须及时利用。敌我双方进行交战或竞争,事先都要进行周密的计划和部署。一般情况下很少会出现大的漏洞或失误等我们去利用的,但是在较大的行动中,难免会出现小漏洞或小失误,对此我们要及时地充分地利用它,因为穿透一个蚁穴,就有毁坏长堤的可能。

2. 微利必得。极微小的利益,也要力争获得。事物的变化是一个由量变到质变的过程,量变积累到一定程度时,才能引起质的变化。双方的竞争中也是这样,把小的胜利积累起来,可以成为大的胜利,把局部的胜利积累起来,可以成为全局的胜利。所以只要是安全的,顺手可得的小利,也不要轻易舍弃。

3. 见利宜疾。见到可取之利,要迅速果断地获取。可取之利,特别是顺手可取之利,一般只能存在于特定的时间和环境中,时过境迁,易取之利会成为难取之利,可取之利会变为不可取之利。所以只有见利不失,遇时不疑地下定决心,手疾眼快,干净利落地采取行动,才能获得成功。

对顺手牵羊之计应采取的防范对策:

1. 少出漏洞。敌方之所以能顺利牵羊,主要是利用我方出现的漏洞,如果我方能少出或不出漏洞,那么敌方也就无可乘之机了。事先的周密计划和事中的严密组织是防止漏洞的有效办法。

2. 亡羊补牢。一旦有了漏洞,要及时发现,并立即加以弥补,"亡羊补牢,未为晚也。"如果不及时发现,不及时弥补,那么其余的羊就会全部丢光。这里有两个问题,一是要尽早知道牢已经破了,羊已经丢了,这就需要及时的反馈。二是在发现问题后,立即做出决断,毫不迟疑地动手补牢,不要存有侥幸心理,更不要懒于动手。

3. 小利不弃。如果不属于特殊情况,那么我们也要微利在所必争,无论大利小利都不能轻易放弃,对于乘机取利的人要针锋相对地与之斗争。对于自己的"羊",要心中有数,要时时看管,不使走散。

4. 疑人必防。有些人在牵羊之前,怕人发现,往往要东张西望,鬼鬼祟祟的。一旦发现同我们有利害冲突的人,靠近我们的羊群,就应该提出警告并严加防备,使之牵羊的企图不能得逞。

三十六计

第三章 攻战计原典释译

13计 打草惊蛇

【原文】

疑以叩实①,察而后动②。复者,阴之媒③也。

【注释】

①疑以叩实:疑,有疑点;叩,打探,询问。有疑点就打探清楚。实,确实。

②察而后动:察,弄明白。弄明白后再行动。

③阴之媒:阴,阴谋,计划;媒,媒介,指必要条件。发现阴谋的条件。

【译文】

有了疑点就要打探确实,等到弄明白以后再行动。

根据复卦原理:反复侦察敌人的动向,是发现敌人阴谋的必要手段。

【按语】

敌力不露,阴谋深沉,未可轻进,应遍探其锋①。兵书云:"军旁有险阻、潢井②、葭苇、山林、翳荟③者,必谨复索之,此伏奸之所也。"

【注释】

①探其锋:探,侦察,打听;锋,兵器锐利的部分,也指前锋。此处指敌人部队实力。

②潢井:积水池。陂塘水池。

③翳荟:翳,遮蔽;荟,草多的样子。草木丛生之处。

【译文】

敌人的实力如果不暴露,必定隐藏着深沉的计谋。这时不可轻举妄动,应当广泛地侦察敌人的主力部队的情况。兵书上说:"行军的两旁,如果有险峻的山地或关隘、坑池水网、芦苇树林以及野草丛生的地方,必须谨慎地反复搜索,这些都是敌人有可能设下埋伏的地方。"

【传世典故】

打草惊蛇比喻甲乙事情相类似,甲受到打击惩处,就使乙感到惊慌。

后用以比喻做事不机密,使对方知道了自己的意图而有所戒备。

计名"打草惊蛇",原是借用了一句民间俗语来喻指某种军事谋略。原意是蛇在草丛中,草被搅动,蛇便受惊而走。也有人认为,"打草惊蛇"一语,源出宋代郑文宝《南唐近事》:王鲁为当涂宰,渎物为务,会部民连状诉主簿贪,鲁乃判曰:"汝虽打草,吾已蛇惊。"意思是说:南唐时,有个叫王鲁的人任当涂

(今安徽当涂)县令。他生性爱财,贪污受贿。手下的衙吏们也跟着效法,索取贿赂。百姓们怨声载道,苦不堪言。

有一天,王鲁得知上司要来察访民情,整肃吏治,不禁担忧起自己头上的乌纱帽来。他在批阅公文当中,正好看到本县百姓联名告发他的主簿受贿的一叠状子,更是忧上加忧,神情恍惚。忧虑之中,他不由自主地在一张状子上批了八个字:"汝虽打草,吾已惊蛇。"

后人将这个故事归纳为"打草惊蛇",用作成语比喻行动不谨慎,使对方事先有所察觉;用作计谋则反其意而用之,字面意义为,用打草这一小行动,使隐蔽的蛇惊动而暴露。

也就是说,无意识地打草惊蛇,会使对手有所警觉,预作防范;而有意识地打草惊蛇,却可以促使对手惊慌失措,显露原形。

因此,打草惊蛇之计,便是通过侦察性的佯动,逼迫隐藏着的对手显露原形的谋略。它的诀窍是:对可疑的地方要侦察实情,在完全掌握情况之后才采取行动。反复察明情况,是发现隐秘敌情的重要手段。

公元前627年,秦穆公发兵攻打郑国,他打算和安插在郑国的奸细里应外合,夺取郑国都城。大夫蹇叔以为秦国离郑国路途遥远,兴师动众长途跋涉,郑国肯定会作好迎战准备。秦穆公不听,派孟明视等三帅率部出征。蹇叔在部队出发时,痛哭流涕地警告说,恐怕你们这次袭郑不成,反会遭到晋国的埋伏,只有到崤山去给士兵收尸了。果然不出蹇叔所料,郑国得到了秦国袭郑的情报,逼走了秦国安插的奸细,作好了迎

敌准备。秦军见袭郑不成,只得回师,但部队长途跋涉,十分疲惫。部队经过崤山时,仍然不作防备。他们以为秦国曾对晋国刚死不久的晋文公有恩,晋国不会攻打秦军。哪里知道,晋国早在崤山险峡谷中埋伏了重兵。一个炎热的中午,秦军发现晋军小股部队,孟明视十分恼怒,下令追击。追到山隘险要处,晋军突然不见踪影。孟明视一见此地山高路窄,草深林密,情知不妙。这时鼓声震天,杀声四起,晋军伏兵蜂拥而上,大败秦军,生擒孟明视等三帅。秦军不察敌情,轻举妄动,"打草惊蛇"终于遭到惨败。当然,军事上有时也可故意"打草惊蛇"而诱敌暴露,从而取得战斗的胜利。

【用计锦囊】

打草惊蛇作为一条计谋,指的是在敌情不明或敌情可疑时,先进行试探性的佯攻,诱使敌人将真实的情况暴露出来。在反复侦察、探听虚实之后,再采取行动,以防堕入敌人设置的陷阱。正如《虎钤经》中所说:"观彼动静而后举焉。"

《孙子·虚实篇》中说:"作之而知动静之理,形之而知死生之地,角之而知有余不足之处。"大意是:用行动来了解动与静的道理,用示形诱敌来摸清地形的有利和不利之处,用小的战斗测验自己的长处和短处。这段话正说出了"打草惊蛇"计的内涵。

运用此计首先要明确何为"草",何为"蛇"。显然,"草"与"蛇"是两个性质不同却相互联系的两个事物。"草"暴露于外,"蛇"藏于"草"中。"草"可迅速地向"蛇"传递信息。可见,"草"指敌人的同类,"蛇"指敌人自身。所以,"打草"之后必然"惊蛇"。"兔死狐悲,物伤其类"说的正是这个意思。

本计有以下三种含义:

1. 打草惊出蛇。这是一种间接的侦察方法,也叫投石问路,引蛇出洞。前方的道路情况不明,可能有蛇隐伏,如果贸然踏过去,风险很大,通过打草或投石发出声响,敌人误以为我们已到了跟前,便出来发动进攻,结果便自己暴露了自己,就是"观彼动静而后举焉"。火力侦察、先行试点等都属此类。

引蛇出洞的目的可以是借此了解蛇的位置力量,了解蛇的意图、动向,便于

躲避,也可以是把蛇引出来,便于消灭。

2. 打草惊走蛇。这是一种间接驱赶的方法。为了在行路的过程中不致被蛇所袭击,需要把伏在路上的蛇赶跑,因为蛇的样子很令人讨厌,同时又含有剧毒,所以若用棍子直接打,怕它随棍而上,而通过打击路边的草来吓跑草丛中的蛇,是一种有效而无危险的策略。在不便或不愿与敌人直接接触,并且只需将其赶跑的时候,可使用这种间接驱赶的方法。

3. 打草惊醒蛇。这是一种间接警告的方法。世界上的事物是互相联系、互相影响的,往往触动一件事物,就会连带相关的事物。如果甲受到打击惩处,会使乙感到惊慌的话,那么我们就采用打击甲来警告乙的策略。

要防止敌人用打草惊蛇之计来诱骗我们上当。其对策如下:

1. 不做亏心事。俗话说:不做亏心事,不怕鬼叫门。我们自己坐得正,行得端,不与坏人同列,不留把柄与人,你无论如何打草,我们也绝不会心惊。

2. 要静不露机。在我们隐藏的时候,十分隐蔽和巧妙,不能让敌人发现一点可疑的痕迹,更不能让敌人了解到我们的意图,隐藏埋伏时,不能自我暴露,要静静地等待出击的时机。

3. 不要被敌人的虚张声势所惑。在敌人不了解我们情况时,往往要采取虚张声势的办法来迷惑我们,诱骗我们。这时我们要能分辨出敌人是否真的发现了我们,若真的发现了我们,则攻击的火力比较集中,猛烈而准确。若是使用打草惊蛇之计,则攻击的火力分散,不猛烈也不持久,经常不断地变换方向。在敌人已发现我们时,要立即出来迎战,切不可迟误,在敌人虚张声势时,要沉得住气,切不可盲动。

4. 要留有退路。狡兔三窟,人更应留有退路。在敌人打草之时,防止因牵连而暴露,应该主动地、隐蔽地退走。怎样退?从哪里退?退到哪里?事先都要谋划好。

14计 借尸还魂①

【原文】

有用者,不可借;不能用者,求借。借不能用者而用之,匪我求童蒙,童蒙求我②。

【注释】

①借尸还魂:尸,尸体;魂,魂魄。借着别人的尸体恢复自己的魂灵。比喻已经死亡的东西,借着另一种形式出现。作为计谋,代表弱小者或影响较小的人或集团利用已经消亡了的有影响、有感召力的集团或人的影响而活动,扩大自己的势力。

②匪我求童蒙,童蒙求我:《易经·蒙卦》"象曰:匪我求童蒙,童蒙求我,志应

也。"意思是说:不是我有求于蒙昧的幼童,而是他前来救教于我。彼此志同道合,互为感应,那么,童子则受支配。运用在这一计谋中,便是别人受我控制,我不受制于人之意。

【译文】

凡是有所作为的人,总是难以控制,不可以利用。凡是没有作为的人,总是有求于人,就可以利用。利用没有作为的人发挥作用,使他有所作为。根据蒙卦原理,这不是我受别人支配,而是我支配别人。

【按语】

换代之际,纷立亡国之后者,固①借尸还魂之意也。凡一切寄兵权于人,而代其攻守者,皆此用也。

【注释】

①固:原本,原来。

【译文】

每当改朝换代的时候,总会出现纷纷扶植亡国君主后代的现象,本来就是"借尸还魂"的意思。凡是带军队依托别人,并代替别人进行攻击或防御的,也都是这一计谋的运用。

【传世典故】

借尸还魂原指人死后,将灵附于他人尸体而复活,现比喻已经没落或死亡的事物借助别的事物,又以另一种形式出现。在军事上指善于利用一切可以利用的事物,来实现自己的军事意图。

"借尸还魂"来源于神话传说。从前有一个叫李玄的人,长得十分英俊潇洒,博闻强记。太上老君见其聪明伶俐,就收为徒弟,并授以长生不老之术。

一天,他要随自己的师父太上老君到仙界云游,但凡胎肉体却上不了天,就只好留下躯体,跟随师父魂游太空了。在自己的灵魂离开躯体之前,李玄对自己的徒弟说:"我的尸体留在这里,你要好好守护,不得有半点马虎,七天之内我就返回。如果到时未归,就是我已成仙了,那时才可将我的尸体火化。"

徒弟遵照师父的吩咐,日夜守护李玄的尸体,已到了第六日,忽然传来母亲病危的消息。徒弟此时十分进退两难,若要回家,为母送终,师父的灵魂还没有归还;若要守护师父的尸体,自己难尽孝道,母亲死难瞑目。

后来有人劝说道:"在师徒之义、父母之情不能两全的时候,首先应保全父母之情,何况你师父已六日未归,说不定早已成仙去了。"徒弟只好洒泪将李玄的尸体焚化了。

到了第七日,李玄的灵魂回来了,四下里找不到了自己的尸首,无法还阳。正在急切无奈之时,忽见路旁有一饿死的乞丐,刚刚断气不久,尸体还算新鲜,李玄于慌忙之中,便将自己的灵魂附在了这具乞丐尸体之上。借尸还魂后的李玄,与原来的李玄已面目全非。蓬头垢面,袒腹露胸,并跛一足。为支撑身体行走,李玄对着原乞丐用的一根竹杖喷了一口仙水,竹杖立即变为铁仗。借尸还魂后的李玄也因此被称为铁拐李,

而原来的名字却反被人们忘却了。铁拐李借尸还魂的故事还见于元代岳伯川所写杂剧《吕洞宾度铁拐李岳》,后《东游记》也有记载,只情节不尽相同罢了。借尸还魂这一带有迷信色彩民间传说,后来被人们用来喻指某些已经死亡的东西,又借助某种形式得以复活的现象;有时也可以用来喻指某些新的事物或新的力量借助某种旧的事物或旧的形式求得发展的现象。在上述两种情况下,所谓"尸"、"魂"、"借"、"还"的喻意便都不尽相同了。

【用计锦囊】

借尸还魂原意是说已经死亡的东西,又借助某种形式得以复活。用在军事上,是指利用、支配那些没有作为的势力来达到我方目的的策略。战争中往往有这类情况,对双方都有用的势力,往往难以驾驭,很难加以利用。而没有什么作为的势力,往往要寻求靠山。这个时候,利用和控制这部分势力,往往可以达到取胜的目的。

借尸还魂作为一条计谋,指的是已经衰落或死亡的事物借另一种形式重新出现。从引申的意义来说,处于被动或面临失败的局面时,善于利用一切有利条件,扭转局势,争取主动,实现原先的意图,都可视为借尸还魂。

大凡失败之后有两种态度:一是一蹶不振,自暴自弃,破罐破摔;二是永不认输,寻找机会,东山再起。借尸还魂显然属于后者。此计在政治、经济、军事、外交等领域用处甚广。特别在改朝换代的历史时期,总

会有人扶植亡国君王的后代,打起前朝的旗帜以号令天下,这种做法是典型的借尸还魂。

本计有以下三层含义:

1. 东山再起。失败之后有两种态度:一种是一蹶不振,自暴自弃,另一种是永不认输,寻找机会,东山再起。本计就属于后一种。在失败时能保持清醒的头脑,冷静进行分析,准确地作出判断,不惜一切手段,积极主动地转败为胜。

2. 借形借力。若要东山再起,关键在于会"借"。自己的力量不足以转败为胜,就要借助一切可利用的力量,以壮大自己的力量,争取一切可利用的机会,以增加取胜的可能;借用一切可用的形式,以实现自己的意图。只要能还魂,可以不必计较尸体是脏是跛,另外也可假借他人的名义,推行自己的战略计划。

3. 无用之用。借形、借力一般不借有能力、有作为的,因为它们难以驾驭和控制,而应借用那些无能力,无作为的。因为它既可以很方便地驾驭和控制,又不易引起敌人的注意。无用之用,即利用那些所谓无用的东西加以利用。这就是借形、借力的一般原则。

对借尸还魂之计应采取如下防范对策:

1. 斩草要除根。如果不将野草连根拔掉,它就会"春风吹又生",对敌人只是打伤,而不是消灭,他就会在养好了创伤之后,卷土重来。所以,我们切不可像孙悟空打白骨精那样,让其弃尸而逃,留下祸根,一再借尸还魂。

2. 弃尸要深埋。我们有时也要抛弃一些东西,这些对我们暂时无用的东西,很可能成为以后敌人还魂时所借之"尸",我们的东西被敌人所借,并用来对付我们,那是十分可悲的事情。为了不使敌人有尸可借,至少从我们这里得不到便宜,我们就应注意将可能被"借"的东西,深埋或隐藏起来,使敌人无机可乘。

3. 由表要及里。若敌人已经借到"尸",并且还其"魂"的话,我们就应该及时识破,揭露其真实的面目。不让他继续为非做歹。识破敌人借尸还魂之计并不容易,因为他给我们是假象,真实的东西藏在里面。这就需要我们透过现象看本质,由表及里的进行分析判断,以防上当受骗。

4. 不为他人做嫁衣。贫穷人家的女子没有钱为自己置备嫁妆,却年年为人家缝制嫁衣,这是出于无奈。见到别人有困难,宁肯牺牲自己的利益,也要去帮助,这是出于自愿。在激烈的,你死我活的竞争中,若要为人做嫁衣,则是愚蠢了。当然有时是在不知不觉中被人利用,一旦发现,就要立即停止。另外在做每件事情之前,都要分析一下:此件事情成功之后,是我们获利多,还是对方获利多? 只有我们的获利多于敌方获利时,才可去干。

15计　调 虎 离 山

【原文】

待天①以困之,用人以诱之。往蹇来反②。

【注释】

①天:即天时。《孙子·计篇》:"天者,阴阳、寒暑、时制也。"指对战争起重大影响的天气状况和时机。

②往蹇来反:《易经·蹇卦》"九三,往蹇来反。"意思是说:九三,往前行走有困难,返原处。"象曰:"蹇,难也。险在前也,见险而能止,知己哉!"意思是:往前去有危险,知难而退,是明智之举。运用在战争中,即明知敌人占据有利条件,就不要硬闯,应设法离开他们使他们脱离那些有利条件。

【译文】

等待天时对敌方不利时再去围困他,用人为的假象去诱骗他。根据蹇卦的原理:往前有危险,就反身离开,要知难而退。

【按语】

兵书曰:"下政攻城①。"若攻坚,则自取败亡矣。敌既得地利,则可不以争其地。且敌有主而势大。有主,则非利不来趋;势大,则非天人合用,不能胜。

汉末,羌②率众数千,遮虞诩③于陈仓崤谷④。即停军不进,而宣言上书请兵,须到乃发。羌闻之,乃分抄旁县。诩因⑤其兵散,日夜进道,兼行百余里;令军士各作两灶,日倍增之。羌不敢逼,遂大破之。兵到乃发者,利诱之也;日夜兼进者,用天时以困之也;倍增其灶者,惑之以人事也。

【注释】

①下政攻城:《孙子·谋攻篇》:"故上兵伐谋,其次伐交,其次伐兵,其下攻城……"认为攻城是最困难的事,是最下策,是迫不得已的举动。政,即决策。

②羌:古时一支少数民族,活动在西北地区。

③虞诩:东汉将领,字升卿。曾为武都(今甘肃省城县西北)太守,率兵平羌。

④崤谷:山名,位于今陕西宝鸡西南。

⑤因:趁着。

【译文】

兵书说:"攻城是下策。"倘若硬攻坚固城池是自寻失败。敌人既然

第一编 《三十六计》原典释译

占据了有利的地形,就不要去争夺地形。况且敌军已经有了准备,而且实力强大。敌人有了准备,如果不用利诱,他们就不会前来攻我;敌人实力强大,如果不把天时与人和结合起来共同发挥作用,就不能战胜他。

东汉末年,西羌叛乱。几千羌人把虞诩的军队拦截在陈仓崤谷一带。虞诩就停止进军,而且声言要向朝廷请求救兵,必须等救兵到来才前进。羌人听了,便分散到邻县去掠夺财物。虞诩趁着羌兵已经分散,就不分昼夜进军。急行一百多里,并命令士兵扎营时各作两个炉灶,逐日加倍。羌人以为援兵到了,不敢进攻。于是大败羌人。虞诩言等救兵到了再走,是用利诱的办法;日夜急行军,是给羌人造成天时上的不利而处于被动;加倍修灶,是为了迷惑羌人,在军心上压垮他们。

【传世典故】

调虎离山指设法使老虎离开它所占据的深山,以便于捕获。比喻用计谋使对方离开原来的有利地势,以便乘机进攻。在军事中,指引诱敌人远离其作战的据点,在其没有任何凭借的不利条件下,与之进行决战。

"调虎离山"一语可能源于《管子·形势解》。该篇中有一段这样的话:"虎豹,兽之猛者也,属深林广泽之中则人畏其威而载之。人主,天下之有势者也,深居则人畏 其势。故虎豹去其幽而近于人,则人得之而易其威。人主去其门而迫于民,则民轻之而傲其势。故曰:'虎豹托幽而威可载也。'"意思是说,虎豹,是兽类中最威猛的。当它们居住在深山大泽之中时,人们就会因惧怕其威风而敬畏它们。君王是天下最有势力的人。如果深居简出,人们便会害怕它的势力。虎豹若是离开他们所居的深山幽谷而走近人类居住的地方,人们就可以将它捕捉而使之失去原有的威风。做君王的若是离开王宫的门而与普通的人混在一起,人们就会轻视他而以傲慢的态度看待他。所以说,虎豹只有不离开它们居住的幽谷深山,其威风才会使人感到畏怯。这里虽然尚未使用"调虎离山"一语,但已经包含只有将老虎调离深山才能将其制服的意思。

调虎离山之计用在军事上，是一种调动敌人的谋略。它的核心在一"调"字。虎，指敌方；山，指敌方占据的有利地势。如果敌方占据了有利地势，并且兵力众多，防范严密，此时，我方不可硬攻。正确的方法是设计相诱，把敌人引出坚固的据点，或者把敌人诱入对我军有利的地区，这样做才可以取胜。

东汉末年，军阀并起，各霸一方。孙坚之子孙策，年仅17岁，年少有为，继承父志，势力逐渐强大。公元199年，孙策欲向北推进，准备夺取江北卢江郡。卢江郡南有长江之险，北有淮水阻隔，易守难攻。占据卢江的军阀刘勋势力强大，野心勃勃。孙策知道，取胜的机会很小。他和众将商议，定出了一条调虎离山的妙计。针对军阀刘勋极其贪财的弱点，孙策派人给刘勋送去一份厚礼，并在信中把刘勋大肆吹捧一番。信中说刘勋功名远播，令人仰慕，并表示要与刘勋交好。孙策还以弱者的身份向刘勋求救。他说，上缭经常派兵侵扰我们，我们力弱，不能远征，请求将军发兵降服上缭，我们感激不尽。刘勋见孙策极力讨好他，万分得意。上缭一带，十分富庶，刘勋早想夺取，今见孙策软弱

无能，免去了后顾之忧，决定发兵上缭。部将刘晔极力劝阻，刘勋哪里听得过去？他已经被孙策的厚礼、甜言迷惑住了。孙策时刻监视刘勋的行动，见刘勋亲自率领几万兵马去攻上缭，城内空虚，心中大喜，说："老虎已被我调出山了，我们赶快去占据它的老窝吧！"于是立即率领人马，水陆并进，袭击卢江，几乎没遇到顽强的抵抗，就十分顺利地控制了卢江。刘勋猛攻上缭，一直不能取胜。突然得报，孙策已取卢江，情知中计，后悔已经来不及了，只得灰溜溜地投奔曹操。

【用计锦囊】

"调虎离山"是一种弱者战胜强者的谋略。之所以要"调虎离山"，是因为"山"是猛虎据以兴风作浪的地盘，在平原，老虎是无法施展其雄风的，只能是连狗也敢欺的"纸老虎"。俗语"虎落平原被犬欺"，说的正是这种情况，而这正是猛虎的弱点。

"调虎离山"的关键在于要善于调动敌人,使强敌离开其赖以强大的有利环境或其充分控制的领域,在对敌不利的环境或其力量薄弱的领域里将其制服。

调虎离山之计包含以下三种含义:

1. 调虎落平原。虎的威风一是来自于他自身的勇猛,二是来自于它所盘踞的山势。而山势是它赖以生存和施展威力的必不可少的重要条件,一旦离开了这个重要条件,它自身的勇猛也很难发挥出来。俗话说:"虎落平原被犬欺。"在深山里,犬当然不是虎的对手,但到了平原则成了犬的天下。在犬的势力范围内,虎失去了凭借,只得束手待毙了。所以调虎离山,要将从其最有利的环境中,诱入最不利的环境中。

2. 调虎分其势。虎为百兽之王,而百兽又都生活在山中。在山中,虎可借百兽可增势,百兽也可借老虎而显威。它们之间因互相勾结狼狈为奸,更扩大了其威势,增加了与我对抗的力量。如果把老虎诱离深山,使它与百兽分开,就可大大分散减弱虎势,这时再来降虎,就容易多了。

3. 调虎占其山。如果我们为了占领虎山,但虎山又有虎守护,我们一时攻打不下,这时可设法把虎引开,使山空虚,我们便可乘虚而入,一举拿下虎山,待虎发觉之后,已无挽回败局的可能。而虎没了老巢,就可以凭我们进一步处置了。即使我们不去理睬它,它也会因失去生活条件,而逐渐自消自灭。

运用调虎离山之计,"调虎"是关键也是难点。一定要审时度势,因势利导,调得巧妙、灵活。大致说来,"调虎"有以下方式:

1. 乱之以虚。用虚虚实实的手法迷惑敌人造成敌人在判断上的失误,使其如无头之蝇一样四处乱撞,伺机把敌人引诱到对其不利的地形上。

2. 激之以智。用智谋来激怒敌人,使其丧夫理智,轻举妄动。这就是兵法所说的"怒而挠之"。

3. 诱之以利。以小恩小惠或巨额利益诱骗敌人离开其赖以生存之地。

4. 驱之以害。避害同趋利一样,是人的本性。如果在敌人的内部或外部制造祸害,敌人为了自保就会逃离。

5. 晓之以理。如敌人较为明智,就要晓之以利害,使其自动退让。不动干戈之法是上上策。

对调虎离山之计,应采取以下防范对策:

1. 利用条件,但不要过分依赖。不能充分巧妙利用客观条件的人,就等于拱手把胜利让给敌人,但是过分地依赖客观条件,把希望全部都维系于某一客观条件上,就会危如累卵,经不起风险,一旦离开这一条件,将必败无疑。

2. 先得地利,不要轻易放弃。如果我们已经抢先占有地利,而使敌人处于不利的地位时,就不要轻易放弃这一优势。在这里,经得住诱惑是很关键的素质。

3. 留有归路,不要离山太远。如果需要出击时,要事先规划好归山之路,不要出得去,回不来。另外离开山林不要太远,万一有问题也可及时回救。总之,要把根据地、大本营保护好。

4. 提高警惕,不要陷入险地。要了解自己的特点,适于什么样的条件。凡对自己有利的地势、可以前行,凡对自己不利的地势,一定要尽早回避。尤其是敌人极力引诱我们去的地方,更要提高警惕,以防陷入险地而不能自救。

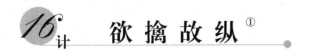

16计　欲擒故纵①

【原文】

逼则反兵,走则减势。紧随勿迫,累其气力,消其斗志,散而后擒,兵不血刃。需,有孚,光②。

【注释】

①欲擒故纵:故:有意,故意。想要捉住他,就故意放开他。比喻为了更好地控制他,便有意识地先放松他。"擒"是目的,"纵"是手段。"故"是计谋的要点。

②需,有孚,光:《易经·需卦》:"需,有孚,光亨,贞吉,利涉大川。"意思是说:停止不前,等待时机,心存诚意,就会光明亨通,大吉大利,足以涉河渡江。运用在此计之中就是停止进攻,给敌人一线生机,等待他们企图逃命、没有战斗力的时候,再奋力攻击他们,就会取得更大的胜利。

【译文】

逼得敌人无路可走,他们就会拼命反扑;故意放他一条生路,就会削弱敌人的气势。追击敌人时,紧紧地跟踪而不逼近,以消耗他们的体力,瓦解他们的斗志,等到他们的兵力分散、军心混乱时再去捕捉,就可以避免流血。根据需卦的原理,此计的关键是要停止进攻,让敌人相信还有一线逃跑的希望。

【按语】

所谓纵者,非放之也,随之,而稍松之耳。"穷寇勿追①",亦即此意。盖不追者,非不随也,不迫之而已。武侯之七纵七擒②,即纵而蹑之,故展转推进,至于不毛之地。武侯之七纵,其意在拓地,在借孟获以服诸蛮,非兵法也。若论战,则擒者不可复纵。

【注释】

①穷寇勿追:《孙子·军争篇》:"围师必阙,穷寇勿迫。"即包围敌人一定要留有缺口,对陷入绝境的敌人不要过分逼迫他。

第一编 《三十六计》原典释译

穷寇勿追

②七纵七擒：公元 225 年，诸葛亮南征孟获，七擒七纵，最后孟获心悦诚服，誓不复反。孟获：三国蜀汉南中一带少数民族首领之一。武侯，即武乡侯诸葛亮之爵位。

【译文】

这里讲的"纵"，不是将敌人放走而是在后面跟着他们，不过稍微宽松一些罢了。《孙子·军争篇》中说："对陷入绝境的敌人不要过分逼迫他。"就是这个意思。我们说"不追"，并不是不去跟踪，只是不过分逼迫他罢了。三国时，诸葛亮七纵七擒，就是释放孟获，而后追踪他，因此转来转去，部队不断推进，终于到人迹罕到的边远地方。诸葛亮的七纵，意图在于扩大疆土，借助制服孟获去收服其他少数民族。这种做法，不符合作战的原则。如果按照作战的原则，被擒住的敌人，是不可以再放掉的。

【传世典故】

欲擒故纵原意是指为了要捉拿它，故意先放开它，使它不加戒备。比喻为了更好地控制，暂且放松一步。军事上指要想使敌军失去战斗力，彻底瓦解，必须示以一线生路，让其抱有不战而求逃生的念头，这样会造成更有利于我的战机。

此计的最早表达是在《老子》第三十六章："将欲歙之，必固张之；将欲弱之，必固强之；将欲废之，必固兴之；将欲夺之，必固与之。"老子这句话体现出卓越的辩证思想。后世对此多有发挥。《鬼谷子》指出："去之者纵之，纵之者乘之。"《太平天国·文书》说："欲擒先纵，欲急姑缓，待其懈而击之，无不胜者。"欲擒故纵，意思是为了捉住敌人，事先要放纵敌人。这是一种放长线钓大鱼的计谋。

诸葛亮七擒孟获，就是军事史上一个"欲擒故纵"的绝妙战例。

公元 225 年（蜀后主建兴 3 年），蛮王孟获起兵十万反蜀，建宁郡太守雍闿牂牁郡太守朱褒，越嶲郡太守高定相继投降，声势甚大。蜀丞相诸葛亮奉旨起兵五十万南征。在智破三郡叛军之后，大军继续向泸水（川滇边境）挺进。适逢马谡奉后主之命前来劳军。诸葛亮久闻马谡才智超群,便虚心问计。马谡曰:"愚有片言,望承相察之。南蛮恃其地远山险,不服久矣。虽今日破之,明日复叛。丞相大军到彼,必然平服;但班师之日,必用北伐曹丕;蛮兵若知内虚,其反必速。夫用兵之道,攻心为上,攻城为下;必战为上,兵战为下。愿丞相但服其心足矣。"诸葛亮很赞同马谡的见地,更坚定了心服蛮王的决心。第一次两军对阵,孟获战败,为蜀将魏延活捉。诸葛亮问他是否心服?孟获说:山僻路狭,误遭汝手,如何肯服?你放我回去,整军再战,若再被擒,我便肯服。诸葛亮当即下令放了他,并给他衣服、鞍马、酒食,派人送他上路。第二次诸葛亮派马岱夜渡泸水,断了蛮军粮道,孟获被部将董荼那、阿会喃等缚送蜀营。诸葛亮对孟获说:你前次说,若再被擒,便肯降服。今日如何?孟获说:这次是我手下人自相残杀,以至如此,如何肯服?诸葛亮又将他放了,并领他参观蜀军营寨;亲自送至泸水边,派船送回。孟获第二次被放回本寨后,首先将部将董荼那、阿会喃杀了,然后与其弟孟优商议以假降方式夜袭蜀营,诸葛亮将计就计,第三次将孟获活捉。但孟获仍然不服,他说:这是因为我弟贪杯,误吃了你们的毒酒,并非我没有能耐,如何肯服?如果你放我兄弟回去,我们收拾兵马和你大战一场,若再被擒,方肯死心塌地归降。诸葛亮第三次又将他放了。孟获忿忿回归本洞,派人带上金银珠宝往八番九十三甸各部落借得精健蛮兵数十万,一路杀气腾腾,来战蜀军。诸葛亮避其锋芒,领军退至西洱河北岸扎营,然后派精兵暗渡至西洱河南岸,抄了蛮军后路,第四次将孟获活捉。诸葛亮怒斥孟获:这次又被我擒了,还有何话可说?孟获说:我误中诡计,死不瞑目。诸葛亮声言要斩,孟获全无惧色,要求再战,诸葛亮只得第四次又将他放了。孟获回去后,又聚集数千蛮兵躲入了秃龙洞,与该洞洞主朵思凭借险山恶水,据守不出。孔明走访当地老人,寻得解毒甘泉和可辟瘴气的薤叶芸香,避过毒泉恶瘴,引军由险径直取秃龙洞,第五次擒得孟获。但孟获仍不服,并说:我祖居银坑山,有三江之险,重关之固,你若能到那里擒我,我便子子孙孙,倾心服事。诸葛亮只得第五次又将他和孟优、朵思等人放了。孟获连夜奔回银坑山老巢,又请来八纳洞洞主木鹿三万驱兽兵助战。诸葛亮破了

孟获之妻祝融夫子的飞刀,布假兽战胜木鹿的兽兵,识破孟获妻弟带来洞主假缚孟获夫妻献降诡计,第六次生擒孟获。但孟获说,这次是我等自来送死,不是你们的本领,如第七次被擒,则倾心归服,誓不再反。孟获回洞后,采纳妻弟带来洞主的建议,从乌戈国请来三万刀箭不入、渡水不沉的藤甲兵,屯于桃花渡口。诸葛亮设疑兵,一步一步地将藤甲兵诱入预伏干柴、火药、地雷的盘蛇谷,堵住前后谷口,纵烈火将乌戈国的三万藤甲兵烧了,第七次生擒孟获。诸葛亮令人设酒食招待孟获夫妇及其宗室,叫孟获回去再招人马来决战。这一次,孟获却不走了。并说:"七擒七纵,自古未有。我等虽然是化外之人,也懂得礼义,难道就如此没有羞耻么?"于是领各洞蛮民诚心归顺。诸葛亮命孟获继续为蛮王,所夺之地,尽皆退还,蜀军班师,孟获亲自送诸葛亮渡过泸水。后来孟获仕蜀,官至御史中丞。终蜀之世,蛮方一直太平无事。诸葛亮七擒七纵,"纵"的是孟获其人,而最终"擒"得的是蛮王及蛮方百姓的心。精诚所至,金石为开。从此蜀国有了一个巩固的南方,诸葛亮可全心致力于伐魏了。

【用计锦囊】

欲擒故纵中的"擒"和"纵",是一对矛盾,军事上,"擒",是目的,"纵",是方法。古人有"穷寇莫追"的说法,实际上,不是不追,而是看怎样去追。把敌人逼急了,它只得集中全力,拼命反扑。不如暂时放松一步,使敌人丧失警惕,斗志松懈,然后再伺机而动,歼灭敌人。

运用此计要铭记以下三点:

1. 跑累了再抓。在敌人觉得有一线生的希望时,它就会拼命地逃走。在惊慌恐惧中拼命逃跑,即是体力上的消耗,也是精神上的消耗,如果我们一直给他施加以死之的威胁,但又留给他以可逃脱的幻觉时,为了避害他就会一直拼命跑下去。人的体力和精力是有限的,最后跑累的时候,他就会自己停顿下,这时他也就丧失了反抗能力,我们便可手到擒来。如果不是在他跑累的时候擒拿他,因为他仍有反抗的能力,很可能会挣个鱼死网破。

2. 吹大了再扎。要想把皮球扎破,放掉里面的气,可以先向球里吹气,待球鼓大,把皮撑薄时,再来扎它,就更容易了。由于球皮变薄,有时还会自己破裂,不须别人费力。对待敌人也是这样,有时我们故意退让,骄纵敌人,使其自我膨胀,士气松懈,丧失警惕,我们便可轻而易举地将其攻破。

3. 养肥了再杀。养猪是为了杀猪取肉,所以在杀猪之前,要千方百计地把猪养肥,舍不得喂以精饲料,则猪必瘦,急于杀则少得肉。这也是一种辩证关系。所谓的放长线,钓大鱼也是这个意思。大鱼都在水深浪急之处,要舍得投以长线,大饵才行,近处只有小鱼小虾。对待敌人也是这样,我们可以放纵他,使其积累更多的错误,我们处理它就更加名正言顺了,所谓"多行不义必自毙"。

对欲擒故纵之计应采取如下防范对策:

1. 及时脱离险境。我们一旦发现自己已经处于被动地位,有被敌人包围的危险时,就应及时脱离险境,主动撤退。因为这时敌人还没有形成严密的包围,我们可以根据自己的判断,任意选择突围的方向和路线,而这时敌人也无思想准备,不会立即反应过来跟踪我们,即使跟踪,我们早已远离是非之地,如果我们继续恋战,敌人密密层层地包围上来,那时我们想走的方向冲不破,能冲破的地方又有危险,就只有自投罗网这样一条路了。

2. 快速摆脱跟踪。敌人对我们使用欲擒故纵之计,就必然派人跟踪我们,我们若长时间拖着大尾巴在后面,很快就会被拖垮,所以一旦冲出重围,选准撤退的方向时,就要快速隐蔽地行动,采取金蝉脱壳或瞒天过海之计,摆脱敌人的跟踪,这样才 能比较安全。

3. 时刻保持警惕。暂且放纵之意就是要消磨我们的斗志,松懈我们的警惕,然后借机突然袭击,打个措手不及。所以我们无论何时何地,都要始终保持高度的警惕性和旺盛的斗志,不因敌人的暂时放松而麻痹大意,给敌人造成可乘之机。

4. 尽快重整旗鼓。受到挫折不能灰心丧气,消极逃遁,因这还不是最终的胜负,要反过来利用敌人放纵我们的机会,尽快的重整旗鼓,恢复和壮大自己的力量;或选择有利的地势来对抗敌人,或设好埋伏诱骗敌人,或回转身来反击敌人。总之,要充分利用时机,壮大自己变撤退为反击,变被动为主动。

17 计　抛砖引玉①

【原文】

类以诱之,击蒙②也。

【注释】

①抛砖引玉:抛出砖去,引回玉来。出自《景德传灯录·从稔禅师》:"大众晚参,师云:'今夜答话去也,有解问者出来。'时有一僧便出,礼拜。曰:'比来抛砖引玉,却引得个墼子。'"墼子,砖坯。后用作成语,一般作谦词。比喻先发表自己的见解,引出别人的高见。此处作计用。指用同类的现象引诱敌人。

②击蒙:《易经·蒙卦》:"上九,击蒙,不利为寇,利御寇。"意思说:上九,制服蒙昧,不利于进攻,而利于防御。《六十四卦经解·蒙》:"击,治也。"运用在战争中,就是使敌人糊涂,搞不清实际情况,以打败他们。

【译文】

用类似的事物去迷惑敌人,使敌人糊里糊涂上当。

第一编 《三十六计》原典释译

【按语】

诱敌之法甚多,最妙之法,不在疑似之间,而在类同,以固其惑。以旌旗金鼓诱敌者,疑似也;以老弱粮草诱敌者,则类同也。

如楚伐绞①,军其南门。屈瑕曰:"绞小而轻,轻则寡谋,请无捍采樵者以诱之。"从之。绞人获利,明日绞人争出,驱楚役徒于山中。楚人坐守其北门,而伏诸山下,大败之,为城下之盟而还。又如孙膑减灶②而诱杀庞涓。

【注释】

①楚伐绞:楚、绞,战国时诸侯国。前700年,即周桓王五十二年,楚武王进攻绞国。

②孙膑减灶:公元前341年,魏国攻打韩国。齐宣王派田忌、孙膑救韩。孙膑直入魏国,利用魏国人认为齐国人胆怯的心理,用减灶的方法,使庞涓误以为齐军逃兵多而轻骑追击,后兵败自杀。

【译文】

诱惑敌人的方法很多,最妙的方法,不是用似是而非的计策,而是用类似的事物来加强敌人的错觉。用张设旌旗、鸣锣擂鼓去诱惑敌人的,是用疑似法;用老弱残兵和军粮草料去引诱敌人的,才是类似之法。

例如:楚武王率兵进攻绞国。屯扎于绞国都城南门。楚国大臣屈瑕建议说:"绞国虽小而浮躁,浮躁就少谋略。请不要派兵保护上山打柴的樵夫,用来引诱绞军上钩。"楚武王同意了,结果他们被绞军捕获。第二天,绞军都争着出城追截楚国樵夫。伪装打柴的楚兵却向山里奔跑。绞军追到山脚下,一支楚军乘机堵住绞国都城的北门,另一支却埋伏在山脚下大败绞军。绞人只好和楚人订立盟约,举国投降。又如孙膑采取了减灶法,诱使庞涓轻骑追赶,而兵败自刎。

【传世典故】

抛砖引玉原意是指抛出不值钱的砖,引来极金贵的玉。一般作以文会友的自谦词。比喻,以引出同道者的高论或文艺珍品为目的,而自己首先提出肤浅见识或粗糙作品。军事中常指,主动给敌人一点小的好处,使敌人上钩,借此获取大的胜利。即以小的代价获取大的利益。

抛砖引玉一语出自《传灯录》。传说唐朝诗人常建,非常敬佩赵嘏的诗才,几次想要求取赵嘏的诗而不可得。一次,他听说赵嘏要来苏州,认为机会难得,便想出了一个诱请赵嘏作诗的妙计。他断定赵嘏来苏州后,一定要去游灵岩寺,就先在寺前一个显眼的地方,写了言犹未尽的两句诗、赵嘏看到后,果然提笔在后面续了两句,这样四句合在一起,便成了一首完整的绝句。因为赵嘏后续的两句比常建的两句要好,所以后人就称常建的这种做法是抛砖引玉。

此计用于军事,是指用相类似的事物去迷惑、诱骗敌人,使其懵懂上当,中我圈套,然后乘机击败敌人的计谋。"砖"和"玉",是一种形象的比喻。"砖",指的是小利,是诱饵;"玉",指的是作战的目的,即大的胜利。"引玉",才是目的,"抛砖",是为了达到目的的手段。钓鱼需用钓饵,先让鱼儿尝到一点甜头,它才会上钩;敌人占了一点便宜,才会误入圈套,吃大亏。

公元前 700 年,楚国用"抛砖引玉"的策略,轻取绞城。这一年,楚国发兵攻打绞国(今湖北郧县西北),大军行动迅速。楚军兵临城下,气势旺盛,绞国自知出城迎战,凶多吉少,决定坚守城池。绞城地势险要,易守难攻。楚军多次进攻,均被击退。两军相持一个多月。楚国大夫莫敖屈瑕仔细分析了敌我双方的情况,认为绞城只可智取,不可力克。他向楚王献上一条"以鱼饵钓大鱼"的计谋。他说:"攻城不下,不如利而诱之。"楚王向他向诱敌之法。屈瑕建议:趁绞城被围月余,城中缺少薪柴之时,派些士兵装扮成樵夫上山打柴运回来,敌军一定会出城劫夺柴草。头几天,让他们先得一些小利,等他们麻痹大意,大批士兵出城劫夺柴草之时,先设伏兵断其后路,然后聚而歼之,乘势夺城。楚王担心绞国不会轻易上当,屈瑕说:"大王放心,绞国虽小而轻躁,轻躁则少谋略。有这样香甜的钓饵,不愁它不上钩。"楚王于是依计而行,命一些士兵装扮成樵夫上山打柴。绞侯听探子报告有樵夫进山的情况,忙问这些樵夫有无楚军保护。探子说,他们三三两两进山,并无兵士跟随。绞侯马上布置人马,待"樵夫"背着柴禾出山之机,突然袭击,果然顺利得手,抓了三十多个"樵夫",夺得不少柴草。一连几天,果然收获不小。见有利可图,绞国士兵出城劫夺柴草的越来越多。楚王见敌人已经吞下钓饵,便决定迅速逮大鱼。第六天,绞国士兵像前几天一样出城劫掠,"樵夫"们见绞军又来劫掠,吓得没命的逃奔,绞国士兵紧紧追赶,不知不觉被引入楚军的埋伏圈内。只见伏兵四起,杀声震天,绞国士兵哪里抵挡得住,慌忙败退,又遇伏兵断了归路,死伤无数。楚王此时趁机攻城,绞侯自知中计,已无力抵抗,只得请降。

【用计锦囊】

在敌人急功近利、易受暗示的情况下,我们为了更有效地迷惑诱骗敌人,防止其猜疑和犹豫,便主动送给敌人一些小恩小惠,使其先尝到一定的甜头而放松警惕,我们就可借此进一步利诱他自己上钩。这样我们虽付出较小的代价,却可获得较大的好处,做出较小的牺牲,却可赢得较大的胜利,这是一种先与后取的策略。

本计有如下三种含义:

1. 以小引大。我们先拿出较小的、一般的东西,用来做示范和暗示,有目的地诱使对方拿较大的、有价值的东西来,这种以一事物带动或引诱出另一事物的方法即为以小引大法。以小引大法中,我们的启发、倡导和带头作用非常重要,榜样的力量是无穷的。除了以小引大外,也可以少引多。即我们的一个示范,引出众多人的效仿等等,以小引大必须是同类相引。

2. 以小易大。即用小的代价,换取大的收获,即撒下诱饵钓金鳌之意。自己付出的是一点鱼饵,但钓上来的却是金鳌,也就是所得到的,是更好的,更多的。以小引大与以小易大的主要区别在于:以小引大中小的引出大的来之后,小的并不一定就损失了,大的小的可以共得,就像常建的诗引出赵嘏的诗,但常建的诗仍依然存在,常建既可得到赵嘏的诗,又可同时收回自己的诗。以小易大则不同了,它是用小的换取大的,大的收取之后,小的就已付出了,一般无法收回。就像钓鱼,鱼钓上来之

后,饵肯定已被吞食了。这是"吃小亏,占大便宜"。

3. 以小抵大。用小的东西来抵敌人大的东西,使小的东西与大的东西同归于尽。我们抛出了砖,引诱敌人抛出玉,然后用我们的砖,砸他的玉。我们损失的是砖,而敌人损失的却是玉。以小抵大与以小引大的不同点在于:前者是用小的引来大的,后者是用小的引走大的。

对抛砖引玉之计可采取如下防范对策:

1. 不要愚而不知变,在与敌人作战时,如果将

64

领愚钝而不知机动权变,就会被人诱骗。所以一切要以时间、地点、条件为转移,在兵法中叫做"践墨随敌"。所谓践墨随敌,就是说作战的方向、方针、策略等都要根据敌情的变化而变化。只有随机应变,才能防止误入圈套。

2. 不要贪图小利。顺手牵羊之计主张小利必得,小隙必乘,但其只是在敌人无力控制的范围内适用。如果在敌人防守严密,控制有力的区域内,见到微利或微隙,则要研究其是否诱饵,因为敌人在有能力保护自己利益的情况下,绝不会无缘无故地将其送与别人。所以在取利之前要分析利弊得失,如果"贪利而不知害",则很容易中敌埋伏。

3. 不要受人蛊惑。易受暗示和从众心理,是抛砖引玉的心理基础。别人暗示以利,你则去取;别人都去做的事,你也跟着去做,很少有不上当的。所以我们遇事要 有自己的主见,认为该做的事,别人止不了;认为不该做的事别人也劝不成。不要受人蛊惑,防止别人用砖引走了我们的玉。

4. 要投石问路。凡遇有"疑似之迹",要仔细审察,在行动之前要投石问路,在确保没有什么大问题时才走过去。当发现敌人抛出的是引玉之砖时,要立即放弃,及时转身回去并护好自己的"玉"。

18 计　擒　贼　擒　王

【原文】

摧其坚,夺其魁,以解其体。龙战于野,其道穷也①。

【注释】

①龙战于野,其道穷也:《易经·坤卦》:"象曰:龙战于野,其道穷也。"意思说,龙战于原野里,便是到了穷途末路了。

【译文】

摧毁敌人的主力,抓住他的首领,就可以瓦解他们的整体力量。正如蛟龙战于原野,就面临绝境了。

【按语】

攻胜,则利不胜取。取小遗大,卒之利、将之累、帅之害、功之亏也。全胜而不摧坚擒王,是纵虎归山也。擒王之法,不可图辨旌旗,而当察其阵中之首动。

昔张巡与尹子奇①战,直冲敌营,至子奇麾下,营中大乱,斩贼将五十余人,杀士卒五千余人。巡欲射子奇而不识,剡稿为矢②。中者喜,谓巡矢尽,走白子奇,乃得其状。使霁云③射之,中其左目,几获之,子奇乃收军退还。

【注释】

①张巡：唐将，安史之乱时率部抵抗敌军。肃宗至德二载(公元757年)守睢阳(今河南省商丘南)，被安庆绪的部将尹子奇围困，坚守数月后壮烈殉国。

②刿稿为矢：刿，削尖；稿，稻草。削尖稻草作为箭。

③霁云：南霁云，唐将，为张巡部下，后与张巡一同殉国。

【译文】

如果打了胜仗，那么利益是取之不尽的。如果满足于获得小的利益，而丧失获取大的利益，这是士兵的好事，可以减少伤亡，却会成为将军的累赘、主帅的祸害，使前功尽弃。大获全胜而没有摧毁敌人的主力，捉拿他的首领，就是放虎归山。捉拿敌人首领的方法，不要只想从旗帜上去辨别，而应当观察敌人阵地上的主要指挥者。

从前，张巡与尹子奇作战，率军冲向敌营，到尹子奇的帅旗下，敌营大乱，斩杀了贼将五十余名、士兵五千余人。张巡想射死尹子奇，却不认识他，便削尖稻秆当箭射，敌兵中箭的很高兴，以为张巡的箭用完了，便去报告尹子奇。于是张巡认出了尹子奇，命令南霁云射他，正中尹子奇的左眼，差点把他俘获了。尹子奇便收兵撤退。

【传世典故】

擒贼擒王指抓贼要先抓住贼中的首恶分子，比喻做事先要抓住关键，要先抓住或处治主要人物。军事上指首先歼灭敌人的主力或 主要的指挥人员，借此影响并动摇敌人的全军，使敌军遭到彻底失败。

该语出自唐代诗人杜甫的《前出塞》一诗：

挽弓当挽强，用箭当用长。

射人先射马，擒贼先擒王。

杀人亦有限，立国自有疆。

苟能制侵陵，岂在多杀伤。

民间有"打蛇要打七寸"的说法，也是这个意

第一编 《三十六计》原典释译

思。蛇无头不行，打了蛇头，这条蛇也就完了。此计用于军事，是指打垮敌军主力，擒拿敌军首领，使敌军彻底瓦解的谋略。擒贼擒王，就是捕杀敌军首领或者摧毁敌人的首脑机关，敌方陷于混乱，便于彻底击溃之。指挥员不能满足于小的胜利，要通观全局，扩大战果，以得全胜。如果错过时机，放走了敌军主力和敌方首领，就好比放虎归山，后患无穷。

唐朝安史之乱时，安禄山气焰嚣张，连连大捷。安禄山之子安庆绪派勇将尹子奇率十万劲旅进攻睢阳，御史中丞张巡驻守睢阳，见敌军来势汹汹，决定据城固守。敌兵二十余次攻城，均被击退。尹子奇见士兵已经疲惫，只得鸣金收兵。晚上，敌兵刚刚准备休息，忽听城头战鼓隆隆，喊声震天。尹子奇急令部队准备与冲出城来的唐军激战。而张巡"只打雷不下雨"，不时擂鼓，象要杀出城来，可是一直紧闭城门，没有出战。尹子奇的部队被折腾了整夜，没有得到休息，将士们疲乏已极，眼睛都睁不开，倒在地上就呼呼大睡。这时，城中一声炮响，突然之间，张巡率领守兵冲杀出来。敌兵从梦中惊醒，惊慌失措，乱作一团。张巡一鼓作声，接连斩杀五十余名敌将，五千余名士兵，敌军大乱。张巡急令部队擒拿敌军首领尹子奇，部队一直冲到敌军帅旗之下。张巡从未见过尹子奇，根本不认识，现在他又混在乱军之中，便加难以辨认。张巡心生一计，让士兵用秸秆削尖作箭，射向敌军。敌军中不少人中箭，他们以为这下完了，没有命了。但是发现，自己中的是秸秆箭，心中大喜，以为张巡军中已没有箭了，于是争先恐后向尹子奇报告这个好消息。张巡见状，立刻辨认出了敌军首领尹子奇，急令神箭手、部将南霁云向尹子奇放箭。正中尹子奇左眼，这回可是真箭，只见尹子奇鲜血淋漓，抱头鼠窜，仓皇逃命。敌军一片混乱，大败而逃。

【用计锦囊】

在军事上，擒贼擒王，是通过捕杀敌人首领，摧毁敌方的指挥部，以迅速消灭敌人的一种计谋。兵家们认为，贼王是敌人的"主心骨"，仅仅击溃了敌军也算不了什么胜利，让"贼王"跑掉，无异于放虎归山。而擒住了贼王，就会使敌人陷于群龙无首、树倒猢狲散的境地。

本计主要有三个含义：

1. 击中要害。也就是"扼胫拊背"，俗话说："打蛇要打七寸。"为什么要打七寸呢？因为此处是蛇的心脏所在的地方，打坏了蛇的心脏，蛇自然就会死去。否则，即使把蛇斩为两段，它仍然有反扑的能力。事物也存在这样的关键和要害部位，这就是事物的主要矛盾和矛盾的主要方面。解决了主要矛盾，其他矛盾就容易解决，甚至不解自开。抓住了关键和要害，就会取得事半功倍的效果。

2. 守其魁首。俗话说："人无头不走，鸟无头不飞。"讲的是首领在一个组织中的引导、组织和凝聚的重要作用。如果一个组织失去了起这种作用的首领，则会"树到猢狲散"，有时抓住其首领，可以镇慑其余。

所以在攻击一个组织时，要首先抓其魁首，进而捣乱其组织，破坏其系统。

3. 提纲挈领。善于张网的人，总是抓住网的总纲绳，而不去一一地拿取成千上万个网目，提着裘皮衣服的领子，上下一顿，就可以将所有的毛都自然理顺，而用不着一根一根地去梳理，这就是提纲挈领的妙处。任何事物也都有这样的"纲"和"领"。只要我们像张网振衣一样，抓住要领，就可以简御繁，以少制多。如果胡子眉毛一起抓，将会费力而不讨好。

对擒贼擒王之计，应采取如下防范对策：

1. 重点防护。对敌人的进攻要小心防范，但不可能处处防范，所谓："无所不备则无所不寡。"因此要把防范的重点放在"王"的身上。正如拳击运动员要戴上头盔，足球运动员要穿上护膝一样，头和膝都是易受攻击，又是运动员不可受伤的部位。

2. 要有后备。在工程技术中有一种"多余技术"。它是为了保证机器正常运转，而事先安装的，暂时不用的备用部件，一旦某些关键易损件突然失效，备用部件会自动顶替。我们在竞争中也要有这样的准备，一个"王"不幸被擒，另一个新"王"立即产生。某一主力损失，第二、第三梯队立即跟上。我们的组织始终完整，敌人便无可乘之机。

3. 意志要坚。敌人的糖衣炮弹，往往只能在意志薄弱者的身上起作用，如果我们有坚强的意志，做到"富贵不能淫"、"酒色不能乱"，就可以有效地战胜敌人，粉碎敌人的擒获阴谋。

4. 丢车保帅。在必然会有损失的时候，宁可丢掉车，也要保住帅，这就是李代桃僵的谋略。因为只要保住了帅，就有东山再起的可能，而丢了帅，留下的车就毫无用处。

第四章　混战计原典释译

19计　釜底抽薪①

【原文】

不敌其力,而消其势。兑下乾上之象②。

【注释】

①釜底抽薪:釜,一种炊具,锅。把锅底下烧着的柴草拿走。比喻从根本上解决问题。

②兑下乾上之象:即履卦。《易经·履卦》:"履虎尾,不□人,亨。"象曰:"履,柔履刚也。"其意思是:柔顺者小心地随在刚强者之后,则不会受到伤害,一切顺利。

【译文】

力量上战胜不了敌人,就要设法去消解敌人的气势。根据履卦卦象:不能以硬碰硬,而应该以柔克刚。

【按语】

水沸者,力也,火之力也,阳中之阳也,锐不可当;薪者,火之魄也,即力之势也,阳中之阴也,近而无害。故力不可当而势犹可消。尉缭子①曰:"气实则斗,气夺则走。"而夺气之法,则在攻心。

昔吴汉②为大司马,有寇夜攻汉营,军中惊扰,汉坚卧不动。军中闻汉不动,有倾乃定。乃选精兵反击,大破之。此即不直当其力而扑消其势也。

宋薛长儒③为汉、湖、滑三州通判④,驻汉州。州兵数百叛,开营门,谋杀知州、兵马监押⑤,烧营以为乱。有来告者,知州、监押皆不敢出。长儒挺身徒步,自坏垣入其营中,以福祸语乱卒曰:"汝辈皆有父母妻子,何故作此?叛者立于左,胁从者立于右!"于是,不与谋者数百人皆趋立于右,独主谋者十三人突门而出,散于诸村野,寻捕获。时谓非长儒,则一城涂炭⑥矣!此即攻心夺气之用也。

或曰:敌与敌对,捣强敌之虚,以败其将成之功也。

【注释】

①尉缭子:战国末期的军事家,魏国大梁(今河南省开封)人。有《尉缭子》一书

传世。引文见《尉缭子·战威第四》。

②吴汉:东汉名将。南阳宛(今河南省南阳)人,字子颜。王莽末,投奔刘秀,为偏将军。刘秀即位后,任大司马,封舞阳侯。为云台三十二将之一。

③薛长儒:宋代名臣,宋代绛州(今山西省新绛),正平人。字元卿,曾任汉、湖、滑三州通判,后知彭州。

④通判:官名。宋初始设于各州府,有共同处理地方政务之意。地位略次于地方官,但有监察官吏之特权,故又称"监州"。知州,州的最高长官。

⑤兵马监押:宋代掌管全州军事的武官。

⑥涂炭:涂,泥沼;炭,炭火。指人民陷于泥沼,坠入炭火,痛苦万分,即水深火热之意。

【译文】

水之所以沸腾是靠了火的力量。烈火为热中最热的东西,刚劲猛烈,不可阻挡。柴草,却是火的精魄,也就是火势的动力。柴草燃烧能发热,本身却是凉性的,靠近它不会被烧伤。所以,猛烈的力量虽然阻挡不了,它的气势却可以削弱的。尉缭子说:"士气旺盛,就投入战斗;士气消沉,就避开敌人。"而削弱敌军士气的方法,就在于从心理上瓦解敌人的斗志。

东汉初年,吴汉做大司马时,敌人在黑夜里袭击军营。当时军营里开始惊慌混乱,而吴汉却稳稳地躺在床上不动。将士们听说吴汉一点不慌,从容休息,很快也就镇静下来。这时吴汉才选出精兵反击,大败敌人。这就是不直接去对抗敌人的力量,而是去扑灭削弱敌人气焰的办法。

宋朝时,薛长儒担任汉州、湖州、滑州三州的通判,驻扎在汉州。数百名州兵发生叛乱。他们打开营门,准备杀死知州和兵马监押,并烧毁营寨作乱。有人前来报告,知州和监押都不敢出来。长儒却挺身而出,徒步从断墙处走入军营。他以福祸利害各种关系劝导叛乱的士兵说:"你们都有父母妻子,为什么做出这样的事情?指使叛乱者往左边站,胁从者往右边站!"于是没有参与策划叛乱的几百人赶忙走向右边,只有策划叛乱的十三人从营门仓皇逃走,分散到各乡村躲藏,不久都被捉拿归案。当时人们都说,如果不是薛长儒,那么全城都要遭祸了。这就是从心理上瓦解敌人士气的计谋。

有人说:当敌人之间相互攻打时,我军乘机袭击两敌中更强一方敌人的后方,以破坏它即将取得的胜利。这也是釜底抽薪之计。

【传世典故】

釜底抽薪指用在锅底下抽去柴火的办法,来止住锅内的沸水。比喻从根本上解决问题。也指暗中进行破坏。在军事上一般指不靠同敌人直接交战,而是切断敌人供给来源,破坏敌人所依靠的有利条件,或瓦解敌人士气的办法来战胜敌人。

釜底抽薪,语出北齐魏收《为侯景叛移梁朝文》:"抽薪止沸,剪草除根。"古人还说："故扬汤止沸，沸乃不止，诚知其本，则去火而已矣。"这个比喻很浅显，道理却说得十分清楚。水烧开了，再兑开水进去是不能让水温降下来的，根本的办法是把火退掉，水温自然就降下来了。此计用于军事，是指对强敌不可用正面作战取胜，而应该避其锋芒，削减敌人的气势，再乘机取胜的谋略。釜底抽薪的关键是关于抓住主要矛盾，很多时候，一些影响战争全局的关键点，恰恰是敌人的弱点。指挥员要准确判断，抓住时机，攻敌之弱点。比如粮草辎重，如

能乘机夺得，敌军就会不战自乱。三国时的官渡之战即是一个有名战例。

　　东汉末年，军阀混战，河北袁绍乘势崛起。公元199年，袁绍率领十万大军攻打许昌。当时，曹操据守官渡（今河南中矣北），兵力只有三万多人。两军离河对峙。袁绍仗着人马众多，派兵攻打白马。曹操表面上放弃白马，命令主力开向延津渡口，摆开渡河架势。袁绍怕后方受敌，迅速率主力西进，阻挡曹军渡河。谁知曹操虚晃一枪之后，突派精锐回袭白马，斩杀颜良，初战告捷。

　　由于两军相持了很长时间，双方粮草供给成了关键。袁绍从河北调集了一万多车粮草，屯集在大本营以北四十里的乌巢。曹操探听乌巢并无重兵防守，决定偷袭乌巢，断其供应。他亲自率五千精兵打着袁绍的旗号，衔枚急走，夜袭乌巢。乌巢袁军还没有弄清真相，曹军已经包围了粮仓。一把大火点燃，顿时浓烟四起。曹军乘势消灭了守粮袁军，袁军的一万车粮草，顿时化为灰烬。袁绍大军闻讯，惊恐万状，供应断绝，军心浮动，袁绍一时没了主意。曹操此时发动全线进攻，袁绍带领八百亲兵，艰难地杀出重围，回到河北，从此一蹶不振。

【用计锦囊】

　　在军事上，釜底抽薪这一计的主要内容是：面对强敌，我不一定与其正面交锋，而是想办法消灭其赖以生存的条件，使其从根本上瓦解。在使用这一计时，关键要把握好两点：首先，要善于发现敌人的"釜底

之薪"。这是实行"釜底抽薪"的前提。这里要注意的是:战争情况不同,"抽薪"的目标也是不同的。一般说,凡是影响敌人后劲的力量,就是"抽薪"的目标。第二,要善于运用"釜底抽薪"的手段和方法,要针对敌人"釜底之薪"的具体情况,去选择和运用"抽薪"的手段和方法。

运用釜底抽薪之计,应重点把握以下几点:

1. 先治其本。事物都有"标"和"本"两方面,所谓的"标"就是事物的枝节或表面,"本"就是事物的根本、根源。一般的问题都是从"标"上反映出来,但是最终的原因都在其"本"上。所以要解决问题不能治标不治本,而应先治本而后治标。也就是找出事物的最基本的原因,首先加以解决。只有先断其源,才能截其流。这样做初看起来好像离开了要解决的问题,但实际上是从根本上解决问题。

2. 去其所恃。世界上的事物都是互相联系,互相影响,互相依存的。一事物必须借助于另一事物才能生存和发展,那么后者便是前者的必要条件。事物失去了存在的必要条件,它就会自行削弱或消亡。所以我们破坏敌人赖以存在的必要条件,也能达到削弱或战胜敌人的目的。

3. 攻心夺气。古人说:"夫战,勇气也。"这是讲"士气"的重要性。又说:"故善战者,求之于势,不责于人。"这是讲"态势"的重要性。士气和态势不是实力本身,但它对实力有放大和缩小的作用。在我们暂时不能抵挡敌人的实力时,可以转而攻心夺气,使其气虚、心乱、势消,借此减弱敌人的实力。这是一种心理上的瓦解战术。

4. 以柔克刚。用柔和的方法来制伏刚强的敌人,也就是用软的来制服硬的。如果敌人比较硬,我们没有与之抗衡的能力,或者虽有这样的能力,但若以硬碰硬,如同两虎相斗,会两败俱伤,我们也不会得到好的结果。假如我们反以软制硬,使敌人之"硬"无用武之地,我们既可以战胜敌人,又可以不受损害,可谓一举两得。

对釜底抽薪之计,应采取以下防范对策:

1. 薪要多积。柴草要积的多一些,才能保证釜底之火连续不断地烧下去。一旦釜底之薪被抽走，也可有再加之柴。不然，所备的积薪少，即使不被抽走，也会因柴草接济不上而自消自灭。在实践过程中，就是要多准备几套方案，才能有备无患。

2. 柴要再加。柴被抽出后，不能自暴自弃，消极等待。所谓亡羊补牢，未为晚矣。即使汤已止沸，拾起柴草，重新烧开，也仍可以扭转被动局面。甚至在锅灶被毁时，也可别处另起锅灶，总之不要轻易认输。

3. 灶要严守。如果已经认识到了锅下之火对锅上之汤的重要性，对锅灶就应严密防守。不能轻易让敌人靠近，在敌人动手抽薪之前，就将其打跑。或者至少在薪被 抽走时，立即发现，并及时采取相应的措施，不使损失过大。

4. 锅要盖紧。锅要盖紧有两个用意，一是在釜底之薪抽走之后，盖紧锅盖可以起到保温的作用，不致使釜中之汤很快变凉，这样赢得一定的时间采取补救措施。二是盖紧锅盖，可以保护釜内之汤不被人喝掉，汤变凉了，还有重新烧开的可能，但汤被喝光了，就无可奈何了。

20 计　混水摸鱼

【原文】

乘其阴乱，利其弱而无主。随，以向晦入宴息①。

【注释】

①随，以向晦入宴息：《易经·随卦》："象曰：泽中有雷，随，君子以向晦入宴息。"意思是说：大泽中响雷，泽水随之而振动；君子应当随着天时变换，在天黑时入睡。

【译文】

乘敌人内部发生混乱，利用他们力量虚弱而没有主见，使他们随顺我，就像人随着天时变换而昼作夜息一样。

【按语】

动荡之际，数力冲撞，弱者依违①无主。敌蔽而不察，我随而取之。《六韬》②曰："三军数惊，士卒不齐，相恐以敌强，相语以不利；耳目相属③，妖言不止，众口相惑，不畏法令，不重其将。此弱征也。"是鱼，混战之际，择此而取之。如刘备④之得荆州、取西川，皆此计也。

【注释】

①依违：依附，违背。

②《六韬》：古代兵书，相传为周代姜尚所著，为《武经七书》之一。引文见《六韬·兵征第二十九》。

③耳目相属：属，接连，跟着。耳目，探听消息的人不断探听消息。

④刘备：三国时著名的政治家、军事家。汉末起兵，割据荆、益等地，与曹、魏、孙吴集团抗争，成鼎足之势。后建蜀汉政权，称先主。

【译文】

社会动荡之时，各种力量就会互相冲击，而弱小者的倾向还没有确定。当敌人因蒙蔽还没有察觉时，我方应趁机将他们争取过来。《六韬》写道："全军多次受惊，士兵的心不齐，用敌强而互相吓唬，互相说着不利的话；大家不断探听消息，谣言纷纷不止，相互欺蒙，不怕法令，不尊重将帅。这是衰弱的征状啊！"这就像一条鱼，在搅混的水里。当混战之时，便选择它作为目标乘机捞取。比如刘备得荆州、取西川，都是用的这条计策。

【传世典故】

混水摸鱼指把水搅浑，使鱼晕头转向之时，乘机把鱼捉来。比喻趁混乱时机捞取好处。在军事上指利用敌人之间互相混乱攻战的时机，我乘机将尚犹豫不决的弱小敌人获取过来。

"混水摸鱼"一语，起初可能是渔民们从捕鱼实践中摸索、总结出来的一句经验性俗语，后来逐渐被移植到社会生活的其他领域，以至被兵家和军事指挥员们用来作为表述某种军事谋略的军事术语。原意是，把水弄混浊了，鱼儿会晕头乱窜，此时乘机摸捉，往往易于得手。比喻乘混乱之机，谋取某种意外的利益。在军事上指有意给敌方制造混乱，或乘敌方混乱之机，消灭敌人，夺取胜利。在战场上，冒充敌人而蒙混过关是此计常用的术法。东汉时，光武帝刘秀是一位很有韬略的政治家。在未登基前，曾在河北一带与王朗大战20多日，最后攻破邯郸，杀死王朗，取得成功。当时，王朗在邯郸称王，实力雄厚。刘秀不敢正面与王朗开战，就带着少数亲信，到了蓟州。遇蓟州兵变，响应王朗，捉拿刘秀。刘秀无法，出城仓皇南逃。刘秀一行逃到饶阳，已饥疲不堪。这时，这秀忽然灵机一动，说出了一个虎口求食的办法：冒充王朗的使者哄驿站的饭吃。众人装扮一番，就以王朗的名义，大模大样地走进驿站。驿站官员信以为真，急忙备美味佳肴招待。刘秀等人好几天没吃过一顿饱饭了，便狼吞虎咽地吃起来。他们的狼狈相引起了驿站官吏的疑心。为了辨其真假，驿站的官员故意将大鼓连敲数十下，高喊邯郸王驾到。这一喊声，非同小可，把众人惊得目瞪口呆，人人手心捏着一把汗。刘秀也惊得站起来，但很快镇定下来。他想，如

三十六计

果邯郸王真来了,是逃不掉的,只能见机行事。他给众人一个眼色,让大家沉住气。他自己慢慢坐下,平静地说:"准备晋见邯郸王。"等了好一会儿,也不见邯郸王的踪影,才知道是驿站官员搞的名堂。酒足饭饱之后,刘秀等人安然离开了驿站。刘秀此次的成功便是得力于计谋上的"混水摸鱼"和心理上的高度镇静。

【用计锦囊】

在动荡不稳的局势中,各种力量都会被搅进混乱的旋涡内。为了乘机扩大自己的势力,在泥沙俱下,鱼龙混杂的情况下,我们则利用那些力量弱小、暂居中间的力量不辨真伪、举棋不定的时机,将其顺手夺取过来。

本计有三种含义:

1. 乱中取利。即乘混乱的时机,捞取好处。在竞争当中取利的办法很多,其中乱中取利是较好的办法之一,它不但可以轻易地从中捞到好处,而且陷于混乱的各方都可成为取利的对象,因为大家将注意力都集中在互相争夺之上,必然会有很多利益无暇顾及,各自也都会暴露出很多可乘之隙来。动荡混乱的局面不是经常会遇到的,所以要积极利用,机不可失,失不再来。

2. 以假乱真。水被搅浑之后,能见度必然极低,鱼在水中看不清方向,也更难辨清其伪,这时我们把假的伪装成真的,并将其混入真的之中,在敌人"蔽而不察"的时候,我们便可借机行事。以假乱真要完全凭借混水为掩护,不然很容易被识破。

3. 滥竽充数。在几百人坐下来一齐吹竽的时候,不会吹竽的人就可以混在乐队里充数。在一个人一个人单独演奏的时候,不会吹竽的人就很难再混下去了。大家一起吹竽的形式,正像"混水"一样,起着隐瞒掩盖的作用。不懂装懂是不应该的,但是利用形式上的缺陷,管理上的漏洞来渡过难关或取得利益,都是混水摸鱼计谋的一个内容。

对付混水摸鱼之计,可采取如下防范对策:

1. 挖净河泥水自清。水之所以能被搅混,主要是因为河底有很多污泥,只要稍一搅动,就会泥沙俱下,弄得河水浑浊不堪。而游泳馆中水池里的水,无论怎样搅都不会混,就是因为水池的四壁干净,如果我们所处的是象河这样的环境中,就应该尽早动手把河泥挖净,这样才能防止河水被人搅混。

2. 混乱之中莫瞎撞。如果水已被搅混,在一片混乱之中,不要跟着别人乱碰乱撞,因为在慌乱之中很容易被人当做"鱼"被摸去。越是混乱的时候,越是要沉着冷静,一时分辨不清不要紧,分辨不清时不要随意表态。要先寻找一个比较安全的地方隐蔽起来。这时的忍耐力和自制力很重要,盲动会带来严重的后果。

3. 看准方向要快逃。在隐蔽的时候,要认真仔细地观察,一旦看清了方向,发现了较为安全的地方,要果断迅速地逃离险境。要认识到,我们一旦处于被摸之鱼的地位,情况非常不利,在势单力薄的情况下,挣扎和反抗都是无济于事的,这时只有"走"才是上策。

21计　金蝉脱壳①

【原文】

存其形,完其势;友不疑,敌不动。巽而止蛊②。

【注释】

①金蝉脱壳:蝉蜕壳,蝉飞壳犹存。比喻用计脱身。

②巽而止蛊:《易经·蛊卦》:"象曰:蛊,刚上而柔下,巽而止蛊。"意思是说:阳刚居上,阴柔居下,凡事能柔顺则能制止混乱,避免受害。巽,伏,顺服;蛊,毒害。运用在此计中,阴为潜藏,阳为暴露。即能隐藏自己的行动而不暴露。

【译文】

保存阵地的原形,造成驻军的气势,使友军不怀疑,敌人也不敢轻举妄动。根据蛊卦原理:若能隐蔽自己的行动而不暴露,就能够防止敌人的损害。

【按语】

共友击敌,坐观其势。倘另有一敌,则须去而存势。则金蝉脱壳者,非徒走也,盖为分身之法也,故大军转动,而旌旗金鼓,俨然①原阵,使敌不敢动,友不生疑。待己摧他敌而返,而友敌始知,或犹且不知。然则金蝉脱壳者,在对敌之际,而抽精锐以袭别阵也。

如诸葛病卒于军,司马懿追焉。姜维令仪②反旗鸣鼓,若向懿者。懿退,于是仪结营而去。

檀道济③被围,乃命军士悉甲,身白服,乘舆④徐出外围。魏惧有伏,不敢逼,乃归。

【注释】

①俨然:整齐,庄重的样子。

②仪:指杨仪,蜀汉名将。多次随诸葛亮北伐,为参军长史。

③檀道济:南宋朝名将。屡立战功。元嘉八年(公元431年)攻魏,粮尽被围,便巧妙撤退,敌不敢追。后为文帝所忌杀。

④乘舆:舆,车子。坐着车子。

【译文】

同友军联合对敌作战,要冷静观察敌友我三方的形势。如果又发现另外的敌人,就必须悄悄离去,而保持驻地的阵势不变。这就是说,金蝉脱壳不是简单的离去,而是一种分身的方法。因此,我方大军虽然转移了,但旗帜鲜明,锣鼓号令仍然整齐庄重地保持着原来的阵势,使敌人不敢妄动,友军也不生疑。等到摧毁了别处的敌人回来,友军和敌军才会发觉,或者还没有发觉。所以说,金蝉脱壳之计,就是指在对敌作战时,暗中抽走精锐部队去袭击别处的敌人。

比如,诸葛亮病死在前线时,司马懿率军追击。姜维命令杨仪把战旗反打着,敲起战鼓,好像要进攻的样子。司马懿慌忙撤退,于是杨仪重新整军,安全返回。

宋国将领檀道济被敌人围困后,命令士兵都披上盔甲,他自己却穿着一身白衣,坐在车子上,慢慢向敌人外围进发。魏军害怕檀道济另有伏兵,不敢逼近他。于是,脱离了包围,安然回国。

【传世典故】

金蝉脱壳指蝉变为成虫时,要脱去幼虫的壳。比喻只留下表面现象,实际已脱身逃走,使对方不能立即发觉。军事上指用计脱身,暗中转移力量,完成奇袭别处敌军的谋略。

"金蝉脱壳"是指表面保持军势不动之状态,以解除对方之警戒心,然后再暗中移动主要军力的策略。例如当敌方军力强大,我方无力对抗时,若勉强顽抗,损伤将会更严重,因此应以先撤退再行攻击为上策。但如毫无计策地撤退,必会受到敌人的追击而有溃灭之虞。因此应先佯装,使对方以为己方无撤退之意,然后在敌方解除戒心之下,暗中组织撤退行动。此即"金蝉脱壳"的策略。

三国时期,诸葛亮六出祁山,北伐中原,但一直未能成功,终于在第六次北伐时,积劳成疾,在五文原病死于军中。为了不使蜀军在退回汉中的路上遭受损失,诸葛亮在临终前向姜维密授退兵之计。姜维遵照诸葛亮的吩咐,在诸葛亮死后,秘不发丧,对外严密封锁消息。他带着灵柩,秘密率部撤退。司马懿派部队跟踪追击蜀军。姜维命工匠仿诸葛亮

第一编 《三十六计》原典释译

模样，雕了一个木人，羽扇纶巾，稳坐车中。并派杨仪率领部分人马大张旗鼓，向魏军发动进攻。魏军远望蜀军，军容整齐，旗鼓大张，又见诸葛亮稳坐车中，指挥若定，不知蜀军又要什么花招，不敢轻举妄动。司马懿一向知道诸葛亮"诡计多端"，又怀疑此次退兵乃是诱敌之计，于是命令部队后撤，观察蜀军动向。姜维趁司马懿退兵的大好时机，马上指挥主力部队，迅速安全转移，撤回汉中。等司马懿得知诸葛亮已死，再进兵追击，为时已晚。

【用计锦囊】

在彼此力量对比悬殊，我们处于被动不利地位的紧急关头，为了迅速地摆脱敌人，顺利地转移或撤退，防止敌人发现而跟踪阻截，则留下虚假的外形以稳住敌人，自己则暗中安全地脱身而去，离开险境。这是一种走而示之不走的主动退却的策略。

运用此计，关键在于"脱"。面对的敌人不同，"脱"的方法也不相同。"脱"一般指：①摆脱；②逃脱户甩脱；④挣脱；⑤开脱。

运用此计一定要选好时机。一方面，"脱壳"不能过早。只要存在胜利的可能，就应继续下去。直至万不得已时才可"脱壳"而去；另一方面，"脱壳"也不能过迟。在败局已定的情况下，多停留一分钟，就会增加一分的危险，减少一分生还的希望。

金蝉脱壳是一种积极主动的撤退和转移，这种撤退和转移又是在十分危急的情况下进行的，稍有不慎，就会带来灭顶之灾，应该冷静地观察和分析形势，然后坚决果断地采取行动。

谋成于密，而败于泄。金蝉脱壳的整个过程要在敌人不知不觉中进行，绝不能露半点破绽。

本计的含义主要有二种：

1. 脱身。为了摆脱困境，先把"外壳"留给敌人，然后自己脱身而去。留给敌人的"外壳"是一个虚假的外形，对我方的实力影响不大，却能给敌人造成错觉。

2. 分身。在遇到两股敌人时，为避免腹背受敌，可以对原来的敌人虚张声势,使其不敢轻易来犯,而暗中抽掉主力去攻击后来之敌,待后来之敌被消灭后,再返回来进攻原来的敌人。

对付金蝉脱壳之计,应采取如下防范对策:

1. 要关门捉贼。防止就要到手的敌人使用金蝉脱壳之计逃脱的最好方法就是"关门捉贼",速战速决,即把所有的门都紧紧关住,不要说偷偷溜掉,就是插翅也难以逃脱。这样它只有乖乖就范,而无别的计谋可施。如果网开一面,或者防范不严,都会给苟延残喘的敌人以可乘之机,使其逃之夭夭,日后会卷土重来。

2. 要善于相敌。善于相敌,就是在观察敌人情况的时候,不被敌人留给我们的虚假"形"或"势"所迷惑,并能透过这些表面的现象,发现敌人的真实意图和本质。敌人在策划某些新的阴谋时,或多或少都会有某些反常的表现,或特殊的征象。如《孙子兵法·行军篇》中说:"鸟集者,虚也"、"辞强而进驱者,退也"等等,都是通过现象来进行判断的。只有及时准确地掌握了敌人的动向,就可有效地加以防范。

3. 不要轻信承诺。对于朋友来说,往往是一诺千金。但是对于敌人来说,承诺和信物往往是最廉价的脱身替代物,尤其是那些十分狡猾的敌人,我们更不要因那些毫无约束力和控制力的诺言或信物而轻易放过即将到手的敌人,即便是暂时的放松,也要紧紧抓住可以随时牵回来的缰绳。

4. 不要为人做掩护。如果我们的心眼太好,见到冻僵的蛇也要揣在怀里把它暖过来的话,那就会被蛇所利用,甚至会被蛇所陷害。如果我们不分青红皂白,糊里糊涂地替人做掩护,帮助其逃离险境,很可能会使亲者痛,仇者快,使坏人逍遥法外,受不到应有的制裁。

22计 关门捉贼

【原文】

小敌困之。剥，不利有攸往[1]。

【注释】

①剥，不利有攸往：《易经·剥卦》："剥，不利有攸往。"意思是说："剥落，零散，不利于前进。《六十四卦经解·剥》："剥，裂也，从刀从录。录，刻割也，又，落也。万物零落之象。"运用在此计中，即零散之军队不利于发动进攻。

【译文】

对付小股的敌人，要包围起来予以歼灭。按照剥卦的原理，对于那些零星散敌，不利于进行追击。

【按语】

捉贼而必关门，非恐其诱也，恐其逸[1]而为他人所得也，且逸者不可复追，恐其诱也，贼者，奇兵也，游兵也，所以劳[2]我者也。

《吴子》[3]曰："今使一死贼伏于旷野，千人追之，莫不枭视狼顾[4]。何者？恐其暴起而害已也。是以一人投命，足惧千夫。"

追贼者，贼有脱逃之机，势必死斗；若断其去路，则成擒矣。故小敌必困之，不能，则放之可也。

【注释】

①逸：逃跑。
②劳：疲劳，使之疲劳。
③《吴子》：古代兵书，传为战国吴起所著。本文出自《吴子·厉士第六》。
④枭视狼顾：枭，猫头鹰。像猫头鹰寻找食物那样专注地看，像狼行走时那样害怕地四面看看。比喻小心翼翼，东张西望，瞻前顾后的样子。

【译文】

要捉贼必须关门，并不是怕他逃走，而是怕他逃走了却让别人捉去。而且，对于逃走的敌人不可以再追，恐怕中了他的诱敌之计。所谓贼，是指突击队、游击队。他们是骚扰并使我军疲劳的敌人。

《吴子》上写道："假定现在有一个亡命之徒隐藏在空旷的原野里，派一千个人去追捕他，没有一个不像猫头鹰和狼那样小心翼翼四下张望的。为什么呢？是害怕对方突然跳出来伤害自己。所以说一个人拼命，足以使一千个人害怕。"

追赶盗贼,贼如果有逃掉的机会,必然要拼死格斗;如果截断他的退路,就必定会被抓住。所以,对付小股的敌人,必须包围起来;如果办不到,就放走他算了。

【传世典故】

关门捉贼指狡猾的盗贼进屋偷东西,要关上门使其无路可逃,才能人赃俱获。在军事上指对那些行动诡诈,出没无常的小股敌人,采取包围歼灭的计谋。

此计中的"贼"一般指为数不多而机动灵便的小股敌人。若一味猛追,它就会杳无踪影,或者狗急跳墙。如果诱"贼"深入,把它关在"门"里,使它成为网中之鱼,瓮中之鳖,我方就能旗开得胜。

古代兵法十分重视关门捉贼之计。《孙子兵法·谋攻》说:"故用兵之法,十则围之,五则攻之,倍则分之。"大意是:所以用兵的法则,有十倍于敌的兵力就包围敌人;有五倍于敌的兵力就进攻敌人;有一倍于敌的兵力就分散敌人。《尉缭子·制谈》:"一夫仗剑于市,万人无不避之者。臣谓非一人之独勇,万人皆不有也,何则? 必死与必生固不侔也。"大意是:一个亡命之徒持剑冲入集市,万人无不躲避他。我认为并不是唯独他勇敢,大家都不如他。为什么呢? 因为不想活命和希望活着,本来就是不相同的。孙子所说的"十则围之"与"小敌困之"的意思基本一样。尉缭子所说的众人不敢惹亡命之徒,说明追寇勿迫、围歼则胜的道理。

战国后期,周赧王53年(公元前262年),秦国攻打赵国。秦军在长平(今山西高平北)受阻。长平守将是赵国名将廉颇,他见秦军势力强大,不能硬拼,便命令部队坚壁固守,不与秦军交战。两军相持两年多,秦军仍拿不下长平。公元前260年,秦王采纳了范雎的建议,用离间法让赵王怀疑廉颇。赵王中计,调回廉颇,派只会纸上谈兵的赵括为将,到长平与秦军作战。赵括到长平后,完全改变了廉颇坚守不战的策略,主张与秦军决战。秦将白起起初有意让赵括尝到一点甜头,使他的军队取得几次小胜。于是,赵括果然得意忘形,派人到秦营

下战书。这下正中白起的下怀。开战前,他分兵几路,抄赵括的后路,隐秘地形成对赵军的包围。第二天,赵括亲率四十万大军,来与秦兵决战。赵括因秦军几次交战都打输了,志得意满,哪里知道敌人用的是诱敌之计?他率领大军追赶假败的秦军,一直追到秦壁。秦军坚守不出,赵括一连数日也攻克不了,只得退兵。这时突然得到消息:自己的后营已被秦军攻占,粮道也被秦军截断。秦军派精骑五千突入赵营,将赵军分割为两块,分别全部包围起来。一连四十六天,赵军绝粮,士兵杀人相食,赵括只得拼命突围,白起已严密部署,多次击退企图突围的赵军。最后,赵括中箭身亡,赵军大乱,可叹四十万大军都被秦军杀戮。这个赵括,只会"纸上谈兵",在真正的战场上,一下子就中了敌军"关门捉贼"计,损失四十万大军,使赵国从此一蹶不振。

【用计锦囊】

关门捉贼是实现歼灭战的重要手段,其目的是全部或大部杀伤敌人,彻底剥夺敌人的战斗力。在实施过程中,事先布下一个口袋阵,等敌人进入口袋后,堵其退路,扎紧口袋嘴,是常用的一种方法。紧紧包围住敌人的驻地,不准其逃跑,聚而歼之,也是一种方法。但不管哪一种,都要注意两个方面的问题:一、"关门"的地点既有利于全歼敌人、又有利于我集中优势兵力。二、"关门"之后,部署兵力准备打援。

此计先"关"后"捉"。"关"法百种,"捉"法千样。"关"有早关和晚关、急关和缓关、明关和暗关。"捉"分惊捉、疲捉、诱捉、困捉、斗捉。确定哪种"关"法和"捉"法,要根据敌人的情况和具体环境而定。

施行此计要注意以下三点:

1. 关弱不关强。关门所捉之"贼"一般是弱敌。如果强贼围在"屋"里,一定会把家里闹得天翻地覆、墙倒门破不可。

2. 关牢大门。"贼"在被关在"屋"里之后一定会拼死抵抗,而大门肯定是它重点突破的目标。如果关门不牢,"贼"会撞开逃走,岂不前功尽弃?

3. 抓准时机。无论是"关门"还是"捉贼"都有个时机问题。正如《兵法圆机》中说:"盖早发敌逸,犹迟发失时。"要把"关门"和"捉贼"的时机把握准,这是取胜的关键因素之一。

对付关门捉贼之计,可采用如下防范对策:

1. 先探虚实。在同敌人作战之前,要详细准确地探明敌人的虚实,然后才能进入战地,这样才不致因情况不明而误入敌人的包围圈。《孙子兵法》中说:"故知战之地,知战之日,则可千里而会战。不知战之地,不知战之日,则左不能救右,右不能救左,前不能救后,后不能救前,而况远者数十里,近者数里乎?"这里特别强调了知战之地,知战之日的重要性,探清虚实可用"打草惊蛇"之法,也可使用间谍侦察法。

2. 留有退路。"狡兔"尚且有"三窟",以便于逃避灾祸,何况我们对敌作战之时呢?那就更要多准备几条退路。一旦情况紧急,便可以找到退逃之路,有备才能无患,无备则处处被动。破釜沉舟,背水一战,用来激励士气,鼓舞斗志则可,轻敌大意,侥幸取胜则要不得。在拟定作战方案时,一定要准备上、中、下三策,往最坏处打算,往最好处努力。

3. 及早回头。如果万一误入敌人的埋伏之内,就一定要及早退出,千万不能陷入过深,而不能自拔。及早回头的决心来自于对敌情的准确判断,而对敌情的准确判断又来自于对敌人的敏锐观察,只有对敌人的一举一动,都了解清楚,才能尽早发现敌人的意图。只要在敌人"关门"之前退得出来,一般来说都不算太晚。

4. 金蝉脱壳。如果一旦被敌人关在门内,虽然情况十分危急,但是绝对不能惊慌失措。这时要冷静下来,对敌人设下的包围圈进行观察,发现有可乘之机,就要果断地采取金蝉脱壳之计,留下一虚假的外形或不重要的部分,借以迷惑敌人,我们则可以暗地里溜之大吉。切记在处于被动不利的形势下,绝不能固执恋战。

23计 远交近攻①

【原文】

形禁势格②,利以近取,害以远隔。上火下泽③。

【注释】

①远交近攻:即结交远国而攻击邻国。语见《史记·范雎传》:"王不如远交而近攻,得寸则王之寸也,得尺亦王之尺也。"

②形禁势格:一作"形格势禁"。格,阻碍;禁,禁止。即形势的发展受到阻碍。

③上火下泽:《易经·睽卦》:"象曰:上火下泽,睽;君子以同而异。"其意思是:火向上烧,水往下流,它们的性质正好相反。君子应当求同存异,在不同的事物中寻求其可以共存的条件。

【译文】

当形势的发展受到地理条件的限制时,先攻取就近的敌人对我们有利,先攻取远隔的敌人对我们有害。根据睽卦原理,应当对不同的军事集团采取联合,以达到我们的目的。

【按语】

混乱之局,纵横捭阖①之中,各自取利。远不可攻,而可以利相结;近者交之,反使变生肘腋。范雎②之谋,为地理之定则,其理甚明。

【注释】

①纵横捭阖:纵横,合纵连横。战国时,苏秦主张联合六国抗拒强秦,叫做合纵;

张仪主张分化六国,说服他们服从强秦,叫做连横。捭阖,见《鬼谷子·捭阖》:"捭之者,开也,言也,阳也;阖之者,闭也,默也,阴也。"或开口说话,或沉默不语。或该说什么,不该说什么。或采取公开的手段,或采取阴谋手段。纵横捭阖的意思是,根据不同的情况相机行事,采取各种手段来达到自己的目的。

②范雎:一名范叔,战国时魏人。曾化名张禄入秦国游说秦昭王,主张远交近攻。

【译文】

在局势混乱、变化复杂、诡计多端的状况下,任何一方都会为自己谋取利益。对远隔的敌人不要去攻击,而可以用利益和他结交;如果和邻近的敌国结交,将对自己不利,反而会使变乱发生在自身要害处。战国时范雎的远交近攻谋略,就是把地理的远近作为不同政策的施行原则,其中的道理是十分明显的。

【传世典故】

远交近攻即结交远方的国家,进攻邻进的国家。军事上指为分化瓦解敌人方面的联盟,而采取暂时结交远处相隔难于获利的敌人,直接进攻近处相邻易于攻取的敌人,这是一种各个击破的谋略。

远交近攻,语出《战国策·秦策》:范雎曰:"王不如远交而近攻,得寸,则王之寸;得尺,亦王之尺也。"这是范雎说服秦王的一句名言。远交近攻,是分化瓦解敌方联盟,各个击破,结交远离自己的国家而先攻打

邻国的战略性谋略。当实现军事目标的企图受到地理条件的限制难以达到时,应先攻取就近的敌人,而不能越过近敌去打远离自己的敌人。为了防止敌方结盟,要千方百计去分化敌人,各个击破。消灭了近敌之后,"远交"的国家又成为攻击对象了。"远交"的目的,实际上是为了避免树敌过多而采用的外交诱骗。

魏国人范雎到秦国游说,见到了秦昭王。秦昭王向范雎询问富国强兵之策,范雎侃侃而谈:"目前七国之中,最强大的就是

秦国。秦国沃野千里,甲兵百万,雄踞四塞之固,进则能攻,退则能守,一统天下应该不费力气。但是,最近大王听信丞相魏冉的话,轻易发兵攻打齐国,我认为这是断送秦国的前程。"

秦昭王疑惑地问:"攻打齐国有什么错呢?"

范雎说:"越过韩、魏两国攻打齐国,这是十分错误的。即使取胜,大王又怎能把得到的土地同秦国连接起来呢? 当初,齐王越过韩、魏两国去攻打楚国,曾占领千里之地。但结果齐国连一寸土地也未得到,却被韩、魏两国瓜分了。其原因是齐国离楚国远,韩、魏两国离楚国近。依我看,大王应当采取远交近攻的策略。"

秦昭王听得入了迷,接着问道:"什么叫远交近攻呢?"

范雎说:"远交近攻就是与离得远的国家订立盟约,减少敌对国家,而对离得近的国家抓紧进攻。诚能如此,得一寸土地就是一寸,得一尺土地就是一尺。打下韩、魏以后再打燕、赵;打下燕、赵之后再打齐、楚。大王只要实行这条计策,用不了多少年,保证能兼并六国,统一天下。"

范雎的一席话使秦昭王大为开怀,秦昭王高兴地说:"寡人以后就听先生的了!"秦昭王立即拜范雎为客卿,并按照范雎远交近攻的策略,把攻打齐国的人马撤回来,改为攻打近邻魏国。此后,秦国夺取了邻国的大片土地,为后来秦始皇统一中国奠定了坚实的基础。

【用计锦囊】

"远交近攻"的计策属于制造和利用矛盾,分化瓦解敌方联盟,实行各个击破的谋略,它的诀窍是:在受到地理形势限制的情况下,攻取邻近敌人就有利,攻取远处的对手就有害。火焰上窜,池水下淌,同是应敌,对策不一。

实行"远交近攻"的策略有助于集中力量应付眼前的敌人,并且将其置于孤立无援的境地。

在此计中,远交并非要长久和好。远敌亦是敌人,早晚都是心腹之患。所以说,远交只是避免为了树敌过多而采取的一种暂时性的外交权术。近敌一旦被征服,远交的使命便告完成。

为什么要远交近攻呢? 我们把远攻、远交、近攻、近交四种情况列举出来,这个问题的答案自然明了。

远攻的后果:①远道袭人,风险颇大。《孙子兵法》说:"百里而争利,则擒三将军。"②舍近求远,劳民伤财。《孙子兵法》说:"久暴师则国用不定。"③即使取得了胜利,夺得了土地,因远离本土而无法保卫,反而成了沉重的包袱。

远交的好处:①分化瓦解敌人的联盟,孤立近处的敌人,使其得不到援助而束手就擒。②结交远者本身就是一种麻痹手段,使之放松警惕,以便日后突袭取胜。

近交的后果:①卧榻之旁,岂容他人鼾睡。近处之敌即使暂时安

抚下来,随时也有翻脸的可能。②近敌就在我们的外围,就像蚕茧蛇蜕一样,紧紧束缚着我们向外发展。要想继续发展,非得冲破这个阻碍不可。

近攻的好处:①进攻近敌可以拓展我们的地盘或势力范围。因新攻取的疆土与我们原有的国土连在一起,所以便于守护和利用。②近距离作战便于集中力量,容易取得胜利。③进攻近敌相对来说消耗的人力和物力要少,对国家财政不会产生严重影响。

另外,弄清"远"和"近"这两个概念对于实施此计是十分重要的。大致说来,"远"和"近"有以下含义:

1. 从地理位置来说,"远"指远处,"近"指近处。

2. 从利益关系来说,"远"指只能间接获得的较长远的利益,"近"指近期内可直接获得的眼前利益。

3. 从组织关系来说,"远"指一个组织的外部,"近"指一个组织的内部。

4. 从影响范围来说,"远"指那些不能直接控制的人或事,"近"指那些可以直接控制的人和事。

远交近攻之计有以下三层含义:

1. 分化瓦解。本计是在面对由众多敌人组成的敌人阵营时使用的策略。根据三角形的任意两边之和大于第三边的原理可知,众多敌人联合起来的力量是难以对抗的,在这种形势下,为了达到制人而不制于人的目的,就要首先进行分化瓦解,破坏敌人之间的联盟,使他们同床异梦或彻底分开,在敌人之间不能协同作战并且不能互相救助的情况下,我们就可以采取各个击破的办法,将敌人一个一个地吃掉。

2. 区别对待。由于敌人所处的地理位置,客观条件不同,他们的价值观念不同,他们对危险的感受不同,因而对我们的用途也就不同。所以我们不能给他们吃大锅饭,而要看人下菜碟,对不同背景的敌人要区别对待,采取不同的对策。例如,有的要拉拢收买,有的要置之不理,有的要软硬兼施,有的要猛烈攻伐等等。对敌人的分化瓦解,使我们对敌人的区别对待成为可能,而对敌人的区别对待,又势必会反过来促进敌人的分化瓦解。从这个角度讲,区别对待也可以作为分化瓦解敌人的一种手段。

3. 从易者始。"凡攻占之法,从易者始"也就是用兵打仗的基本原则。应该是从最容易取胜的地方开始。因为"从易者始",可以尽快打开局面,产生势如破竹的效果。"从易者始"就容易取胜,获取胜利之后,对士气就会是一种激励,反过来又会争取更大的胜利,这样会产生一种良性的循环。如果从难者始,久攻不下,下而不见其利,士气就会大减。对付众多的敌人,更应从容易的开始,然后有次序,有重点地予以歼灭。从地理位置上看,最容易攻取的当然是距离最近而又弱小的敌人了。同时进攻这样的敌人,还有一个好处,就是"得寸,则王之寸也;得尺,亦王之尺也"。

对付远交近攻之计,应采取如下防范对策:

1. 互为利用。如果我们发现已被敌人做为"远敌"而结交时,在不直接伤害盟友的情况下,可根据具体情况积极接受他们的结交。这样做至少有两种好处:第一这样可以为我们赢得时间,在这段时间内,我们可以做好充分的准备,一旦敌人对我们采取攻击时,我们不致措手不及,这是一种以退为进的策略。第二既然我们可以成为敌人的"远者",反过来敌人也同样可以做为我们的"远者"而"交"之。我们利用其来主动送上门的机会,稳住他们,然后就可以实施我们的"远交近攻"之策,这就是借而用之的互为利用的策略。

2. 广为结交。当我们已经成为"近者",难逃被攻击的厄运时,我们当然不能消极等待,要首先针对敌人分化瓦解的策略,广为结交,争取同情和援助,进而将敌人破坏的对敌同盟重新建立起来,只有这样才能防止被孤立,被击破。争取援助时要晓之以利害,公开地彻底地揭露敌人"远交近攻"的分化阴谋,并且明确指出:下一个倒霉的就是你。大家联合起来,不仅是为了我,也是为了我们大家,只有激起大家的义愤,才能哀兵必胜。

3. 善于防御。所谓的善于防御,就是针对敌我双方的不同情况,争取不同的防御策略。如果我们的力量足够强大,同时又有广泛的同情和援助,并且有了十分充分的战斗准备,那么不妨来个"御敌于国门之外";如果我们的力量较弱或敌人的锋芒逼人,那么我们可以来个"诱敌深入";如果敌人方面有机可乘,也不妨来个"围魏救赵",总之要相机而动。

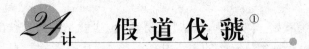

24计 假道伐虢①

【原文】

两大之间,敌胁以从,我假以势。困,有言不信②。

【注释】

①假道伐虢:春秋时,晋国想要吞并虞和虢两个小国。这两个国家虽小,却结为联盟,晋国便贿赂虞国国君,拆散了联盟,借道虞国而灭了虢国,返回途中,顺便灭了虞国。后成为典故,指以借路为名而消灭对方。又比喻一箭双雕。

②困,有言不信:《易经·困卦》:"困,有言不信。"意思是,人处于困境时,所说的话不会被人相信,也不会轻易相信别人说的话。

【译文】

处在敌我两个大国之间的小国,当敌方胁迫它屈服时,我方要给与援助,借机扩张我们的势力。按照困卦的原理,对于弱小的国家,不能凭空话拉拢他们,而要给与一定的实惠,才能取得他们的信任。

【按语】

假地用兵之举,非巧言可诳。必其势不受一方之胁从,则将受双方之夹击。如此境况之际,敌必迫之以威,我则诳之以不害,利其幸存之心,速得全势。彼将不能自阵①,故不战而灭之矣。

如晋侯假道于虞以伐虢。晋来虢,虢公丑奔京师。师还,袭虞灭之。

【注释】

①自阵:自保,意即失去防范,不能抵挡。

【译文】

假借别国的领地去打仗,不是靠花言巧语就能欺骗成功的。必须当他们处于这种情况:不是受一方的胁迫,就是将受双方的夹击。这时,敌人必然用武力来逼迫他,我方则用不损害他来诱骗他,利用他侥幸图存的心理,迅速地控制局势。这样他将不能够自己做主,所以不需要进行战斗就能把他消灭。

例如,春秋时,晋侯向虞国借路去攻打虢国,并把他消灭了,虢国公丑逃奔到周朝的首都洛阳。晋军从虢国撤回,经过虞国时,把虞国也消灭了。

【传世典故】

假途伐虢原意是晋国假道于虞以伐虢,灭虢之后,又回师灭虞,即借

第一编 《三十六计》原典释译

别国的道路向敌人发动隐蔽而突然的进攻。后用以泛指以借路为名,加以利用,而后将其灭之的策略。军事上一般反映越过中间地区,先去攻下较远的敌国,待中间地区孤立之后,再回头围而歼之。

《左传分国集注·晋灭虞虢》记载了假途伐虢这个历史典故。

春秋时期,晋国想吞并邻近的两个小国:虞和虢。这两个国家之间关系不错。晋如袭虞,虢会出兵救援;晋若攻虢,虞也会出兵相助。大臣荀息向晋献公献上一计。他说,要

想攻占这两个国家,必须要离间他们,使他们互不支持。虞国的国君贪得无厌,我们正可以投其所好。他建议晋献公拿出心爱的两件宝物,屈产良马和垂棘之璧,送给虞公。献公哪里舍得? 荀息说:大王放心,只不过让他暂时保管罢了,等灭了虞国,一切不都又回到你的手中了吗? 献公依计而行。虞公得到良马美璧,高兴得嘴都合不拢。

晋故意在晋、虢边境制造事端,找到了伐虢的借口。晋国要求虞国借道让晋国伐虢,虞公得了晋国的好处,只得答应。虞大臣宫子奇再三劝说虞公,这件事办不得。虞虢两国,唇齿相依,虢国一亡,唇亡齿寒,晋国是不会放过虞国的。虞公却说,交一个弱朋友去得罪一个强有力的朋友,那才是傻瓜哩!

晋大军通过虞国道路,攻打虢国,很快就取得了胜利。班师回国时,把劫夺的财产分了许多给虞公。虞公更是大喜过望。晋军大将里克,这时装病,称不能带兵回国,暂时把部队驻扎在虞国京城附近。虞公毫不怀疑。几天之后,晋献公亲率大军前去,虞公出城相迎。献公约虞公前去打猎。不一会儿,只见京城中起火。虞公赶到城外时,京城已被晋军里应外合强占了。就这样,晋国又轻而易举地灭了虞国。

【用计锦囊】

假道伐虢语出《左传·僖公二年》:"晋荀息请以屈产之乘,与垂棘之璧,假道于虞以灭虢。"

处在敌我两大国中的小国,当受到敌方武力胁迫时,某方常以出兵

援助的姿态,把力量渗透进去。当然,对处在夹缝中的小国,只用甜言蜜语是不会取得它的信任的,一方往往以"保护"为名,迅速进军,控制其局势,使其丧失自主权。再乘机突然袭击,就可轻而易举地取得胜利。

本计有三种含义:

1. 借水行舟。就是借用别人所提供的条件或帮助来达到自己的目的。无论做任何事情,必要条件是不能缺少的,例如,要想行车,就必须有路,要想行船,就必须有水,否则将寸步难行。但现在我们没有路却要行车,没有水却要行船,怎么办呢? 要想做到这一点,不按客观条件和规律而蛮干是不行的,其最简捷有效而又现实的办法就是"借",向有这种条件的人去"借用",即:借你的路,行我的车,借你的水,行我的船。总之就是借用你之所有,来实现我的目的。这种方法在自己没有相应条件的时候,必须使用外,就是在自己具有相应条件时,为了减少不必要的代价,也常常要使用。

2. 借机渗透。乘对方有机可乘之时,借用某种名义,巧妙地把自己的势力渗透进去,一般情况下,要把自己的势力渗透到对方内部,并不是很容易的,运用武力要遭到反抗,只有花言巧语,空头许诺,没有实际行动,很难得到信任。最好的时机是在其外来势力相逼时,我们以不侵犯其利益为诱饵,利用其侥幸图存的心理,以出兵援助为名,迅速把力量扩展进去。这样可以不经战斗,就能全面地控制对方。

3. 一箭双雕。射出一支箭,同时击中两个目标。例如:假借虞国的"道路",轻而易举地攻取了虢国,这样即使虞国放松了警惕,又使虞国失去了救援,所以在灭虢回师的路上,顺便就灭掉了虞国。可谓发动一次攻击,同时灭亡两个国家,这就好像借人家的桥过河,过了河之后,又顺手拿走了人家的桥板一样,同时有两种收获。这是一种迂回之计,也是突然袭击的谋略。

"假道伐虢"是强者吞并弱者的策略,但只要弱者提高警觉,识破强者的诡计,强者即很难运用"假道伐虢"的策略来吞并弱者。

不过弱者想在强者的重压下求得生存亦是很困难的。为了保障生存的安

全,弱者须具备下述条件方可:

1. 内部团结。当内部发生混乱或分袭时,会使强者乘隙进攻。

2. 避免发生挑拨性行动。如发生此种行动时,会使得强者有机可乘。

3. 须有正确的判断能力。对于强者的请求,若一概相应不理,必会引起强者的憎恨与愤怒。

4. 须具有外交能力。在解决纷争时,须做好全面的外交策略,以建立良好的外交关系。

三十六计

第五章 并战计原典释译

25计 偷梁换柱①

【原文】

频更其阵,抽其劲旅,待其自败,而后乘之。曳其轮也②。

【注释】

①偷梁换柱:比喻暗中玩弄手段,以假乱真。梁,柱,原本是盖房时起支撑和连接椽子的重要结构。即大梁和柱子。

②曳其轮:《易经·既济卦》:"初九,曳其轮,无咎。"意思是:初九爻象征拖着车轮过河,以防失控,不会出错。

【译文】

频繁地变动他们的阵容,抽换他们的主力,等他们自己走向失败,然后乘机控制他们。这就如同过河的车子,拖住了它的轮子,也就不会出差错。

【按语】

阵有纵横,天衡为梁,地轴为柱①,梁柱以精兵为之。故观其阵,则知其精兵之所在。共战他敌时,频更其阵。暗中抽换其精兵,或竟代其为梁柱。势成阵塌,遂兼其兵。并此敌以击他敌之首策也。

【注释】

①天衡,地轴:均为古代战阵名称。天衡首尾相连,地轴贯穿中央。

【译文】

战阵有纵向横向,按东西南北的方位布设。"天衡"作阵的大梁;地轴作阵的柱子。梁和柱的位置,都是由精兵控制。因此,察看他军的阵容,就知道他军的精锐在哪里。当与他军共同对敌作战时,设法多次变动他军的阵容,暗中更换他的精锐部队,或者派自己的精锐部队去代替他作梁柱。这样势必使他军阵地倒塌,于是就能吞并他的军队。这是吞并这股敌人再去攻击他股敌人的一个首要的策略。

【传世典故】

偷梁换柱原用以形容桀纣力大无穷。宋·罗泌《路史发挥·三桀纣事多实论》记古史传说桀纣能"倒曳九牛,换梁易柱"。后比喻玩弄手法,暗中改换事物的内容或事情的性质,以达到蒙混欺骗的目的。军事中指在同盟军联合作战时,通过不断地改变其阵势来抽换其主力,在其无法自立之时,借机将其兼并以扩大我军的力量。

秦始皇称帝,自以为江山一统,是子孙万代的家业了。但是,他自以为身体还不错,一直没有去立太子,指定接班人。宫廷内,存在两个实力强大的政治集团:一个是长子扶苏、蒙恬集团,一个是幼子胡亥、赵高集团。扶苏恭顺好仁,为人正派,在全国有很高的声誉。秦始皇本意欲立扶苏为太子,为了锻炼他,派他到著名将领蒙恬驻守的北线为监军。幼子胡亥,早被娇宠坏了,在宦官赵高教唆下,只知吃喝玩乐。

公元前 210 年,秦始皇第五次南巡,到达平原津(今山东平原县附近),突然一病不起。此时,秦始皇也知道自己的大限将至,于是,连忙召丞相李斯,要李斯传达秘诏,立扶苏为太子。当时掌管玉玺和起草诏书的是宦官头儿赵高。赵高早有野心,看准了这是一次难得的机会,故意扣压秘诏,等待时机。几天后,秦始皇在沙丘平召(今河北广宗县境)驾崩。李斯怕太子回来之前,政局动荡,所以秘不发丧。赵高特此去找李斯,告诉他,皇上赐给扶苏的信,还扣在我这里。现在,立谁为太子,我和你就可以决定。狡猾

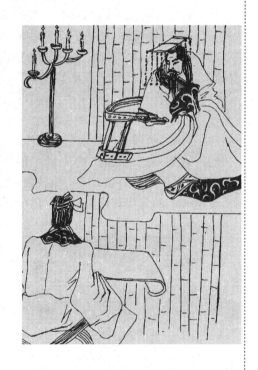

的赵高又对李斯讲明利害,说,如果扶苏做皇帝,一定会重用蒙恬,到那个时候,宰相的位置你能坐得稳吗?一席话,说得李斯果然心动,二人合谋,制造假诏书,赐死扶苏,杀了蒙恬。

赵高未用一兵一卒,只用偷梁换柱的手段,就把昏庸无能的胡亥扶为秦二世,为自己今后的专权打下基础,也为秦朝的灭亡埋下了祸根。

【用计锦囊】

当敌人力量比较强大,而其主力又已完全暴露时,或我方的外部情况已为敌人所掌握的形势下,为了抓住关键,有效地控制敌人,可在敌人

不知不觉中调开其主力。借以分散削弱其力量;或为了蒙骗敌人,可在暗中更换我们的部署,合并盟友的主力,借以增强扩大自己的力量,进而达到变劣势为优势,变被动为主动的目的。

此计一定要在对方不备的情况下使用。一旦被对方发觉,自己的努力不仅全部落空,而且会导致"偷鸡不成反蚀把米"的结局。

偷梁与换柱都是用次要的换主要的,用假的换真的,用坏的换好的。这样,被换的东西不仅起不到应有的作用,反而会起破坏和瓦解作用。敌人的元气受损后,必然不攻而自败。

此计在大多数情况下指暗中调换,冒名顶替,以达到蒙骗对方,从中渔利的目的,通俗地说,偷梁换柱就是"调包计"。

本计包含三种含义:

1. 暗中调包。就是在不知不觉中,偷偷地用某种东西换走别人的另外一种东西。这种调换不外是为了自己获利,或使别人受损,或者两者兼而有之。所以调换的时候,一般都是用假的换掉真的,用坏的换掉好的,用次要的换掉主要的。调包一定要在暗中进行,只有在其没有发现任何破绽的时候,才能把假的、坏的当成真的、好的来使用,在其发现受骗上当的时候,已经来不及了。如果对方过早地发现已被调包,那么,在使用前他就会把换过的东西,再换回来,我们也就达不到目的了。

2. 分人之势。当敌人的力量比较强大时,不应直接同其对抗,而应该使用各种隐蔽欺骗的虚假行动,把敌人的主力分散开来,把敌人的主力调开,就等于把敌人的"梁"、"柱"偷换掉,敌人必将会"阵塌"。这样就会使其由全体上的强大转化为各个局部上的弱小,而我们则可集中兵力,使全体上的劣势转化为局部上的优势。

3. 合并盟友。在我们与盟友对付同一个敌人时,这时虽然目标是一致的,但是由于缺乏统一的行动,不但不能给敌人以致命的打击,还很容易被敌人各个击破。为了形成强大的势力,在盟友一时没有认识到联合的重要性和必要性的时候,我们暗中将其合并过来,实行统一意志,统一行动,是有很大的积极意义的。在整个合并过程中,对于被合并的一方固然是痛苦的,但是从双方都可因此而得到生存和发展的角度看,这种牺牲也是值得的。当然在合并中怀有其他目的是不应该的。

对付偷梁换柱之下,应采取以下防范对策:

1. 防人之心不可无。在激烈的竞争中,尤其是多极的竞争中,除了对面前的对手要针锋相对之外,对于中立者、盟友等其他力量,也要时时处处加以必要的防备,不要轻信于人,更不能轻易把主力托付于人,以防被人吞并。另外还要不断地切实加强自己的实力,使自己有独立竞争的能力和反抗能力,这也是防止被人吞并的必要条件。

2. 严密保护梁和柱。既然梁和柱具有生命攸关的重要作用,那么就应加以严密的保护,使敌人不易接近,或使其无法偷换。为了保险起见,还要事先准备应急措施,一旦发现梁柱被人偷换,马上进行补救,不使损失扩大。

3. 信息反馈要经常。要与自己所属的各个部位,特别是重要的部位,保持经常不断的信息联系,这样一旦自己的梁柱被偷换时,我们马上就会发现,可及时采取有效的措施,防止造成损失。

4. 思维观念要明确。如果自己的思想观点或语言表达不明确,含糊不清,模棱两可,就很容易被人故意曲解或断章取义。所以在应该表达清楚的地方,一定要用科学规范的语言表达清楚,必要时要有解释和说明。如果一旦被人曲解,要立即加以训斥,不使其影响扩大。

26计 指桑骂槐①

【原文】

大凌小者,警以诱之。刚中而应,行险而顺②。

【注释】

①指桑骂槐:指着桑树骂槐树。比喻明指这一人而实际上是指另一人。运用在战争中,即杀一儆百、杀鸡给猴看的意思,目的是为了引起其他人的重视。

②刚中而应,行险而顺:《易经·师卦》:"象曰:刚中而应,行险而顺。"意思是:刚正而不偏激,则能得到人们的信服,诚心响应,冒险行事,果断勇敢,也能使人听从。

【译文】

强大的欺凌弱小的,要先采用威胁的手段警告他,诱导他顺服。根据师卦来看,刚强而不偏激,可以得到信服;果断而勇敢,可以使人顺从。

【按语】

率数未服者以对敌,若策①之不行,而利诱之,又反启其疑。于是故为自误,责他人之失,以暗警之。警之者,反诱之也,此盖以刚险驱之也。或曰:此遣将之法也。

【注释】

①策：指挥。

【译文】

率领几支没有信服我的部队去对敌作战，如果指挥他们不灵，你却用利益去引诱他，反而会引起怀疑。这时，你可以故意制造错误，借此来责备他人的过失，暗中警告他们。所谓警告，就是从反面来诱导他们，这是用刚强果敢的手段来驱使他们的办法。有人说：这是调兵遣将的好办法。

【传世典故】

指桑骂槐意指表面上指着桑树，实际上在骂槐树。比喻表面上骂这个人，实际上却骂另一个人。在军事中指用警告诱迫等暗示手段达到统领部下和树立威严的一种谋略。

指桑骂槐，此计的比喻意义应从两方面广为理解：一是要运用各种政治和外交谋略，"指桑"而"骂槐"，施加压力配合军事行动。对于弱小的对手，可以用警告和利诱的方法，不战而胜。对于比较强大的对手也可以旁敲侧击威慑他。春秋时期，齐相管仲为了降服鲁国和宋国，就是运用此计。他先攻下弱小的遂国，鲁国畏惧，立即谢罪求和，宋见齐鲁联盟，也只得认输求和。管仲"敲山震虎"，不用大的损失就使鲁、宋两国臣服。

另外，作为部队的指挥官，必须做到令行禁止，法令严明。否则，指挥不灵，令出不行，士兵一盘散沙，怎能打仗！所以，历代名将都特别注意军纪严明。管理部队，刚柔相济，关心和爱护士兵，但决不能有令不从，有禁不止。所以，有时采用"杀鸡儆猴"的方法，抓住个别坏典型，从严处理，就可以震慑全军将士。春秋时期，齐景公任命田穰苴为将，带兵攻打晋、燕联军，又派宠臣庄贾作监军。穰苴与庄贾约定，第二天中午在营门集合。第二天，穰苴早早到了营中，命令装好作为计时器的标杆和滴漏盘。约定时间一到，穰苴就到军营宣布军

令,整顿部队。可是庄贾迟迟不到,襄苴几次派人催促,直到黄昏时分,庄贾才带着醉容到达营门。襄苴问他为何不按时到军营来,庄贾无所答,只说什么亲戚朋友都来为我设宴饯行,我总得应酬应酬吧? 所以来得迟了。襄苴非常气愤,斥责他身为国家大臣,负有监军重任,却只恋自己的小家,不以国家大事为重。庄贾以为这是区区小事,仗着自己是国王的宠臣亲信,对襄苴的话,不以为然。襄苴当着全军将士,命令叫来军法官,问:"无故误了时间,按照军法应当如何处理?"军法官答道:"该斩!"襄苴即命拿下庄贾。庄贾吓得浑身发抖,他的随从连忙飞马进宫,向齐景公报告情况,请求景公派人救命。在景公派的使者没有赶到之前,襄苴即令将庄贾斩首示众。全军将士,看到主将斩杀违犯军令的大臣,个个吓得发抖,谁还再敢不遵将令。这时,景公派来的使臣飞马闯入军营,拿景公的命令叫襄苴放了庄贾。襄苴沉着地应道:"将在军,君命有所不受。"他见来使骄狂,便又叫来军法官,问道:"乱在军营跑马,按军法应当如何处理?"军法官答道:"该斩。"来使吓得面如土色。襄苴不慌不忙地说道:"君王派来的使者,可以不杀。"于是下令杀了他的随从和三驾车的左马,砍断马车左边的木柱,然后让使者回去报告。襄苴军纪严明,军队战斗力旺盛,果然打了不少胜仗。

【用计锦囊】

在面对众多下属的时候,为了统一组织内部的意志和行动,防止兵不服将、有令不行、有禁不止的现象出现,或在面对弱小敌人的时候,为了能不经直接的武力攻击就使其慑服,防止其伺机反抗,我们可在暗中借故对有关的人进行警告或采取适当强硬的态度加以诱迫。这是一种暗传信息、树立威信、统驭众人的心理策略。

本计有以下三种含义:

1. 杀鸡儆猴。这是通过惩罚一个人来吓唬别的人,以使其顺从的计谋。相传猴子很顽皮,经常不服调教,驯猴人便当其面杀鸡,用鲜血淋漓的惨相来威胁恐吓它,这样猴子便乖乖地听从摆布了。这是通过处理小的来警戒大的,有时在"士难诛尽"法不责众的情况下,也可以通过处理一个来警戒众人,这就是杀一儆百的方法。杀鸡儆猴和杀一儆百都是间接警告,使其慑服的策略,其中一个杀其异类,一个杀其同类,而对要警戒的真正对象却不直接动手。

2. 敲山震虎。用敲击山梁的办法来显示威风,进而震慑老虎,在这里敲山只是一种姿态,是在向老虎表示自己的强硬态度。敲山震虎虽然没有明确具体的惩戒对象,但也暗示了有关的信息,使老虎意识到对手是很强大、很难对付的,如果不老老实实、规规矩矩地顺从或降服,就不会有好的结果。这是一种不战而胜的策略,也同样起到间接警告的作用。

3. 旁敲侧击。就是不直接了当地指明问题,而是绕个弯子,迂回地表达自己的责难或不满。之所以不直接对其发难,是因为该对象确实存在很多该"骂"之处,但是因为某种条件限制,不能或者不便于公开

"骂",这时就使用这种隐蔽曲折,但又比较激烈的责骂方式。旁敲侧击常以借题发挥的形式来进行。

此计由一"指"一"骂"两个部分组成,按对象是否明确,可以把"指"和"骂"分为四种:

1. 实指实骂。所指的"桑"和"槐"都很明确,并且对它们采取了实实在在的惩治措施。

2. 实指虚骂。所指的"桑"很具体,但所骂的"槐"并不明确。

3. 虚指实骂。表面上所指的"桑"不明确,但暗里所要骂的"槐"却很明确。

4. 虚指虚骂。何为"桑",何为"槐",都没有具体指明,只是抓一件事借题发挥,目的在于引人警戒。

对付指桑骂槐之计,应注意以下防范对策:

1. 认清虚实。当自己处于弱者的地位,有人打算用指桑骂槐之法而慑服时,及时准确地认清对方的虚实很重要,如果在对方虚张声势,而实则色厉内荏的情况下,我们误以为这些都是真实的被其虚假的强硬所吓倒,就会失去难得的机会而吃大亏、上大当。如果在对方确有很强实力的情况下,我们低估了他们的力量,不能知难而退,只知冒进,结果会像以卵击石、灯蛾扑火一样,自取灭亡。了解对方的虚实,要通过详细的观察和研究,要透过现象看到本质,绝不能被一时的假象所迷惑。

2. 联合众小。在对方的力量确实很强大,而自己一时无法与之对抗的情况下,摆脱困境的积极办法之一就是联合众小以抗一强,众多弱小者联合起来,如果进攻则会形成"好虎抵不住一群狼"之势;如果防守,则会形成"法不治众"之势。在被人威胁之时,千万不能自我孤立,否则就会弱而更弱。战国时,苏秦联合六国,抗拒强秦的所谓合纵,就是这种谋略,可惜的是这种联合被破坏,六国先后被灭掉。

3. 不为天下先。俗话说:"出头的椽子先烂""枪打出头鸟",指的是那些敢于第一个以身试法的人,要被当作"鸡"来"杀"的必然下场。所以在一般情况下,我们绝不能有意无意地充当炮灰,首先去破坏有关的章法,而成众矢之的。如果在别人开了头之后,我们再参加进去,那就安全多了。所以"不为天下先"乃是"立于不败之地"的重要条件。

4. 支援"桑"树。劈竹子的时候,头几节是比较困难的,只要劈开了头几节,无论竹子有多长,"皆迎刃而解"。指桑骂槐有时也会产生这种破竹之势,尽管我们暂时没有被当作"桑",但是如果不及时有效地遏制住其"骂槐"的势头,我们自己也将难以自救。所以,在"桑"树被骂时,我们不能袖手旁观,应千方百计地给予支援,使他能顶住对方的气势,不致产生更大的突破口。要知道,此时的救人即是自救。为了精诚互助,任何前嫌都要捐弃。

27计 假痴不癫①

三十六计

【原文】

宁伪作不知不为,不伪作假知妄为。静不露机,云雷屯也②。

【注释】

①假痴不癫:痴,傻子;癫,疯子。装傻而不疯。作为一种权术,装着庸碌无为的样子,掩盖其大的抱负,以迷惑对手。

②云雷,屯:《易经·屯卦》:"象曰:云雷,屯,君子以经纶。"其意是:云雷正在聚结,大雨还未下落。象征事业正处在艰难的准备时期,有智之士应当苦心经营。

【译文】

宁可装作不知道而不去做,不可假装知道而胡乱去做。静静地不暴露自己的动机,暗中策划经营。

【按语】

假作不知而实知,假作不为而实不可为,或将有所为。司马懿之假病昏以诛曹爽①,受巾帼、假请命以老蜀兵②,所以成功。姜维九伐中原③,明知不可为而妄为之,则似痴矣,所以破灭。

兵书曰:"故善战者之胜也,无智名,无勇功。"当其机未发时,静屯似痴;若假癫,则不但露机,且乱动而群疑。故假痴者胜,假癫者败。或曰:假痴可以对敌,并可以用兵。

宋代,南俗尚鬼。狄青征侬智高④时,大兵始出桂林之南,因伴祝曰:"胜负无以为据。"乃取百钱自持,与神约:"果大捷,则投此钱尽钱面也。"左右谏止:"倘不如意,恐沮师⑤。"青不听,万众方耸视,已而挥手一掷,百钱皆面。于是举兵欢呼,声震林野。青亦大喜,顾左右,取百钉来。即随钱疏密,布地而帖钉之,加以青纱笼,手自封焉。曰:"俟凯旋,当酬神取钱。"其后平邕州还师,如言取钱,幕府士大夫共视,乃两面钱也。

【注释】

①曹爽:三国魏人,字习伯。曾掌握兵权。太傅司马懿阴谋夺取兵权,便装出衰弱昏愦的样子。曹爽信以为真,放松警惕。后来司马懿乘机进行兵变,杀了曹爽,夺了兵权。

②三国时,诸葛亮率军北伐,蜀、魏大军在五丈原对垒,魏方主帅司马懿固守不战,目的是拖垮蜀军。诸葛亮意在速战,派人送去妇女的头巾、衣物去侮辱司马懿,企图激他出战。司马懿却收下了诸葛亮送来的东西,并上表请魏主派使到军营传谕

不战,终于把蜀军拖垮,只得退军回蜀。

③姜维九伐中原:诸葛亮死后,姜维统帅蜀汉军事。他先后九次北伐,皆劳师无功。后被魏将邓艾、钟会所击败。

④狄青:北宋大将,1052年,他率兵镇压西南蛮族首领侬智高的叛乱,大胜。

⑤沮:丧气,颓丧。沮师,使士气低落、沮丧。

【译文】

假装不知道的,实际上却知道;假装不做的实际上是确实不能去做,或者是将要有所作为。三国时,司马懿假装衰老病昏而杀了曹爽。他在蜀魏对战中,接受了孔明送来污辱他的女人衣物头巾,故意上表请命,坚守不战,从而将蜀军拖垮。所以获得成功。而姜维九次进攻中原,明明知道不可以这样做,却偏偏要轻举妄动,就真像个傻子了,所以他失败了。

兵书说:"所以善于作战的人取得胜利,既没有机智的名声,也没有英勇的战功。"当进攻时机未到时,镇静得如同痴人一样。如果装作疯疯癫癫的,虚张声势,则不仅暴露了自己的动机和目标,而且会因为行动混乱而引起大家的猜疑。所以,装痴的必然胜利;装癫的必然失败。有人说:假痴可以对敌作战,也可以用于治军。

宋朝时,南方人崇拜鬼神。北宋名将狄青征伐侬智高时,大军刚到桂林以南,他就假装拜神祷告说:"这次出兵,是胜是败没有根据。"便取了一百个铜钱和神约定:"若果真能大胜,那么把这些钱扔在地上,钱面都要向上。"左右官员劝他别这样做,并说:"如果不如意,恐

怕会使士兵沮丧。"狄青不听,全军将士正在抬头观看之时,他挥手一掷,结果一百个铜钱全部是面朝上。于是全军欢呼,声音震动山林原野。狄青也非常兴奋,回头命令左右侍从拿来一百个钉子,依照铜钱分布的疏密,逐个贴地钉牢,并盖上青纱笼,亲手贴了封条,然后说:"等凯旋后,一定酬谢神灵,收回铜钱。"后来,狄青平定了邕州,率领部队回来,按原先所说的那样,把钱取回。他的幕僚们和随行官员们一看,原来都是一样的双面钱。

【传世典故】

假痴不癫指表面上装做痴呆,愚笨而内心却非常清醒。在军事上指为了麻痹对方或为了隐瞒自己的士兵,而伪装笨拙,但是行动起来却又极其诡秘。

本计计名是从民间俗语"装疯卖傻"、"装聋作哑"等转化而来。在日常生活中,人们为了回避某种矛盾,或者为了度过某种危难,或者为了对付某个势力强大的对手,在一定时期内,故意装作愚蠢、呆痴,行"韬晦"之计,以求保存自己,然后等待时机,战胜对手。传说中的箕子佯狂就是运用此计的一个典型。殷商时期,纣王的太师箕子因无法劝说纣王放弃暴政,便佯装痴傻。一次,纣王作长夜之饮,喝得酩酊大醉,连年月日也忘记了,问左右的人,大家因畏惧纣王凶残,都跟着说不知道。于是,便派人去问箕子,箕子想了一下,也说自己不知道。左右的人感到奇怪,便问箕子道:你明明知道,为什么也说不知道呢?箕子回答说:"纣王是天子,他终日沉溺酒色,连年月日都搞不清了,这说明殷朝快要亡国了;一国的人因害怕纣王凶残无道都说不知道的事情,独独我说知道,那我的性命不是危在旦夕了吗?所以,我也假装酒醉说搞不清啊!"这便是箕子使的"假痴不癫"计。以后,人们把它运用于军事上,主要有两种用法:一是用于举行兵变,主要是作为一种欺骗,麻痹对手,以便自己积蓄力量,等待时机,发起攻击的计谋;二是作为一种愚兵之计。

【用计锦囊】

假痴不癫是一种麻痹对手、待机而动的计谋。《孙子兵法·九地》对此有专门论述:"能愚士卒之耳目,使之无知;易其事,革其谋,使人无识;易其居,迂其途,使人不得虑。"这段话的大意是:能蒙骗士卒的耳目,使他们对军事计划一无所知;改变任务,变更计谋,使人们无法识破其中的奥妙;改变驻地,迂回绕行,使人们无法推测真实意图。

此计多在蓄而待发之际,面对难关之时使用。实施此计关键在于"假痴","假痴"有多种表现形式:1. 假作不知。2. 假作不为。3. 假作不懂。4。假作不管。5. 假作不能。仅做到了"假痴"还不够,同时要做到"不癫",即不走火入魔,否则"假痴"就变成了真痴。所以说,"假痴"时一定要掌握分寸,千万不能过火。

本计包含以下三个含义:

1. 大智若愚。真正聪明的人在表面上反而好像很愚笨,其实是一种韬晦之计,也就是暂时隐藏自己的锋芒或才能,不使表现出来。在条件不利的情况下,为了保护自己,常常以装疯卖傻,装聋作哑来蒙混对方,这种假作不知,假作不为,假作不是的作法,会给人以一种与世无争、弱而无能的印象,这样就避免引起注意,不使人把自己当作直接的、主要的竞争对手,是用假装糊涂来绕过难点的最聪明的办法。人说:"难得

糊涂",就是说糊涂是很难做到的,所谓的难,就难在本不是真糊涂,却要装成糊涂,使人完全相信你,并把你当成真糊涂来对待。

2. 深藏若虚。就是把自己所具有的东西,深深地隐藏起来,伪装得如同什么也没有一样。也就是静不露机,蓄而待发。之所以要把的所具有的东西深藏起来,不让人知道,是因为要等待时机的成熟,在时机不成熟的情况下,过早地暴露自己的意图,一定会遭到失败。所谓"谋出于智,成于密,败于露"就是这个道理。深藏若虚可以表现为"治而形以乱,饱而形以饥,众而形以寡,勇而形以怯,备而形以驰"。本来很有秩序却表现出混乱的样子;本来很饱暖,却表现出饥寒的样子;本来人很多,却表现出人数很少的样子;本来很勇猛,却表现出很怯弱的样子;本来准备很充分,却表现出毫无防备的样子,这些都是属于迷惑、麻痹敌人的方法。

3. 愚兵之计。装傻充呆之计,不仅可以用来对付敌人,也可以用来治理自己的军队。其主要方法是"愚士卒之耳目,使之无知"。就是要蒙蔽士卒的视听,不让他们知道计划谋略的真实意图。之所以要"愚士兵之耳目",一是为了保守军事机密的需要。因为对于机密绝密的军事情报是不可能"广而告知"的,只要打算对敌人保密,就要在一定的范围内对自己的军队保密;二是为了统一行动的需要。没有军纪,就没有军队,服从命令,遵守纪律是一个士兵的天职,如果在紧急情况下,就要让士兵了解了之后,再去执行命令,那么,什么事情都做不成;三是为了稳定军心的需要。在非常困难的情况下,特别是在非常危险的情况下,如果让士兵们知道了真情,就会引起恐慌、惊惧,带来思想及行动的混乱,直接影响部队的战斗力,甚至使军队无法约束。当然这里的"愚兵之术",绝不是欺骗和愚弄自己的士兵,而是用假装"不知不为"的办法隐瞒某些情况,或是用所谓违反常识的异想天开的办法来激励士兵。所以一概否定"愚兵之术"是不可取的。

对付假痴不癫之计,应注意采取如下防范对策:

1. 善于相敌。所谓相敌,就是观察敌方的情况。相敌不但可以直接发现敌人"假痴"的蛛丝马迹,还可以透过现象认识本质。《孙子兵法·行军篇》中提出了通过因果关系进行逻辑推理的相敌方法。他说："辞卑而益备者,进也。"即敌人原来的使者言辞谦逊,拖延时间,却正在加紧战备的,是准备向我军进攻。又说:"辞强而进驱者,退也。"即敌军来使措词强硬而摆成进攻架势的,实际上是准备撤退。还说:"无约而请和者,谋也。"即没有约会而来讲和的,是另有阴谋。这些具体的相敌之法虽不可套用,但却为我提示了如何透过现象认识本质的典型范例。

2. 将计就计。发现了敌方的计谋,即利用敌方的计谋为我所用,反使敌方中计上当。此法主要用于已经发现了敌方正在对我们使用"假痴不癫"之计时,我们虽已识破其计,但是却暂时不揭破它。同时也来个假装糊涂,故意把其"假"当作真,让其相信我们已经上当,便放心大胆地继续演他的"假痴"之戏,却不知我们早已为他又布了一层圈套。这就叫做"假变真来真亦假",虚虚实实难分辨。相敌之法是发现敌人阴谋的方法,将计就计是破解敌人阴谋的方法。

3. 当面揭穿。就是在对方耍"假痴不癫"鬼把戏的时候,当场把其掩盖着的老底翻出来,因为他们事先毫无思想准备,遇到这种突然情况时,一时很难应付,只能处于十分被动、尴尬的境地。这样他们为此所煞费的苦心也就付之东流了。要当面揭穿对方的骗局,必须要掌握一定的证据,要一下子击中要害,不给其留下狡辩的把柄和反击的机会。

4. 攻其必救。如果敌方以强示弱,坚守不击,我们又希望尽快与之决战时,则可采取"攻其必救"的方法,迫使他不得不出来与我们交战,这时他们的"假痴不癫"之计就不攻自破了。

28计 上屋抽梯

【原文】

假①之以便,唆②之使前,断其援应,陷之死地。遇毒,位不当也③。

【注释】

①假:借给。

②唆:唆使。

③遇毒,位不当也:《易经·噬嗑卦》:"六三:噬腊肉,遇毒;小吝,无咎。""象曰:遇毒,位不当也。"意思是:吃了坚硬的肉干,受到伤害,只是小损伤,没有大的妨碍,这是贪图口福所造成的恶果。比喻贪图不应该有的利益,而招致祸害。

【译文】

借给敌人以方便条件,唆使他不断前进,然后切断他的接应和后援部队,使他完全处于死地。这是利用敌人贪心占利的欲望,使他受到惩罚。

【按语】

唆者,利使之也。利使之而不先为之便,或犹且不行。故抽梯之局,须先置梯,或示之以梯。如:慕容垂①、姚苌②诸人怂秦符坚侵晋,以乘机自起。

【注释】

①慕容垂:鲜卑族,十六国时,原为前燕吴王,后投奔前秦符坚,淝水之战后,趁机独立建国后燕。

②姚苌:五胡十六国时后秦之建立者。原为羌族首领姚弋仲之子,后投奔前秦符坚,淝水之战后,率羌人独立,称万年秦王,建立后秦国。

【译文】

所谓唆使,就是用利去引诱他。如果只用利引诱,而不为他提供方便,或许他还会不动。因此,使用上屋抽梯之计的,必须先安置好梯子,或者让他注意到梯子。比如南北朝时,鲜卑族首领慕容垂、羌人首领姚苌等人怂恿前秦国主符坚入侵东晋,以便自己乘机独立。

【用计锦囊】

上屋抽梯原意是诱人爬上高楼,然后搬走梯子,使其进退无路,只能束手就擒。在军事上,指设法诱敌进入我方的圈套,然后截断敌人援兵,以便将敌围歼的谋略。这种诱敌之计,自有其高明之处。敌人一般不是那么容易上当的,所以,你应该先给它安放好"梯子",也就是故意给以

方便。等敌人"上楼",也就是进入已布好的"口袋"之后即可拆掉"梯子",围歼敌人。

上屋抽梯既可用之于敌,也可用之于我。《孙子兵法·九地》中说:"帅与之期,如登高而去其梯;帅与之深入诸侯之地,而发其机。"意思是:主帅给士卒布置任务,要像登高后抽掉梯子一样,使他们只能向前,不能后退;主帅率众深入诸侯国境,要像射出的箭矢一样,使他们只能一往直前,不可返回。

诱敌"上屋",是实施此

第一编 《三十六计》原典释译

计的关键。一般来说,可以诱骗的对象有四种:一是贪而不知其害者;二是愚而不知其变者;三是急躁而盲动者;四是情骄而轻敌者。

"抽梯"之前,经常要自行"置梯"。"置梯"主要有两种方法:(1)示之以利。用一些对方希望得到的利益来引诱。(2)示之以弱。欺软怕硬是人的本性。如果我方佯装弱小,敌人就会肆无忌惮地前来,钻入我方事先布置好的"口袋"。

"抽梯"既要及时快捷,又要讲究技巧。从不同角度可把"抽"法分为三大类:1. 明抽与暗抽;2. 急抽与缓抽;3. 实抽与虚抽。究竟采用哪种抽法,要依当时的客观环境来确定,切忌先行武断、主观臆想。

本计包含以下三种含义:

1. 断其退路。利用各种办法将敌人引入我们事先设好的包围圈内,然后迅速将敌人的来路彻底切断,使其无法脱逃,有来无回,断绝敌人退路的目的主要是使其"不可脱",只有"不可脱",才能全部干净地将其消灭,或者利用"不可脱"的形势,给敌人造成心理上的巨大压力,使其被迫就范。要造成敌人"不可脱"之势,并不容易,因为"困兽犹斗",敌人在濒临灭亡之前,很可能会狗急跳墙。所以使用此计时,我方的力量一定要大大超过敌方的力量,或者我方在地理位置上要占绝对的优势才行,否则会被敌人挣个鱼死网破。

2. 断其援应。就是截断敌人的前应和后援。在敌人落入陷阱之后,此时的前应和后援就成了他们的救命"梯子",可谓"得之则生,失之则死"在这个时候,我们抽掉他们的"梯子",无疑致其死命。这样可以使敌人无力独自坚持而不攻自破。这种策略也叫围敌打援。围敌打援之"援"也可理解为"后勤补给",把敌人推到战场之后,切断他的后勤补给,也就等于"抽掉"了其保持战斗力的"梯子",使他们陷入进退两难的境地。

3. 破釜沉舟。釜:古时烧饭用的大锅。舟:渡河用的船。打破饭锅,凿沉渡船,以示决一死战。比喻决心奋斗到底,绝不后退。这是一种激励士气,使其视死如归,勇往直前策略。《孙子兵法·九地篇》中说:"帅与之期,如登高而去其梯,帅与之深入。

【传世典故】

上屋抽梯原意为送人上了楼之后,却把梯子搬走,使人无法再下来,比喻诱使人上前而断其退路,使人处于困境,即怂恿人受骗上当。在军事上指引诱敌人前来取利,待其深入,便用迂回包围等方法断其退路,迫使其就范的计谋。

本计计名出自一个典故。说是东汉末年,荆州刺史刘表的儿子刘琦因不容于继母,恐遭陷害,向刘备求救。刘备要诸葛亮为他想出解脱之计。这天,诸葛亮来到刘琦家中,刘琦哀求诸葛亮说:继母屡次设法陷害我,务欲置我于死地而后罢休,目下我的处境十分险恶,还请先生相救一二。诸葛亮说:此事关系离间母子之情,恐将来说将出去,多有不便,表示拒绝。刘琦便强邀请诸葛亮进入密室之中,一边饮酒,一边仍缠住诸

葛亮不放。可诸葛亮还是不愿答应刘琦的请求。这时,刘琦见再三恳求无效,便换转话头,对诸葛亮说:我的住室楼上藏有一部古籍,请先生观赏一番如何?诸葛亮听说有古籍观赏,非常高兴,便答应了。说着便跟随刘琦登上一间小楼,到了楼上,见四壁皆空,并无藏书设置,便问刘琦书在何处。这时刘琦便双膝跪下,承认自己是事出无奈才把诸葛亮骗上楼来,务请指点出路,拯救性命之危。诸葛亮埋怨刘琦不该施行欺骗,便要下楼离去,可不料楼梯已被抽走了。这时刘琦便又再三哀求说:先生最担心的是事情泄露,现在,这里上不着天,下不着地,出君之口,入琦之耳,再没有别人知晓,您应该可以赐教了。说着又要拔剑自刎。诸葛亮见刘琦如此情景,无可奈何,便给刘琦讲一个故事。春秋时期,晋献公的妃子骊姬想谋害晋献公的两个儿子:申生和重耳。重耳知道骊姬居心险恶,只得逃亡国外。申生为人厚道,倾尽孝心,侍奉父王。一日,申生派人给父王送去一些好吃的东西,骊姬乘机用有毒的食品将太子送来的食品更换了。晋献公哪里知道,准备去吃,骊姬故意说道,这膳食从外面送来,最好让人先尝尝看。于是命左右侍从尝一尝,刚刚尝了一点,侍从倒地而死。晋献公大怒,大骂申生不孝,阴谋弑父夺位,决定要杀申生。申生闻讯,也不作申辩,自刎身亡。诸葛亮对刘琦说:"申生在内而亡,重耳在外而安。"刘琦马上领会了诸葛亮的意图,立即上表请求派往江夏(今湖北武昌西),避开了后母,终于免遭陷害。

刘琦引诱诸葛亮"上屋",是为了求他指点,"抽梯",是断其后路,也就是打消诸葛亮的顾虑。

"诸侯之地,而发其机",意思是主帅授给军队任务,要像登高后抽掉梯子一样,使他们只能前进而不能后退。率领军队深入诸侯境地,要像拉开箭弩射出箭矢一样,使他们一往直前。这种利用特定环境和特定条件,对人们产生的特定影响,骤然激发人的动因或利用灾难性的情况来促发人们潜能,就是本计所要达到的目的。

对付上屋抽梯应注意采取以下防范对策:

1. 小利莫贪。在某种利益出现在眼前时,不要伸手就取,先要仔细研究其是否为可取之利。特别是在对方也同样可取,但却不取的情况下,这种利就可能是钓鱼之饵,我们就更应谨防上当。只有在判断其万无一失时,才可动手取利。如果判断不清时,我们宁可放弃,也绝不冒风险,特别是对那些取之无大益、失之无大损的小利,绝对不能贪图。占小便宜吃大亏的教训是屡见不鲜的。

2. 要知机变。随机应变也是防止受骗上当的有效措施。如果反应迟钝,固执教条,刚愎自用,就很容易被人利用。要做到随机应变,首先需做到眼观六路,耳听八方,善于观察,善于分析,对于任何微小的可疑情况也不放过;其次要多准备出几套行动方案,并且经常变化,不使敌人摸到我们的规律;另外遇事要沉着冷静,不要惊慌失措,要针对具体情况拿出对策。

3. 投石问路。在对情况不了解或发现某些疑点的时候,先不要冒险行事,可先来个投石问路,探听虚实,在确定没有什么危险时,再走过去。用来做为探路的石头,可以是虚假的动作,可以是小股的部队,也可以是侦察人员。

4. 另寻门路。如果不慎被骗"上屋",并且梯子已被抽掉时,千万不要慌张,不要绝望,也不要鲁莽蛮干,要四处寻找是否另有可出之门可用之梯,也可寻找其他的"下屋"的办法。总之敢想敢干,不要只局限于上来时的那一条路。

29计 树上开花

【原文】

借局①布势,力小势大。鸿渐于陆,其羽可用为仪②也。

【注释】

①局:即阵,阵局,指战争中兵力的部署和阵地构成。

②鸿渐于陆,其羽可用为仪:出自《易经·渐卦》,其意思是:鸿雁飞起来逐渐落到山上,它落下的羽毛可以作为漂亮的装饰品。仪:威仪,装饰。

【译文】

借助别人的阵局摆布成阵势,兵力虽然弱小阵容却显得强大。正如鸿雁飞上高山,落下的羽毛,却可以用来当做漂亮的装饰一样,增色不少。

【按语】

此树本无花,而树则可以有花。剪彩粘之,不细察者不易觉。使花与树交相辉映①,而成玲珑②全局也。此盖布精兵于友军之阵,完其势以威敌也。

【注释】

①辉映：映照，对比。
②玲珑：精巧细致。

【译文】

　　这棵树本来不开花，但是树却可以有花。若把彩色绸绢剪成花朵粘在树上，不仔细察看的人不容易发觉。让美丽的花朵和树枝互相映照，从而造成精巧细致的完整局面。这就是把精锐部队布置到友军的阵地上，形成声势壮大的阵势以慑服敌人的计策。

【传世典故】

　　树上开花原意为这棵树本来没有开出花，但是可以人为地使它开花。把五颜六色的绸绢剪成花朵粘在树上，不仔细察看的人就不易发

觉，让美丽的假花和真树相互衬托，就可造成一个全新的巧妙逼真的完整假局面。该词义是从"铁树开花"转化来的。在军事上指借着别人的声势来壮大自己的军威，以慑服敌人的一种谋略。

　　本计计名来自古时一些战例。所谓"树上开花"，在军事上一般是指，在敌强我弱、遭到敌军攻击压力的形势下，我军采取某些方法，制造种种假象来壮大自己的声势，以迷惑敌军，或将其引走，或将其击退，或将其歼灭。三国时期，张飞在当阳桥以三十余名骑兵，吓退曹操追击刘备的数万大军，就是用的这种计谋。无人不知张飞是一员猛将，而他却是一个有勇有谋的大将。刘备起兵之初，与曹操交战，多次失利。刘表死后，刘备在荆州，势孤力弱。这时，曹操领兵南下，直达宛城。刘备慌忙率荆州军民退守江陵。由于老百姓跟着撤退的人太多，所以撤退的速度非常慢。曹兵追到当阳与刘备的部队打了一仗，刘备败退，他的妻子和儿子都在乱军中被冲散了。刘备只得狼狈败退，令张飞断后，阻截追兵。张飞只有二

三十个骑兵,怎敌得过曹操的大队人马?那张飞临危不惧,临阵不慌,顿时心生一计。他命令所率的二三十名骑兵都到树林子里去,砍下树枝,绑在马后,然后骑马在林中飞跑打转。张飞一人骑着黑马,横着丈二长矛,威风凛凛站在长坂坡的桥上。

追兵赶到,见张飞独自骑马横矛站在桥中,好生奇怪,又看见桥东树林里尘土飞扬,以为树林之中定有伏兵追击的曹兵马上停止前进。张飞只带二三十名骑兵,阻止住了追击的曹兵,让刘备和荆州军民顺利撤退,靠的就是这"树上开花"一计。

【用计锦囊】

在敌强我弱的形势下,为了创造和等待战机,防止被敌人吞并,便借别人的力量来虚张声势,示强于敌,造成敌人在判断上的错误,使之不敢贸然来战,并以此从心理上慑服敌人。这就是树上开花的计谋。

在此计中,"树"指那些被借来张势的东西,它可能是别人的声势,可能是别人的力量,也可能是客观的态势。因此,在我方的"花"没有着落时,不妨借"树"。"树"是"花"的依傍,故首先"树"要精心选好,其次"花"要巧妙布置,善于伪装,以达到以强隐弱的目的。

本计包含以下三种含义:

1. 借局布势。借用别人现成的局面,布成有利于自己的新阵势,或者是利用别人的力量来为自己服务,增加自己的势力,扩大自己的影响。"布势"之所以要"借局",主要是为自己的力量暂时还比较弱小,无力独自形成一种所需要的强大声势。另外,借用别人的力量,可以在不增加自己投入的情况下,实现自己原来所不能实现的目的。借局布势,除了借别人的局面,借别人的力量之外,还可以借别人的名望,借别人的声威,借别人的阵容,借别人所创造的条件等等。总之凡是有助于我们示强于敌的,都可以借来一用。

2. 虚张声势。本来自己的力量比较弱小,为了吓唬或迷惑对方,便千方百计地假装出强大的气势。虚张声势同借局布势一样,都可以使本来并不强大的力量,在对方面前显现出非常强大的声威气势。但是,借局布势所借的尽管是别人的力量,却是实在的,可用的力量,对敌人可以产生真正的威胁。然而虚张声势所造成的声威气势,只是一种虚假的力量,是一种虚幻的假象,它不会对敌人产生真正的威胁,只对敌人产生一种心理上的慑服作用。虚张声势在关键的时刻是必要的,有时还可胜似千军万马,但此计要伪装得完整逼真,不要露出半点破绽,更不能久用,以防被人识破而带来危险。

3. 求之于势。就是要依靠有利的形势来取胜。做任何事情都离不开客观环境,客观环境对事物的成败起着至关重要的作用,如果客观环境提供了有益的条件,我们就要因利乘便,充分利用;如果客观环境所提供的条件不利,我们便应因势利导,使其向有利的方向发展。这就是所谓的"任势",也叫"顺势而治",即利用有利的形势,捕捉最佳的战机,以求一举得胜。

对付树上开花之计,应注意采取如下防范对策:

1. 互相利用。如果我们发现自己已被人当做树而错用了,尽管这是不情愿的,但已经无法摆脱的时候,这时不妨来个顺水推舟,互相利用。也就是别人想要借我之"局"来"布势",那么我同样也可顺势借他之"局"来布我们自己的"势",这样就免得我们白白地为别人服务。当然这里需要双方具有一定的合作基础,具有相同或相近的目标,至少在各自的利益方面不是直接冲突的。不过这种互相利用,还不是互相信任和精诚合作,所以要互相之间做必要的防备。

2. 以力角之。如果对方以一种非常强大的声势来恐吓震慑我们,我们不知是真是假,如果我们以假为真,乖乖退却,不但被人耻笑,而且失掉了关键的战机;如果我们以真为假,贸然出击,将会吃亏不少。为了能探得真实情况,可以采用以力角之的办法。《孙子兵法·虚实篇》中说:"角之而知有余不足之处",就是进行战斗侦察,以探明敌兵力部署的虚实强弱。在这里虽然摆开了打的架势,但是并不要真的打起来,只是一种试探,这种较量可以获得比较全面的情报资料。使用这种办法的好处很多,其中一是不冒大的风险,二是可机动灵活地变化战略战术,如果对方的实力真的很强大,我们可以立即撤出,不致被拖住,如果对方是虚张声势,我们可就势打下去,使其没有喘息的机会。

3. 针锋相对。对方用"树上开花"之计来对付我们,企图吓倒我们,我们以其人之道,还治其人之身,也同样来个"树上开花"之计,迷惑他们。这样,我们虽然搞不清对方的虚实,但也使对方搞不清我们的虚实,把原来只有我们担心的被动局面,改变成为两头都紧张的较为主动的形势。这时的胜负就要看谁的声势张得像,同时也要看谁的心理素质更强,这时心理上的防线崩溃了,也就宣告失败了。

4. 离间分化。如果对方同其友军互相利用或是互相联合形成一种真正的威力,我们就处于十分不利的地位了,这时应想办法离间分化他们之间的关系,然后采用有拉有打或各个击破的办法,就可破解对方的声势,此时采取硬拼或逃避的办法都是消极的。另外我们在对对方实行离间分化的措施的同时,也可以找我们自己的可借之局。

30计 反客为主①

【原文】

乘隙插足,扼其主机。渐之进也②。

【注释】

①反客为主:客人反过来变成主人。指变被动地位为主动地位。

②渐之进也:《易经·渐卦》:"象曰:渐之进也,女归吉也。"意思是说:渐渐地向前走,就像女子出嫁那样循序渐进,不要操之过急。

【译文】

一有漏洞就乘机把脚插进去,控制它的主要机关。此事应该循序渐进。

【按语】

为人驱使者为奴,为人尊处者为客;不能立足者为暂客,能立足者为久客;客久而不能主事者为贱客;能主事则可渐握机要,而为主矣。故反客为主之局,第一步须争客位,第二步须乘隙,第三步须插足,第四步须握机,第五步乃成为主。为主,则并人之军矣。此渐进之阴谋也。

如李渊书尊李密①,密卒以败。汉高祖势未敌项羽之先②,卑事项羽,使其见信,而渐以侵其势。至垓③下一役,一举亡之。

【注释】

①李渊,李密:原都是隋朝将官,后反叛起兵。起初李密依据瓦岗寨,声势浩大,李渊依据晋阳(今太原),便写信尊奉李密为主,趁机进据关中。后来势力强大,便灭了李密,建立了唐朝,即唐高祖。

②汉高祖:即刘邦。与项羽皆为秦末农民起义军领袖。项羽即西楚霸王。

③垓下:地名,在今安徽省灵璧县东南。前202年,刘邦之部将韩信曾围攻项羽于此处,四面楚歌,项羽大败。

【译文】

受人差遣的是奴隶,受人尊养的是客人;不能站稳脚跟的是暂时的客人,能站稳脚跟的是长久的客人;长久当客人而不能主管事情的,是卑贱的客人;能主管事情就可以逐渐控制主要部门抓住大权而变成主人了。所以反客为主这盘棋的布局,第一步要争取客人的身份,第二步要

会钻空子，第三步要插脚进去，第四步要控制主要部门，第五步就变成主帅了。做了主帅，也就兼并了他人的军队。这是循序渐进的阴谋。

比如：隋朝李渊，写信推崇李密，后来便消灭了李密。汉高祖刘邦在兵力不能和项羽敌对时，恭敬谦卑地事奉项羽，取得项羽的信任，之后却慢慢削弱项羽的兵力。到垓下会战时，便一举消灭了项羽。

【传世典故】

反客为主原意是主人不善于招待客，反受客人的招待，即主人的地位反被客人所取代。在军事上指利用某种机会或条件，兼并别人的力量，使对峙双方的地位发生变化，从而变被动为主动。

古人十分重视反客为主之计。《十一家注孙子》中说："我先举兵，则我为客，彼为主；为客则食不足，为主则饱有余。若夺其蓄积，掠其田野，因粮于敌，馆谷于敌，则我反饱，彼反饥矣，则是变客为主也。"

循序渐进是实施此计的要诀。首先要安于客位，时刻寻找机会。第二步要乘隙而入，将自己的势力逐渐向外渗透。最后一步是果断行动，变客位为主位。

袁绍与冀州牧韩馥是老朋友，他们曾共同讨伐董卓。话说一日袁绍屯兵河内，正在为缺少粮草发愁。忽然韩馥派人送来了粮草，袁绍很高兴。袁绍的谋士逄纪却说："大丈夫纵横天下，为啥等人送粮草！冀州是粮仓，为啥不去夺取呢？"袁绍问："你有啥良策？"逄纪说："公孙瓒假借讨董卓之名，引燕代之兵进入冀州境内，准备袭杀冀州牧韩馥。将军可派人送信与公孙瓒，约好与他共同打冀州，公孙瓒必须发兵。而韩馥属无谋之辈，他必须请将军去保卫冀州，冀州便唾手可得。"

袁绍听了逄纪的计谋十分高兴，便给公孙瓒发了书信。公孙瓒见信，得知与袁绍共同攻打冀州，可平分其地，大喜，即日发兵。

同时，袁绍又派说客去冀州。说客见到韩馥后说：公孙瓒已是势不可挡，袁绍也是一时之豪杰，如果二人联合攻城，恐怕此城难保。而袁绍是您的旧友，不如您把城让与袁绍，既保住了性命，又得了让贤之名。韩馥素来胆小怕事,便不顾部下反对,同意袁绍进冀州。

袁绍领兵是以客人的身份进入冀州的,但他逐渐任用自己的部下田丰、沮授、许攸、逢纪主管冀州之事,反客为主,尽夺韩馥之权。直到这时,韩馥才懊悔不及。他扔下一家老小,骑着一匹马,投奔陈留太守张邈去了。

【用计锦囊】

反客为主,用在军事上,是指在战争中,要努力变被动为主动,争取掌握战争主动权的谋略。尽量想办法钻空子,插脚进去,控制它的首脑机关或者要害部位,抓住有利时机,兼并或者控制他人。古人使用本计,多是对于盟友的。往往是借援助盟军的机会,先站稳脚跟,然后步步为营,取而代之。

在军事上,一般说来,深入敌国作战为"客",在本土防御为"主"。"反客为主",就是寻找敌人防御的漏洞,乘机插入敌方腹地攻其要害,控制敌方指挥系统,由"客"变为"主"。

本计包含以下三种含义:

1. 喧宾夺主。喧宾夺主的原意是大声说话的客人抢占了主人的位置。后用来比喻外来的占踞了原有的事物的位置。这种含义就是在对方有机可乘的时候,先插进一只脚,然后慢慢地用力把对方挤出去,自己取而代之,成为其主人。这种方法除了用来对付敌人之外,也常用来兼并盟军。一般是借着援助盟军的机会,打入盟军的内部,待站稳脚跟后,再步步为营,逐渐地支配和控制盟军,最后稳步顺手把大权夺过来。偷梁换柱中也有兼并盟友的含义。但是使用的是偷换其主力的方法,而本计所使用的则是逐步蚕食的方法。

2. 先发制人。在自己处于被动或弱小的情况下,便积极采取首先发动进攻的方法来争取主动,制服对方。在军事上,一般情况都是"先发制人,后发制于人",只有先下手,压制住对手,才能变被动为主动。所谓"恶人先告状"中的恶人本来应是被告,他为了摆脱这种被

三十六计

动局面,采取首先告状的方法,使自己一下子由被告的不利地位转为原告的地位。这样就迫使原来的原告急于为自己辩白,而无暇再来对恶人诉讼。这就是先发制人的效果。如果我们把这句话换成为"弱人先进攻"的话,也同样有这样的效果。

3. 转攻为守。一般地说,首先发动进攻,深入对方阵前挑战的被称为"客";而在自己的阵地上进行防御的则称为"主"。为"客"的远道而来,不仅会因长途跋涉而疲劳不堪,还会因远离根据地而供应困难。而被称为"主"的一方因为以逸待劳,则"饱有余"。如果我们原来是"客"方,为了改变这种不利的局面,就要变客为主。其方法是挑动敌人来向我进攻,而我们则转攻为守。这样一来,即达到了同敌人交战的目的,又将有利的条件留给我们自己,将不利的条件转给了对方。另外,我们反客为主,转攻为守又具有选择地利的主动权,又增加了战胜敌人的有利因素。

对付反客为主之计应注意采用如下防范对策:

1. 可乘之隙不露。就是不向对方暴露可能被利用的空隙。反客为主的突破口就是"乘隙插足。"客方之所以能插进足来,主要是因为我们为其提供了可钻的空子,也就是可利用的条件。所以要不使客方插足,就不应暴露可乘之隙。那么怎样才能让人无隙可乘呢?首先做事要小心谨慎,防患于未然,或者在出现某些问题时,也能及时发现,及时弥补。其次就是有了问题也要善于掩盖隐蔽,不使客方轻易发现,要做到"家丑不可外扬"。只要漏洞不被发现,对方也就无法利用。

2. 不速之客不留。那些不经邀请而自己闯进门来的所谓"客人",大多都怀有不可告人的目的,他们为了能争得客位,常常不择手段,什么样的着数都能使得出来,而我们很容易被其迷惑,将他们认作朋友,热情加以款待久而不去,使之在家里由"暂客"变为"常客",有了立足之地。或虽有所察觉,但碍于情面,不好意思下逐客令。这样将不速之客留下的作法,无异于引狼入室。

3. 机要大权不让。如果对方已经插足进来,成为常客,就必然要有"主事"、"握机"的要求,这时我们绝不能对其轻易相信,过分信任,不能随便地将机要大权相托,更不可相让。机要大权一旦落入人手,紧接着的就是被人取代。

4. 再用反客为主。自己一旦被人用反客为主之计所取代,不要自暴自弃,任其所为,而要重整旗鼓,准备东山再起。重新夺回主人之位的办法很多,其中之一就是再次使用反客为主之计,因为对方由客位转为主位,还不一定完全懂得为主之道,所以我们乘机夺回主位是很有可能的。

三十六计

第六章　败战计原典释译

31计　美人计

【原文】

兵强者,攻其将;将智者,伐其情。将弱兵颓①,其势自萎②。利用御寇,顺相保也③。

【注释】

①颓:委靡不振,衰败。

②萎:萎缩。

③利用御寇,顺相保也:见《易经·渐卦》:"象曰:利用御寇,顺相保也。"意思是:利用控制敌人,顺利地保护自己。

【译文】

对付兵力强大的敌人,就要制服他们的将帅;将帅都是足智多谋的,就打击他的斗志。将帅斗志衰退,军士意志消沉,敌人的气势就自行萎缩。按照渐卦的原则:要利用敌人的弱点来控制敌人,顺利地保护自己。

【按语】

兵强将智,不可以敌,势必事之。事之以土地,以增其势,如六国之事秦①;策之最下者也。事之以币帛,以增其富,如宋之事辽金②,策之下者也。惟事之以美人,以佚③其志,以弱其体,以增其下之怨,如勾践④以西施重宝取悦吴王夫差,乃可转败为胜。

【注释】

①六国之事秦:六国,战国时齐、楚、燕、韩、赵、魏六个大诸侯国,合秦则为战国七雄。事,事奉,尊崇。

②宋之事辽金:宋,北宋、南宋;辽、金是与宋朝同时并存的北方强国,分别通过战争威胁,而与北宋、南宋朝廷订立盟约,获得大量金银财帛、茶叶等,成为宋朝人民的一项沉重负担。

③佚:使之佚,消磨。

④勾践:即春秋时越王勾践,他被吴王夫差打败后,自己甘愿为吴王奴役,还输送了美女西施迷惑吴王,卧薪尝胆,终于灭了吴王,报仇雪恨。

【译文】

对于兵力强大而将帅英明有智谋的部队，就不可以去和它对抗，只能顺应形势而服从他们。用割地去事奉他们，从而增强他们的实力，像战国时六国侍奉秦国那样，这是最下等的策略；用金钱布匹去事奉他们，从而增加他们的财富，像宋朝侍奉辽、金国那样，这是下等的策略；只有用美女去侍奉他，从而消磨他的志气，削弱他的体质，增加他部下对他的怨恨，像勾践用美女西施和名贵珠宝取得吴王夫差的高兴，那样，就可以转败为胜。

【传世典故】

美人计出自《韩非子·内储说下》："遗人……女乐二人，以荣其意而乱其政。"说的是公元前68年，晋献公派兵攻打虢国，而虞国是必经之道，晋军欲向虞国借路伐虢，怕虞君不肯，晋献公采纳大夫荀息的建议，把晋国屈地出产的良马和垂棘出产的美玉及女乐二人送给虞君。虞君生性贪婪，不顾宫之奇的反对，同意借道给晋国。晋国灭掉虢国，回师途中，轻而易举地灭掉虢国，捉住了虞君。"假道伐虢"是三十六计的第二十四计，但这一计是在美人计的成功基础上实施的。《六韬·文伐》中说，对于直接用武力不能征服的敌国，应"养其乱臣以迷之，进美女、淫声以惑之……"，就是说的美人计。

本计的特点是，用美色或其他财物诱惑敌人，尤其是敌方的将帅，消磨其斗志，分裂其核心，使其部队丧失战斗力，从而乘机取胜。

春秋时吴越之战，勾践先败于夫差。吴王夫差罚勾践夫妇在吴王宫里服劳役，借以羞辱他。越王勾践在吴王夫差面前卑躬屈膝，百般逢迎，骗取了夫差的信任，终于放他回到越国。后来越国趁火打劫，终于消灭了吴国，逼得夫差拔剑自刎。

那所趁之"火"是怎样烧起来的呢？原来勾践成功地使用了"美人计"。

勾践被释回越国之后，卧薪尝胆，不忘雪耻。吴国强大，靠武力，越国不能取胜。越大夫文种向他献上一计："高飞之鸟，死于美食，深泉之鱼，死于芳饵。要想复国雪耻，应投其所好，衰其斗志，这样，可置夫差于死地。"于是夫差挑选了两名绝代佳人：西施、郑旦，送给夫差，并年年向吴王进献珍奇珠宝。夫差认为勾践已被他臣服，所以一点也不加怀疑。夫差整日与美人饮酒作乐，连大臣伍子胥的劝谏也完全听不进去。后来，吴国进攻齐国，勾践还出兵帮助吴王伐齐，借以表示忠心，麻痹夫差。吴国打胜之后，勾践还亲自到吴国祝贺。

夫差贪恋女色，一天比一天厉害，根本不想过问政事。伍子胥力谏无效，反被逼自尽。勾践看在眼里，喜在心中。公元前482年，吴国大旱，勾践乘夫差北上会盟之时，突出奇兵伐吴，吴国终于被越所灭，夫差也只能一死了之。

【用计锦囊】

在对方兵力比较强大的情况下，为了保存自己扭转局势，避免因错误的行为而增强对方的力量，扩大对方的势力，便利用女色或其所宠信的人、所贪爱的物来顺应其意，消磨其志，涣散其心，从而从心理上首先挫败敌方的主帅，以达到彻底战胜它的目的。这是一种以柔胜刚的损敌之法。

本计有如下三层含义：

1. 夺心伐情。就是首先要从心理上对敌人进行干扰和打击，从意志上对敌人进行瓦解和摧毁。双方交战，除了依靠各自的实力之外，主要的就是勇气和意志的较量。一支军队，无论其实力多么强大，如果丧失了勇气和意志，那么他肯定不会取胜。所以兵家们都主张首先要进行心理战，这就是所谓的："用兵之道，攻心为上"的原则。尤其是在自己的实力不如对方的情况下，夺心伐情的谋略就显得更为重要，因为只有这样，才能有效地保存实力，变弱为强，转败为胜。

2. 以柔克刚。即用柔和的办法来制服刚强的敌人。就是用软的来制服硬的。也叫做以柔弱胜刚强。根据古代的五行相生相克的理论可知：强的可以"克制"弱的，反过来弱的也可以战胜强的，这里具有一种辨证的关系。如果我们是强者，就可以用强硬的办法来制服弱小的敌人；如果我们是弱者，就应该用柔和的办法来制服刚强的敌人。假如这时以

第
一
编

《
三
十
六
计
》
原
典
释
译

硬对硬,以刚对刚,我们会因力所不及而吃亏。以柔克刚并不是消极地甘拜下风,只是斗争形式的变换而已。

3. 糖衣炮弹。炮弹是致人死命的杀人凶器,糖衣是包裹着炮弹的,用糖做成的外壳。就是给杀人的目的和手段套上一层甜蜜而美丽的外衣,使人因被迷惑而乐于接受,并在不知不觉或者幸福愉快中被人所制。这种情况很近乎于"安乐死"。糖衣炮弹不带火药味,但它的威力很强,可以从根本上击倒敌人,又因其特殊的形式常常为对方所积极主动接受,很容易成功。作为以和平方式击败敌人的一种手段,常常被人们所使用。

运用美人计有以下几种策略:

1. 投其所好,美人计中所用的"美人",只有被对方接受的时候,才能产生威力,也就是"美人"只是外因,它必须通过内因才能起作用。如果对方不接受,"美人"又不具有强攻的能力,就只能自作多情地"单相思"。要使对方这个内因起作用,关键的一条就是要投其所好。人的嗜好是不一样的,所谓的"穿衣戴帽各好一套"。只有用他所喜欢的东西才能打动他的心。那么对方到底喜欢什么,我们事先必须研究清楚,然后不拘一物有针对性地选择武器,才能百发百中。

2. 巧设机谋。美人能否为对方所接受,还要看我们所侍奉的方式。如果方式巧妙,一切都做得顺理成章,天衣无缝,敌人就不会产生疑惑,便可放心大胆地接受过来。古往今来一切施用美人之计的无不在如何奉送的这一环节上巧设计谋。例如:如何勾引? 如何迷惑? 如何取悦? 如何控制? 等等,无一不需要精心设计,认真导演。

3. 伐情损敌。美人是一种阴柔之物,它主要是用来在敌人心理方面发动进攻的一种武器。它是通过"伐情"来损敌的,也就是消磨敌之意志,挫败敌之锐气。如果我们将其当作长枪大炮来用,无异于投孤羊入狼群,是舍其所长,用其所短。

4. 相机取事。美人计一般是作为达到最终目的的辅助手段,它的主要目标是摧毁精神壁垒。但它们达不到彻底歼灭敌人的目的,要想达到彻底歼灭敌人的目的,常常还要进行武力决战。所以在施用美人计的时候,要积极创造或寻找时机发动武力进攻。正像越王勾践送美女西施给吴王夫差,虽能弱其国,但不能灭其国。最后还是乘吴王北上,国内大旱的时候,发兵袭吴,打败夫差。

防范美人计,应注意采取以下对策:

1. 拒之门外。"礼下于人,必有所求。"如果有人在不欠我们人情的情况下,突然主动地送"美人"上门,那么我们就要认真分析在这"美人"之后是否有阴谋。如果发现有可疑之处,就应立即警觉起来;并对"美人"的用途加以分析:假如"美人"对壮大我们的实力是不可缺的,我们不妨先收下来,但要严加防范;假如"美人"对我们并非至关重要的话,就要毫不犹豫地坚决拒之门外,以防其挤进门来施展妖法,难以降服。在已掌握了一定的证据时,也可当场拆穿敌人的阴谋,将其"画皮"内包着的"魔鬼"暴露于光天化日之下,使之无容身之处。

2. 心城志坚。俗话说:"篱笆不开,野狗难进来"。因此,要首先栅好自己意志上的篱笆,如果"心猿不定,意马四驰",自己难以控制自己,那么只要一点香饵就可引你上钩;如果心诚志坚,不贪声色,思想上筑起一道钢铁的壁垒,无论何种糖衣炮弹,都不可摇撼。所以防范美人计的最根本方法就是修炼自己的思想和意志。所谓"英雄难过美人关"中的"英雄",其实都是一些意志薄弱者,称不得什么英雄。应该说:"过关方可称英雄。"事实上古往今来的一些英雄人物,在金钱美女面前,只因一念之差,而毁了一世功名。这绝不是"美人"的武器太锐,实在是自己的防线不坚。

3. 反间之计。如果敌人用美人计来刺探我们的重要情报,我们可用反间计来加以利用。《孙子兵法·用间篇》中说:"反间者,因其敌间而用之"。意思是所谓的反间,是指收买或利用敌方派来的间谍为我效力。人是有感情的,美人也不是冷血动物,如果我们能晓之以理,动之以情,进行收买和感化,或者是顺势来个"美男"之计迷惑她,那么敌人所派来的"美人"就可能反被我们所利用。敌人送来的如果是物而不是人的话,我们也可以装作已被收买,而暗中行反间之计。

32计 空 城 计

【原文】

虚者虚之,疑中生疑。刚柔之际①,奇而复奇。

【注释】

①刚柔之际:《易经·解卦》:"象曰:刚柔之际,义无咎也。"意思是说:在既刚又柔,非刚非柔,刚柔混杂的情况下,往往不会受到大的伤害。即情况不甚明了,虚虚实实,使敌人摸不清情况,不敢贸然进犯。

【译文】

兵力空虚的,再故意显示出虚弱的样子,使敌人疑惑不定,摸不清你到底是强还是弱,因而不敢贸然行动。这是一种更加奇妙的计谋。

【按语】

虚虚实实,兵无常势①。虚而示虚,诸葛而后,不乏其人。

如吐蕃②陷瓜州,王君焕③死,河西恟惧④。以张守珪⑤为瓜州刺史,领余众,方复筑州城。版干⑥裁立,敌又暴至,略无守御之具。城中相顾失色,莫有斗志。守珪曰:"彼众我寡,又疮痍⑦之后,不可以矢石相持,

须以权道制之。"乃于城上,置酒作乐,以会将士。敌疑城中有备,不敢攻而退。

又如齐祖珽⑧为北徐州刺史。至州,会有陈寇⑨,百姓多反。珽不关城门,守陴者皆令下城,静坐街巷,禁断行人鸡犬。贼无所见闻,不测所以,或疑人走城空,不设警备。珽复令大叫,鼓噪聒天,贼大惊,登时走散。

【注释】

①兵无常势:见《孙子·虚实篇》:"水因地而制流,兵因敌而制胜。故兵无常势,水无常形。"即军队没有固定不变的状态。

②吐蕃:唐时生活在青藏高原一带的少数民族,建立了自己的国家,曾称雄一方。

③王君焕:唐将,字威明。开元中为河西陇右节度使,因为击破吐蕃有功,升任大将军。后吐蕃攻陷瓜州,回纥等部叛变,君焕战死。

④河西恼惧:河西,唐代方镇,治所在今甘肃武威,管辖的地方相当于今甘肃省河西走廊。恼惧,恐惧,恐惧不安。

⑤张守珪:唐将,开元中为瓜州刺史。

⑥版干:版,夹板;干,是筑墙夹板两头所立的木桩。古时筑墙,两个板子相夹,当中放土,用杵春打实。

⑦疮痍:伤病,疾痍。指战争创伤。

⑧祖珽:北齐范阳人,字孝征,曾任北徐州刺史。北徐州:北齐设置,治所在今安徽凤阳东北。

⑨陈寇:陈,指南朝的陈国;寇,指进攻、入寇。

【译文】

实实虚虚,虚虚实实,用兵没有固定的方式。空虚时有意显示空虚,这种方法自诸葛亮以后,运用的人并不少。

如:公元727年,吐蕃人攻陷了瓜州(今甘肃省安西县),唐朝守将王君焕战死,河西地区的百姓非常恐慌。朝廷又派张守珪做瓜州刺史,他到任后立即带领没有逃走的军民修筑城墙。刚安置了木桩大板在打墙,吐蕃人又突然来袭击。大家没有一点防御工具,城里人你看我,我看你,惊慌失色,毫无斗志。守珪说:"敌众我寡,我们又刚遭受过战争的创伤,不能用利箭、石块和他们相对敌,必须用谋略去战胜他们。"于是他命令在城上摆好酒席,和将士们饮酒作乐。吐蕃人怀疑城内有了准备,不敢进攻,撤兵而去。

又如,公元573年,北齐祖珽做北徐州刺史,刚到任时,就碰上南陈大举入侵,当地老百姓很多人参与暴乱。祖珽命令不要关闭城门,让守城的士兵全从城墙下来静静地坐在街巷里,禁止行人通行,连鸡犬也不能乱叫。南陈军队什么也看不到、听不到,不知道是什么缘故;有人还怀疑人都跑了,是座空城,无人防守。这时祖珽又命令士兵突然高声大叫,喊杀声震天动地。南陈军队大吃一惊,顿时逃散了。

【传世典故】

春秋时期,楚国的令尹(宰相)公子元,在他哥哥楚文王死了之后,非常想占有漂亮的嫂子文夫人。他用各种方法去讨好,文夫人却无动于衷。于是他想建立功业,显显自己的能耐,以此讨得文夫人的欢心。

公元前666年,公子元亲率兵车六百乘,浩浩荡荡,攻打郑国。楚国大军一路连下几城,直逼郑国国都。郑国国力较弱,城都内更是兵力空虚,无法抵挡楚军的进犯。

郑国危在旦夕,群臣慌乱,有的主张纳款请和,有的主张拼一死战,有的主张固守待援。这几种主张都难解国之危。上卿叔詹说:"请和与决战都非上策。固守待援,倒是可取的方案。郑国和齐国订有盟约,而今有难,齐国会出兵相助。只是空谈固守,恐怕也难守住。公子元伐郑,实际上是想邀功图名,讨好文夫人。他一定急于求成,又特别害怕失败。我有一计,可退楚军。"

郑国按步詹的计策,在城内作了安排。命令士兵全部埋伏起来,不让敌人看见一兵一卒。令店铺照常开门,百姓往来如常,不准露一丝慌乱之色。大开城门,放下吊桥,摆出完全不设防的样子。

楚军先锋到达郑国都城城下,见此情景,心里起了怀疑,莫非城中有了埋伏,诱我中计?不敢妄动,等待公子元。公子元赶到城下,也觉得好生奇怪。他率众将到城外高地了望,见城中确实空虚,但又隐隐约约看到了郑国的旌旗甲士。公子元认为其中有诈,不可贸然进攻,先进城探听虚实,于是按兵不动。

这时,齐国接到郑国的求援信,已联合鲁、宋两国发兵救郑。公子元闻报,知道三国兵到,楚军定不能胜。好在也打了几个胜仗,还是赶快撤退为妙。他害怕撤退时郑国军队会出城追击,于是下令全军连夜撤走,人衔枚,马裹蹄,不出一点声响。所有营寨都不拆走,旌旗照旧飘扬。

第二天清晨,叔詹登城一望,说道:"楚军已经撤走。"众人见敌营旌旗招展,不信已经撤军。叔詹说:"如果营中有人,怎会有这样多的飞鸟盘旋上下呢?他也用空城计欺骗了我,急忙撤兵了。"

这就是中国历史上第一个使用空城计的战例。

【用计锦囊】

在敌强我弱，形势突然紧急，间不容发的情况下，为了使敌人的攻势停止或落空，以争取寻找机会的时间，便把本来空虚的实力，故意公开地用更加空虚的形式表现出来，使人对这种夸大了的公开情况发生怀疑，并作出相反的判断，因而不敢贸然采取行动。这是一种疑敌缓兵的心理战谋略。

空城计的诀窍是：实力空虚再显示空虚而没有防守，使敌人疑上加疑，在敌众我寡的紧急关头大胆运用这种策略，更显得奇之又奇，无从揣测。古人用兵，讲究的是"虚者实之，实者虚之"的逆反用计，空城计却打破了以往兵家的常规用计格局，以"虚者虚之"的反常递增设计，使虚虚实实变幻无穷，不再有固定模式。

本计包含两个含义：

1. 虚而虚之。本来是空虚的，都要显现出更加空虚的样子来。例如，设防不严的，便把仅有的防御也隐藏起来，故意显现出没有设防的样子，实力比较弱小时，就连这仅有的一点力量也收起不用，而显现出无所作为的样子，在仓卒之中本来来不及做充分的准备，索性做出毫无准备的样子，甚至故意对此事不闻不问。"虚而虚之"的目的是使敌人"疑中生疑"。一般地说双方交战，总是要互相隐瞒真实情况，所谓"兵不厌诈"，即使遇到正常情况，也要反复地进行分析研究，不能完全凭自己的直觉，随便作出判断。这种不轻易相信对方的作法即为"疑"。在遇到反常用兵的情况时，除了要进行正面的分析外，还要进行反面的分析，这就是所谓的"疑中生疑"，便会使之狐疑不决，甚至惊恐万端。

2. 实而虚之。本来是实的，却故意装作虚使敌人误以我为虚。例如，我们本来实力比较强大，但是却要千方百计地把这些力量隐蔽起来，而故意表现出弱小的样子；本来准备非常充分，却要在某些关键部露出破绽，故意给敌人留出可乘之隙。为什么要实而示虚呢？主要有两个目的。一是为了诱敌深入。在我方兵力强大，并已设好埋伏的情况下，就希望敌人能够进到我们的包围圈内，如果这时我们不表现出弱小可欺的样子，敌人就必然惧而远之，只有让敌人觉得在我们身上有利可图时，才有可能被引诱过来。二是韬晦之计。为了更大或者是更远的目的，暂时隐藏起自己的实力和锋芒。这种暂时的隐藏是为了等待时机，积蓄力量，一旦时机成熟，就会发动突然进攻，使对方措手不及，防不胜防。

防范空城计，可采取如以对策：

1. 要全面分析。如果敌人对我们"示之以虚"，我们在判断其真正虚实的时候要进行全面的分析，而不能只限于眼前的一点信息。主观片面地下结论。所谓的"全面分析"，就是既要从时间上进行纵向分析，又要从空间上进行横向分析；既要根据各种情况分析其绝对力量，又要根据敌我的对比分析其相对力量。例如：我们通过分析敌人以前的实力情况，及后来的力量变化，就可能推断出现在的实力的基本情况。又如敌人所守的是一座孤城，四外又是空旷的原野，不可能埋伏军队，这样就可根据该城的大小，判断出其最多所能埋伏的军队。如果敌人在城内即使有埋伏，其数量也有限，而我们仍远远处于优势的话，那么就不必为他的空城计而犹豫，否则就要小心从事。

2. 要反复试探。如果觉得分析结果不可靠的话，可以用打草惊蛇之法进行试探，所谓的"角之而知有余不足之处"，就是进行战斗侦察，以求探明敌人兵力部署的虚实强弱。这种试探最好反复进行几次才好，因为一次两次敌人可能伪装得很像，不会露出破绽，但绝对经受不住多次的来自各个方面的试探。如果敌人对我们的试探一直不作任何反应的话，就说明他们已发现了我们的意图，我们可以将计就计，看准部位和机会。来一个"无中生有"，使之措手不及，这时敌人即使是"实而虚之"，也抵挡不了这突如其来的打击。

3. 要耐心等候。经反复试探之后，仍不能做出判断的话，可以采用在"空城"之外，耐心等候，静观变化的方法来探其虚实。凡采用"虚而虚之"计谋的人，因自身的力量弱，所以在心理上也是"虚"的，他时时刻刻都承受着强大的心理压力。无论是自身的实力，还是心理上的压力，都决定了敌人伪装不可能持久，时间长自己就会把弱点暴露出来。所以只要我们在"城外"将其困住，不去主动直接攻城，在这种不攻也不撤的相持状态下，不论是虚是实，敌人都会自己暴露出来。

4. 要调虎离山。"空城计"主要是通过隐蔽来达到欺骗的效果，而隐蔽又主要靠"城"这个必要条件，所以要破解敌人的"空城计"，就要把敌人与其所据守之"城"分离开来。当然这里的"城"不是实指"城堡"之城，凡是可起这种作用的条件都可称之为"城"。将敌人与其"城"分离开来的最好办法就是"调虎离山"之计，一旦敌人失去"城"这个特殊的环境与条件，他的虚实也就完全暴露于光天化日之下，另外，即使敌人是"真虎"，在使其离山之后，也容易擒拿了。不过设"空城计"的"虎"，是很不容易调其"离山"的，所以要巧设机关。

33_计 反 间 计^①

【原文】

疑中之疑。比之自内,不自失也^②。

【注释】

①反间计:见《孙子·用间篇》:"反间者,因其间而用之。"杜牧曰:"敌有间来窥我,我必先知之。或厚赂诱之,反为我用;或佯为不觉,示之以伪情而纵之。则敌人之间,反为我用也。"这种运用敌人的间谍而达到自己目的的计策,叫做反间计。

②比之自内,不自失也:《易经·比卦》:"象曰:比之自内,不自失也。"意思是:来自于内部的帮助,自己没有什么损失。比,依附,辅助。运用在此计中,有推动敌人生疑之意。

【译文】

在疑阵中再布置一层疑阵。利用敌人的间谍来为我服务,这样自己就不会受损失。

【按语】

间者,使敌自相疑忌也;反间者,因敌之间而间之也。

如燕昭王薨,惠王^①自为太子时,不快于乐毅。田单乃纵反间曰:"乐毅与燕王有隙,畏诛,欲连兵王齐。齐人未附,故且缓攻即墨^②,以待其事。齐人惟恐他将来,即墨残矣。"惠王闻之,即使骑劫代将,毅遂奔赵。

又如周瑜利用曹操间谍,以间其将;陈平以金纵反间于楚军,间范增^③,楚王疑而去之。亦疑中之疑之局也。

【注释】

①燕惠王:战国时燕昭王的儿子。燕昭王时,乐毅受重用,公元前284年率军为燕国复仇,大破齐国,先后攻取七十多城,只留即墨和莒两城未攻下。后昭王死,燕惠王即位,中齐即墨守将田单反间计,改调大夫骑劫为将。乐毅被迫奔逃赵国。田单用火牛阵反攻,燕军大败。

②即墨:地名,战国时齐国重镇。即今山东平度。

③陈平间范增:陈平,汉朝名臣,有智谋。范增,项羽谋士。楚汉相争时,陈平为除去范增,巧设反间计,离间项羽和范增的关系。范增离军而亡。

【译文】

间,就是使敌人互相猜疑、嫉恨;反间,就是诱使敌人的间谍去离间敌人。

例如:战国时,燕昭王死后,因为燕惠王自从做太子时,就对大将乐毅不满。齐将田单便使用反间计,说:"乐毅和燕惠王有矛盾,害怕燕惠王杀他,想要联合齐国军队做齐国国王。只是因为齐国人还没有归顺他,所以他不急于攻打即墨,目的是等待时机成熟。现在齐国人只害怕燕国改派别的大将来,那么即墨就要失陷了。"燕惠王听后,立即改派骑劫去代替乐毅为统帅,乐毅只好逃到赵国去了。

又如:三国时,周瑜利用曹操派来的间谍蒋干进

行反间活动,使曹操怀疑他的大将蔡瑁、张允并杀了他们。汉王刘邦的谋士陈平,用金钱收买楚军将士,散布谣言,离间西楚霸王和军师范增的关系。项羽因此怀疑范增,从而使范增离开了项羽。这也是在疑阵中再布疑阵的计策。

【传世典故】

反间计,原文的大意是说:在疑阵中再布疑阵,使敌内部自生矛盾,我方就可万无一失。说得更通俗一些,就是巧妙地利用敌人的间谍反过来为我所用。在战争中,双方使用间谍,是十分常见的。《孙子兵法》就特别强调间谍的作用,认为将帅打仗必须事先了解敌方的情况。要准确掌握敌方的情况,不可靠鬼神,不可靠经验,"必取于人,知敌之情者也"。这里的"人",就是间谍。《孙子兵法》专门有一篇《用间篇》,指出有五种间谍:利用敌方乡里的普通人作间谍,叫因间;收买敌方官吏作间谍,叫内间;收买或利用敌方派来的间谍为我所用,叫反间;故意制造和泄露假情况给敌方间谍,叫死间;派人去敌方侦察,再回来报告情况,叫生间。唐代杜牧解释反间计特别清楚,他说:"敌有间来窥我,我必先知之,或厚赂诱之,反为我用;或佯为不觉,示以伪情而纵之,则敌人之间,反为我用也。"

三国时期,赤壁大战前夕,周瑜巧用计杀了精通水战的叛将蔡瑁、张允,就是个有名的例子。

话说孙刘结盟,共同抗曹。虽然在兵力数量上孙刘两家合起来,还是大大少于曹操,但孙刘联军发挥善于水战的特长,在长江水域初战告

捷,挫了曹军锐气。

曹操的北方军队本来不懂水战,为一军事上的短处,便令精通水战的荆州降将蔡瑁、张允在长江中建立水寨,训练水军。而张、蔡二人因久居荆州,深知水战奥妙。所以,这两个人也自然成为东吴的心腹之患。当时,在东吴主管军事的是周瑜。周瑜精通兵法,足智多谋。在曹操眼里,他是灭吴的一大障碍。一天,曹操派部下蒋干,利用与周瑜旧时的交情,以访友为名,前往长江对岸敌营,试图劝说周瑜投降,顺便刺探军情。

瑜正为蔡瑁、张允在提高曹军水战能力而犯愁,得知蒋干来访,立即识破来意,顿时计上心来。

在款待蒋干的宴席上,周瑜解下佩剑说道:"蒋兄是我的老同学、好朋友,我们今天只叙友情,不谈打仗,如果有谁敢谈论与交战有关的事,就用此剑杀了他。"这一来,也堵住了蒋干的嘴,只字不敢提劝降一事。大家只管尽情欢笑饮酒,周瑜也喝得醉意朦胧。

晚上,蒋干与周瑜同床共寝,蒋干翻来覆去睡不着,坐起身来,借着灯光看见案头上放着一封信,是蔡瑁、张允阴谋反曹、投降东吴的密信。蒋干回头看时,周瑜正醉酒沉睡,蒋干赶忙把信揣起来,连夜跑回荆州,把信交给曹操。

曹操看了蒋干带来的信,顿时火起,斩杀了蔡瑁、张允。随即,他又发现信是伪造的,他中了周瑜的反间计了,但为时已晚。杀了张允、蔡瑁之后,曹军中失去了熟知水战的得力战将,这也成了后来曹军赤壁大败的一个重要原因。

【用计锦囊】

在发现敌人派来进行刺探和破坏的间谍时,为了借机离间敌人,获得情报,可以利用优厚的待遇收买他,也可以假装没有发现,故意把假情报透露给他,这样敌人派来的间谍反为我所用,使我能在不受损失的情况下达到战胜敌人的目的。

本计有如下两种含义:

1. 使用"反间"。就是要充分地利用"反间"来达到获取情报、扰乱敌人的目的。"反间者,因其敌间而用之"。意思是所谓的反间,是诱使敌方间谍为我军所利用。这是一种"以其人之道,还治其人之身"的计谋。敌人派来的间谍是为了刺探我们的情报,是给我们设下的疑阵,我们用敌人设下的疑阵反过来再迷惑敌人,这就是用敌人自己的人来迷惑敌人自己,借敌人自己的手,来打敌人自己的嘴巴。敌人的间谍之所以有被我所利用的可能,就是因为很多间谍都是为敌人所给的钱财所驱使,谁给他钱,他就为谁卖命。如果间谍觉得我们所给的钱比敌人给的优厚,那么他就会转而为我们服务。所以收买敌人间谍的主要手段,就是"厚赂诱之"。

2. 分化离间。就是在敌人之间挑拨是非,引起纠纷,制造隔阂,破坏敌人内部的团结,使之反目为仇。敌人内部如果团结一致,就会形成一股难以抵抗的力量,所谓"合则势张,合则力强"。相反"兵不贵分,分则力寡"(《投笔肤谈·家计》)。"我专为一,敌分为十,是以十攻其一也,则我众而敌寡;能以众击寡者,则吾之所与战者约矣"(《孙子兵法·虚实篇》)意思是我军兵力集中在一处,敌人兵力分散在十处,这就是用十倍于敌的兵力去攻击敌人,这样我军就占了优势,敌人就转为劣势。能够集中优势兵力攻击处在劣势分散的敌人,那么同我军当面作战的敌人就少得多了。这里十分具体地阐述了敌分我专的好处。那么怎样才能做到这一点呢? 一个办法就是"形人而我无形",另一个办法就是分化离间。形人之法是在空间上把敌人分散开来,但敌人仍是一个整体,还会互相救助。而分化离间是从心理上,即从根本上把敌人分散开来,这时无论是哪部分遇到危难,其他部分都只能袖手旁观,甚至幸灾乐祸。所以分化离间是一种彻底的分敌之法。

防范反间计应注意采取如下对策:

1. 信息要封锁。凡属重要信息,特别是关键时刻的重要信息,绝对不能随便泄露出去,对所有的无关人员都要严加封锁,特别是有可能接触对方人员的间谍更应该这样,不应该让其知道的不让其知道,不应该让其看见的东西不让其看见,不应该让其参与的事情不让其参与。这样即使我方的间谍被敌所收买利用,他也无法取得我方的重要情报。所谓的"三军之事,莫亲于间",是指在军队的交往关系中,没有比对间谍更亲密的了。但这并不等于说什么样的信息都应该让他知道,必要的时候还要"愚士卒之耳目,使之无知",借此来防万一。

2. 间谍要可靠。凡我们派出的间谍,要进行全面审查,不但要求其具有做间谍的基本能力,更要有坚定的立场。要"威武不能屈,富贵不能淫",要能经得住各种考验,不然,我们派出的人,又反过来刺探我们,那是十分可悲的事情。除了派出之间要考察,在以后的活动中也要不断进行考察,发现疑点要停止使用,在这样的问题上,还是谨慎一点为好,所谓的"用人不疑,疑人不用"与这里所讲的"慎用"是不同的。

3. 情报要推敲。尽管我们派出的间谍不被收买,他所获取的情报也不一定就是很可靠的。因为他很有可能被暗中间接地当成反间,也就是说对方虽已发现我方的间谍,但其假装不知,故意向我们的间谍透露虚假的情报,而我们的间谍却不知道这些,高高兴兴地把假情报当作真情报带回来。一旦我们相信并利用了这些假情报,就正好中了对方的阴谋诡计。所以对间谍带回来的情报一定要反复推敲,在推敲验证的时候,绝对不能以"自己认为应该如此"来推断,更不能以"这样对我较为有利"来选择。宁可想得坏一点,多做些防备,也不可想得好一些而到时束手无策。

4. 多间相印证。同一事或同一地,可以多方位地派出若干间谍,让他们从不同的侧面获取情报,这样我们不但可以得到主体的信息,同时各方面的信息也可互相印证。这样有人叛变,我们马上就可以发现,有虚假的情报我们马上就可核实,一个间谍出了问题,其余的立即就可拟补,所以同时派出若干间谍,是防范反间的有效办法之一。

34 计 苦 肉 计

【原文】

人不自害,受害必真。假真真假,间以得行。童蒙之吉,顺以巽也①。

【注释】

①童蒙之吉,顺以巽也:《易经·蒙卦》:"象曰:童蒙之吉,顺以巽也。"意思是:愚昧的儿童虚心顺从老师的教诲,是吉祥的。运用在此计中,指要善于顺从敌人的心意行使计谋,就会成功。

【译文】

人不会自己伤害自己,遭受伤害必然是真实情况。我们有意识创造一种真实情况,使敌方信以为真,离间计就可以实施了。按照蒙卦的启示,要善于顺从敌人的心意行使计谋,必然成功。

【按语】

间者,使敌人相疑也;反间者,因敌人之疑,而实其疑也。苦肉计者,盖假作自间以间人也。凡遣与己有隙者以诱敌人,约为响应,或约为共力者,皆苦肉计之类也。如郑武公伐胡①,而先以女妻胡君,并戮关其思。韩信下齐而郦生遭烹②。

【注释】

①郑武公:春秋时郑国的一位国君。胡,当时的边地胡人。关其思,主张伐胡的郑大夫。

②韩信:西汉大将军。楚汉相争时,率大军征伐齐国。郦生,即说客郦食其。刘邦曾先派郦食其入齐劝齐王田广投降,齐王便撤掉城防,韩信趁机攻击,齐王便威胁郦食其阻止韩信出兵,郦食其不从,齐王便烹杀了他。韩信一举攻取齐国。

【译文】

离间,就是使敌人互相猜疑;反间,就是利用敌人原有的猜忌心理,而使他们的猜忌变成现实。行使苦肉计的,是假作自己内部有了分裂而去诱惑离间敌人。凡是派遣与自己有仇恨的人去迷惑敌人,不论是相约作为内应的,还是相约共同起事的,都属于苦肉计一类的计谋。

如战国时,郑武公要讨伐胡国,却先把自己的女儿嫁给胡国国君,又杀了主张伐胡的大夫关其思。楚汉相争时,韩信进攻齐国,而郦食其却遭到烹杀。

【传世典故】

人们都不愿意伤害自己,如果说被别人伤害,这肯定是真的。己方如果以假当真,敌方肯定信而不疑。这样才能使苦肉之计得以成功。此计其实是一种特殊作法的离间计。运用此计,"自害"是真,"他害"是假,以真乱假。己方要造成内部矛盾激化的假象,再派人装作受到迫害,借机钻到敌人心脏中去进行间谍活动。

"苦肉计"是指故意伤害自己,以让敌人相信,使反间计得以成功的策略。

春秋战国时期,姬光利用专诸杀死了吴王僚,自立为吴王,这就是阖闾。吴王僚有个儿子叫庆忌,善走如飞,非常勇猛。父亲被杀,庆忌逃亡在外,寻找机会,收罗人马,准备报杀父之仇。阖闾为此忧心忡忡,想派人去行刺,可一时又没有合适的人选。

阖闾的大夫伍员终于找来了要离。阖闾一见,要离高不足五尺,腰大貌丑,大失所望。伍员介绍说:要离虽然其貌不扬,但机敏过人,且对吴王十分忠诚,是可以重用。阖闾相信伍员的话,与要离密谈。阖闾问要离有何妙计刺杀庆忌。要离充满信心地说,庆忌正在招纳亡命之徒,为父报仇,我打算诈称是"罪臣"去投奔他,但为了使他相信我,请大王斩断我的右手,杀死我的家人,这样就能取得庆忌的信任,因而也就可以乘机行刺了。

阖闾起初不忍无故斩去要离的右手,也不忍杀死他的家人,但又看到要离的态度十分坚决,而且思之再三,觉得除此以外,别无良策,于是便同意了。

第二天,伍员与要离入朝,当着文武百官的面,保荐要离为将军,率军攻打楚国。阖闾闻奏,怒斥伍员:"你保荐的这人身矮力微,怎能带兵打仗?"要离当面顶撞阖闾:"大王真是太忘恩负义了,伍员为你安定了江山,你却不派军队替伍员报仇。"阖闾大怒,命人把要离的右臂砍掉了,并押进大牢,拘留他的妻子。伍员叹息而出,群臣一时也莫名其妙。过了几天,伍员悄悄叫人放松了对要离的监视,让要离趁"机"越狱跑了,阖闾便下令把要离的妻子斩首示众。

要离逃出以后,四处鸣冤叫屈。听说庆忌在卫国,便跑到卫国求见庆忌。庆忌疑他有诈,不肯收容,要离便脱掉衣服给庆忌看那只被斩断了的右臂。正当庆忌将信将疑之际,庆忌的心腹又来报告要离的妻子被斩的消息,庆忌这时便完全相信要离与阖闾确有深仇大恨了。

要离向庆忌表示自己与他一样有复仇的决心,并愿意充当向导。还说伯嚭是无谋之辈,不足为虑;伍员虽智勇双全,但他之所以帮助阖闾,目的是想借兵伐楚,以报父兄之仇。眼下,阖闾安于王位,从不提为伍员报仇的事,所以伍员与阖闾已有隔阂,只要庆忌报仇后肯为伍员报仇,伍员愿为内应。如此等等,一番话说得庆忌深信不疑,便立即派要离训练士卒,修治兵船。

三个月后,要离怂恿庆忌出兵,水陆并进,杀往吴国。庆忌与要离同乘一条船,驶到中流,要离趁庆忌到船头观看船队的机会,一戟刺在庆忌的心窝上。到这时,庆忌才明白,自己是中了要离的苦肉计,抱恨而死。要离杀死庆忌后,自己也饮剑自尽了。

【用计锦囊】

苦肉计是用自我伤害的办法取信于敌,以便进行间谍活动的一种计谋。"人不自害"是人们习惯的心理定势。苦肉计就是利用这一心理定势,造成受迫害的假象,以迷惑和欺骗敌人,或打人敌人内部,对敌人进行分化瓦解。

苦肉计的作用如下:

1. 骗取信任。"恻隐之心,人皆有之。"如果把自己伤害得非常痛苦和可怜,就会博得对方的同情,取得对方的信任。

2. 离间敌人。用自我伤害的办法打人敌人内部,暗中进行离间分化活动,达到出奇制胜的目的。

3. 激励士卒。故意留出破绽,使敌人获得暂时或局部的胜利,以此激励士卒奋起反抗,决一死战。这就是人们常说的"哀兵必胜"。

4. 欲取先予。自己先做出一定牺牲，捞取资本后，便可获得更大的利益。

5. 加害于人。暗中自害，并加以伪装，然后嫁祸于人，使别人因此受到惩罚。

使用本计一定要小心慎重。因为施行苦肉计，首先要进行自我伤害，有时这种自我伤害是非常痛苦的。即使成功了，胜利果实中也包含着血和泪。苦肉计不仅是一个"苦"计，而且还是一个"险"计。如果敌人是铁石心肠或者多谋善断，就不易上

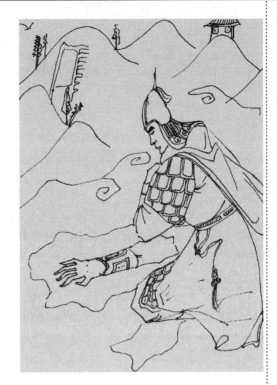

钩。一旦此计被识破，不但自我伤害之苦要白白忍受，而且连性命也保不住。因此，在可用可不用之时，尽量不用本计。

防范苦肉计可采取如下对策：

1. 僵蛇莫怜悯。怜悯之心人皆有之，但是并非对谁都可施之以怜悯。不要说对方是要通过自害来欺骗我们，就是真的受到些迫害，我们也应有防备，不然待到冻僵了的毒蛇被暖醒了之后，首先咬的就是用自己的体温救活了它的人。在一般情况下，我们一时很难分辨真假，此时，宁可把真当成假，也绝不把假当成真，而错施怜悯。

2. 受降如受敌。所谓的"受降如受敌"，意思是对前来投降的敌人，要像对前来 交战的敌人一样谨慎。所以凡敌人前来投降时，一定要考察他们是真是假，要严加防备，不可怠慢疏忽，不然就会有中计失败的可能。

3. 分析要全面。对那些以受迫害为名前来投降的人，我们要进行全面的分析，看其是真降还是诈降，所谓全面分析，就是既要分析敌人内部的情况，又要分析敌我力量的对比情况；既要分析敌人内部矛盾的原因和经过，也要分析敌人所受的伤害的部位、程度及伤害的特点；既要分析敌人来我方之后的各种语言行为，也要分析其在原来地方的一贯表现等等，必要的时候要进行跟踪调查或是进行反复的考验。

4. 利用不重用。对投降过来的人，如果对其真假一时把握不准，而其又有利用价值的时候，那么我们对他只可利用而不可重用。利用他为我们服务，这样可以变害为利，使敌人反为我所用；对投降过来的人，不予重用，则可使其很难找到可乘之机，破解其所施的苦肉之计。

三十六计

35计 连环计

【原文】

将多兵众,不可以敌,使其自累,以杀其势。在师中吉,承天宠也①。

【注释】

①在师中吉,承天宠也:《易经·师卦》:"象曰:在师中吉,承天宠也。"意思是:统帅若能持中不偏,没有差错,就受到天子的宠爱,吉祥。运用在此计中,指统帅若能正确运用此计,就会取得战争的胜利。如同得到天神的帮助一样。

【译文】

敌军的将领众多,兵力强大,不能够和他硬拼,应当想法使他们自相牵制,从而削弱他们的威力。将帅若能正确运用计谋,战胜敌人,就会如同得到天神帮助一样。

【按语】

庞统①使曹操战舰勾连,而后纵火焚之,使不得脱。则连环计者,其法在使敌自累,而后图之。盖一计累敌,一计攻敌,两计扣用,以摧强势也。如宋毕再遇②,尝引敌与战,且前且却,至于数四。视日已晚,乃以香料煮黑豆,布地上,复前搏战,佯败走。敌乘胜追逐,人马已饥,闻豆香,乃就食,鞭之不前。遇率师反攻,遂大胜。皆连环之计也。

【注释】

①庞统:三国时人,字士元,号凤雏。当时与诸葛亮齐名。后归刘备为谋士。赤壁之战时,却假装投奔曹操,为他设连环战舰之计,曹操中计,遭周瑜火攻,大败。

②毕再遇:南宋名将,字德卿,有勇有谋。

【译文】

三国时,庞统怂恿曹操把舰船用铁链勾连起来,而后周瑜却纵火焚烧,使舰船不能逃脱。可见连环计的方法就是先让敌人自相钳制,然后再谋取他们。一计钳制敌人一计攻击敌人,两计前后配合运用,用来摧毁强大的敌人的威胁。

再如宋代抗金名将毕再遇,曾经引诱敌人和他作战。他忽而前进,忽而后退,一连四次。看看天色已近黄昏,他便命令把用香料煮好的黑豆撒在阵地上,又上前挑战,并假装败退。敌人乘胜追击,但他们的战马已经饥饿,嗅到豆子的香味,立即觅食起来,用鞭子抽打也不肯走动。这时,毕再遇率领部队反攻,于是大获全胜。这些都是连环计的运用。

第一编 《三十六计》原典释译

【传世典故】

连环计,指多计并用,计计相连,环环相扣,一计累敌,一计攻敌,任何强敌,无攻不破。此计正文的意思是如果敌方力量强大,就不要硬拼,要用计使其目相钳制,借以削弱敌方的战斗力。巧妙地运用谋略,就如有天神相助。

此计的关键是要使敌人"自累",就是指互相钳制,背上包袱,使其行动不自由。这样,就给围歼敌人创造良好的条件。

赤壁大战时,周瑜巧用反间,让曹操误杀了熟悉水战的蔡瑁、张允,又让庞统向曹操献上锁船之计,又用苦肉计让黄盖诈降。三计连环,打得曹操大败而逃。

东吴老将黄盖见曹操水寨船只一个挨一个,又无得力指挥,建议周瑜用火攻曹军;并主动提出,自己愿去诈降,趁曹操不备,放火烧船。周瑜说:"此计甚好,只是将军去诈降,曹贼肯定生疑。"黄盖说:"何不使用苦肉计?"周瑜说:"那样,将军会吃大苦。"黄盖说:"为了击败曹贼,我甘愿受苦。"

第二日,周瑜与众将在营中议事。黄盖当众顶撞周瑜,骂周瑜不识时务,并极力主张投降曹操。周瑜大怒,下令推出斩首。众将苦苦求情:"老将军功劳卓著,请免一死。"周瑜说:"死罪既免,活罪难逃。"命令重打一百军棍,打得黄盖鲜血淋漓。

黄盖私下派人送信给曹操,大骂周瑜,表示一定寻找机会前来降曹。曹操派人打听,黄盖确实受刑,现正在养伤。他将信将疑,于是,派蒋干再次过江察看虚实。

周瑜这次见了蒋干,指责他盗书逃跑,坏了东吴的大事。这次过江,又有什么打算?周瑜说:"莫怪我不念旧情,先请你住到西山,等我大破曹军之后再说。"把蒋干给软禁起来了。其实,周瑜想再次利用这个过于自作聪明的呆子,所以名为软禁,实际上又在诱他上钩。

一日,蒋干心中烦闷,在山间闲逛。忽然听到一间茅屋中传出琅琅书声。蒋干进屋一看,见一隐士正在读兵法,攀谈之后,知道此人是名士庞统。他说,周瑜年轻自负,难以容人,所以隐居在山里。蒋干果然又自作聪明,劝庞统投奔曹操,夸耀曹操最重视人才,先生此去,定得重用。庞统应允,并偷偷把蒋干引到江边僻静处,坐一小船,悄悄驶向曹营。

蒋干哪里会想到又中周瑜一计!原来庞统早与周瑜谋划,故意向曹操献锁船之计,让周瑜火攻之计更显神效。

曹操得了庞统,十分欢喜,言谈之中,很佩服庞统的学问。他们巡视了各营寨,曹操请庞统提提意见。庞统说:"北方兵士不习水战,在风浪中颠簸,肯定受不了,怎能与周瑜决战?"曹操问:"先生有何妙计?"庞统说:"曹军兵多船众,数倍于东吴,不愁不胜。为了克服北方兵士的弱点,何不将船连锁起来,平平稳稳,如在陆地之上。"曹操果然

三十六计

依计而行,将士们都十分满意。

一日,黄盖在快舰上满载油、柴、硫、硝等引火物资,遮得严严实实。他们按事先与曹操联系的信号,插上青牙旗,飞速渡江诈降。这日刮起东南风,正是周瑜他们选定的好日子。曹营官兵,见是黄盖投降的船只,并不防备,忽然间,黄盖的船上火势熊熊,直冲曹营。风助火势,火乘风威,曹营水寨的大船一个连着一个,想分也分不开,一齐着火,越烧越旺。周瑜早已准备快船,驶向曹营,只杀得曹操数十万人马一败涂地。曹操本人仓皇逃奔,捡了一条性命。

【用计锦囊】

"连环计"是指运用计谋,使敌人相互牵制,以削弱其军力,再予以攻击的策略。也就是先以计谋故布疑阵,混淆敌人的判断力,再以另一个计略予以攻击。如此计中生计,连续运用,以达到击灭敌人的目的。

一般地说,连环计不管是两计相扣也好,还是多个计谋相配合,其功能无非是两个:一个是让敌人自相钳制;一个是更有效、迅猛的攻击敌人。二者相辅相成,用兵就如得天神相助一样。

本计包含三种含义:

1. 使敌自累。自累就是自相钳制,即自己内部互相之间都强力对对方加以限制,使各方都不能自由行动。使敌自累就是运用计谋,在敌人中间制造矛盾,并扩大或激化他们的矛盾,使其内部发生变乱,在内乱中产生内耗,进而削弱其力量。使敌自累的计谋有很多的优点:首先本计对我们来说省力安全。这就好像放炮,只需我们把导火线点着,炮弹自己就会发生各种反应而炸开来。相对于产生的爆破力来说,点烟只是举手之劳,所以说是省力的。只要点着了火,我们就可躲在一边静观其变,不必打入敌人内部去冒风险,所以很安全。其次对敌人力量的削弱层次深,破坏重。因为这种削弱来自于敌人的内部,是一种内聚力的破坏,这样的伤口是很难弥合的。因为又是"自相残杀",所以它比来自外部的攻击的破坏性要更加严重。

2. 撒豆止骥。就是用"撒豆"的方法来阻止马的前进。原意是把预先用香料煮好的豆子撒在地上,引诱敌人的马来争食,由于马贪食香豆,任凭主人怎样鞭打也不肯走动,这样就使其主人的行动受到间接影响。凡是主动给敌人准备某些利益,使他们被这些利益所引诱,为了捞取利益而干扰和破坏其原来的行动计划;或把这些留而无用,弃而可惜,没有什么大价值的利益背在身上,形成一个难以卸掉的大包袱等,都属于撒豆止骥之计。撒豆止骥之计主要是利用了敌人贪得无厌、见利必取的特点,以利累之。这种方法也不需要我们强迫,敌人就会自觉自愿地背上这个包袱。在一时无法在敌人中间制造矛盾时,可使用这种方法。

　　3. 机巧贵连。凡是用计,一般都不是只用一计就可获得成功的,常常需要同时准备或使用数计,使各计之间相辅相成,这样可做到一条计策失败,另一条计策马上紧接着实施,一个计谋跟着一个计谋、环环紧扣,不留任何漏洞。例如若"两计扣用"的话,则"一计累敌,一计攻敌",缺一不可。任何奇谋妙计,都需要为其创造出相应的条件,所以计谋要研究连贯,讲究配套,要有系统性和系列性。

　　防范连环计可采取如下对策:

　　1. 莫贪便宜。对方对我施用本计的主要手段就是金钱美女之类,如果我们被这些东西所诱惑,而见利忘义,同室操戈,就会正中其下怀,做出"亲者痛,仇者快"的事情来,到头来将是我们自己害了自己。为了不被人所利用,就要不贪便宜,做到"富贵不能淫",同时还要主动相让,不与"兄弟"争利,不为小利"翻脸"。

　　2. 风雨同舟。在自己内部发生矛盾的时候,不要总是想着非要把对方置之死地而后快,而要看到双方所共同面对严峻形势,想着互相之间的共同利益。在大敌当前的时候,我们矛盾的双方谁也不会独自幸存,只有联合起来,才有不被消灭的希望。就连世代为仇的吴人和越人,当乘坐同一条船在江心遇到大风大浪的时候,也能像左右手那样互相救援。(见《孙子兵法·九地篇》)何况我们原来都是自己人呢? 在这种情况下,无论哪一方首先醒悟,都要主动先放下武器,向对方晓以利害。如果都担心自己会吃亏的

話,那么谁也占不到便宜。

3. 早脱环扣。如果被敌人所施的数计相互扣用所困扰,处在应接不暇状态的时候,一定会力不从心,穷于应付。在这种极端被动的情况下,如果继续同敌人周旋,将是十分危险的,因为可能躲过敌人的一计、两计,但不可能计计都能躲得过,只要一次失误,就会一败涂地。在这种形势下,要以走为上尽早地跳出敌人的连环网扣的羁绊,脱出危险,以求自保。

36计 走 为 上

【原文】

全师避敌①,左次无咎,未失常也②。

【注释】

①避敌:避开敌人,指有计划地撤退。

②左次无咎,未失常也:《易经·师卦》:"象曰:左次无咎,未失常也。"意思是:暂且撤退,免遭伤害,也没有失去用兵的常理。

【译文】

全军有计划地退却,以避免和强敌对抗而遭受损失。这么做并未脱离正常的用兵法则。

【按语】

敌势全胜,我不能战,则必降、必和、必走。降则全败,和则半败,走则未败。未败者,胜之转机也。

如宋毕再遇与金人对垒,度①金兵至者日众,难与争锋。一夕拔营去,留旗帜于营。预缚生羊悬之,置其前二足于鼓上。羊不堪倒悬,则足击鼓有声。金人不觉为空营,相持数日。及觉,欲追之,则已远矣。可谓善走者矣!

【注释】

①变:考虑。

【译文】

如果敌方形势占绝对优势,我方不能战胜他,那只有投降、讲和、退却三条路可走。投降,是彻底的失败;讲和,是一半失败;退却,是没有失败。没有失败,就是取胜的转机。

例如宋朝毕再遇建造工事和金人对抗,估计前来攻打的金兵日益增多,难以抵抗,他便在一夜之间全军撤离阵地,只留下旗帜在军营里。并预先把活羊倒吊起来,将前边两条腿放在鼓上。羊忍受不了,两条腿不停乱动,把鼓敲得咚咚直响。金人因此而不知己是一座空营,还相持了几天,等金人发觉后,想要追击时,宋军已去得很远了。这可以说是善于退却的战例了。

【传世典故】

走为上,指敌我力量悬殊的不利形势下,采取有计划的主动撤退,避开强敌,寻找战机,以退为进。这在谋略中也应是上策。

这句话,出自《南齐书·王敬则传》:"檀公三十六策,走为上计。"其实,我国战争史上,早就有"走为上"计运用得十分精彩的例子。

春秋初期,楚国日益强盛,楚将子玉率师攻晋。楚国还胁迫陈、蔡、郑、许四个小国出兵,配合楚军作战。此时晋文公刚攻下依附楚国的曹国,明知晋楚之战迟早不可避免。

子玉率部浩浩荡荡向曹国进发,晋文公闻讯,分析了形势。他对这次战争的胜败没有把握,楚强晋弱,其势汹汹,他决定暂时后退,避其锋芒。对外假

意说道:"当年我被迫逃亡,楚国先君对我以礼相待。我曾与他有约定,将来如我返回晋国,愿意两国修好。如果迫不得已,两国交兵,我定先退避三舍。现在,子玉伐我,我当实行诺言,先退三舍(古时一舍为三十里)。"

他撤退九十里,已到晋国边界城濮,仗着临黄河,靠太行山,足以御敌。他已事先派人往秦国和齐国求助。

子玉率部追到城濮,晋文公早已严阵以待。晋文公已探知楚国左、中、右三军,以右军最为薄弱,右军前头为陈、蔡士兵,他们本是被胁迫而来,并无斗志。子玉命令左右军先进,中军继之。楚右军直扑晋军,晋军忽然又撤退,陈、蔡军的将官以为晋军惧怕,又要逃跑,就紧追不舍。忽然晋军中杀出一支军队,驾车的马都蒙上老虎皮。陈、蔡军的战马以为是真虎,吓得乱蹦乱跳,转头就跑,骑兵哪里控制得住。楚右军大败。晋文公派士兵假扮陈、蔡军士,向子玉报捷:"右师已胜,元帅赶快进兵。"

子玉登车一望,晋军后方烟尘蔽天,他大笑道:"晋军不堪一击。"其实,这是晋军诱敌之计,他们在马后绑上树枝,来往奔跑,故意弄得烟尘蔽日,制造假象。子玉急命左军并力前进。晋军上军故意打着帅旗,往后撤退。楚左军又陷于晋国伏击圈内,又遭歼灭。等子玉率中军赶到,晋军三军合力,已把子玉团团围住。子玉这才发现,右军、左军都已被歼,自己已陷重围,急令突围。虽然他在猛将成大心的护卫下,逃得性命,但部队丧亡惨重,只得悻悻回国。

这个故事中晋文公的几次撤退,都不是消极逃跑,而是主动退却,寻找或制造战机。所以,"走",是上策。

【用计锦囊】

三十六计,走为上计,是指在我不敌敌的情况下,为保存实力,主动撤退。所谓上计,不是说,"走"在三十六计中是上计,而是说,在敌强我弱的情况下,我方有几种选择:一、求和;二、投降;三、死拼;四、撤退。四种选择中,前三种是完全没有出路的,是彻底的失败。只有第四种,撤退,可以保存实力,以图卷土重来,这是最好的抉择。因此说,"走"为上。

本计包含以下三种含义:

1. 知难而退。如果已经知道事情实在做不成,就不要硬着头皮去做,要见机而动,尽早放弃。不要白白浪费时间和精力。知难而退中的"难",在这里要理解成根本无法实现的事情,而不要理解成"困难"的难(当然成语中有这个意思)。所以它不是告诉人们见到困难就退缩,就逃避,成为懒汉,懦夫,逃跑主义,而是要求人们要"见可而进,知难而退","知其不可为"而不为,也就是要按客观规律办事,不能盲目蛮干,不要轻敌冒进,不能以卵击石,侥幸求胜。要知"小敌之坚,大敌之擒也",要"实则斗,虚则走",在自己的力量不足的时候,要避免同敌人决战,要首先保存自己的实力,在"避而有所全"的情况下,"则避之"。"留得青山在,不愁没柴烧。"这是脱离危险境地的一种策略。

2. 以退为进。就是把现在所做出的暂时退让,做为下步争取更大进取的手段。在这种情况下的"走",并不主要是因为力不可支,而是出于引诱和调动敌人的需要。这是一种以迂为直的迂回战术。通过伪装的退却,可以诱敌深入,使其误入"重地"(入人之地深,背城邑多者,为重地——《孙子兵法·九地篇》),进而被我们"聚而歼之"。通过伪装的退却,可以诱进分敌。使我们能各个击破,以少胜多。因为在我们退却的时候,敌必然紧紧追赶,因为在"日夜不处,倍道兼行"的情况下,就会形成"劲者先,疲者后"的局面,这时我们就可杀个回马枪,以集中的兵力对付分散的敌人。通过伪装的退却,可以"能而示之不能",给敌人以弱小、恐惧的假象,助长敌人骄傲轻敌的心理,使其不加戒备,给我们突然袭击带来可乘之机。

3. 急流勇退。在急流中果断退却。指人在顺利或得意时,为了避祸或保持名节而及早见机引退。事物发展到了顶点,就会向相反的方向转化,这就是"物极必反","否极泰来"的道理。明代洪应明《菜根谭》中说:"居盈满者,如水之将溢未溢,切忌再加上一滴。"意思是已经达到自己顶峰的时候,象已经装满的水缸,就不应该再增加了,因为哪怕是再增加一滴,也会使很多水也跟着流出来。又说:"谢世当谢于正盛之时",意思是一个人要想退隐家园不再过问世事,应该在你事业的巅峰阶段急流勇退,因为这样才能给人留下最好的形象,否则弄到狼狈不堪被迫下台时,英名将会全部被辱没。但是由于人性本身的弱点,使有些人很难割舍既得的利益,常常是"身后有余忘缩手,眼前无路回头迟",最终成千古遗恨。所以急流勇退中的"勇"字,除了果断迅速的意思之外,还应该包含勇敢和勇气的含义,因为急流勇退需要相当的勇气和胆识,非小人之辈能够做到的。

防范走为上计可采取以下对策:

1. 疏而不漏。所谓"天网恢恢,疏而不漏",在这里是指天道如网,广大无边,样子像是稀疏有隙,但却没有一点遗漏的地方,任何人都不可能从它所张开的天罗地网下逃过。我们围迁敌人也要设置这样疏而不漏的大网,使敌人无隙可乘,无计可施;不然使快要抓到手的鱼儿溜掉,那将是十分遗憾又后患无穷的事。当然企图处处设防,十分严密是绝对不可能的。关键是要"不漏",在"不漏"的前提下,有重点但不留任何死角,不留任何盲点地进行设防,敌人无论在哪里漏网,我们都可及时发现,并且可以立即前往封锁。在这种情况下,"亡羊"之后再去"补牢",实在是太晚了。

2. 一鼓作气。如果敌人已成网中之鱼,瓮中之鳖,那么我们要尽快形成关门打狗之势,一鼓作气地将敌人消灭,一般不要拖延,因为时间一久,就会夜长梦多,很容易发生各种变故。例如,敌人找到可乘之机,敌人的援兵赶到,我们的力量减弱等等。同时尽快结束战斗,也可有趁热打铁的效果,我方的士气正盛,而敌方的军心恐慌,整个形势都是很有利的。另外,尽早消灭了敌人,可以腾出力量去对付别的敌人,以防牵扯更多的人力和物力。

当然也不是越快越好,应恰当地掌握时机。

3. 截断退路。如果不慎,钻了空子,敌人已经跑掉的话,那么千万不要总是跟在敌人的后面追,而要赶到前面,在敌人的必经之路上堵截,在其前面将他们消灭,或者赶回原来的地方。如果我们只是跟在敌人的后面追,就只会处于被动的地位,尽管我们是强者,但却要受制于人。因为敌人可能会在撤退的路上设下埋伏,可能把我们拖垮,也可能转到敌人有利的环境中,还可能同他们的援军会合起来,那时我们就要吃大亏了。要能跑到逃跑敌人的前面,一是要取捷径,二是要有速度。

4. 纵之而去。如果阻截已迟,追之不及,可以索性纵之而去。就是我们不再跟在后面拼命追赶,而是鸣锣收兵,卷旗而归,这样可防止被敌人拖瘦拖垮。但是纵之而去并不是彻底放弃不管,而是以此来麻痹对方,使其放松警惕,因为惊弓之鸟很难捕捉。待敌人惊魂已定,认为太平无事的时候,我们再采取突然行动,打他个措手不及,这就是所谓的"欲擒故纵"之计谋。

第二编

《三十六计》施计纲要

总　说

　　"兵以诈立",多谋者胜。这是军事斗争的普遍规律。因此,如何施计用谋,已成为历代兵家研究军事科学的一项重要内容。指挥员在战争中要做到"运筹帷幄,决胜千里",以少胜多,以弱胜强,以劣胜优,转危为安,甚至不战而胜,关键在于知己知彼,审时度势,施计用谋。故有"用兵之道,以计为首"之说。反之,"不计而进,不谋而战,必为敌所败"。

　　施计用谋,首先要正确认识和处理"数"与"术"的关系。"数"指客观情势,是第一性的;"术"指主观计谋,是第二性的。客观情势决定主观计谋,主观计谋源于客观情势,又转而对客观情势有反作用。就是说"数"决定"术","术"反映"数",又反作用于"数",二者之间是对立统一、相辅相成的关系。因此,指挥员要做到妙计在心,胜券在握,应当像《百战奇谋·计战》中所说:"未战之时,先料将之贤愚,敌之强弱,兵之众寡,地之险易,粮之虚实。"也就是说要在认真调查研究的基础上,依据客观情势,制定出相应的计谋。例如:

　　战国时期的齐魏桂陵之战,孙膑根据当时客观情势,运用"围魏救赵"的战术,乘魏军正在赵国作战,国内空虚之机,指挥齐军直逼魏都,吓得魏军慌忙回师应战,结果在桂陵把魏军打得溃不成军。

　　太平天国军解天京之围,采取的也是乘敌之虚、攻其必救的策略。当时清军主力驻扎在天京城下,后方极其空虚,太平天国军攻湖、杭,断敌粮饷;待清军回救,兵力分散,再握紧拳头打击包围天京之敌,终于将清军七万余人全歼,天京之围自解。

　　这两个战例,都说明胜者之所以能胜,就在于其主帅能依据客观情势去制定和运用作战谋略。

　　主观臆断,骄纵轻敌,必然招致失败。施计用谋必须对客观情势充分了解并认真分析,才有获胜的可能。单凭主观愿望,不顾客观情势,刚愎自用,轻举妄动,没有不吃败仗的。即便是强者也会转化为弱者,优势也会转化为劣势。这是不以人们意志为转移的客观规律。我国古代的吴越争霸、楚汉争雄、淝水之战以及中外近代、现代的不少战例,都足以说明在战争中施计用谋,为由弱变强、取得战争的胜利,提供了宝贵的经验。

　　"三十六计"的军事谋略,早已为中外兵家重视和研究运用。其中有些计谋,诸如瞒天过海、围魏救赵、以逸待劳、声东击西、暗渡陈仓、抛砖引玉、调虎离山、金蝉脱壳等,至今仍具有普遍意义,有着旺盛的生命力。

　　事实上,"三十六计"不仅在军事上得到广泛运用,而且在政治上、

三十六计

经济上、外交上以及文化、体育、日常工作和生活等方面,早已被中外人士重视运用。例如其中第三计"借刀杀人",早已有人用于日常工作和生活方面。如《红楼梦》第六十九回中就有"凤姐虽恨秋桐,且喜借她可以发脱二姐,用借刀杀人之法"的记叙。在处世待人中,对这种卑劣的手段,我虽不为,但不能不防。又如第二十七计"假痴不癫",是一种麻痹敌人、待机而动的谋略。此计古代运用在军事上,一般都是在不利于己的形势下,利用伪装以障敌眼,等待时机再转守为攻。后来,此计也有人用于政治上。战国魏文侯时,邺(今河北省临漳县南邺镇)地的官吏、豪绅与女巫假托"河伯娶妇",强选少女,投入河中。不然,就说会有洪水为灾,借以愚弄民众,榨取钱财。其后,西门豹为邺令,决意为民除害。到河伯娶妇时,故意说所选女子不漂亮,要女巫、官吏去与河伯商量另行选送,立刻命人强行把他们先后投入河中。邺地的官吏、豪绅们都很惊恐,从此不敢再说为河伯娶妻的事。西门豹初对此佯装不知,其实是运用"假痴不癫"之计,一举戳穿了荒唐可笑的河伯娶妇的骗局,结束了当地人民的灾难。

在经济上,特别是现代企业的经营管理,研究古代兵法,施计用谋,日益引起中外有关人士的重视。日本和亚洲"四小龙"就把"三十六计"应用于工商业,在几年之中就完成了令人炫目的经济征服。

然而,计策是方法,是手段,是为目的服务的。"三十六计"是"分析学",也是"方法学"。借助它可以认清客观情势,针对周围人们的言谈举止作出适当的反应,从而在社会生活领域中创造优势,获取利益。我们学习和运用它,目的是在"安邦治国"、济世利民的前提下求得群体和个人的发展。当然也有某些专事牟取私利的不肖之徒,不择手段地运用"三十六计"巧取豪夺,坑害国家,欺骗他人。俗话说:"久走夜路要闯鬼"、"害人终害己",这种人肯定是不会有好下场的。应当指出:"三十六计"中个别计谋确有消极因素,对此,我们虽不使用,但不能不知,不能不防。明代智者洪自诚说得好:"害人之心不可有,防人之心不可无。"这是至理名言。就像我们要不生病、不受传染,就得以"预防为主",有"免疫功能"一样。

第一章　胜战计施计纲要

1计　瞒天过海

"瞒天过海",比喻用欺骗手段,以达到预期的目的。原意是遮挡皇帝视听,瞒骗其上船,使其安全过海(见《永乐大典·薛仁贵征辽事略》)。它在军事上,是一种巧妙制造假象,掩盖真实的军事行动的计谋。主要用于战役伪装,以隐蔽兵力的集结、发动战争的时间等,从而达到出其不意、攻其无备、克敌制胜的目的。

疑心以乱其谋。指挥员的正确决心,来源于正确判断,但其判断常受思维活动和认识习惯的制约,如先入为主、常见不疑等。"瞒天过海"之计,就是实而示之以虚,示假隐真,出奇制胜,使敌方指挥员由此而导致思想麻痹,判断错误,用兵失当。这种疑兵之计,实质上是一种攻心战。攻心,也叫"夺心"。英国哲学家培根曾说,心思中的猜疑犹如鸟中的蝙蝠,它永远是在黄昏时飞的……这种心理使精神迷惘,疏远朋友,而且也扰乱事物,使之不能顺利进行。假如我们的指挥员能针对敌将心中的"蝙蝠",巧施欺敌假象,使他沉溺于犹豫狐疑之中而遇事不决,这就是"夺心"法之一。据历史记载,诸葛亮非常重视攻心。他提出的"用兵之道,攻心为上,攻城为下;心战为上,兵战为下",可说是对孙子"上兵伐谋"思想的进一步发展。

"瞒天过海"之计,古今中外的战争史上常见运用。

南宋抗金将领毕再遇,曾以此计向金兵"借箭"20万支。公元1206年(宋宁宗开禧二年),宋镇江副都统制、节制淮东军马毕再遇守卫六合(县名,今属南京市),被金将赫舍哩子仁包围。不久,城中宋军的箭已用完,毕再遇决计向金兵智取。于是他让士兵打着青色伞盖,穿上防护盔甲在城墙上来回走动。城外金兵一见上面青色伞盖出现,认定是主将毕再遇在巡城,就争先恐后地射他,箭像飞蝗般地射向城楼。不多久,城楼上铺了厚厚的一层箭。就这样,毕再遇轻而易举地从敌人那里弄到20万支箭,再现了诸葛亮"草船借箭"之妙计。

1933年10月,蒋介石任命四川军阀刘湘为"剿匪"总司令,纠集100多团、80架飞机配合,企图歼灭红四方面军于川陕边境地区。红军顽强奋战,敌人进攻受挫,准备后撤。红9军第25、26师立即出击,在青龙观东南地区击溃敌1个旅后,向羊坝场方向追歼敌人。

跟随在25师后面的军直属队有五六百人。为尽快追击敌人,25师改由小路追击,军直属队仍然沿通往宣化、达县的公路向南疾进,小预定集合地点是羊坝场。天黑前进时,突然发现敌人设有前哨阵地。这时,25师已离去,另走捷径小路;后卫27师尚未到达接应。在此孤军应战,危险时刻,军直属队首长研究决定:命通信连以一个排袭击敌前哨阵地,两个排在公路两旁埋伏待敌。为迷惑敌人,采用"瞒天过海"之计:每隔10米站1个号兵,战斗刚一打响,100余支军号突然一齐吹响,雄壮的号声震撼山谷。敌不知多少红军赶来战斗,顿时惊呆。红军趁声势,一举占领敌军前哨阵地。经审问俘虏,得知南边公路有敌1团。军直属队首长当即决定乘胜向敌发起攻击。敌人被冲锋号声吓破了胆,以为红军大军出击,顿时阵势大乱,一哄而散。军直属队人员一拥上前,挥舞扁担、菜刀,漫山遍野抓俘虏。仅半小时,击溃敌1个团,活捉敌人500人。

当日深夜两点钟,军直属部队到达预定集结地点羊坝场。这时又遭遇到敌人驻守在东山担任掩护撤退的1个团。军直属队首长"如法炮制",迅速部署兵力,吹响冲锋号,向敌人进攻。敌人顿时大乱,吓得四处奔逃。凌晨驻守西山的敌军1个团也惊慌失措,准备逃走。我直属队趁机吹军号,大声喊杀。敌被一夜号声、枪声吓得六神无主,犹如惊弓之鸟,很快被红军击溃。这次战役,红9军直属队一夜之间,四破敌兵,连续击溃敌人3个团,俘敌1900多名。

第二次世界大战期间,美英盟军在1944年发起诺曼底登陆战役前,企图在圣玛丽埃格利兹进行伞兵空降。为了掩护这次军事行动,盟军在空降地域两翼,先后接连投下带音响装置和实弹射击模拟器的几批假伞兵。当其接近地面时,即发出与真实战斗相同的音响,诱使德军包围伞降地区。德军连续扑空,遂麻痹大意起来。于是,盟军趁机实施真空降,德军以为还是假的,未能迅速作出反应,从而使盟军空降伞兵毫不费力地站稳了脚跟。

"瞒天过海"与体坛角逐

"示假隐真"的策略,在体育比赛中亦见运用。1964 年中国乒乓球队访日,中国队王志良迎战日本横板削球手谷川敏明,双方打得很激烈。王志良在重板扣杀后,吊了一个短球,但见谷川一个箭步冲上前来,在球台下面将球勾了一下,送到左方一个大高球。王志良见来球高,心中暗喜,忙向左侧身,因为这样的球落台后通常是向左拐。王志良刚拉开架势正要扣杀,却不料球由台面弹起后,突然向右急拐,王志良人左而球右,根本无法扣杀,结果,反丢了一分。原来,谷川在球台下巧妙地用了个像是左侧旋实为右侧旋的球,瞒过了王志良,不但化险为夷,而且还得了一分。观众无不为之赞叹。

在第十三届世界杯足球赛上,原联邦德国队教练贝肯鲍尔为隐蔽实力,先称利特巴尔斯基重伤无法参战,接着又说鲁梅尼格旧伤未愈难以率队出征,随后甚而讲利特巴尔斯基与鲁梅尼格不和,两人不能同时上场。这竟使有些人低估了原联邦德国队的实力。可是在原联邦德国队与法国队争夺进入半决赛的一场关键性比赛中,利特巴尔斯基和鲁梅尼格突然"康复"同时上阵,且矫健如常,配合默契。结果,原联邦德国队以 2:0 胜法国队。

"瞒天过海"与日常工作和生活

1992 年 3 月 15 日,哈尔滨市农业银行办事处金库内的 128.3 万元现金被盗。这是新中国成立以来所发生的特大金融盗窃案。

这座金库三面都是营业室,一面靠着民房。其墙体在原来的厚度上增加一尺多,而且墙体内加有大号钢筋。库门是钢板焊成的,装有双密码双锁。在金库的四面,还安装有先进的报警器。每天有一名领导和三名值班人员守护,真可谓固若金汤。

金库的盗窃者究竟是用什么现代化高超手段潜入这铜墙铁壁的金库呢?本案后经侦破,案犯为盛伟强、马文志、金永浩三人。原来,他们就是在光天化日之下,大庭广众之中,用钢钎铁锤穿墙入室盗窃巨款的。

为此,案犯雇用了 4 个民工,规定在上午 8 点到 11 点、下午 1 点到 3 点凿墙。这正是银行上班的时间,凿墙声连续响了 3 天,这期间连有点耳聋的领导冯国太都听得心烦,邻居 78 岁的老太太以为银行在维修,也曾两次前来提意见,他们只是回答"这不是我们干的,我们没凿"了事。此时,也有职工听到此凿墙声感到怀疑,并提出"可别是凿咱们的金库墙啊"?但领导认为金库非常牢固,凿一天也不会凿开。银行的部分职工也认为:"偷金库是死罪,谁敢?"就这样,不该发生的事情终于发生了!3 个案犯受到严惩,银行有关人员负有责任者亦受到处分。银行的领导自以为金库固若金汤,放松警惕,这就是"备周则意怠"。而案犯雇人凿墙,故意选在上班时间,响声如雷,毫不隐蔽,正是运用了"阴在阳之内,不在阳之外"的"瞒天过海"之法宝,真所谓"盗亦有道"。

"瞒天过海"与政治

公孙捷、古冶子、田开疆并称为春秋时齐国的"三强"。三人勇猛过人,遗憾的是与佞臣梁丘据打得火热。相国晏婴担心他们将成为祸国殃民的祸根,决心除掉他们。

一次,鲁昭公赴齐国访问,齐景公设宴招待。宴会上晏婴献上新摘的桃子为两位君主祝寿。景公吃的桃子味极甘美,于是就赏赐给随访的鲁臣叔孙婼,叔又让给晏婴。二人互相推让,只好赐给他们每人一个。晏婴见席上两桃,但参加宴会的齐国却有三个勇士,于是想出一计:当即提议齐国参加宴会的将领诉说自己的功劳,谁的功劳大,桃子就归谁。

公孙捷、古冶子抢先发言,没等到评判,就抢先分吃了桃子。田开疆的功劳原本高出二人之上,可是未分到桃子,田开疆感到莫大的耻辱,遂拔剑自杀。公孙捷、古冶子二人自觉功劳不如田开疆大,而自己却抢先分吃了桃子,羞愧自杀。这就是"二桃杀三士"的计谋。

战国初,淳于髡事齐威王。一天,淳于髡被齐王召见,要他到楚国将一只鹄鸟(白天鹅)献给楚王。

但是,要将一只鹄鸟从齐国送到楚国,可不简单。从齐的首都临淄到楚国的首都郢,需要一个月的长途跋涉,况且又不是珍贵礼品,只不过是只鹄,所以当齐王问他愿不愿意充当使者时,淳于髡的心情是不难想象到的。

他一出齐都,就把鹄鸟放走,然后持空笼子去见楚王。他说道:"我奉齐王之命来献鹄鸟。途中我见鹄鸟想要喝水,就把它从笼子里放出来,不料它乘机飞走。这是我的失职,我愿意以死谢罪。不过,为了一只鸟而使一位士人自杀,恐怕贵国会遭齐王责难,所以我打消了这一想法。虽然类似鹄的鸟有很多,我也想过另买一只类似的鸟来替代,但是这么一来又欺骗了齐王,所以我没有这样做。我甚至想到要逃到别国去躲避。但如此,又会使两国的友好关系产生裂痕。所以我又打消了这一错误想法。现在,我甘心情愿接受大王的任何惩罚。"楚王听后,非常激

第二编 《三十六计》施计纲要

动,说:"你真是令人敬佩的人啊!齐王身边竟还有这样的人。"说罢,就赏赐了淳于髡许多礼物。

"瞒天过海"与商战

"瞒天过海"重在攻心。虚实结合,正反交错,从而制造有利于自己的商业竞争态势。

日本中山湖畔的亚洲大饭店曾推出优待顾客的新规定:"投宿在本大饭店,如果看不到富士山山顶达一小时,我们就分文不收您的住宿费。"很多旅客曾上了这诱人新规定的当,争先恐后地前往投宿。他们心里盘算着:"明天也许下雨,云雾将遮蔽富士山,那么我就可以省下一笔可观的住宿费了。"结果,抱着这种侥幸心理的顾客,住一宿没等着又多住几宿的多得惊人。据该饭店经理说:"我们试办了三个月,结果,没有一位旅客享受免住宿费的优待。"

在我国商界也有不少运用此计的事例。如某地一宾馆,其住宿房间本来是有空闲的,茶室、酒吧间座位也有多余的,但该宾馆却张贴广告和"顾客须知",声称:凡欲到我宾馆房间住宿、茶室品茶、酒吧间娱乐的,必须事先登记排队,候通知而定。这一来,该宾馆的营业情况果然大为改观。这种策略就是利用人们惯有的一种心理,即"越是难于得到的越想得到",以虚待实,以攻为守,从而招揽顾客,达到变虚为实、增加盈利的目的。

1987 年使美、日两国大为震怒的"东芝事件"——1981 年,日本东芝机械公司为了赚钱,不顾西方贸易集团的禁令,与原苏联秘密地签订了合同,向原苏联出售每台高达两层楼、重 250 吨、加工直径 9 米的巨型MBP－110 铣床 4 台。其计算机系统由挪威的康斯伯贸易公司提供。然后采用"瞒天过海"之计,向日本有关部门申请出口的却是"TDP70－110"型铣床,比真正卖给原苏联的 MBP－110 要简单得多,完全符合西方贸易统治集团巴黎统筹委员会的规定。装船时,又要了"瞒天过海"的掉包伎俩,巨大的集装箱外标明"TDP70－110"字样,而里面的零件却全是 MBP－110 的部件,从而骗过了日本的海关检查。自 1983 年以来,日本东芝机械公司、挪威康斯伯贸易公司的技术人员多次秘密去原苏联列宁格勒安装调试机床,来去无踪。美、日的政府官员完全被蒙骗。因此,原苏联迅速地利用此最先进的铣床加工改装了核潜艇的螺旋桨,噪音降低到原来的 1/10 至 1%,性能与美国最先进的 688 级核潜艇相当。美国再也无法在百海里之外监听原苏联潜艇,必须靠近到 20 海里之内才能发现,乃至发生了与原苏联潜艇相撞的事件。

近几年来发生的一系列国内外诈骗案件,大都是非法分子用"瞒天过海"手段搞的。一些海外骗子,常冒充"某国某公司的董事、经理"或港澳巨商,吹嘘自己财大气粗,从而使我们一些企业对其盲目崇拜和信任,视为"飞来财神",轻易吞下诱饵,造成恶果。一些国内骗子也善于在"资金"、"关系"等上面虚张声势,于是"公司"、"中心"的牌子满天飞舞,所冠名号从"中华"到"亚洲"直至"寰球"、"宇宙",越来越大,其实只不过是皮包一个,空空如也。此外,广告吹得天花乱坠,名片印得神乎其神;有的不法分子还冒充"中央特派员"、"高干子弟",巧扮港澳千金阔少、归国华侨……而善良的人们往往深信不疑。凡是遇到上述这样人物和这类情况,必须保持高度警惕,头脑清醒,不轻信,不妄动,以免上当受骗。

"瞒天过海"与炒股

有段时间,股票黑市交易猖獗,非法分子常常运用"瞒天过海"手段,股民往往上当受骗。

黑市交易不受法律保护,成交价格由买卖双方自由决定,买卖双方如果发生矛盾争执,往往各执一词,难分是非,政府部门难以受理。例如,买方买入别人已申明挂失的股票,或者有股民卖出股票后又到交易所"挂失",造成买主遭受损失。特别是现代技术很先进,伪造假股票不费吹灰之力(包括在真股票上作假,涂改数字等),易于以假乱真,难以识别。所以,股民如在黑市买股票,应特别注意股票上是否有股票鉴证单位的签章。否则,手持假股票,却在做黄粱美梦!

因此,股民最好不要参加黑市交易。不然,上当受骗,悔之晚矣!

2计　围魏救赵

"围魏救赵"是一种采取间接方法,排除受威胁地区的危机,实现军事目的的策略。其思想源于《孙子兵法·虚实篇》:"兵之法,避实而击虚。"其史实是根据战国时期,为援救赵国孙膑率领齐军在桂陵打败魏军之战。《史记·孙子吴起列传》对此有详细记载。"围魏救赵",用今天的话来说,即"围城(点)打援",基本目的在于攻击敌人所必救的要害,使之由严阵以待的局面变为分散运动状态;分散驰援之敌,在仓促回师的急行军中,必然疲惫不堪,而我方则以逸待劳,选择战机,突然袭击,从而达到扬长避短、歼灭敌人、掌握战争主动权的目的。

"共敌不如分敌",就是说:在敌人兵力集中的时候,应用计谋调动敌人,使其兵力分散,顾此失彼,然后再伺机攻打,这样,就容易取胜。古代兵法,凡采取先发制人的战略称为"敌阳",后发制人的战略就称为"敌阴"。后发制人在一定条件下比先发制人有利。此计就是"倍则分之"、"引而退之"、"先兵出击不如后于人而还击之"的军事斗争艺术的运用;是"避实击虚、避强击弱、避治击乱、避锐击衰"借以退敌、破敌的一种克敌制胜的计谋。"围魏救赵"的计谋,历来为兵家所推崇,是用兵作战的重要指导原则。

公元 1860 年,清兵围困太平天国的天京(今南京),正值危急之际,太平天国干王洪仁玕与忠王李秀成共同巧妙地运用"围魏救赵"的谋略。于是,李秀成率部自浦口渡江到芜湖,会合左军主将李世贤等,一起攻打湖州、杭州。因浙江是江南清军大营的粮仓,倘若杭州有失,清军江南大营粮饷供应必将断绝。为此,清军将士极其恐慌,统帅和春急忙分出 2/5 的兵力,直奔杭州增援。这时,太平军已攻占杭州,在城上广树旗帜虚设疑兵,暗施"金蝉脱壳"之计退出杭州,绕山间小道日夜兼程,疾驰北返,当敌人弄清太平军的去向时,各路大军

已会师建平(今郎溪县,距离南京 180 里)。随后,太平军乘敌兵力分散之机,兵分 5 路,向清军大营发起总攻击,天京城内的太平军也纷纷出击,终于将清军大营 7 万余敌人全部歼灭,胜利地解除了天京之围。

我军在抗日战争和解放战争时期,把这一战法发展成为围点、攻点和夺点打援的人民战争的战略战术,创造出战争史上的奇观。围点打援"目的不在打围敌,而在打援敌";攻敌所必救,目的也在击其救者,两者均着眼于调动敌人,选择战场,隐蔽战略行动。1938 年 3 月,我八路军一二九师在晋东南与日军作战,针对其一处受袭、他处必援的规律及其对后勤保障敏感的特点,于 3 月 16 日拂晓,以一部兵力袭击邯(郸)长(治)公路枢纽兵站黎城,诱使潞城之敌出援。同时,以 3 个团之兵力预伏于潞城与黎城间敌军必经的神头岭,上午 9 时潞城援敌主力纵队,进入我伏击区,派骑兵向四周侦察搜索,由于我军伪装良好,沉着冷静,敌未发现我集结着的重兵。于是,敌主力继续前进。9 时 30 分,当敌主力全进"口袋"后,我八路军犹如从天而降,突然发起猛攻,先掐头断尾,将敌截成数段,继则开展白刃格斗。经两小时激战,歼敌 1000 余人,随后又击退潞、黎两城来援之敌。

在现代乃至未来的战争中,这种"围魏救赵"、攻其必救的战术仍然极为有用。例如派部队袭击敌方后勤补给基地,攻击敌后重要据点或敌方最敏感而又最薄弱的地区,以调动敌人来援,乘机歼灭其援兵,这样可以使难打的强敌变成易打的弱敌。但攻其必救、"围点打援",关键在于从实际出发,处理好"围点"与"打援"的关系。"围点",必须在表面上给敌人

造成一种危机感,使其感到我是真围,而非虚张声势,与此同时,暗地把作战重心置于"打援"上。在现代条件下,通讯技术、指挥中枢、侦察手段比以往大为不同,战场的"透明度"不断提高,围点与打援的部署企图较易被敌方识破。因此,必须配合多种示形用诈的手段方能行之有效。

"围魏救赵"与体坛角逐

"围魏救赵"之计策也可巧妙地用于乒乓球角逐之中。三次蝉联世界乒乓球冠军的庄则栋在 1961 年第二十六届世界乒乓球锦标赛中、日男子团体决赛中,就是运用"围魏救赵"的策略,打败了不可一世的日本对手的。当时日本男队已蝉联了五届团体世界冠军,并发明了秘密武器弧圈球,简直如虎添翼。欧洲主将、匈牙利和南斯拉夫联队访日,被日本队的弧圈拉得惨败,频频摇首叹息:"不可战胜。"日本队也以"无敌"自居。庄则栋是在二十六届世乒赛中第一次亲眼见到日本队并亲身"领教"其弧圈球的。他深知弧圈球很棘手,然而也看到弧圈球选手动作大且不能拉台内小球;日本队反手区域空虚,既无加力推挡,又无反手攻球,这是他们的两个薄弱环节。为此,庄则栋先发台内小球,使其无法拉弧圈球,以扼制对手锋芒;随即左右开弓抢先攻打日方的反手区域,抄其后路,因而庄则栋大占上风,从团体赛到单打,对日本队保持了全胜的纪录。

"围魏救赵"与日常工作和生活

1911 年 4 月,著名的"黄花岗起义"前夕,黄兴押运一条名为商船而实际上是装运准备起义用的武器弹药的船只。当这艘船停靠在广州码头,正往岸上搬箱时,清政府的几个稽查气势汹汹地上船开箱检查。先

打开一箱是香蕉,又打开一箱是衣料,如其再要往下翻就是武器了。船上的人都非常紧张,有的人已暗暗地握紧手枪准备拼了。这时,黄兴急中生智,应用"围魏救赵"之计,先用计谋调动敌人,使其兵力分散,然后,"攻击敌所必救的要害"。他机智地暗示两名船员扛起一个箱子就往岸上飞跑。几个稽查立刻一窝蜂似地追上去,跑到很远的地方才追上,抓住了两名船员。他们得意地以为抓住了"大头",当场打开箱,一看都是顶好的外国酒,大为扫兴!这时,黄兴也赶来了,故意训斥

两名船员是"不要命的酒鬼",然后和蔼地对稽查说:"害得官员跑了这么多路,实在过意不去,如果不嫌弃,就把这箱外国好酒犒劳各位吧!"说着吩咐两名船员把酒送上去。当稽查收下时,黄兴立刻指示船员向稽查谢恩,取出银元,生拉硬扯地请稽查到饭馆里吃饭。这顿饭吃喝了好几个时辰。待稽查再回到码头时船上武器早就搬完了。

"围魏救赵"与政治

西汉宣帝时,颍川(今河南省禹县)太守赵广汉分化当地豪族运用的也是此计。过去颍川的豪门大族之间相互联姻,又与官府勾结,为非作歹,横行不法,风气极坏。赵广汉对此状况颇为忧虑,于是在豪族中物色一些可用之人,鼓励他们揭发检举所知的坏人坏事,从而依法加以惩治。他故意将他们揭发的有关豪族罪行的话向外泄漏,以引起豪族间的怨恨。赵广汉还在衙门外设告密信筒,收到告密信,一律删去投信人姓名,假托是豪门子弟所告发。因此,颍川各豪族大户之间互相猜忌,奸党瓦解,风气大为改变,给百姓办了一件好事。

西汉初年,诸侯力量异常强大,汉帝以此为心腹之患。到汉武帝时,中大夫主父偃出主意,让皇上允许诸侯向子弟推恩,把自己的领地分给他们,然后由皇上给予封爵,这样,既显示皇上对他们的厚恩,实际上也分散了诸侯的领地,削弱了他们的势力,从而巩固了汉帝的统治地位。这"分而治之"的手段也是"围魏救赵"策略在政治上的应用。

"围魏救赵"与商战

"围魏救赵"之计的核心,就在于"避实击虚"。此计关键在于避开强大的对手,不与之发生正面交锋,而要侧面出击或者说绕道进取,捕捉机会乘虚而入。运用于商业经营,就是"做别人之不能做",找空隙的经营之道。

日本东京的矢田一郎,为每天料理他的残废儿子的大小便感到十分麻烦,他经过两年的刻苦钻研,终于研究出对残废人既方便又实用的便器——"安便器"。因此,他申请了专利,并开始制造;然后去有关各商店推销。但始终没一家愿买,也不愿代卖,怕摆在店内有碍观瞻。经过多次碰壁,他终于想出高招,于是拜托很多朋友,每天打电话问百货店:"你们有没有专供残废人使用的便器呢?"半月后,东京各百货店见这便器有销路,便改变了态度,开始向他订货销售。就这样,卖安便器的百货店像雨后春笋般地出现了。这种安便器对患痔疮的人也非常适合,因体积小、轻便,于是不久就畅销起来,终于发展成全国性的商品。

中国第一家制碱公司——永利公司成立后,一直控制中国制碱业的国际垄断组织大为震惊,便千方百计要挤垮永利公司,其典型代表是财大势雄的英国卜内门公司。它先提出在技术和资金上与永利公司合作,继而又想收买永利公司内部人员窃取情报,但都未得逞。于是,该公司决定搞减价(减到40%)竞争,企图挤垮永利公司。此时永利公司了解到日本的"三井"和"三菱"两家公司正搞纯碱销售竞争,"三井"处于不利地位。于是永利公司力促实业家范旭东给"三井"建议,让其代销永利公司的纯碱。"三井"同意后,永利公司便以低价在日销售纯碱,从而迫使在日本大有市场的卜内门公司的纯碱随之降价,一举击中了它的要害。几次竞争,卜内门没把永利公司搞垮,只好讲和,声明今后在中国市场决不再搞降价销售,并协议由卜内门为永利公司在日的代理商,还付给永利公司 35 万银元作保证。永利公司就是以"攻其必救"的策略战胜对手的。

"围魏救赵"之计的核心,就在"避实击虚"。以经商而言,则是绕道进取、钻空档、找空隙的经营之道。

九龙仓是香港最大的货运港,是香港四大洋行之首的怡和洋行控有的一家上市公司,与置地公司并称为怡和的"两翼"。

其后,九龙仓把货物业务迁到葵涌和半岛西,将地皮腾出来用于发展商业大厦。尤其是九龙仓先后建有海湾城、海洋中心大厦等著名建筑,确是块风水宝地。由于怡和对九龙仓经营不善,使集团陷入财务危机,以致信誉下降,股票贬值。

为此,李嘉诚曾多次设想自己主持九龙仓旧址地产开发,让其起死回生,欣欣向荣,决定收购九龙仓。但怡和洋行有巨大实力,决不放弃九龙仓。因此,李嘉诚采取"围魏救赵"之计而对分散户头暗购的方案,悄悄地"暗渡陈仓",从散户持有的九龙仓股中,购买 2000 万股。据悉怡和洋行控置的九龙仓的股量的 20% ,因而,九龙仓的最大股东已不是怡和洋行而是李嘉诚。因而为李嘉诚进一步购得九龙仓与怡和洋行在股市公开较量铺平道路。

"围魏救赵"与炒股

"围魏救赵"也可以巧妙地用于炒股之中。买卖股票如同作战,应避开强势,利用其弱势,切不要硬攻。

股票有热门股和冷门股之别。热门股股票交易量大,周转率高,流通性强,股价较高,买卖易于脱手,其收益和股益多持稳定增长趋势。因此,股民纷纷投热门股,以求一本万利。但热门股未必优良,尽管目前利多,一旦股价大跌,就损失惨重。冷门股股票交易量小,周转率低,流通性差,股价变动幅度小,因而很少有人对之感兴趣。这种股票的上市公司,其经营业绩往往不佳,如果投资于此种股票,常有很大风险。但此种股票也非绝对为冷门,倘"慧眼识真珠",也会获取大利。基于以上两者之比较,聪明的投资者有意避开强势热门股,而购买弱势冷门股。这并非盲目从事,而是经过深思熟虑详加评估判断之后所选择的出奇制胜之举。

在当代经济大发展时期,如饮食、旅游等服务行业均大有前途。投资人在判断其公司的成长与衰退时,应以其是否符合时代潮流来衡量。合乎时代潮流的公司称为成长公司,所发行的股票称为成长性股票。而以业绩作为分析基础,在经济成长缓慢条件下,投资者带有相当可观的投资利润。但是在经济迅速发展的环境中,目前实力欠佳的公司股票,从长远着眼却有相当潜力,而往往是股市中的"黑马",比成长性股票大有所为。因此,资深股民可选择成长性股票投资,这样既可验证自己对行情的判断能力;同时,有机会获得较高的利润。当然,初入股市的新手还是以谨慎为妙,以购进股性优良的成长性股票为妥。

3计 借刀杀人

"借刀杀人",比喻自己不出面,利用别人之力,实现自己企图的一种政治权术。它运用到军事上,就是针对敌方阵营各种势力对我的不同立场和态度,而采取分化瓦解或积极争取的斗争策略。

古代有关著作中,"借刀杀人"之计的内容包括"借力"、"借刀"、"借财物"、"借敌将"、"借敌谋"等方面,其运用相当广泛。如《韩非子·内储说下》有"借敌杀良臣"的故事;《后汉书·王允传》有"借吕布杀董卓"的故事;《三国志·诸葛亮传》有"孔明借孙权之力拒曹操于赤壁"的故事;《红楼梦》第六十九回中有"凤姐虽恨秋桐,且喜借她可以发脱二姐,用借刀杀人之法"的故事,等等。

在战争史上,"借刀杀人"之计的战例颇为常见。

东周时,孙武为吴国上将军率兵伐楚,兵至大别山,首战派先锋带三百勇士,用大木棒打得楚军狼狈溃逃。他分析楚帅有贪功侥幸心理,断定楚军夜间将乘其立足未稳,前来劫营,便"借敌谋"将计就计,预作部署。结果,楚军不仅偷袭中计溃败,连大本营也被吴军占领了。当孙武引兵取纪南(今湖北省江陵北)时,望见漳江在北,江水滔滔,纪南地势低下,西有赤湖,湖水通纪南及郢都(楚国都城,今湖北省江陵西北)城下。孙武便心生一计,命军士连夜挖一道深壕,引漳水于赤湖。这边筑堤挡住江水,那边水有进无出,平地高出两三丈,直灌纪南城内、郢都城下,楚王只好放弃郢都而逃。孙武兵不血刃,占领了郢都,开创了"借水力"而歼敌的先河。

三国中曹操、孔明、周瑜、陆逊等运用"借"的谋略更是丰富多彩。一部《三国演义》描写大小火攻竟多达四十一次。还有"借水"、"借大雾迷天"、"借天气暴冷"、"借天降大雪"、"借天子以令诸侯"等等。他们靠"借",弥补了自己力量的不足,强化了自己的优势,突破了那个时代科学技术落后的局面,可以说"借"得巧妙之极。

"借刀杀人"与日常工作和生活

苏州有一人名石鞑子,颇有计谋。一次外出郊游,来到闲置的小楼前,准备进入休息,但发现里面已有一个和尚在床上呼呼大睡。若要直

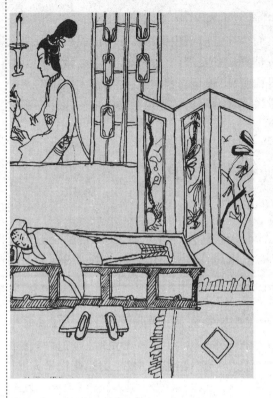

接让和尚出房间,不但发生争执,甚至要吃亏;若要与其共寝,自己又不情愿。这时忽然发现对面有一漂亮的小媳妇正在屋里绣花,于是石轱子灵机一动,偷偷穿上和尚放在床边的衣服,大摇大摆地打开小媳妇的窗户,作出似乎调情的姿态,然后转身离去。小媳妇见和尚如此无理,十分生气,立即告诉丈夫。丈夫一怒之下闯进房里揪着和尚就打。和尚一时有口难辩,只好悻悻地逃走。于是石轱子不费吹灰之力,便安然地占用了房子。而和尚和丈夫均一直未得知其究竟。

石轱子欲使和尚让房,又不愿同和尚发生争执,便借用小媳妇丈夫之力,强行赶走了和尚,自己从中获利,而小媳妇的丈夫还一直被蒙在鼓里。

"借刀杀人"与政治

战争中用"借刀杀人"作为一种军事、政治兼用的间谍阴谋手段,制造和利用敌垒中的矛盾,实现自己的目的,早被古今中外各国经常使用。

曹操为了挑起刘备、袁术、吕布三者间的矛盾,采纳了谋士荀彧的计谋:一方面派人密向袁术通报,说刘备上表,欲夺袁术的南郡。"术闻之,必怒而攻备";另一方面假天子之诏,传令刘备讨伐袁术,促其"两边相拼"。这样,争利忘义的吕布"必生异心"。曹操依计而行,果然引起刘备和袁术之间的一场大战。吕布趁着张飞酒醉时与曹豹里应外合,袭取了徐州。从中可以看出曹操采纳良策,利用矛盾把军事斗争、政治斗争和外交斗争有机地结合起来,自己不出兵而令三家互相残杀,体现了"上兵伐谋"的作用。

南北朝时北周大将韦孝宽,镇守玉璧(今山西省稷县南),派间谍入北齐,不断搜集并传回情报,使之对北齐动向了如指掌。北齐左丞相斛律光,智勇过人,孝宽非常嫉恨,便令其参军曲严编写歌谣:"百升(即斛)飞上天,明月(斛律光字明月)照长安。"另一首为:"高山(北齐帝姓高)不摧自崩,槲树(影射斛)不扶自竖。"令间谍将歌谣传单,带到北齐都城散发。北齐尚书左仆射祖孝徵同斛早有矛盾,他得知后,便借题发挥,斛律光终被北齐后主处死。周武帝得此消息,乘机举兵灭齐,统一中国北方。

在第二次世界大战中,德国希特勒制造假情报、假证据,诬陷屠哈切夫斯基等苏军将领谋叛,并设法传到原苏联统帅部,结果苏中计,误将屠哈切夫斯基等八名能征惯战的将领处决,使希特勒削弱苏军指挥力量的阴谋得逞。

"借刀杀人"与商战

企业在市场竞争中,本企业的力量是有限的,全社会的力量是无限的。借用社会力量是多方面的,比如引入产品专利和技术转让,求援技术力量,联合开发产品和市场,贷款、集资、租赁,借用资金、设备,补偿贸易,借名牌声誉,借助销售渠道联合经销等等。各方力量,各种渠道,都可为我所用。

在国际贸易竞争中,"借刀杀人"之计,也见应用。据纽约《美洲华侨日报》报导,日本某首饰制造厂想要仿造中国的景泰蓝,始终没有成功,最后收买了一个华侨,交给他到中国去偷景泰蓝制造技术的任务。那个华侨回到中国,以"代理商"的身份,要求参观景泰蓝的制作过程。接待部门替他作了安排。厂方殷勤地接待了这位华侨"代理商",让他参观了工厂,把工艺制作的全过程拍了照片,不久那家日本工厂就制造出标着日本造的景泰蓝在国际市场上和中国竞争。这就是日本厂家利用我们对华侨的特殊感情和待遇,以间谍手段"借财物"——搞去了景泰蓝制作的全部工艺,使我国的景泰蓝在国际市场上出现了新的竞争对手。

我国制造宣纸的宝贵传统技术,也是被类似的手段所盗走的。1981年,几位日商要求参观在安徽泾县纸厂帮助下建立起来的一个宣纸厂,并进行技术交流。日商来厂后,第一天听情况介绍,参观生产宣纸全过程;第二天座谈;第三天对生产宣纸的全过程进行了录像。在参观和座谈中,日商对宣纸生产技术上的问题,询问甚详,还索去了某些原料,并以帮助化验为名装走了造纸用的井水。就这样,生产宣纸的全部技术,包括原料样品,都被人家搞走了。

经验告诉我们,在外贸中,特别是在同某些发达国家的厂家打交道中,不能像唐僧那样独具"菩萨心肠",必须有孙悟空那种"火眼金睛",善于识别鬼蜮伎俩。不然就会吃大亏,上大当!

"借刀杀人"与炒股

"借刀杀人"之计的内容包括"借刀"、"借力"、"借财物"等方面。因此,在股市交易中也可以用此策略。当其分析股票涨跌行情判断准确时,可以借钱买股票或借他人之股票上市,以低价买入,然后以高价出售,待还清贷款或将所得股票完璧归赵后,将卖买之间差价所得资金,再投资股票。如是以本金滚利,而且以利滚利,全部都投资股票,扩大操作量,赚取更多利润。如此循环不已,逐渐壮大。

4 计　以逸待劳

"以逸待劳"语出《孙子·军争篇》,原文为:"以近待远,以佚(同逸)待劳,以饱待饥,此治力者也。"又如《南北筹兵论·上》说:"闻之兵法,守者常逸,而攻者常劳,以逸待劳。"原计说的就是,迫敌处于困境,不一定非用直接进攻的手段,可以按照"损刚益柔"的原理,避其锐气,实行积极防御使其逐步消耗、疲惫,由强而弱;我方就可以由被动变为主动。这是一种掌握战争主动权、伺机破敌、转守为攻的军事谋略。

"以逸待劳"的"劳"和"逸",是对立的统一。"逸"能养精蓄锐,保持战斗力;"劳"则沮丧士气,削弱战斗力。但无"劳"则无作战胜利,也自然谈不上"逸"。运用此计的关键在于"待",即以我之从容休整,养精蓄锐,对敌之奔走疲劳;或以我小部兵力之劳,换取大部兵力之逸,始终保持部队的作战锐势。孙子称此为掌握军力、创造战机之法。

《三国演义》中,刘备亲自率领70万复仇大军,势在吞吴,曾连胜十余阵。而陆逊走马上任后,命令部下坚持"乘其守险","以观其变",一

"待"就是半年。此时刘备求战不得,退走不甘,正值天气炎热,便将40座大营,全部移到林木茂密之处,还扎栅栏、搭凉棚。陆逊见时机已到,便"脱颖而出","火烧连营七百里",并且乘胜进击。结果,刘备几乎全军覆没,只带逃出的几百人退守白帝城(今四川省奉节县)。

北宋名将曹玮率兵与党项羌族(羌族的一支)作战,党项军初战受挫,为避实待机,主动撤退。曹玮本拟同敌决战以求全胜,但他并未追击,而是待敌人走远后让

部队赶着缴获的牛羊等战利品缓缓回师,故意让队伍松松垮垮。此时,党项军已退数十里,得知宋军散乱情况,以为有机可乘,又立即回兵准备攻击。曹玮闻报,非但不惊,反命部队放慢速度,待到有利地形处,才停下整队迎战。然而,当敌接近后,曹玮却派人告诉敌首领说:"你们远道赶来,一定很疲劳,我们不愿乘你们疲困之际作战,等你们休息一会儿再分胜负。"敌军听后都很高兴,哪知一休息,心劲就松,锐气大减。曹玮抓住战机,率军冲杀,大败党项军,于是凯旋回师。北宋将士不解其中奥妙,曹玮说:敌军撤退,我以牛羊缁重,诱敌返回寻战,其往返近百里,虽已相当疲劳,倘立即作战,锐气并未全消,我要取胜需付出大的代价。而远行之人,只稍事休息,顿感双足麻木,腰酸腿痛,锐气随之消失。此时我们与之战,犹如虎入羊群,必稳操胜券。

抗美援朝战争第五次战役期间,一天拂晓时分,空防洞北山,刘光子带领一个战斗小组守在北山最东边的山头,打击逃跑之敌。

一会儿,敌人的影子闯入视野,有 8 个人。人人背着枪和黄布包往山上爬。看来敌人还不知道山头已经被我军占领,刘光子决定活捉,便与战友商量,敌人最怕被迂回包围,如果绕到敌人后面,打倒几个,敌人就会自乱阵脚,就容易活捉了。为防止人多暴露目标,他只身向敌人靠拢过去,折了一把松枝,隐身在一块大石头后面,悄悄地把枪伸出去,一梭子弹扫过去,打倒了 6 个,另两个鬼子惊慌失措,嚎叫着往大石头方向跑来。

刘光子刚要换梭子,却发生意外,在大石头底下,忽然站起一大群敌人。

因为敌人发现石头上只有刘光子一人,敌一军官扬起手枪,领头向刘光子走来,想活捉。刘光子举起枪发现子弹打完了。这时,几十个敌人举起枪一步一步地朝刘光子逼近。刘光子在千钧一发之际的危机,采取"以逸待劳"之计,纹丝不动。军官的手枪对着他的头,刘光子和敌人瞪着眼睛对峙着,右手却暗暗地抽出手雷的保险针。敌军军官眼看逼近、威胁都不起作用,就攀上岩石来抓刘光子的肩膀。刘光子在这一刹那间,使劲把手雷往下一推,身子往右一滚,随着震天的巨响,敌人被炸死了一堆,刘光子也失去了知觉。

刘光子醒来的时候,山头上的机枪声又响起来了。他越过大石头下面乱七八糟的尸体,拣起地上的卡宾枪,快步插到敌人的前头,迎头拦住一大群敌人的逃路,把枪对准领头的军官,又拔出手榴弹,敌人被怔住了,乖乖地都举起手。刘光子怕有别的敌人来解围,决定带人不带枪,用手指着我们的山头,大喊:"巴利卡!巴利卡,巴利卡!"(朝语,快走,快快走!)敌人果然领会,排成两行往山上走。

山上的同志来接应刘光子,查点俘虏数目,都属于参加侵朝战争的美军第 29 旅,总共有 63 个之多。

战争实践证明,逸能养精蓄锐,劳则士气沮丧,斗志削弱,运用"以逸待劳"之计的根本就在于调动敌人,使之疲劳,而后把握战机,加以歼灭。

"以逸待劳"与体坛角逐

至于在诸如足球、拳击等体育比赛中常见的"防守反击"战术，也是"以逸待劳"之计的运用。例如，在足球比赛场上，有些球队常常采用稳固防守而后伺机快速反击的基本战术。他们稳扎稳打，严密防守，意在"劳敌"和捕捉战机。一旦有可乘之机，便以"精兵"快速突破，甚至"单刀赴会"直捣"敌巢"，一举破门。这种打法，在足球赛场上并不少见。在第十三届世界杯足球赛的冠亚军决赛中，阿根廷队先攻入两球，而原联邦德国队也在下半场回敬两球，并且继续大军压境，猛打猛攻。这时，在气势上体力上都处于劣势的阿根廷队没去同原联邦德国队硬打硬拼，于是缩小防区，严密防守，以逸待劳，再伺机反击。当阿根廷队在后场得球后，两脚传递到右前方的布鲁查加脚下，布鲁查加"单刀赴会"，直扑原联邦德国队大门，原联邦德国队后卫回防不及，守门员也力不从心，痛失了关键的一球。阿根廷队以逸待劳，伺机破敌，荣获了这次世界杯赛的冠军。

"以逸待劳"与日常工作和生活

《聊斋志异》中的一则寓言，对我们理解此计颇有启发。寓言说的是两个牧童进深山，入狼窝，见有两只小狼，便各抢一只分别爬上两棵相距数十步远的大树。片刻，老狼回窝，寻找其子。一牧童在树上掐小狼耳朵，小狼嚎叫连天。老狼闻声奔来，在树下乱抓乱蹦。此时，另一牧童也以同样办法弄得小狼嚎叫，老狼闻声又急奔过去，乱抓乱蹦。如此调动老狼来回奔跑，终于使老狼气绝身亡。

"以逸代劳"与政治

战国期间，燕国经子之之乱后，苏代（苏秦之弟）逃亡在外，使人对燕昭王说："齐国向南攻破了楚国，向西使秦国屈服，使用韩、魏两国的军队和燕、赵两国的民众，就如用鞭子驱赶羊群。假如齐国向北攻伐燕国，即使五个燕国的力量也抵挡不住。大王为何不秘密派出使者,把游客谋士分散出去活动,使齐国恐慌,军队疲劳,百姓困乏,这样就可以使燕国世世代代不再忧虑齐国的侵略了。"燕王说:"如果我有 5 年的时间,就可以达到这样的目的了。"苏代稍加思索说:"请大王给我 10 年的时间完成此事。"于是燕王很高兴,给苏代安排了 50 辆马车,让他南使齐国。

苏代对齐王说:"齐国向南攻破楚国,向西使秦国屈服,使用韩、魏的军队和燕、赵的民众就如同用鞭子驱赶羊群。我听说当今之事业,为王的必须诛除残暴,拨乱反正,拔除无道,攻伐不义。现在宋国的国君竟敢射天鞭地,铸天下诸侯的群像,放在厕所里当侍者,伸出手指弹击铸像的鼻子。这是天下最大的无道与不义,大王不去讨伐,因此您的威名未能树立。况且宋国是中国最富饶的国家,与齐国接壤,您得到燕国一百里还不如得到宋国十里。讨伐宋国,名为申张正义,实为获利,大王您为什么不这样做呢?"齐王说:"好。"于是率军讨伐宋国,三次挫败宋国的军队,宋国就此灭亡。

燕王得知后,与齐国断绝了关系,后以乐毅为将,与秦、楚、韩、赵、魏合兵讨伐齐国,齐兵败,燕军进入临淄,齐地除莒、即墨外,俱为燕占领。齐湣王出亡在外,后被杀。

"以逸待劳"与商战

在外贸谈判中,也可以巧用此计。如有时我们会遇到锋芒毕露、咄咄逼人的对手,他们以各种方式表现其居高临下、先声夺人的挑战姿态,毫不掩饰地想使谈判跟着他的指挥棒转。对此,我们在开始时宜取回避、虚与周旋的方针,或者也提出令人难以接受的强硬要求与之对抗。但言词举动仍需冷静沉着,要柔中有刚,使谈判地位由被动转为主动,待对手精疲力竭、头昏脑胀时,即可转守为攻。但此时仍须抱以理服人的态度,摆出我方观点,力促其接受我方条件,以免"以硬碰硬",使其情绪对立,导致谈判破裂。

"以逸待劳"是日本人谈判的重要手段之一,他们或采取轮番上阵的办法,认为谈判时人多势众,心里踏实,既体现集体精神,又能够一个讲累了,另一个精力充沛的又顶上来;或采取拖延战术,有时提出诸多的方案长时间地进行讨论,有时一直保持沉默,不肯"先兵出击",而是口呷清茶藉以等待时机,"后发制人"。

"以逸待劳"与炒股

股市有旺季和淡季之分。旺季时买卖兴隆,股价波动很大,而对短期的小股投资颇有利,"抢帽子"多在此时;而在淡季,交易额下降,买卖萧条,股价无大的波动,因此,投资者不可能从中赚取多的差价,尤其小投资者所持资金不多,股市知识缺乏,就应采取"以逸待劳"之策,暂时退出交易,养精蓄锐,搜集信息,以便"东山再起"。有一时期,深圳股市的股票暴涨暴跌,甚至使股市权威人士或专家均感大惑不解。倘如遇到

三十六计

此类难以摸准的股市行情,就应"以逸待劳",暂时止步,待摸准行情,再行参战。

5_计 趁 火 打 劫

"趁火打劫"的原意是:趁着人家失火,一片混乱,无暇自顾时去抢劫他们的财物。比喻乘人之危,从中取利。在军事上是指趁敌人危难之际,发起攻击,因势取胜的一种计谋。此计源于《孙子·计篇》中讲的"乱而取之"。在《十一家注孙子》中,杜牧进一步解释为"敌有昏乱,可以乘而取之"。

就战略全局而言,造成敌方的危难主要来自两方面:一是内忧,有的因天灾而经济困难,民不聊生;有的因奸臣当政而朝纲混乱;也有的因民众暴动,内战四起等。二是外患,强敌入侵,国难当头,迫于危难,勉力抵抗。在古代割据兼并的斗争中,有的军事家认为:"敌害在内,则劫其地;敌害在外,则劫其民;内外交害,则劫其国。"就是说,敌方有了内忧,就抢占他的土地;敌方遭遇外患,就抢夺他的人民;敌方既有内忧,又有外患,就趁机并吞他的国家。

"敌之害大,就势取利"。其"势"不单是指客观形成的条件,常常可用各种办法主动地去创造条件,巧妙地给敌方制造混乱,使他们互相猜疑,增加其心理恐惧,先削弱其战斗力,再乘机取胜。类似此种做法,亦属此计之运用范围。

北魏大将军尔朱荣,让大都督侯渊去讨伐韩楼。侯渊只带数百骑兵,一路虚张声势,深入敌境。在离苏州不远的地方,与敌军遭遇。侯渊暗设伏兵,待敌人过去后,从背后发动突然袭击,一举破敌,俘敌5000人。但侯渊对这些战俘,既未收编,也未杀害,而是发还其马匹兵刃,放回苏州。曾有人劝阻,他说:我们的兵力微弱,不能硬拼,必须用计使敌人互相猜疑,思想混乱,才能相机取胜。侯渊说服左右后,并料定放回的俘虏已经回城,便率军连夜急进,拂晓时抵达苏州城下,急叩城门。守将韩楼果然怀疑逃回的队伍和侯渊有约定,将里应外合破城,遂急忙弃城而逃。侯渊乘胜率军追击,活捉了韩楼。

"趁火打劫"与体坛角逐

"趁火打劫"之计,也可用之于乒坛上。1964年4月,在南京举行的全国乒乓球锦标赛中,庄则栋在进入前四名后,要和浙江队的吴小明争夺决赛权。吴小明实力很强,锐气逼人,一路上连续打败郭仲恭、王家声、张燮林等名将。庄则栋和他开战后,吴小明攻得很凶,压得庄则栋几乎透不过气,打成二比二平局。第五局决战,吴小明越战越勇,以八比四领先,此刻,庄则栋深感不妙,怎么办?背水一战吧。于是,他心一横,接发球抢攻,发球也抢攻,来个先发制人,妙哉!连续四个球竟然都擦网而过,成了死球,这对吴小明真是奇灾怪难,在乒乓史上也是罕见的"天灾"。庄则栋心里欢喜了,吴小明却愣神了。庄则栋抓住他"打盹"的一刹那"趁火打劫",猛打强攻,竟然奇迹般地连胜十球,反以十四比八领先,以致最终庄则栋三比二取得这场球的胜利。

在足球比赛中,也可利用对手之"乱",实施"趁火打劫"。在第十三届世界杯足球赛中,丹麦队同乌拉圭队都已进入"八强"。两队相遇,战况激烈。交战不到十分钟,丹麦队首开纪录。乌拉圭队先失一球有些急躁,主力前卫博西奥接连撞人犯规,被裁判出示红牌罚下场。丹麦队借十一对十和先得一球之机,"趁火打劫",气势逼人,连连得分,在终场前三分钟,又以三对一的局部优势攻入一球,结果以六比一大胜乌拉圭队。

"趁火打劫"与日常工作和生活

一艘万吨级的前苏联货船名"伊科诺恰夫号",正在上海港装运我国出口的袋装大米。在货物装到一半之时,苏联船员突然惊叫:"老鼠,有老鼠!"这里在一大米袋上蹲着三只老鼠,正伸着头四处张望。当大家把三只老鼠消灭后,不意竟因此而引出一起公案。

苏联船长以发现老鼠为由,要求立即停止装货,并把装上船的大米全部卸下,同时,还要求把已放在码头上的大米全部调换,甚至无理要求中方必须请世界卫生组织承认的卫生机构对其货仓进行熏蒸从而消灭老鼠,而一切费用均由中方负责。中方货主粮油公司为维护自己在国际贸易中的声誉,明知是讹诈,也只好"哑巴吃黄连",白白损失人民币十万元。

三只老鼠的问题,虽不是什么"大火",但苏方抓住中方不愿因此影响声誉的心理,借机使用"趁火打劫"的手段,达到从中取利的目的。

北宋时,一伙强盗聚集在梁山泊。曾有一县官登上长梯子窥视蒲苇间的情况,得知这伙强盗粮食供应困难。当时蒲宗孟知郓州,下令禁止人乘小船出入于苇荡中,以断绝强盗的粮食。于是这伙人断了炊,不得已就自行解散了。

"趁火打劫"与政治

袁绍在官渡惨败之后,忧惧而死。但其三个儿子和一女婿还握有重兵,致使曹操大为掣肘。公元203年,曹操打算采用各个击破的办法,消灭袁氏的残余势力。曹操首先进攻袁绍长子袁谭。谭据守黎阳,因抵敌不过,火速向已继承父位的袁绍幼子袁尚求助。袁尚救援不及,两人均被打败,只得一起撤回邺城。由于二袁合兵,兼之城坚难攻,相持数日,仍无结果。曹操无奈,只得放弃二袁,转而征讨刘表。袁氏两兄弟见曹操撤兵而去,便开始内讧,为争继承权大打出手。袁谭兵败,逃到平原,

袁尚团团围住平原,攻打甚急,袁谭只好向曹操求援。

这时,曹操和其谋士认为:如果二袁和好,就会力量倍增,如果一个独揽大权,形成统一的局面,袁氏的势力就会东山再起,难以图谋。所以曹操决定暂时停止进攻刘表,乘二袁内战之机,收取渔人之利。结果曹操很快消灭袁谭的势力,接着又消灭袁尚、袁熙,于是,冀、青、幽、并四州全部被曹操占领。

袁氏兄弟的内讧是为争夺继承权而引起的,所以这场"火"属自然之祸。曹操及时利用"内忧"、"乘危取利",其所采取的手段是"明助暗夺",以援助袁谭为名,行消灭袁氏兄弟之实,从而使曹操取得事半功倍的效果。

"趁火打劫"与商战

在商战中,"趁火打劫"之计可引申为:一是要善于寻找"火"源。经营者要广泛了解市场信息,掌握竞争对手的产品。优劣市场销售行情。即抓住敌方弱点和销售市场的需求,大力开展促销活动。二是要抓住战机"打劫"。生意场上,旧的商机断失,又会给新的发展机会。所以经营者要看准"火"源,分析"火"势。抓住商机,抢先一步。

在20世纪20年代初,我国长江航运为外国轮船公司控制。我国著名的爱国航运家卢作孚于1925年创办了民生实业有限公司。当该公司在长江上游站住脚逐步向中下游发展时,外轮公司发觉已遇上民族意识很强的劲敌,便立即联合起来,依仗资本雄厚,采取大幅度降价的办法,日清公司对重庆至宜昌的旅客还每人送一把伞,他们企图以此扼杀民生公司。面对这样杀气腾腾的挑战,卢作孚坚定沉着,采取有力对策。一方面宣传发扬爱国主义思想。30年代初,四川人民因受万县"九·五"惨案和东北"九·一八"事变的刺激,反帝爱国热情高涨,卢作孚便积极参加抗日救亡活动,联合各民众团体召开"收回内河航权大会",发出"中国人不搭外国船,中国船不装外国货"的号召。同时,在民生公司取消"甲级船员只能由外国人担任"的陈规,实行"甲级船员不任用外国人"的新规定,开任命中国人在甲级船上当船长的先例,并将提货单、船上员工职称等一律改用中文华语。各界对这些爱国行动热情支持,一致对外,使外轮种种竞争手段宣告失败。另一方面,卢作孚针对外轮经营管理作风腐败恶劣的致命弱点,例如,乘客一般只能坐统舱,并须另买铺位;吃饭没菜,蹲在走道上吃;睡觉人挤人等等,便精心培训船上人员,处处为旅客着想,亲自参加为旅客服务,丰富旅客文化生活,全船上下,同心同德,使旅客感到亲切、安全、清洁、舒适,于是交口称赞,四处传扬。

民生公司就是这样,借"群众爱国热情"之力,趁"外轮作风恶劣"之"火","趁势取利",艰苦奋斗,转危为安,发展壮大。到1949年,已由建立时5万元资本、1条小火轮,发展到上亿元资本、140多艘江海轮船。不长的时间统一了川江航运,在长江中下游夺得优势,并把航线伸向海洋,曾被美国航运界称为"奇迹",被日轮视为"潜在的竞争对手"。

在争夺国际市场上,我国了解到:葡萄牙技术比较落后,所需机床自己不能生产,依靠进口。美、日、捷等国虽然都想去占领这个市场,但其机床都属高档产品,在葡没有销路。而中国机床相当于国际中档产品,其性能、操作要求、价格、质量都比较适合葡机床市场的需要。因此,中国乘其机床市场急需之时,"趁火打劫",抓紧与葡方洽谈,迅速获得成功。结果,中国机床一举进入葡萄牙市场,独具优势,代理商对我国机床在葡的销售前景表示乐观。

"趁火打劫"与炒股

"趁火打劫"比喻"乱而取之"的意思。股市价格亦有混乱之时。例如,1989年6月初的政治风波,致使上海股民丧失投资信心,纷纷抛出手中的股票,因而股价跌破了面值。100元1股的电真空股票以每股90元出售。当时,人心惶惶,股市一片混乱。精明的投资者具有远大的战略眼光,认清混乱是短暂的,不久大局将趋于稳定。从而把握时机,大量低价买入股票。果然,1周后股价就出现反弹。经济形势亦往往影响股市的兴衰。一般人误认为经济不景气之际,股市一定萧条。其实,在经济复苏前6个月左右,便开始逐渐上升,这即是说当经济陷入最低潮时,往往是股市反弹的转折点。因此,无论是政治、经济形势的影响,或其他的原因造成股市混乱时,切不要悲观失望,随大流以低价抛出股票,要搜集信息,作具体分析。资深而有远见的投资者,往往趁机买入便宜股票。一旦政治稳定,经济复苏,随之股市买卖兴旺,当多数股民蜂拥买进股票时,他们则趁机高价出售。因此,普通股民要做到"趁火打劫"、"乱而取之",必须具有预见力和判断能力。况且多数情况下,总是逆其道而行之,这更需要股民有胆有识,具有刚毅果断、临危不乱的精神。

*6*计 声东击西

"声东击西"的意思是表面上或口头叫嚷要攻打东边,实际上却攻打西边。它是以假象让敌人产生错觉而出奇制胜的一种策略。《孙子·势篇》、《淮南子·兵略训》、《通典·兵六》等书中均有论述。如《淮南子·兵略训》中说:"故用兵之道,示之以柔而迎之以刚,示之以弱而乘之以强,为之以歙而应之以张,将欲西而示之以东……"《通典·兵六》中也讲:"声言击东,其实击西。"此计通常是用灵活机动的军事行动,忽东忽西,即打即离;声彼击此,欲进以退;不攻而示之以攻,欲攻而示之以不攻;像必然而不然,像不然而必然;似可为而不为,似不为而为之。敌人按情推理,我却因势施计,从而达到出其不意而取胜之目的。

民族英雄郑成功为收复荷兰侵占的台湾,于 1661 年初,亲率 25000 将士,乘大小战船数百艘,从金门岛的料罗湾出发,抵澎湖岛后,一面等候粮船,一面调查情况,以定如何攻取台湾的计策。经了解,大船要进入台湾攻打赤嵌城(今台南安平),有两条路:一条是南航道大港,港阔水深,进出容易,登陆方便,但有重兵把守;另一条是北航道鹿耳门,水浅礁多,航道窄且沉有破船,入港极难,但防守薄弱。从鹿耳门至赤嵌城还有一曲折航线,遇上涨潮可通大船。郑成功选定了鹿耳门这条路线,采用"声东击西"战术,分派战舰佯攻南航道炮台;随后在一天夜晚,亲率主力舰队进入鹿耳门海域等候涨潮。不多时,潮高至丈余,便乘潮入台江,突然登陆,并乘胜攻克木寮港(今台南境),直捣赤嵌城。在台湾人民的配合支援下,经过一年奋战,终于在公元 1662 年 2 月 1 日,迫使荷兰侵略者投降,使台湾回到了祖国的怀抱。

抗美援朝战争中,1953 年 7 月 6 日,驿谷川的暴雨中,闪过一辆带"215"字号的坦克,车长兼排长的是杨阿如,其任务是消灭 346 高地上的 3 辆敌军坦克,支援步兵争夺石岘洞北山。

"215"号坦克不辱使命,在排长指挥下,准确地击中三辆敌军坦克,顺利完成任务,但随之而来的是如何安全撤离。

"我们打了敌人的坦克,但暴露了自己,很快鬼子的排炮就会报复,怎么办?"坦克要跑,根本跑不过炮弹,但又不能等死。

驾驶员陈文奎说:"往常敌人知道我们打炮后就立即开走,他们就听摩托声音,组织炮火拦头截击。现在,我们可采取'声东击西'之计,就在原地发动坦克,先使摩托声音加大,然后像开走似的把声音变小,迷惑敌人。"大家都兴奋地称赞是妙计,于是,立即发动坦克。

于是坦克发动起来并猛加油,坦克轰隆隆的声音很大,一会儿,震耳的排炮轰鸣声,从坦克屁股后边传来,渐渐地向后延伸,他们又把油门控制正常。鬼子用三个炮兵群,沿着坦克"向后转移的道路",由近及远地一直打了大约两里多路,才罢手。

"215"号坦克却在原地未动。坦克手们都笑着说:"鬼子都以为我们走了,放炮来欢送我们呢。"

由于"声东击西"属常见之计,运用不当反遭失败的战例也不少。

建安三年(公元 198 年)夏,曹操再伐南阳张绣。张绣退守城池。曹操绕城三日发现"城东南角砖土之色新旧不等,鹿角多半毁坏",便决定:传令在城西北"堆积柴薪,会集诸将",摆出由此进攻架势,暗地却让军中密备锹镢等攻城器具,企图由城东南袭入。但此计却被城内贾诩识破,为张绣献策,将计就计,令精壮士兵全藏于城东南屋内,却教百姓假扮士兵,登城西北摇旗呐喊。曹操见此暗喜,白天在城西北虚张声势地攻了一阵,晚上便悄悄带领精兵从东南角爬入城内。结果,反中了贾诩之计,被杀得"奔走数十里","折兵五万余人"。这是贾诩没为曹操所示的假象迷惑,"知彼知己",正是他高明之处。

"声东击西"与体坛角逐

在第十三届世界杯足球赛中,意大利队对韩国队下半场进行到 43 分钟,韩国队在禁区外右侧获罚任意球的机会,主罚队员一脚斜传至左侧面。埋伏在此的队员见门将已封死角度,就跃起头球摆渡,将球传至门区右侧,由在此的前锋球员插上飞身铲射入网。此球先后走了一个大三角,韩队由于采取"声东击西"之计,打开防线,获得了取胜的战机。

"声东击西"与日常工作和生活

在新产品开拓市场、扩大销售方面,此计也多见运用。如柳州一家电风扇厂在生产"双马牌"电扇时,面临广西 40 多家、全国 3000 多家电风扇厂的激烈竞争,好容易才在广西站住脚,为了让"双马"奔驰全国,该厂先后两次运用"声东击西"之计。一次,在看样订货会上,他们将需方代表请到厂内,先不看电扇样品,而是让代表们参观工厂的建设和生活设施,参观生产流程和工艺设备,使之了解该厂技术力量雄厚,管理水平先进,由是对产品的信任感油然而生,到会代表自然而然地进入了生意圈,订货情况相当可观。另一次,这家电风扇厂邀请全国 10 省市 14 支男女足球队云集柳州,参加"双马杯"足球友谊赛。这种"声言击东,其实击西"的推销战术,使"双马"名噪一时,为产品远销大江南北起到重要的促进作用。

"声东击西"与政治

唐朝的辛京杲英勇善战，代宗时升任左金吾卫大将军，曾因私忿打死了部曲，有关部门将此事上报朝廷，认为他犯了死罪，皇上即将批准执行。李忠臣当时任检阅司空、同中书门下平章事，他对皇上说："辛京杲早就该死了。"皇上问："为什么?"李忠臣说道："他的叔伯和兄弟都战死了，唯独辛京杲一人到今天还活着，所以臣认为他早就该死了。"皇上一听，念其一家都以身报国，动了恻隐之心，免了辛京杲的死罪，作了降职处理。李忠臣"声东击西"的巧妙进谏果然见效。

战国时，齐国相孟尝君，逃出秦国之后，秦王散布谣言，说他想谋齐王之位。齐湣王信以为真，将其相印收回，撤职返薛地闲居。其门客冯煖，很是机智而有谋略，采取"声东击西"之计，为孟尝君设法复位。他毅然赶到秦国见昭襄王，说孟尝君已被撤职，劝襄王聘他入秦为己用。秦王大喜，乃秘密派人往迎孟尝君。冯煖又托辞先行通知，要孟尝君预作准备。他回到齐国，往见齐王，说："秦国已秘密派人迎接孟尝君，他一旦入秦，对齐国很不利。"因而齐王派人探听，果真如此，同时想到孟尝君这个难得人才，绝不可以让他为敌利用。为此便问冯煖怎么办? 冯煖说："很简单，复其相位，再增加其权力，以固其心。他是齐国人，而且是王的亲属，他绝不会去为敌人服务的。"齐王如其所说，立即恢复孟尝君的相位。如是，孟尝君转危为安，终身"无纤介之祸"。

"声东击西"与商战

在经商活动中，市场竞争激烈，各种关系错综复杂，经营者更需要善于制造假象"声东"，隐蔽自己的真实意图，以转移消费者或竞争对手的注意力，而"击西"在产品研制、生产和市场促销中占领主动地位。在谈判过程中，我方出于某种需要可有意将会谈议题引到次要问题上。通常多在讨价还价阶段采用，目的在于提高次要议题在对方心目中的价值，转移其视线。一旦我方在次要问题上让步,使对方满意而在主要方面我方却可获利。例如我方关心的是运输,而对方的兴趣却可能是价格条款。这时我方可用此计,力求将对方引导到其他方面(如付款条件),以分散其注意力;或暂时搁置主要议题,以便对其做更深入了解;探查更多的信息和资料,以利另寻对策。这也是一种缓兵之计。但须注意对方是否也在以此对付我们,如是,应当及时调整对策。

在国际市场竞争中,"声东击西"战术亦可运用。当年,我国的"解放"牌卡车同日本某公司的卡车在国际市场上竞争,论质量和性能,我国产车不如日本车,于是我方大胆使用了商业竞争的策略。当时双方为招揽生意,都一再降价。我方大胆地把价格降到成本以下;日方依仗自己的车质量好,实力雄厚,也把价格降到成本以下。其实我方是采取"声东击西"之计,及时抓住时机,委托第三者一下子全部购买了日方的汽车。等到汽车转运到我国,日方才得知中了我方之计,感到懊悔不已!

"声东击西"与炒股

股市中投资大户与散户构成两大阵营。有的大户为操纵股市,使出浑身解数,其中运用较多的是"声东击西"之策略,从而引导广大股民做出错误的判断,大户从中得利。

常见各种股市入门图,其中"K线图"算是相当有难度的。有的大户瞄准股市上看线风气正旺的特点,专门依据线图买卖股票,当股票"突破预期的支撑线,或穿越牢不可破的阻力线"即出线,预示着将出现新的低价或新的高价。这时股民误判为股价有新的突破,向上攀升,纷纷抢购,主力大户便可顺势在高价位出售;有时,股民误判为股票将出现新低价,纷纷抛出所持股票,主力大户便可压低价位大量买入。其所以如此,"K线图"上代表可以做多头的先期信号而实际上应该做空头;线路图上出现的卖出信号,而实际上大户的操作行为往往相反,这就是大户对"声东击西"之具体运用。

而大户的"声东击西"策略要得成功,除了要熟知发行公司的经营业绩外,还要和公司的大股东遥相呼应,配合默契,方能得逞。如果大众股民能看穿其中把戏,顺势而为,不但不为大户所骗,而且运作得好,就会有所收获。

第二章　敌战计施计纲要

7 计　无中生有

"无中生有"计出《尉缭子·战权》:"战权在乎道之所极。有者无之,无者有之。"古典小说中也常见,如《脂评石头记》第二回中说:"欲谓冷中出热,无中生有也。"

"无中生有"本意是指凭空捏造,栽赃诬害。运用于军事上,就是采取虚虚实实的手段,虚中有实,用假象欺骗敌人,造成其判断和行动都失误的一种计谋。一般地说,"无"即迷惑敌人之假象,"有"是假象背后之真实企图。正确运用它,必须认真研究敌方指挥人员所具有之性格及其在当时情况下存在的弱点。凡头脑简单、易于轻信或过于谨慎、过于疑心之人,即可用欺诈办法使其迷惑;然后乘敌人困惑不解之际,适时化假为真、化虚为实、化无为有,给予其不意的攻击。似此,定收成效。

从古至今,对这一谋略思想都十分重视。仅《东周列国志》一部书中就有多处记载,且运用相当广泛。

公元前 627 年,秦国出兵袭郑,行至滑地(今河南省偃师县),离郑国已经不远。郑商人弦高恰好在此与秦军相遇。这个有忠君爱国之心和排患解纷之略的弦高,弄明秦军来意,急中生智,假扮郑国前来犒劳秦军的使者,选十二头肥牛送给秦帅,并从容不迫地说:"国君闻您率军来敝国,特派我前来慰劳您和您的部下。因我国地处几个强国之间,常有外患。故边境厉兵秣马,戒备森严,请您不要介意。"与此同时,他又托人将这消息星夜报告郑君。郑君闻讯,立即派人到客馆侦察杞子(秦军内应)等人的动静,发现秦人果已将行李放在车上,厉兵秣马,只等秦偷袭部队到来从内策应了。于是郑君向其下了逐客令。秦军由于失去内应,又被弦高犒师所惑,以为郑国早有戒备,偷袭无胜利把握,便放弃了袭郑打算。弦高就这样依靠聪明才智,破秦偷袭计划,"不战而屈人之兵",使郑国避免一场战争灾难。

诸葛亮第三次北伐,司马懿在失利之后,"教大军尽回本寨,坚守不出"。诸葛亮为寻找战机,传令全部退兵。为消除司马懿的疑虑,故意用缓兵之计,每十天退三十里,造成"真退兵"的假象。足智多谋的司马懿到底还是上当,同意部下追击,结果中了埋伏,损失严重。

在近代、现代战争中，示假隐真、"无中生有"的谋略，不仅被广泛运用于战役、战斗，甚至还用来掩护战略行动。第二次世界大战期间，希特勒为了伪装闪击法国的军事行动，麻痹盟国首脑，曾连续二十余次变更侵法的开战时间，并多次有意将其变更日期通过某种途径，让西方国家政府和参谋部获悉，使之"常见不疑"而丧失警惕。当英法情报机关在德军发动正式进攻的前夕，再次拍发德军调向法国边境的许多消息时，英法当局还以为又是过去那套"神经战"，根本没有引

起注意，致使希特勒闪击法国的阴谋轻易得逞。

"无中生有"与体坛角逐

足球比赛中，此计亦时见运用。如第十三届世界杯足球赛意大利与阿根廷之战，马拉多纳攻入的一球就是例证。当比赛进行到 34 分钟时，阿队一队员由中路突破，突然又将球传至禁区左侧，于是马拉多纳与对方后卫同时向球扑去。意队门将此时见中路有阿队队员跟进，又见本队后卫已盯住马拉多纳，且见角度很小，估计不会射门，遂改变所站位置。不料马拉多纳突然起脚，似传实射，一记力量不大而角度极刁的球直奔球门右下角，守门员对这"无中生有"的来球，只能望球兴叹。

"无中生有"与日常工作和生活

"无中生有"可用来帮人摆脱生活困境。清朝江苏吴县中医叶天士，医术精，医德好，但医运不好，求诊的病人很少，生活颇受影响，因而终日愁眉难展。有一天，被当时老百姓奉如神明、连皇帝也敬他三分的张天师来到吴县，叶天士便去请他帮忙，向他讲了自己的本领和遭遇。张天师沉思很久才答应帮忙，嘱咐他于某日某时乘船在某桥下经过，不可过早过迟，否则自误。届时，叶天士坐船从某桥下经过，张天师也坐轿到达桥边，见叶后，即令停轿，匆匆下轿向船作揖。他的举动给同行和围观的人看见了，颇觉惊奇，问他为何如此。张天师说："刚才碰到一位天医从桥下经过。"因此，大家认为叶天士是天医星下凡转世的，于是，一

传十,十传百,向叶医生求诊的病人日益增多,名气也越来越大,很快摆脱困境,奔向小康了。

"无中生有"与政治

公元195年,曹操统帅十余万大军,浩浩荡荡奔赴宛城征讨张绣。经过一片荒无人烟的地方却找不到水源。将士已经三天没有水喝,兼之时值初夏,烈日高照,闷热异常,而将士身穿铠甲,肩荷武器,还要拼命地向前赶路,真是精疲力竭,烦渴难忍。因此士兵怨声载道,曹操心急如焚,深恐军心不稳。这时,曹操急中生智,用马鞭指着前面,大声地对将士说:"我以前走过这地方,记得前面有一片梅林,树上长满了梅子,大家赶快走,摘取梅子解渴。"将士们听说有梅子,顿时口舌生津,人人振作起精神,加快步伐向前迈进。后来,果然寻找到一处水源,终于渡过了难关。曹操故意编造说前面有梅林,却产生出同真实情况的效果。其原因给大家贴近的目标,而使人精神振奋起来;同时,利用条件反射作用,使将士口舌生津,解了燃眉之急。这是"无中生有"的以假化真之计。

在国际政治舞台上,特别是一些外交活动中,使用"无中生有"的并非仅见。如,某国宣布:某外国记者×××,因进行与记者身份不符的活动,限其在××小时内离开国境。而该记者的国家,也有采取"对等行动"的,且其制裁对方人数和理由几乎完全一致。这显然是使用"无中生有"的策略。尤其在一些外交关系比较紧张的国家之间,类似情况颇为多见。

"无中生有"与商战

经商者运用"无中生有",就是靠智慧和谋略,在空盘上做文章,所谓"空手套白狼"就是指一种从无到有的经营手段。

1935年,美国奇异灯泡厂生产一种"日光牌"的新电灯泡,每个售价0.1元(银元,下同),给零售商放款期为6个月。当时上海市场灯泡批发价每个0.2元多。奇异灯泡厂生产的这种灯泡之所以批价低,放款期长,目的是要把中国民族灯泡厂挤垮,以便独霸市场。对此,上海民族灯泡企业,发挥团结保产的集体力量,每天按各厂产量抽捐一些灯泡,也加上"日光牌"的中外文商标,并在各地报刊遍登广告,每个售价0.05元。其所以这样做,是因为他们探得美商奇异厂蔑视中国,未向中国商标局注册。待他们发现有两个"日光牌"灯泡时,无权提起保护商标的诉讼。市场上出现价格相差一半的同样"日光牌"电灯泡以后,引起各地商贩疑虑,都不敢进货。这使奇异厂措手不及,除由外国律师登报恫吓及对个别厂制造些麻烦外,毫无其他有效对策。

在国际市场的激烈角逐中,有的甚至于使用间谍手段,"无中生有"地制造假情报,设置大骗局,为实现他们的企图,挖空心思,不择手段,简直到了无以复加的程度。对此,我们虽然是害人之心不可有,诈骗行为不可有,但防人之心不可无,因此,识诈之术必须通,以便时刻保持警觉,严防上当受骗。

"无中生有"与炒股

在股市玩"无中生有"的人,惟恐股市不乱,目的在于混水摸鱼,顺势搭桥,手段则是造谣滋事。有人就因此上当受骗。

有位姓朱的股票市场上的常客。他每天准时到证券行,四处打听消息,甚至下班天黑,还在打听股市行情,因此得的股市行情特别多,大都准确。但有一次失误,于是他便因而出了名。

有天黄昏,他在交易点听人闲聊,某位称是××公司董事的人,自言本公司这次订单甚少,股价将会跌破票面。他认为听到的机密消息可靠,决定赶早抛售股票,减少损失。次日,他以 10.85 元卖出5 万股后,顿感轻松愉快。殊不知终场 11.10 元股价未下跌,反而以 11.10 元收盘。

此人还算精明,自知上"听信谣言"的当,决定"如法炮制",立即往有关部门翻阅公司资料,经研究发现某股实属成长股,近期将大幅度上涨。他即以耳语告诉股友说:"这股票公司跳票,又非经济利空,将要较大幅度回落。"同时,还嘱咐股友,千万不能转告别人。果然不到半小时后,利空消息即传遍整个交易所,当天指数下跌近 6 点。他见时机成熟,遂顺利地再以 10.40 元补回 6 万股,从而挽回损失,并获得赚钱机会。

8计 暗 渡 陈 仓

此计名称源于成语"明修栈道,暗渡陈仓"。原来说的是,楚汉相争时,刘邦在南下汉中路上,采纳张良建议,先是烧毁栈道,以示不回关中,麻痹项羽。而后乘齐王、赵王等反项羽之机,向关中进军,明里派人修复栈道,暗地却迂回至陈仓(今陕西省宝鸡市东),突袭咸阳,占领全部关中。"暗渡陈仓"是一种迂回袭击,即用正面佯攻、佯动的手段来迷惑敌人,用以掩盖己方另外的攻击路线和突破点的策略。其"明"、"暗",反映用兵的"奇正"关系。古代军事家认为,出奇制胜的兵法,来自正常用兵原则,必须引诱敌人按正常用兵原则来判断我军行动企图,方能收出奇制胜之效。所以,"暗渡陈仓"必须以"明修栈道"来分散敌人的注意力。

"暗渡陈仓"亦属兵家常用之计,在古典文学作品中颇为多见。

《前汉演义》二十二回就描写了"用密计暗渡陈仓,受密嘱阴弑义帝"的具体情节。《元曲选·气英布》第一折也讲:"汉王云……英布阴杀义帝于郴(今湖南省郴县),五国诸侯,一时同叛。孤家用韩信之计,明修栈道,暗渡陈仓……"

《三国演义》中记有:魏将邓艾攻蜀国,进军于白水北岸。蜀将姜维立即下令廖化把军队驻扎在白水南岸,隔水相峙。邓艾分析敌情对部下说:姜维突然回师与我对抗,我军兵力甚弱,按照兵法要求,姜维本当不待架桥便过河攻打,但至今不见行动,我料定这是想截断我军归路,专派廖化前来牵制我们。而他却带领主力,向东迂回,夺取城池。于是,邓艾下令,连夜由小路赶回洮城(即洮阳城,在今甘肃省岷县西百里),果然发现姜维正在那里偷渡。因邓艾已抢先入城,姜维偷袭未能得逞。这是姜维不善运用"暗渡陈仓"之谋略被邓艾识破的结果。

在解放战争中,我刘邓大军巧渡黄河,堪称对此计的出色妙用。1947年一个冬夜,驻守在黄河南岸的国民党军队的探照灯,照见北岸水面黑压压一片戴钢盔的"水兵",默默地向南岸游来。敌师长得知后,即下令所属部队:沉着应战,待共军靠近南岸,再用机枪密集扫射,不许一个登陆!北风越刮越猛,"泅渡者"越逼越近,国民党军阵地上数不清的机枪瞄准着一个个的"泅渡者"。快靠近岸边了,只见天空一串信号弹飞起,枪炮齐鸣,风急浪高,绽起万点血花,染红大片河水。但那些头戴钢盔的"人",依然不顾一切向南岸涌来。敌师长被这样"壮烈"的场面惊呆了。怎么办?商量结果:撤守为上,以保存实力。但请示时,总司令却在电话中大吼:"谁敢散布撤守言论,动摇军心,立即枪决!"并命令所属六个师集中全部兵力,共歼渡河共军。霎时,敌军全部云集。正当兵荒马乱之时,敌人背后响起了惊天动地的炮声。原来是我刘邓大军,乘木排、木船、大桶等,在大风黑夜的掩护下,"暗渡陈仓","瞒天过海",包抄敌后,突然袭击。这一迅雷不及掩耳的歼灭战,使敌军伤亡过半,其残部缴械投降,敌师长也被活捉。当政委邓小平来到时,敌师长还不服气地指向江边说:"你们的损失也不小呀!"直到邓政委让卫生员给他"上课"后,他才明白是邓政委"巧用三千葫芦兵(每个葫芦戴着钢盔,系上灌红水的猪肠、尿脬,下坠石块,顺风漂流),'暗渡陈仓'抄后路",不由得面红耳赤,羞愧难言。俘虏们都惊叹:"邓政委用兵真如神哪!"

第四次中东战争中,以色列的王牌部队第 190 装甲旅,奉命增援固守菲尔丹附近据点的以军,破坏菲尔丹桥,阻止埃军继续向前推进。但在到达以军第二道防线前,先后对埃及第 2 步兵师先头部队发起 3 次攻击,均被埃军歼灭,有 35 辆坦克被击毁击伤。但该旅旅长不甘失败,集结所剩 85 辆坦克,准备孤注一掷。埃及 2 步兵师分析了敌情:以孤军深入,缺乏支援;远途行驶,疲惫不堪;3 次受挫,指挥易急躁,且与附近以军会合。埃军决定诱敌深入,围歼该旅主力。他们先派工兵在菲尔丹附近架设假桥,制造后续部队将渡河假象,促其下决心急于增援。然后命先头营撤出,且战且退,以助长其骄纵情绪,佯败诱敌。埃军伏击部队,只带便于隐蔽的轻型反坦克武器,并在道路两侧适当距离挖单兵掩体隐蔽。以军未能识破,将全部坦克向埃军伏击阵地高速开进。待其进入伏击圈,埃军各种反坦克武器齐发,仅 3 分钟就击毁这 85 辆坦克,生俘了敌旅长,打了一个漂亮的歼灭战。以色列王牌旅的覆灭,固然在于它孤军冒进,急躁轻敌,但更主要的是埃军指挥员针对其弱点,巧妙地示假隐真,"明"里修桥、撤退,"暗"中设伏、诱敌,从而达到了聚而歼之的目的。

"暗渡陈仓"与体坛角逐

在体坛角逐中,"暗渡陈仓"也时有运用。

在第二十五届奥运会上中古女篮之战赛前,我队教练李亚光分析形势,预料半决赛将与实力很强的古巴队相遇。开赛前与古巴相约进行一场练习赛。古巴队欣然同意,以全场紧逼的"当家"本领出战,在上半场赢得 9 分。半决赛时中国队果然遇上古巴队。李亚光胸有成竹地对队员面授机宜,并叮嘱队员,不但不要怕他们紧逼盯人,而且要防止其快攻,争取把比分拉开,即有可能取胜。开局后,中国队频频快速出击,内外线紧密配合,斗志旺盛,与练习赛时判若两队,内线频频得手,外围 3 分球一再中得,队员轮番上场,以快制快,使古巴队难以应付,到上半场结束,中国队已领先 27 分。下半场时,中国队坚持既定方针,继续扩大战果,古巴队仍固执原定打法,虽有几次反扑但奏效不大,完全丧失场上主动权。终场哨响,中国队以 109 比 70 的比分大胜古巴队。其所以出现如此结果,皆因中国队通过与古巴队练习赛,"明修栈道",摸清了底细,有针对性地制定对策。半决赛时,改变打法,以快制快,机动灵活,终收"暗渡陈仓"之效。

"暗渡陈仓"与日常工作和生活

李斯特曾用"暗渡陈仓"计帮助肖邦成名。1831 年,肖邦从波兰流亡到巴黎。匈牙利著名的钢琴家李斯特对肖邦的才华深为赞赏。为了

帮助肖邦在观众面前崭露头角，李斯特想出个办法：那时，演奏钢琴往往要关闭剧场灯光，以便让观众在黑暗中能够凝神谛听。李斯特就利用他在剧场为观众演奏的时机，自己先端坐在钢琴前；等一熄灯，就让肖邦悄悄地过去代他演奏。观众被娴熟优美的琴声征服了，演奏完毕纷纷起立鼓掌。可是灯亮后，观众才发现钢琴前坐着的并非李斯特，而是一个陌生的年轻人——肖邦，无不大为惊叹敬佩。肖邦这颗新星从此升起，后来竟成了名闻全球、享誉后世的钢琴大家。

"暗渡陈仓"与政治

明成祖时，周新任浙江按察使，曾微服巡视所属的州县。一天，他来到一县，有意触怒了县官，被抓到监狱中，打算加以拷治。

在狱中，他同囚徒交谈，了解到全县百姓的疾苦和县令贪污的情况。第二天，县官等候着迎接按察使。他告诉狱吏说："我便是按察使。"狱吏把他从狱中放了出来，县官又害怕又惭愧，主动交出官印，离职而去。

从此，所属各州县的官员闻风恐惧，不敢胡作非为。

"暗渡陈仓"与商战

在商业战线中应用此计，达到"明"里吃亏，"暗"中赚钱或宣传彼而实宣传此的目的。日本东京在 20 世纪 70 年代中期，由于通货膨胀，失业者增多，消费者购买力薄弱，使商品滞销，市面一片萧条景象。三越百货店为渡过难关，并没有采取打折扣销售的方法，而是使出提高顾客货币价值的"新招儿",即拿1万元可在该店买1.1万元的商品。而别的商店因几个月来货币贬值10%,1万元只能买到9000元商品,消费者对这里外便宜20%的商品自然肯于"光顾"了。三越百货店1974年9月开始这个销售新法,结果9月比上月多售2亿日元。

上海某无线电厂,为推销其生产的整流器,在电视广告中,不直接讲其整流器的质量如何好,而介绍天上卫星、水面船舰、名牌电视机都选用该厂生产的整流器,使用户通过对卫星、军舰、名牌电视机的技术标准的联想,间接地意识到该厂生产的整流器的优良性能和质量,以"暗渡陈仓"之策略,达到广告宣传的预期目的。

"暗渡陈仓"与炒股

"暗渡陈仓"在股市上亦有行骗运用。在股市上,大户经常采用明一套、暗一套的炒股手法,称之为"明修栈道,暗渡陈仓"。其做法是先投入巨款购入股票;同时,在外散布其利润多的消息,还指使手下的"轿夫"与"号手"煽风点火,制造多头气氛,引诱一般股民上钩。待股价涨到相当高位时,一边继续吹涨风,哄抬股价,一边暗地里大量抛出手中股票,从中牟取暴利。

9计　隔岸观火

"隔岸观火",原是比喻对别人的困难漠不关心,在一边看热闹的态度。在军事上,是根据敌情的发展变化,采取"坐山观虎斗"而从中"渔利"的一种谋略。《孙子·军争篇》中有"以治待乱,以静待哗"的论述。另《孙子·火攻篇》中后段指出的"慎动"原理,都和"隔岸观火"之意吻合。《史记·张仪列传》也记有卞庄子"坐山观虎斗","一举果有双虎之功"的故事。运用"隔岸观火",是当敌方内部矛盾激化,相互倾轧气氛更加显露时,不是直接出兵,"趁火打劫",以免促使其内部暂时联合,增强敌人还击之力;而是等敌方矛盾继续发展,直至出现自相残杀的内部动乱,即可达到敌人自行消亡,我方坐收"渔利"的军事目的。

曹操在平定河北时,曾两度运用"隔岸观火"之计。一次是曹操亲率大军讨伐袁氏兄弟,企图一举平定河北。曹军势如破竹,很快兵临冀州城下。袁谭、袁熙、袁尚等合力死守,曹操连日攻打不下。谋士郭嘉献计说:"袁氏废长(袁谭)立幼(袁尚),而兄弟之间,权力相并,各自树党,急之则相救,缓之则相争;不如举兵南向荆州,征讨刘表,以候袁氏兄弟之变,变成而后击之,可一举而定也。"曹操从其计策,留部分兵力守黎阳、官渡,亲率大军征伐刘表而去。果然,曹军一撤,袁谭便同袁尚为争继承大权,同室操戈。袁谭不敌,向曹操求救。操乘机引兵北进,杀死袁谭,击败袁熙、袁尚,迅速占领河北。另一次是当袁熙、袁尚战败,逃奔辽东公孙康时,曹操并未远征公孙康,捉拿袁氏兄弟,依然"隔岸观火",结果兵不血刃,公孙康便送来袁熙、袁尚的首级。

"隔岸观火"与日常工作和生活

战国时,韩、魏之战相持数年,胜负难分。秦惠王不知应参战与否,就向谋士陈轸问计。

陈轸稍加思索之后,向秦王讲述了一个似乎与参战毫不相干的故事:有个名叫卞庄子的勇士,看见两只老虎吃牛,准备立即去把老虎刺死。有人劝阻说:"两虎刚开始吃牛,都在兴头上,谁也不退让。等一会儿,它们就必然相争斗。两虎相争斗,必然有伤亡,到时候你再去刺杀那受伤的老虎,就一举而两得。"卞庄子依计而行,果然得到两只老虎。

惠王听懂了陈轸的意思,于是持兵待机,终成大业。

"隔岸观火"与政治

公元前572年,中原霸主晋国发生内乱,晋厉公被杀。楚共王想趁此机会登上霸主地位,他问计于公子壬夫,于是公子壬夫献以敌攻敌的计策,即先拿位尊国大的宋国开刀。因为宋国的原大丈鱼石、向为人、鳞朱、向带、鱼府五人,因与右师华元关系紧张,现在逃于我楚国。如果我资助其人马,让五人当先锋打回宋国,只要攻下城池,楚国就立即册封他们,到时,晋国若不出兵救援,必将在诸侯中丧失威信;若他们出兵,为救宋攻打鱼石一伙,我们就坐山观虎斗,见机行事。不管出现哪种情况,于楚国都无多大妨碍。楚共王认为有理,于是就采用此一计策。

鱼石一伙得到楚国的资助,当然很高兴,十分卖力,率军袭取了晋国通向吴国的必经之道彭城。宋成公派大夫老佐率军去夺彭城,被楚国截住,予以斩杀。宋国右师华元匆忙向晋国告急。晋国君悼公说:"昔日文公称霸就是从救宋开始,兴衰之机,在此一举。宋国有难,不可不救。"于是,晋悼公亲率大军救宋,又联合其他大小国之兵,要围攻彭城。楚闻知,知道不是对手,遂班师回楚。剩下鱼石一伙孤军驻守彭城,不几日便城破遭斩。壬夫的以敌攻敌"隔岸观火"之妙计即告完成。

"隔岸观火"并非都单纯"坐观",给对手制造矛盾,令其同室操戈也不少见。

《三国演义》七十五回中写有:关羽擒了于禁,斩了庞德,又立即攻打樊城,曹操大为惊恐,甚而想迁都避祸。这时司马懿建议,派使去东吴陈说利害,令孙权暗暗起兵蹑云长之后,许以事平之日,割江南之地以封孙权。操依计行事,果然收到奇效,孙权为利而动,从关羽背后下手,樊城之危便烟消云散。又如十四回提到的"二虎竞食"之计,曹操为防刘备与吕布联合对付自己,便采纳荀彧的主意,以实授刘备徐州牧为饵,诱使他去杀吕布。事若成则刘备便无吕布为辅,事不成则吕布必杀刘备,曹操就可坐收"卞庄刺虎"之利。

"隔岸观火"与商战

在国际贸易竞争中,有些厂商亦深知此计妙用,他们一面强调一致对外,一面极力制造和利用对方国家的内部竞争,使自己从中获利。如日本在和我国的贸易中,成立了许多协会,凡出口商都参加本行业的协会,轮流作协会主席,以统一对我国谈判,消除内部竞争。而我国一些部门和企业却在外贸中缺乏统一管理和全局观念,"各自为战",各行其是,结果,小集体虽然"受惠",而国家却蒙受很大损失,造成"大量肥水外流,荒了自家田园"的痛心局面。还有一些部门和企业,甚至互相倾轧,同室操戈。如上海某公司以每公斤6.8美元向欧洲共同市场出口糖精钠,由于市场较稳定,为国家赚得不少外汇。后来天津与江苏的某公司却想挤进来,争相压价,在天津某公司报价每公斤5.4美元后,江苏某公司压到每公斤5.07美元。外商"乱而取之",很快和江苏某公司达成65吨的交易,从中获取10万美元的压价之利。同时,欧洲市场规定每公斤低于6.8美元要征"反倾销税",又白送了一笔税金。与我国竞争的美国和韩国厂家,也乘机占据了有利地位。由此可见,对外贸易必须加强管理,统一步调,联合对外,努力克服"各自为政"、压价竞销、肥水外流的现象,不给外商以"隔岸观火"的可乘之机。

旧上海赫赫有名的"出租汽车大王"周祥生,在他崭露头角,特别是1931年以后,祥生公司的业务突飞猛进,中外车行之间的斗争集中表现在祥生公司与外商开的云飞公司两家,彼此明争暗斗,各不相让。一度祥生公司常接一些叫车电话,派车去却找不到雇车的人,甚而根本没有这个门牌号码,使汽车经常跑空,后来才知道是外商暗中捣鬼。当祥生公司内部劳资纠纷时,云飞公司总是乘机挑拨,推波助澜。如1934年祥生公司工人两度罢工,外商"隔岸观火",幸灾乐祸,有一次甚至给罢工的工人送去50担大米以示"慰问"。后来有两名工人被祥生公司开除,云飞公司竟然慷慨接纳,其用心不言而喻。

"隔岸观火"与炒股

"隔岸观火"用于炒股,就是在必要时对股市采取"坐山观虎斗"而从中"渔利"的谋略。

当股市形势大好,热气腾腾,股票发行公司、经纪人赚钱,甚至机构投资人也赚钱。

这时,股民易于过分兴奋,往往做出错误的决定,如自己手中的股票尚未赚多少钱,即因对未来股市看跌而脱手;或者相反,对未来股市盲目乐观,而大量买进股票。如此脑子发热,匆匆决定,即使不亏本,也只能赚小利而已。因此,股民此时一定要采取"隔岸观火"策略,保持理智的头脑,看准股市未来形势,再做出决策。

在此不妨采用"渔夫撒网"和"反渔夫撒网"两种方法,稳坐钓鱼台,以静待哗。

"渔夫撒网"法,就是买进在交易所挂牌,每天都有交易的所有种类的股票。倘若财力有限,可买进其中的大部分,每样只买一个单位,或者在每个行业各选择一种股票,每样只买一个单位;如果经济宽裕,把所有种类股票都买进几个单位。投资人可以自己决定买进和卖出标准,即股价上涨到什么程度售出,下跌到什么幅度买入。当出现"牛市"时,股市乐观,各种股票轮流上涨,这时,投资人就可以相继抛出手中股票;倘若"熊市"出现,股价下跌,投资人手中有多种股票,其中有股价仍上涨的强势股,这样,有跌有涨,即使有损失也不会太多,甚至有希望获利。

同时要注意:手中强势股票在涨势低微时切莫轻易出售,以致失去获得更多利益的机会;另外切忌买入过分冷门的劣质股票。因这种股票易买难卖,买进后容易长期握在手而冻结资金。这特别对中小投资者相当不利。

"反渔夫撒网"法,是与"渔夫撒网"法相对而言的,两者相同之处是:有选择地买进多种股票,进行投资组合。所不同的是:"反渔夫撒网"法不是在股价上涨时出售股票,而是哪种股票价格上升就再多买;哪种股票价格下降或股价盘旋不动,就予以出售。这样,投资者能获得较多的强势股,并保证有获利的机会。

上述两种方法主要运用于短期股票的投资。股民只要遵循而为之,无论股市风云如何变幻,都能遇事不乱,从中"渔利"。

10计 笑里藏刀

"笑里藏刀",原指表面和善而内心险恶,也就是口蜜腹剑、两面三刀手法。在古典小说中多有记载。《旧唐书·李义府传》中有:"义府貌状温恭,与人语必嬉怡微笑,而褊忌阴贼。既处权要,欲人附己,微忤意者,则加倾陷。故时人言:义府笑中有刀。"《水浒传》第十九回:吴用便说道:"头领息怒,自是我等来的不是,倒坏了你山寨情分。今日王头领以礼发付我们下山,送与盘缠,又不曾热赶将去,请头领息怒,我等自去罢休。"林冲道:"这是笑里藏刀,言轻行浊的人! 我其实今日放他不过!"唐代白居易《长庆集·不如来饮酒》诗中也有"且灭嗔中火,手磨笑里刀"的诗句。"笑里藏刀"用在军事上,它是一种表面温和,借以麻痹敌人,暗中却加紧准备,等待时机,突然出动,一举歼敌的谋略。为了创造出敌不意、攻其无备的战机,常以政治、外交伪装来迷惑、麻痹对方。有的兵书写道:"敌人言词谦逊,其实正在积极做战争准备;没有条约前来讲和的,定然不怀好意。"所以,凡是敌人的笑脸和花言巧语,都是使用阴谋诡计的征兆,是胸藏杀机的表现。

春秋时代,越王勾践被吴王夫差打败后,勾践为了复仇雪耻,忍辱称臣,侍奉吴王,献美女,纳厚贡,使夫差长期思想麻痹,骄奢淫逸,恣意享乐;勾践则卧薪尝胆,时刻不忘国耻,十年生聚,十年教训,励精图治,终于重新强盛起来,战胜吴国,实现了他称霸江东的宏愿。

三国时,东吴吕蒙偷袭蜀国荆州前,曾"托疾辞职",让年轻的陆逊接替他的职务。陆逊一到任,便给关羽修书送礼,用谦虚、卑下的语言使关羽骄纵轻敌,从而掩盖东吴积极备战、待机进取的军事企图,一举夺得了蜀国的公安和江陵。

"笑里藏刀"与体坛角逐

"笑里藏刀"运用在乒乓球赛的战术上,更是俯拾皆是。

面笑手狠发转球,面狠手巧发不转,慢动作突然打出爆发力,伴吊小球却又突然发力攻低而不转的底线长球,都是"笑里藏刀"的计策。比赛中,有些运动员的面部表情犹如晴雨表,胜则喜,相持则惊惧,落后则忧急。所以有人说:"看看运动员的表情,就知道比分的形势。"一个运动员应该有良好的素质,要胜不骄,败不馁,临危不惧;要有泰山崩于前而色不变的气度。"笑里藏刀"在竞技比赛中是更高人一筹的思想和技艺的境界。

"笑里藏刀"与日常工作和生活

五代后汉时,有人向慕容彦超进献新鲜樱桃,不一会儿,樱桃就被仆役偷吃了。管事人发现后,当即报告慕容彦超。

慕容彦超想出一计,他把仆役叫来,假意安慰说:"你们哪里敢偷吃新鲜的东西啊! 都是管事的诬赖,你们不用担心害怕!"

说着就赏赐仆役酒喝,给他们压惊。事先慕容彦超已偷偷地命左右的人在酒里放了药粉"藜芦散",因此仆役们喝了酒以后,马上都呕吐起来,在吐出的东西中,就发现有新鲜樱桃屑。于是仆役们只得老实承认。

常言道:"突然遇到凶险的事,要斗智不斗勇。"有个外国男人以优厚的报酬到某大学请一位女大学生教他学汉语。这位女大学生自然乐于接受,欣然去到他住所。殊不知这人不怀好意,屋里只有他一个人,女大学生一进去他就把门关上,欲与她发生性关系。她愤然加以拒绝。这人人高马大强行施暴。这位女大学生见抵抗不过,软下来笑着说:"你给1000美元,行吗?"老外打手势表示可以,这位女大学生佯装亲切地与之接吻,在这一霎那时间,猛然地将他舌头咬掉。这人惨痛惊叫,血流满

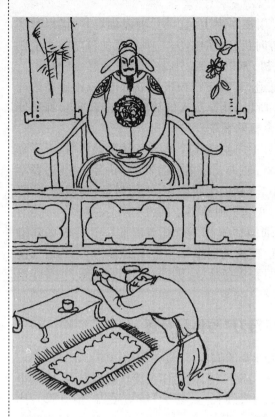

面。这位女大学生马上开门跑出去报警，这人被擒。事后，有人问这位女大学生，你怎么想出这一高招？她说："看过《三十六计》，受到启发。"原来她运用了其中"笑里藏刀"之计，乃得以摆脱这坏蛋的侮辱。

"笑里藏刀"与政治

在政治上，特别是在封建统治阶级内部，"笑里藏刀"更是屡见不鲜。在一部《东周列国志》中，最典型的事例之一是：公元前656年夏，齐桓公率八国军队击溃蔡国，与楚言和。从撤军前夕发生的一件事就可见一斑。陈大夫辕涛涂对郑大夫申侯说：联军来时经我们两国，吃穿由我们两国提供，撤军仍走原路，我们负担必然更重。倘能沿海边回撤，既可向莒、徐等邦显示力量，又可减轻我们负担。申侯认为是好主意，让他对齐桓公说后，果被桓公采纳。但不久申侯也进见桓公，却说：军队长期风餐露宿，已相当疲劳，如绕沿海，恐为东夷阻挡，似属不妥。涛涂之计只为本国考虑，并非良策。齐桓公觉得申侯所讲更在理，气愤地说：涛涂险误我事。于是，下令将其拘禁，并将郑国险关赏给申侯。当涛涂被释放后，知是申侯从中使坏，也"以其人之道，还治其人之身"。他劝申侯在虎牢关建一座"美城"，并请诸侯帮助修建。待壮观的"美城"完工后，涛涂又向郑伯说，申侯建城是图谋不轨。郑伯本不满申侯，听此如同火上加油，遂加罪申侯，将他杀害。

在抗日战争胜利后，国民党当局准备夺取胜利果实，但因发动内战尚需时日，便施用"笑里藏刀"的手法，于1945年8月三次电邀毛泽东到重庆举行和平谈判。另一方面，却抓紧时间积极备战。中国共产党识破了他们的阴谋，但为了争取和平，教育广大人民，派毛泽东、周恩来、王若飞，由延安赴重庆与国民党谈判，并于10月10日签订了《国共双方代表会谈纪要》（即《双十协定》）。这个纪要中，国民党承认了中共提出的和平团结的方针和人民的某些民主权利，承认了避免内战，两党和平合作建设新中国。在全国人民要求和平民主的压力下，1946年1月又召开了有中共和其他民主党派参加的政治协商会议，通过了一系列有利于和平民主的决议，并在1月10日发布停战命令。但国民党很快就撕毁了

第二编 《三十六计》施计纲要

这些"协定"、"决议"。在1946年上半年,国民党的军队对解放区的进攻有增无减,到6月26日,竟然发动了全面进攻,彻底地暴露出它的"假和平,真备战"的险恶目的。

在帝国主义发动的侵略战争中,使用政治伪装和外交伪装的"笑里藏刀"更不乏其例。如第二次世界大战期间,日本军国主义准备发动太平洋战争,为了麻痹美国,使其疏于防范,同美国开展了频繁的外交活动,进行了长达半年之久的"和平谈判",装出一副"笑容可掬"、"诚心诚意"的样子。然而,一旦时机成熟,就"图穷匕首见",于1941年12月7日(星期日)晨不宣而战,突袭珍珠港,击毁击伤美国太平洋舰队主要舰只18艘(包括战列舰八艘)、飞机260余架,给美国远东的海空军基地以毁灭性的打击。

"笑里藏刀"与商战

有一外国公司的总经理,为一重要生意,亲自飞往日本参加和一家日本公司的谈判。经过13小时的飞行,令人精疲力竭。总经理对随行人员说:"我现在最需要的是痛快的洗澡,然后美美地睡上一觉。所以下飞机后,咱们直接到旅馆。"不料一下飞机的舷梯,日本公司的一个年轻人穿戴十分讲究,热情地说:"我们公司的总经理已经为您准备好欢迎晚宴,现已恭候多时。请您一定赏光!"同时不停地躬身施礼,使人实在难以推却,这位总经理无可奈何,只好前去赴宴。

宴会不但酒菜十分丰盛,而且东道主表现得特别热情,所有负责人轮流劝酒,将其捧得晕头转向。这位总经理觉得这晚上确实过得痛快,所以直到深夜才和随行人员返回旅馆休息。

次日一早,总经理还在睡梦之中。日方便来敲门,说日方的谈判代表已经等候多时了。于是这位总经理匆忙地洗漱、穿戴完毕,来到谈判桌前。此时,日方的谈判代表精神焕发,双眼有神,头脑清醒,口齿伶俐,而这位总经理和随行人员还酒醉未醒,满脸倦意。结果在对方凌厉的攻击下,败下阵来。

用酒宴招待客人,并非都有恶意。但日本这家公司在谈判前安排这席"盛筵",却类似"鸿门宴",他们在表面上装出的笑脸,暗藏着"杀机",虽不至置人于死地,目的却也是要诱使对方陷于失败。

国际贸易中,有的外商也常用此种手段,把他们叵测的用心掩盖于微笑的外交活动之中。如有些日本企业的经营主管人,在接待外国公司的经销人员时,与一般美国经理"待客"的风格迥然不同,不是拒而不见或者一般化地应付了事,而是热情接待,嘘寒问暖,其目的在于套取对方情报。

"笑里藏刀"与炒股

在台北,有一股市大户利用其50大寿大宴宾客,玩"笑里藏刀"之计。举行宴会之日,宾客中有很多做股的亲友,在席间话题自然转到股票方面。这位大户自称与某大公司的总经理是至交,自己所持的股票多数属于这家公司。该公司的总经理曾经向其暗中透露,这公司正计划推出一种极为有利赚钱产品,预料这公司发行的股票将上涨。酒足饭饱之后,众亲友争相向大户请求让出部分该公司的股票,使自己跟着沾光赚钱。大户先是面有难色,而后面带微笑同意次日开盘时按前一天的收盘价,每人转让9万股;同时,再三叮嘱亲友保密,决不能泄露消息。殊不知众人购进股票的第三天,这种股价狂跌不止,一天之内跌十几个价位,而且估计还会下跌,因而所有指望发财的亲友全都赔了血本。事后才知大户转让的那种股票,早已被炒到顶点,正想借机出货。而指望获利的亲友所接到的乃是"烫手山芋",只有后悔叹息而已!

11计 李 代 桃 僵

"李代桃僵"语出《乐府诗集,相和歌词·鸡鸣篇》:"桃生露井上,李树生桃旁。虫来啮桃根,李树代桃僵。树木身相代,兄弟还相忘?"其本意是比喻兄弟互爱互助,后转为比喻相互顶替或代人受过。原计是说:当局势发展到必受损失时,为了使劣势转为优势,就应"损阴以益阳"。即牺牲局部,保全大部,以小的代价换取全局胜利。象棋对弈中的"舍车保帅"、"弃子入局"就是此计的运用。"李代桃僵"运用在军事上,一般是指在敌优我劣或势均力敌之时,要善于筹算,用小的损失换取大的胜利。即用劣势的兵力防御优势的敌人,以达牵制、抑制的目的,为全局取胜提供有利条件的一种谋略。

战争是敌我双方力量的竞赛,通常是占优势的一方获得胜利。但在战争史上,以劣胜优、以弱胜强的战例也时有所见。必须懂得力量的优劣固然是决定主动或被动的基础,但是主动或被动的实现,却需要通过主观能力的竞赛。战争中,主动与被动并非一成不变,在一定条件下是可以相互转化的。主观指导正确,可以化劣势为优势;反过来主观指导错误,也可以化优势为劣势,从而一改作战前的双方形势。

《东周列国志》第八十八回记述,孙膑见田忌与齐王赛马,因马力不及,输了好些钱。有一天,田忌引孙膑到赛马场观看他与齐王赛马。孙膑发现,他们的马力,彼此间相差不大,上马对上马,中马对中马,下马对下马,当然会失败。于是向田忌献策:用下马对上马,上马对中马,中马对下马,可以稳操胜券。田忌采纳了孙膑的计策,在次日比赛中果以两局优势、一局劣势获胜。孙膑的决策,不仅一般地计算出双方马力的优劣情况,更主要的是提出以一定的代价(一负)换取大的胜利(两胜)的以劣势胜优势的思想,也就是为田忌选定了稳操胜券的最优决策。这是一种以定性为主要内容的古典式军事运筹思想,是军事家特有的谋略,并非一般常识能推测的。

三十六计

"李代桃僵"与体坛角逐

此计在球赛中也常见运用。1986年7月10日,第十届世界男篮锦标赛四个赛区小组预赛的最后一场,在马拉加赛区,中国队正同平均身高2.08米的欧洲劲旅原联邦德国队拼得火热。上半场时,我队落后5分。下半场时,由于我冷静沉着,稳扎稳打,在离终场40秒时把比分打成80比80。这时,中国队教练们却向场上队员发令:"宁输几分,不要打平。"一声令下,场上风云突变,只见我队孙凤武、王非几乎同时扑向对方持球队员,当然被判犯规,由对方发球,两发一中。随即全场时间到,原联邦德国队以81比80战胜中国队。可是,双方队员都跳起来欢呼自己的"胜利"。这使得球迷们大惑不解。

原来这是中国队成功地妙用了"李代桃僵"之计。在这次分组赛中,中国队已胜波多黎各队14分,波多黎各队又胜原联邦德国队,因此,这场比赛中国队只要不输13分,三队就以两胜三负战绩形成"连环套"。这样,中国队便以小分占优势获小组第三名取得决赛权,而原联邦德国队和波多黎各队则被挤出决赛圈。否则,终场时仍是平局,得加赛5分钟,中国队就吉凶难卜了。

"李代桃僵"与日常工作和生活

唐代的文学家陈子昂,少年时博览群书,才学出众,初到京都长安时,却不为人们所知,当时他为了扬名上进,也曾用过"李代桃僵"之计。一天,有人卖一胡琴要价百万,豪绅贵族虽争相传看,但无人能识其优劣。这时,陈子昂出现在众人面前,看了一下即对卖琴人说:"跟我到家取钱,琴卖给我了。"众人惊问他为何不惜高价购买,陈子昂说:"我善于演奏此种乐器。"大家问:"能听你演奏吗?"陈子昂答:"明天大家可会集于宣阳里,听我演奏。"次日,众人如期前往,陈子昂已备好酒菜,将胡琴摆在桌前。饭后,陈子昂说:"我是陈子昂,四川人。作有文章百卷,驰走京城,碌碌尘土,不为人知。此乐为乐工所奏,我岂能有兴趣?"说罢,举琴一摔而碎。然后将自己的文章逐人赠送。这一来,他的名字很快传遍京城。后来成为唐代诗歌革新的先驱,对唐诗发展颇有影

响，留下了"前不见古人，后不见来者，念天地之悠悠，独怆然而涕下。"（《登幽州台歌》）等高古清峻的诗章。

鬼谷子有两个学生，一为庞涓，一为孙膑。一天，为了考验两个学生的机智韬略，鬼谷子蒸了五个馒头，让二人取食。规定每次最多只能取两个，将取得的馒头全吃完后，才能再取。最后看谁吃下的馒头多就算优胜。鬼谷子刚把五个馒头端出，争强好胜的庞涓就抢先取两个馒头放在手里，大口大口的吞食。孙膑见此情景，不慌不忙地只在笼屉上拿起一个馒头吃了起来。庞涓虽然吃得很快，但在他手里还剩下半个馒头的时候，孙膑已吃完手中的一个馒头，拿走了余下的两个。结果庞涓只得认输。

在庞涓取两个馒头之时，孙膑只取一个，似乎是处于劣势。但孙膑用暂时的劣势，争取到第二次拿馒头的时间，获得了最后的胜利。这就是"李代桃僵"以眼前的暂时的利益换取了长远的利益。

晚唐时，沙陀部落酋长李克用出生时即一只眼睛失明。但他骁勇善战，人称"独眼龙"。他曾邀请画家孙源为其画肖像，并说："如果画得不中我的意，我就使你死在阶下。"

画家想了想，画成一幅右臂执弓、左手搭箭，歪着头，闭着一只眼，好像正在全神贯注校正箭杆是否对准靶心似的。这幅画一则表现了他的威武的神态，一则掩盖了他一只眼睛的缺陷，李克用见了满心欢喜。因此，孙源得到优厚的奖赏。

"李代桃僵"与政治

自有战争以来，作战双方总要进行一定的运筹、计算。《孙子·计篇》中指出："多算胜，少算不胜，何况不算乎！"意思是说，计算周密，胜利的条件多，可能取胜；计算不周，胜利的条件就少，不能取胜；不进行计算而盲目行动，那是不可能取胜的。北宋李允防御辽国南侵的办法，就是用心思"算"出来的。雄州（今河北省雄县）是北宋与辽国接壤的边境城市，其北郊居住着不少宋朝的百姓，因无城墙环护，难防辽方刺探军情，侵扰蚕食。北宋有意扩筑北面城墙，又恐辽国借机寻衅。主要是当时军力对比辽强宋弱，边防稍有疏忽，就可能引起外敌入侵。肩负着雄州边防重任的地方长官李允，多方筹算，想出一条计策：他先用

白银铸了一个大香炉,放置在北郊庙内,故意不派人守护。不久,白银香炉便被人盗走。于是李允便"借题发挥",四处张榜,悬赏缉拿窃贼。结果,虽然闹得满城风雨,但盗窃银炉案件始终没有破获。在这种舆论的掩饰下,李允趁势征集民伕,紧急修筑北城,不数日就完工了。当辽方醒悟过来时,雄州北城"早已森严壁垒",无法借口寻衅。这一来,辽国再也不如过去那样"方便"了。李允巧妙地以白银大香炉换来了"胡人不敢南下而牧马"的大好形势,"算"得好,的确是以"小损失"换得了"大胜利"。

"李代桃僵"与商战

在商场中运用"李代桃僵",目的是趋利避害,而权衡利害孰轻孰重,并非易事。简单的还可以凭直觉去辨别,复杂的就需要依据从各种途径所掌握的材料、数据,经过周密的运筹计算,方能辨明利害轻重,筹划出切实可行的最佳方案。决策总是带有一定风险的。古人说:"十算以上为多算。"因此,有百分之六十的把握就可以做出决断,付诸行动。

洛阳拖拉机厂原来生产的"东方红54"拖拉机,在农业实行承包经济责任制以后,销路减少了,面临着是否需要改产,如何确定扭转被动局面的决策问题。有的主张仍然生产老产品,认为将来还有销路;有的主张生产12匹马力的四轮拖拉机,它既能耕田地,又能跑运输。但反对生产这两种产品的人认为,都已经有几家生产了,不能再上。该厂领导经过全面筹算,认为生产上述两种产品有60%的可行性,于是采用"李代桃僵"之计,上了这两种新型产品。事实证明,这个决策是正确的,新产品销路很好,一举扭转了该厂的被动局面。

四川宝元通百货公司在1920年创办时只是个小铁锅铺,资本仅有银元840元。由于经营有方,到1950年的30年间增资4000倍。其经营范围,既有商业百货公司,又有茶叶、皮鞋等工厂。其营业机构也扩展到外省市。在抗战胜利前后,还在印度、香港设了贸易分支部门。宝元通在发展过程中不乏用"李代桃僵"之计。例如1927年,它在川南江安开始设立美明油行,经销美孚洋行的煤油时,由于用户不普遍,加之美孚洋油灯的耗油量大,推销颇感困难。为打开销路,使其适合广大农村用户的需要,宝元通就用了"李代桃僵"的招数,特地派了专人到重庆定制各种精美的省油灯,然后运回去赔本贱卖。于是,卖出一盏省油灯,就增加了一家用油户。这一来,从根本上开辟了煤油的销路,"小破费"换来了"大赚钱"。

"李代桃僵"与炒股

根据股市涨跌的规律,一般散户认为某种股票由某位主力介入操作,涨跌幅度自然较大,这样顺势搭桥,散户即能获利。即使主力操作不成而为套牢,日后的反弹翻升,其速度也比别档要快,亦能在日后补回。因此,较大户实力稍弱的小中户,故意借助于主力介入甲种股票炒作的机会,以主力名义同时拉升乙种股票,从中获利。此谓"以小吃大"。

1982年9月,广丰公司股票在10元票面成盘之后,有一主力突然介入,该种股票持续上涨至12元。同时,这位主力大户还操纵新东公司的股票,声誉卓著。

一位有远见的中户,鉴于广丰股连日升涨,而润泰股却在10.4元左右盘旋。于是采取"李代桃僵"之计,暗中买进多股,静待时机成熟后即将该股拉升成交,价格涨到11－15元停板。他故意在市场宣称润泰股系某大户介入,一时众散户纷纷追价进入,这时中户乃暗中售出。次日,部分股友方知某大户并未介入润泰股操作,知大势不好,只得认赔抛出,股价又跌回10.4元左右徘徊,从而损失惨重。这位中户正是运用"李代桃僵"之计,借重大佛蒙哄小菩萨而获利。

第二编 《三十六计》施计纲要

12计　顺手牵羊

此计原出《草庐经略·游兵》中"伺敌之隙,乘间取利。"《登坛必究·叙战》中"见利宜疾,未利则止。取利乘时,间不容息,先之一刻则大过,后之一刻则失时也。"其他如《李卫公问对·卷中》也有"伺机捣虚"之说。"顺手牵羊"本比喻乘便拿走别人的东西。作为计策,即发现敌方有漏洞就及时利用,从中获取利益。犹如顺便把别人的羊牵走一样,收获虽然不大,但"得来全不费工夫"。在军事上,它是一个伺隙捣虚,捕捉战机的谋略。其实质在于乘"隙"取"利"。古人有云:"善战者,见利不失,遇时不疑。"所以,用兵作战,要像《鬼谷子·谋篇》中所说的"察其天地,伺其空隙"。

原解中所谓"微隙",一般是指敌方突然暴露出的弱点;"微利",多是尚未考虑到的对我方有利的积极因素,它有着来之顺路、夺之顺手、赢之顺时的特点,指挥员可以审时度势,灵活处理。但值得注意的是:到底是不是"微利",应该辨明真伪;属不属"必得",亦应从全局考虑。千万不可轻率从事,见"利"忘"本",不顾后果,一心"必得",以免因小失大,落得个"赔了夫人又折兵"的可悲结局。

"顺手牵羊",多指以小股兵力,钻进敌人心脏地带,神出鬼没地予以打击,得心应手地获取胜利。

三国时魏蜀决战,足智多谋的邓艾,率轻兵开山劈路,"自阴平行无人地七百余里",直捣蜀国心脏——成都,结果,使姜维的六万兵马无用武之地,终于导致西蜀政权的灭亡。"顺手牵羊"也有乘敌空隙向其薄弱处发展,应手得利之意。

"微利"不可轻视。《管子·形势解》中有云:"海不辞水,故能成其大;山不辞土石,故能成其高。"

《三国演义》中的两个故事便是其最好的说明。一个是曹操与马超在渭水相持，因无险要地形可以凭藉，且马超不断往返冲击，曹操一直建不起营寨，心中甚为忧虑。后采纳荀攸和一隐士的建议，令几万士兵，取渭河沙土，利用严寒，运土泼水，一夜之间竟筑起一座营垒。另一个是诸葛亮南征至三江城下，敌据城坚守，首攻失利。后诸葛亮心生一计，传令士兵："每军要衣襟一幅，限一更时分应点。无者立斩。"至初更又传令："每军衣襟一幅，包土一包。无者立斩。"后再传令："诸军包土，俱在三江城下交割，先到者有赏。"于是十万蜀兵皆抱土飞奔城下，并将土一齐倒下。瞬间，积土成山，接连城头，然后一声号令，蜀兵纷纷登到城上，迅速攻占了三江城。由此可见，"顺手牵羊"，不拒"微利"，积少成多，运用在军事上确实大有裨益。

1951年1月，志愿军占领汉城附近的高阳地区，美军退却时，照旧让英军垫脚，其中有一个英军坦克营掩护撤退。敌军31辆重型坦克，在3日夜晚，闯进我军埋伏圈，展开一场恶战。在这场反坦克大战中，爆炸手李光禄一人连炸了3辆坦克。

炸毁两辆坦克后，李光禄却被震得晕了过去，等他醒过来时，已经没有炸药了。前面，有一辆坦克正在喷着火，而是走走停停，爆炸手们炸了两次但摸不清它什么时候走什么时候停，不知道炸药放哪里好，都未炸着，还烧伤了两个爆炸手。

这时，我军的炸药和反坦克手雷都用尽了，眼看敌人坦克就要突围，大家干着急，没有办法。此时，敌坦克来到了李光禄的附近。李光禄一摸衣襟，摸到了掖在口袋里的4枚手榴弹。

心想手榴弹能炸坦克吗？100毫米厚的钢板碰到手榴弹只能像挠痒痒。但坦克近在眼前，李光禄已经来不及思索，躬身绕到坦克前，紧贴在地上匍匐前进，借着夜色掩护自己。突然，敌人的坦克里又飞出两个火团，在他右面燃烧起来。借着火光，看清坦克正面有一个圆的和一个30厘米长、20厘米宽的矩形孔。坦克在向左移动，便随坦克并行前进。

这时，李光禄几乎挨着坦克的车轮，遂用"顺手牵羊"之计。把手榴弹的拉弦咬断，将其以敌坦克的矩形孔里突然塞了进去。不一会儿，忽然从里面喷出一团火，一冒10来米高。他又把身上剩下的两颗美式手榴弹一起塞进去，坦克周围立刻成了一个巨大的火球，这辆威风不可一世的坦克终于也被摧毁了。

"顺手牵羊"与体坛角逐

"顺手牵羊"，伺隙捣虚，常用于体坛角逐。在第十三届世界杯足球赛争夺进入十六强的拼搏中，法国队对意大利队就是运用这一谋略取胜的。比赛开始意大利队以极大的声势，通过中场制造几次进攻机会，但都被法国队的"铁三角"所阻，未能奏效。于是意大利队便从后卫调动兵力加强中场的优势，但这一来却造成了后防上的空虚。此时，法国队及时改变策略，在退至后场密集防守的同时，派奇兵乘隙捣虚突击意大利队后防,先后连进二球,以二比零战胜意大利队。另外,在比赛中,一方能抓住战机多进几球也属"顺手牵羊"。如这届足球赛上原苏联队迎战匈牙利队,原苏联队在开赛五分钟后便连进二球,匈牙利队连连失球后队员士气大挫,难于重振旗鼓,于是原苏联队抓住战机,猛打猛攻,又连进四球,最后以六比零大胜匈牙利队。

"顺手牵羊"与日常工作和生活

有一男士,体形肥大,买不到现成的合身衣服,经常要到服装店定做。一次他来到一家服装店,老板热情接待。经过讨价还价,老板给予最优惠价格。老板量好尺寸,并开好发票,这笔生意就算成交。不料,此人突然要求老板免费赠送一条领带,否则,到另一家店铺加工。老板很恼火,但又想,已经谈成的生意不能因小而失大,于是这人得到领带,高兴地走出了店铺。

这位男士的主要目的是以最优惠的价格做一套合身的衣服。当其达到目的之后,又借机威胁索取一条领带,此乃"顺手牵羊"之计,属于微利必得。

"顺手牵羊"与政治

"顺手牵羊"也可用于政治领域。明世宗朱厚熜,在紫禁城西修了万寿宫作为他斋戒之所,不久因发生火灾烧毁。世宗因自己修道不宜接近宫中后妃,令工部尚书雷礼重建万寿宫。雷礼委托了管理监督百工很有才智的徐杲负责经管。徐杲果然不负重任,巧用"顺手牵羊"之计:对所需要的钱粮和材料都从工部衙门营缮司中提取,修台基用的木料取自西二厂原来储存的木料,砖瓦就以原万寿宫的旧料,稍加整理继续使用,并未向各省摊派。工程所用人力,就以停止操练的军人充当,不时给他们些犒赏,同时还雇募京城的乞丐来充任,藉以接济他们。因而这项工作进行顺利,朝廷内外未受骚扰,军队都踊跃参加,万寿宫建成后徐杲升为通政侍郎,后又接任工部侍郎。

"顺手牵羊"与商战

"顺手牵羊"即为顺手行事之计。顺手行事,讲的是抓时机,练胆量,早出手。

名闻全球的"刀片巨人"吉列,原本是一个推销员。有一次,某顾客向他建议:只要能发明一种用过便扔的小商品,就能让顾客不断购买你这种东西,这样,钱就像流水般地向你涌来。这一席话拨动了他的心弦。从此,吉列每晚总是独坐在沙发上,边喝咖啡,边冥思苦索。有一次他用刮刀剃须突生灵感,决定研制一种新剃须刀。经多次研究改进,他终于制成了安全、锋利、方便、一次性使用的"吉列剃须刀",经过一段时间的努力,开辟了广大市场。此后,他又经营过除臭剂、美发剂、打火机等"用过就扔"的小商品,终于跻身于世界企业家之列。

当复印机面世初期,单机售价 4000 美元,多数公司都舍不得买。哈洛德公司却想出个主意:不卖复印机而搞复印,每张 5 美分。这样积少成多,积小利而成大利,超过了卖复印机的效益。现在市场上经营彩照扩印、出租相机等都是采用的这种策略。

在激烈的市场竞争中,这些经验无疑是个重要启示,特别是对那些财薄力单的中小企业来说,倘能采取拾市场之遗,补消费者之缺,生产一些赚钱虽少而销路广阔的商品的策略,必将出现"柳暗花明又一村"的新局面。

此外,有人用"顺手牵羊"的手段窃取科技样品。例如某年,有一批外国客人,根据协定到我国某厂进行例行的参观访问。参观时,有位外国客人转动了一下身体,他的领带松了并在胸前飘动一下,领带末端"不小心"沾到了试验员桌子上的一盘溶液,他赶快把领带夹好,若无其事地继续参观。其实,他的领带帮助他弄到盘中溶液的样品。但他的举动被一位细心的女服务员看到。当参观结束时,这位外国客人正心满意足地走出实验室,一位女服务员拿着一条新领带,彬彬有礼地对他说:"先生,您的领带脏了,请换这一条吧!"这位外国客人无可奈何地把领带换了下来。这种"顺手

牵羊"的间谍行动,如果没有女服务员的警惕和机智,是很容易得逞的。

"顺手牵羊"与炒股

台湾有一称作鲁班的大户,一直参与台塑的董事会。他在操纵台塑股票的同时,在股市上偶尔兼顾如南业等股票的操作。由于这两种股票有相辅相成的特性,因而他所介入的南业股票,均能出现大幅度的起跌,从中获得丰富利润。

殊知台塑由于多方原因,业绩出现滑坡,股票价严重下跌,且逆势一时难以挽回。这时,幸而南业公司已脱离困境,股值处于成长趋势。但该股一直受台塑股值下跌的阴影笼罩,上涨仍然乏力。鲁大户经再三考虑后,决定采用"金蝉脱壳"和"顺手牵羊"结合之计,以摆脱困境,求得发展。

于是,鲁大户嘱咐经纪人,以高于当时市价20%的价格挂牌收购台塑股票。散户不知是计,立即纷纷抢购,而鲁大户则以分散而隐蔽的方式将台塑股票抛售一空。因此,不仅摆脱困境,而且赚了大钱。

此后,鲁大户又吩咐助手在股市散布南业利空消息,并在交易所以更低价位委托售出南业股,但暗地不是出售,反而积极收购。散户不知是计,跟随跌价,亏空出售,而鲁大户则悉数吸进。几天后,南业股价很快反弹,且以惊人的速度上涨。因而散户痛失血本,叫苦连天!鲁大户仅此一多一空,净赚数千万元。

三十六计

第三章　攻战计施计纲要

13计　打草惊蛇

此计语出段成式的《酉阳杂俎》：南唐当涂（今安徽省怀远县东南）县令王鲁，贪赃枉法，搜刮民财。一天，百姓联名投状告发其主簿贪污受贿。王鲁见了状子十分惊恐，害怕自己的贪污行径被揭露，竟然不由自主地在状子上批了八个字："汝虽打草，吾已惊蛇"。后来人们把它简化为"打草惊蛇"。这个成语，原意是打击甲，却惊动了乙。比喻做事不密，反而引起对手警惕。"打草惊蛇"用在军事上是发现暗藏敌人的一种谋略。例如用火力侦察，发动佯攻，迫使敌方暴露兵力部署与阵地设置等目标，藉以达成察明敌情并击败敌人之目的。从计的原来解语看，有"观彼动静而后举"的意思，计名颇为牵强。

在一般情况下，战斗虽然已经打响，但在敌军主力尚未暴露之时，千万不要粗心大意，贸然行动；应当仔细侦察，认真搜索，切实弄清敌方虚实，以防堕入陷阱。《孙子·行军篇》中说：进军道路上，遇有险阻、沼泽地、芦苇、树林、野草丛生的地带，要谨慎地反复地搜索、侦察，因为这都是敌人有可能设下伏兵的场所。历史上由于没有做到"疑以叩实，察而后动"，而是粗心大意，轻举妄动，结果吃亏上当的战例并非少见。

《左转》中记载，公元前 627 年，秦发兵袭郑，老臣蹇叔劝阻秦穆公，陈述了"劳师以袭远"、不可取的理由，但秦君固执不听。出师时，蹇叔哭送，并警告孟明视：途经崤山（今河南省三门峡东南），须警惕晋军袭击。然而孟明视骄纵轻敌，袭郑未逞，回师过崤山时，不察敌情，不重视蹇叔忠告，只是分兵四队继续前进；在前队击退晋小股伏军后，并未警觉，及时采取防范措施，仍向险峰峡谷中前进。待陷入敌伏击圈，见前面有敌旗飘扬时，孟明视竟贸然下令放倒敌旗继续前进。当旗一落，顿时晋国伏兵四起，杀得秦军片甲不留，主帅孟明视也成了俘虏。

运用"打草惊蛇"之计，通常是用"打草"来"惊蛇"，以便弄清敌情，采取相应的行动，达到"引蛇出洞"，聚而歼之的目的，也就是先用佯攻或助攻的战术，使敌主力暴露，被迫出战，而后集中我优势兵力，歼敌全部或大部。

在 1982 年发生的黎巴嫩战争中，以色列军曾妙用"引蛇出洞"之计，给予叙利亚防空导弹基地以毁灭性的打击。为攻击部署贝卡谷地的叙军防空导弹基地,以军先用无人驾驶飞机飞临上空,引诱叙利亚雷达开动并发射导弹,使被攻击的目标自行暴露,随后用特种飞机强烈干扰叙军的雷达、导弹,使其制导失灵。紧接着,以色列空军机群的空对地导弹,暴雨般地倾盆而下,仅用了6分钟,就把叙军的防空导弹基地彻底摧毁了。这就是以色列军队巧妙地运用此计,以无人驾驶飞机"打草",诱使其雷达、导弹阵地暴露,待"蛇""出洞",便骤然袭击,"聚而歼之"所收的奇效。

"打草惊蛇"与日常工作和生活

在日常生活中,"打草惊蛇"之计颇为常见。南唐赵王镇守江西时,一次,有位算卦先生刘寅,自称能一眼分辨出众人的贵贱。赵王不信,就让几个歌女与他的夫人滕国君站在一块,穿戴打扮完全一样,让刘寅来分辨。这位算命先生走进来稍做观察,然后说:"国君夫人头上有一团黄色的云,这还不容易辨认?"话刚出口,几个歌女都不自觉地抬头看国君夫人的头上。于是刘寅立即指出,几位歌女所注视的那一位就是滕国君。其实这位算卦先生之所以能够准确判定,并非他能掐会算,而是他善于运用"打草惊蛇"的谋略。

传说中有一个十五六岁的孩子,异常聪明,双亲早丧,只有一叔父。他见其叔父愁眉苦脸,上前问是什么缘故。叔父告诉他是因为自己还没有儿子,想娶妾生儿子,但妻子不许可,因而愁闷。他想一会儿,便对叔父说:"叔父,您不要忧虑,我有办法使婶母答应。"

次日早晨,他取一把尺子,在叔父的房子里反复度量,并故意弄出声响,引婶母出来。

"你在这里干什么?"她问。

"量地。"他冷漠地答应,依旧度量。

"什么? 量地!"婶母大声问:"我的地方干你什么事?"

他把手掌拍一拍,在裤上揩一揩,理直气壮地对她解释说:"婶母! 我不是好管闲事,而是先作准备哩! 你和叔父的年事已高,又没有儿子,将来万一百年归老之后,这房子一定归我继承了。所以我现在把房子量度好,准备日后改建……"

婶母听后,又急又气,跑回房里去,摇醒丈夫,催他赶快去找个妾侍回来!

这故事中所述,正是"打草惊蛇"的妙用。

"打草惊蛇"与政治

东汉末年徐庶是才智过人的谋士,与当时的司马徽、庞士元、诸葛亮等人齐名。徐庶闻刘备宽厚仁慈,是贤明之主,很想向其投靠,但不知刘备是否像人们传说的那样,所以想加以试探。

一日,徐庶见刘备正在专心致志地欣赏自己的战马,便上前对刘备说:"我以前学过相马之术,让我来看看您的马。"于是刘备命人把战马牵来,驱使其在徐庶面前溜跑几趟。徐庶故作惊讶地说:"您的马虽是千里马,却对主人不利。"刘备笑着说:"死生都是命里注定的,与马有何关系? 何况檀溪遇难之时,是它救了我的命。"徐庶说:"这马终究要害死一人,可以把它送给您所痛恨的人,等到这人死了以后您再骑,就不会有事了。"

刘备很不以为然地说:"我希望先生告诉我大道理,而您现在却教我害人之事。我实不敢领教。"徐庶说:"我一直听人传说明公仁德,但还不怎么相信。今天特意用这番话进行试探,明公果然如众人所传颂。"从此徐庶便留在刘备身边辅佐刘备,以后还为刘备推荐足智多谋的诸葛亮。

徐庶在对刘备不了解的情况下,采用了试探的手段,诱使其暴露出真实品德,这也是"打草惊蛇"具体运用的策略。

春秋时,楚成王(熊恽,公元前 671 - 626 在位)优柔寡断,特别是在立太子的问题上更是拿不定主意。他先把商臣立为太子,不久,又想改变主意,立职为太子。正在犹豫之时,被太子商臣察觉,但不知其父是否确有另立太子之意。如其不尽快了解真情,难以采取对策。这时在其老师的策划下,想出妙计。

一日,商臣设宴招待其姑母、楚成王的妹妹江芈。在宴席之间故意表现出对她不尊敬,加以激怒。江芈十分气愤地说:"怪不得兄王要把你废掉,立职为太子,原来你是个不争气的东西。"

商臣从江芈口中,证实父王有意要废掉自己,便策划了一次宫廷政变,逼迫成王自杀,从而夺取了王位。

商臣对楚成王要废除自己的意图有所察觉,又不能直接询问,故用"打草惊蛇"之计,激怒江芈,使之在控制不住情绪时露真情。

"打草惊蛇"与商战

在商场中,企业在开拓市场,谋求发展上,用此法能了解直接观察无法了解或难以判断的情况,有助于作出正确的决策。比如,某种产品或服务在国外市场已经有了,而且很活跃,本企业希望在国内或本地区生产这种产品,开展这种服务,现在要判断这样做是否合适? 其有效方法之一就是"疑以叩实,察而后动"。

云南化工配件厂于1980年初,见上海有色金属焊接厂很"吃香",省外铝制品获利率也很高,因而提出了在云南开展有色金属焊接对外服务,能否像上海有色金属焊接厂那样"香"起来存有疑问。为此,该厂使用了"打草惊蛇",进行"火力侦察":登出广告,宣布愿意洽谈有色金属焊接业务。广告如同一颗问路石子,立即引起反响,许多企业和供销社纷纷登门洽谈,一时"门庭若市"。面对市场有如此热烈的反响,该厂迅速拍板组建有色金属焊接车间,正式对外开展服务。这个仅22人的车间1980年就获纯利7万元,第二年又盈利10万元。这就是《孙子·虚实篇》所说"作之而知动静之理"。用今天的话讲,就叫"火力侦察"。这种方法,还可以用于新产品试制、试销的过程。比如有计划地生产一批产品到外地乃至于国外,定点投入市场销售,通过观察用户对该产品有关质量、规格、价格的反映,并进行购买愿望的预测,再对本企业是否需批量生产、生产多少为宜作出决断。

贵州茅台酒进入国际市场,名扬四海,运用的就是"打草惊蛇"之计。茅台酒在国内早负盛名,但在一次世界性的评酒会上,由于装潢简陋,"其貌不扬",各国的"行家"都不屑一顾,未予品评,眼见就有名落孙山的危险。这时,我国参加评酒的有关人员,虽然心中很不是滋味,但冷静分析,知道是这些"行家"以貌取"酒",没有"疑以叩实,察而后动",致使判断失误。针对这种情况,我国人员急中生智,妙用了"打草惊蛇"之计,故作失手,将一瓶茅台酒打碎在地,顿时酒香四溢,举座皆惊,众"行家"异口同声地称赞:"好酒! 好酒!"尤其在品尝之后,更觉回味无穷。从此,茅台酒一举登上世界名酒前列,誉满全球,经久不衰。

"打草惊蛇"与炒股

"打草惊蛇"用于炒股,是指有实力的大户采取操纵股市的阴谋,即以小利惊骗众多股民以为股市现状"有利",同时,股民的市场心理不成熟,逐涨卖跌,急功近利,遂入圈套。这时,股民眼见股价大涨特涨,对自己当时未低价买进而后悔,甚至有股民把手中持有的未涨股票出售,而买进股价大涨的投机股。于是乎,要阴谋的大户便大施手法选择筹码较少的股票,随心所欲拉高,并一面扬言轧空,或争夺上市公司经营权,或宣布高不可攀的目标价位。广大股民一旦投资进来"得利",要阴谋的大户便一骨脑儿将存货全部出空,因而大获利益,而投资散户却接受高价大棒狠打,苦不堪言。其实,身处投资散户的股民只要细心观察分析,不难看穿耍阴谋的大户的把戏。

14计 借尸还魂

"借尸还魂",语出《元曲选·岳伯川（铁拐李）四》:"多亏了吕洞宾师父救了我,着我还魂,被你烧了我的尸骸,着我借东关里青眼老李屠的儿子小李屠的尸首,借尸还魂。"《元曲选·碧桃花》第三折也有"（真人云）谁想有这一场奇怪的事,那徐碧桃已着她'借尸还魂'去了"的语句。比喻已经消亡或没落的思想、行为、势力等假托别的名义,以另一种形式重新出现。

在列国争雄和诸侯割据的形势下,一些有见识的军事家,为争取实现军事战略目标,往往打前朝的旗号,使自己出师有名,顺应人心,具有号召力。

三国时,刘备在夺取天下中,就常借用"大汉皇叔"这一宗族关系,以"恢复汉室"的名义来争取天下人士的拥护。曹操对此也颇重视;他在壮大军事力量的同时,采纳了毛玠"奉天子以令不臣"的建议,把汉献帝牢牢地掌握在自己的手中,借汉皇之名,行自己之实,这对于鼓舞军心,起到了积极作用。这就是"借尸还魂"在军事上的通常用法。有的是利用在出兵援助别人时,趁机控制或者占领其地盘,借以扩展自己的实力,谋求更大的发展。如赤壁之战以后,曹操率兵攻汉中张鲁。益州

刘璋集团,正值内部矛盾尖锐,外受孙吴、曹魏之威胁,只好向同宗的刘备求助。刘备借此良机,领兵入蜀,占领了"沃野千里"的益州,为建立蜀国大业奠定了基础。

由此可见,"借尸还魂"一般是在被动或面临败局的情况下,利用一切可以利用的条件来扭转局势,争取主动,用以实现自己的既定意图的一种谋略。它作为一种"借不能用者而用之"的计谋,关键在善于"借尸"。但处在不利的情况下,是否有可借之"尸",指挥者必须头脑清晰,目光敏锐,善于识别,巧于利用。政

三十六计

治上、军事上如此,体育方面如此,经济上也如此。

"借尸还魂"与体坛角逐

在一次欧洲男篮锦标赛保加利亚与捷克斯洛伐克男篮争夺小组出线权的关键时刻,保队妙用此计可称"一绝"。由于两队实力不相上下,各有千秋,当这场比赛进行到只剩下最后八秒钟时,保队只领先两分,而要出线必须胜捷六分。当时发球权虽然在保队手中,但谁都清楚,八秒钟内连进两球是绝不可能的。为此,观众们都为保队将失去出线权发出阵阵惋惜声。而保队教练却面不改色,镇定自若,从容地走到记录台要了"暂停",然后走向自己队员面授机宜,似乎并不以为场上形势严峻。

暂停时间到,比赛重新开始。捷方队员全部退守篮下,严阵以待,准备为防好最后一球作殊死拼搏。不料,保队发球后,接球的队员不是进攻捷队阵地,而是向无人防守的自己篮下飞速传递。说时迟,那时快,只见一名保队前锋抢先接球跨步上篮,球中锣响,替捷队投中两分,双方比分成了平局。这一"石破天惊"之举,使捷队队员目瞪口呆,观众多数也困惑不解。

原来这是保队妙用"借尸还魂"之计,借替对方攻进一球打成平局,得到加赛五分钟的决胜期这个"尸";然后利用这段时间,破釜沉舟拼搏,争取净胜捷队六分,以达到"还魂"出线的目的。结果,在决胜期内,保队士气大振,勇猛异常,终于净胜捷队三球,如愿以偿。直到这时,观众才恍然大悟,无不为保队教练的足智多谋玩出这种"绝招"所倾折。

"借尸还魂"与日常工作和生活

东晋陶侃生性认真仔细,勤于政事。他任荆州刺史时,令修造船只官员把锯下的木屑全都收存起来。官员们不解其意。后来,元旦雪后转晴,官府治理政事的大堂台阶很湿,不便行走,于是他便让人用木屑全部盖上,走时毫无妨碍了。官府用竹,他让人把截下不用的竹头全部收起来,不几年竹头堆积如山。后桓宣武(桓温)举兵攻打后蜀,要组装船只,这些竹头全都用来做竹钉,派了"大用场"。陶侃这些"借不能用者而用之"的事例,同他一生勤勉、"惜分阴"精神一样,在后世广为流传。

宋代赵开实行了全国通用的钱引(纸币)后,百姓感到很方

便。有一天,官员查获了伪造的钱引共三十万,参与伪造的盗贼五十人。宰相张浚想按法律判处死刑,赵开说:"相公,这些钱引固然是伪造的,在上面加盖上官府的印鑑不就变成真的了吗?这些人可以在面颊上刺上字,然后让他们制造钱引。这样相公在一天之内就获得了三十万钱,同时又存活了五十个人。"张浚称赞他这主意很好,便听从了他的意见。

"借尸还魂"与政治

东汉虞诩请剿土匪曾用此计。汉安帝时,朝歌(今河南省汤阴西南)土匪数千人,一度攻占县城,杀死县长,十分猖獗。于是任命虞诩为朝歌县长。虞诩到任前,先去谒见河内(今河南省信阳)太守马棱,希望给他自主权,能放手行事。到任后就下令招募壮士,要求县属官员,都推荐自己所知的人选。其中曾进行攻击劫掠者为上等,曾伤人、偷盗者为二等,居民不务正业者为下等,共收得壮士百余人。虞诩设宴款待这些人,并全部赦免其以往罪行,让他们混进匪群,诱使土匪出动打劫。预先埋伏下兵丁,等待土匪一到,伏兵齐出,杀死了数百土匪。虞诩还派遣会裁缝的贫苦人,受雇为土匪做衣服,用彩色线在衣襟上缝上标记。只要他们一上街市,官府就按标记抓人。因此,土匪人心惶惶,终于溃散。虞诩在特殊情况下采用特殊的"借尸还魂"计策,收到了实效。

诸葛亮早在隆中对策中,就提出应以荆州为根据地。所以孙刘联合,在赤壁交兵战败曹操之后,刘备就抢先占据荆州。由于荆州原为刘表之地,刘备初来乍到,对当时的混乱局势一时无法控制。这时名士马良便对刘备说:"主公如果举荐刘表之子刘琦做荆州刺史,荆州人就一定归顺。因为刘表是荆州的故主,刘琦又是其长子,子承父业,名正言顺,荆州百姓自然心悦诚服,孙吴更没有索要荆州的借口。"刘备觉得有道理,于是上表推举刘琦做荆州刺史。此后,荆州的形势果然安定下来。及刘琦病死,刘备自任荆州牧。

刘备因为刚入荆州,立足未稳,自己无力控制局面,所以借用刘表所废弃的继承人刘琦,以收取荆州人的心。刘备借用的只是刘琦的名义,而要达到的目的则是长期占据荆州。一旦自己根基巩固,所借之物即失去了作用。

"借尸还魂"与商战

"借尸还魂"在商战上的运用,就是借他人抛弃不用的,独具慧眼而用之,从而独家经营,赚大钱。河南省唐河县古城乡的乡镇企业,就是以"借不能用者而用之",抓住一些不起眼的猪毛、兔毛、羽毛和皮毛(包括羊皮、狗皮、黄鼠狼皮),大做"借尸还魂"的文章而发家致富的。近几年,农村畜禽发展快,开展羽毛、皮毛的收购和加工,技术简单,不用油,不用电,有条口袋就能干。于是,该乡从 1985 年开始,将全乡 26 村分为 4 片,每片选一"中心村",确定收购加工的产品。两年多来,该乡有 5000 多劳力投入了"四毛"收购和加工。他们采取捡和收购相结合的办法,除在本地走乡串户外,还远到十多个省的城乡。短短的两年时间,古城乡已经有四千多户发了"毛"财。井楼村有 500 多人经营兔毛,先后办起了贸易货栈 13 个,兔毛加工厂 9 个,收入上万元的已达 35 户。

"借不用者而用之"和日本"水泥大王"浅野水泥公司的创建者浅野总一郎颇有渊源。他在 23 岁穷困潦倒之时,为谋生计,便从故乡富士山来到东京。因身无分文,又找不到工作,一度每天都陷于半饥饿状态之中。有一天,他发现有个水泉,已挨饿两天的他就俯身手捧泉水用以充饥,一喝觉得这水非常清凉可口。"干脆我就卖水吧!"这样,他就在路旁摆摊,开始了卖水的生涯。当时,生财工具大部分是捡来的。两年间,他不仅不再挨饿,而且还赚了一笔为数不少的钱。于是,浅野又开始经营煤炭零售店。当时的横滨市长听到他很会使无价值的东西产生价值,就召见他说:"你以很会利用废物而闻名,但是我想,人的粪便你是没法利用的了。"浅野说:"只收集一两家粪便不会赚钱,但是收集成千上万人的大小便就会赚钱了。"并提出建公共厕所的具体方案。这样,浅野在市里设置了 63 处日本最初的公厕,因而他也成了日本公厕的始祖。厕所建好后,他把收集粪便的权利,以每年 4000 元的代价转让给别人,两年后设立一家日本最初的人造肥料公司。"水泥大王"的发家致富就是靠的"借尸还魂"这一招。

更有甚者,竟然借"落后"之"尸",出卖"落后"致富。这一计谋,乍一看来可能使人大惑不解:"落后"焉能出卖呢? 但一明白就里,便会拍手称妙。原来,日本某地有一小山村,山路崎岖,几乎与世外隔绝,几十户人家仅靠少量贫瘠的山地过日子,因此,十分落后,生活极为困苦。全村人虽然也想脱贫致富,却一直苦于无计可施。一天,村里一长者召集全村人,语重心长地说:"如今都是什么年代了,咱村的人还过着和原始人差不多的生活,我们深感内疚和痛心! 不过,大都市里的人过着现代化生活的时间长了,一定会感觉乏味。咱不妨走点回头路,干脆过原始人的生活,利用咱的'落后',出卖这'落后',也许会招徕许多城里人,咱们呢,也可以借此机会做生意赚钱。"这一计谋博得全村人的喝彩。从此,全村人开始模仿原始人的生活方式,在树上搭房,穿树叶编织的衣服……不久,日本新闻界惊奇地发现并报道这个过着"原始人生活"的小山村。此后,成千上万的人慕名而至,参观者络绎不绝……小山村的人趁机做各种生意,终于富裕起来了。

在我们炎黄子孙中不乏杰出的企业家,他们眼光远大,不畏困难,搏击风云,在逆境中求生存,求发展。"橡胶大王"陈嘉庚就是其中的佼佼者。20 世纪初,他在新加坡先经营罐头厂,继而投资经营橡胶园。到 20 年代初,由于种植橡胶本轻利重,英商、日商蜂拥而来,胶园遍布南洋,市场供过于求,陈嘉庚的胶厂也发生亏损和部分停产。但他并不退缩,而是面对现实,冷静分析,思考对策。认为橡胶用途广阔,其市场萧条只是暂时现象。于是,他作出大胆决策,来个"借尸还魂":在人们纷纷出卖胶园、胶厂之时,他把这些胶厂承接过来;到马来西亚等地以 40 多万元的代价买下 9 个厂,并扩充其设备,"借不能用者而用之"。同时,对自己原有厂也进行修整扩充,还扩大了橡胶熟品制造厂(原只英商独有)。果然,1922 年 11 月,橡胶业恢复了生机,陈嘉庚获得了巨大的成功。随后,他进一步扩大生产,组织托拉斯,在世界许多地方设推销商店。1925 年底,他的公司成为南洋最大的联合企业公司,他成了南洋百万华侨公认的领袖。

"借尸还魂"与炒股

"借尸还魂"有人用于股市,大获其利。1990 年 10 月,上海证券市场上投资人纷纷抢购 1990 年国库券,他们看中的是 14% 的高利率。这时,竟有位以做国库券交易发家的大户却购进广大股民弃而不买的 1988 年国库券 20 万元。这一行径深为广大股民迷惑不解。其实,这位闻名于上海的证券投资人就是用的"借尸还魂"之计。他认为购买 1990 年国库券为长期投资,资金至少在 1 年内冻结不能收回,难以大量买进现在股票,而投资于 1988 年国库券,还有 9 个月即兑付,收益率可达 11.5% ,而且是"活钱",股市一有转机,便可立即抛出国库券而炒卖股票。可见其人的确是棋高一着。

15 计　调虎离山

"调虎离山",意思是说设法引诱老虎离开原来的山头,使之无所凭依,难施雄威,以利捕获。比喻用计使对方离开原来的地方,以便趁机行事。运用于军事,它是引诱敌人离开原来有利的基地,迫使其在不利的条件下作战,以便加以消灭的一种计谋。同"纵虎归山"之意正好相反。计中的"虎"系指强敌,"山"一般比喻好的地理条件。强敌又得地利,就如虎添翼。反之,如俗话说:"龙游浅水遭虾戏,虎落平阳被犬欺。"又如,"占山为王"、"强龙压不倒地头蛇"。这就是占据有利地势逞强称霸。面对这种情况,"只可智取,不可力敌"。必须使用"调"的办法,诱使其离开有利地势,选择有利时机,才能战而胜之,达到歼灭或赶走的目的。

此计从古至今多见运用。古典作品中屡有记叙。如,明朝许仲琳的《封神演义》:"子牙公须是亲自用调虎离山计,一战成功。"《西游记》第七十六回:"……正中了我'调虎离山'之计。"

《后汉书·虞诩传》所载虞诩平羌的战役便是典型战例。东汉末,羌人率近万之众来犯,朝廷派虞诩任武都(郡名,今甘肃成县西北)太守平叛。进军途中,遭羌人袭击,被截至陈仓崤谷。虞诩为扭转被动战局,调动敌人,便扬言就地待援。羌人得知后,欲乘援军未到先捞点油水,便

分散至邻县掠夺财物。虞诩见敌已分散，立即日夜兼程进军，并用"增灶"之计迷惑敌人，使之不敢贸然进击。而虞诩则伺机发动进攻，以三千兵力同近万羌军战于赤亭（成县西南），用强弩伏击战术，大败羌人，平定了叛乱。虞诩扬言等待援军，是以小利诱敌分散，日夜兼程行军，是给敌造成时间和空间被动；每日"增灶"，是迷惑敌人，施加心理影响，使之误认为援军已到，心生恐惧，因而一触即溃。

"调虎离山"的关键在于一个"调"字，要善于利用敌人的错觉，巧妙地制造各种假象，因势利导地去牵"牛鼻子"。调动敌人的办法多种多样。"围魏救赵"是以攻其必救，歼其救者，来调动敌人；"示之以利，诱敌取之"、"形之以败，引敌追之"，是用示形、佯动等假象来调动敌人；"逸能劳之"、"乖其所之"，是我处劣势，敌占优势之际所采用的一种调敌之策。有时调动敌人，特别是对狡猾多疑的对手，还要不断变换手法，几经周折方能奏效。

《三国演义》中，"猛张飞巧夺巴郡"就是这样。张飞为与赵云争"先到者为头功"。当其率军行至巴郡时，遇上蜀中老将严颜，几次攻城都被"乱箭射回"。为寻破敌之策，张飞在亲自实地调查、冷静分析敌情之后，认为巴郡地势险峻，强攻无法奏效，必须用"调虎离山"之计，在野战条件下消灭严颜的实力方能夺取城池。于是，张飞先用"马军下马，步军皆坐"来诱严颜。因无动静，又用激将法，让三五十个军士叫骂，仍被其识破，几天叫骂，严颜仍"全然不动"。于是张飞再生一计，令"军士四散打柴草"，调查绕过巴郡的路线；当发现敌人奸细已混入砍柴军中时，便故意暴露作战意图，传令士卒"二更造饭，趁三更月明"绕道"偷过"巴郡，让敌奸细逃回报信，终于将老成持重的严颜调出了"虎穴"，落入张飞巧设的陷阱之中，成了"猛张飞"的俘虏。

另外，还有用假情报去调动敌人，尤其在现代战争中，随着情报传递手段现代化程度日益提高，利用假情报调动敌人，更为方便，更为频繁了。

在第二次世界大战中，美军制定了进攻意大利西西里岛的作战计划,并决定用运输机向该岛运送空降部队。德军通过无线电破译了这个情报,便对美飞行中的运输机群进行干扰,破坏了美空军基地与运输机群的通信联系。接着,德军又以无线电冒称美空军基地向美运输机群发出假指令,诱使其飞到英美联军的海上舰群上空。刚遭受德军轰炸的英美舰群,以为又是敌军临空,万炮齐发,使美国飞行员还没反应过来便葬身鱼腹了。

第三次中东战争期间,以色列在掌握了阿拉伯军队通信联络的秘密后,利用阿军无线电通信的呼号、频率和密码,引导阿军的坦克、飞机到以军设伏地区加以摧毁;发假令调动阿军车队,再施炮击;冒充阿军指挥部诱骗阿军部队,使反击遭到失败。由此可见,运用现代情报信息传递手段,来迷惑和调动敌方,确实是争取作战主动权的一种有效方法。

此计不仅在战役、战斗中,而且在战略上亦可运用。

解放战争初,国民党军队重点进攻我山东、陕北根据地,企图"伸开双拳"歼灭我华东、西北野战军,进而再转击我晋冀鲁豫军。针对其作战意图,我将计就计,一面令华东野战军在胶东摆开抗争架势,将敌"右拳"引向海滨,一面令西北野战军主动出击榆林,将敌"左拳"拉向西北。待"调"得敌"双拳齐挥,胸膛毕露"之际,我刘邓大军乘机千里跃进大别山,像一把利剑插进敌人的胸膛,扭转了全国战局,使我军由被动转为主动,由战略防御转为战略进攻。

"调虎离山"与日常工作和生活

在日常生活中,值得我们注意的是盗窃分子使用此计作案者时有所闻。某日下午一点半左右,正在自己家休病假的郭老大娘上厕所返回,发现有两个年轻人在自己家院门口站着,便上前询问他们寻找何人。其中一个穿黑衣服的矮胖子迎前来纠缠,让帮助他们到托儿所找人。热心的郭老大娘信以为真,随即带这两个年轻人到托儿所转一圈没找到,矮胖子说再到别处去寻找,便匆匆忙忙地走了。待郭老大娘慢慢地返回院内打开门锁进入屋里,发现录像机和装录像带的黄皮箱不见了,方知上了当,急忙跑出报案。

后经派出所破案,作案者是三人,其中一人进屋行窃,矮胖子和另一人在院门放哨,见郭老大娘返回时,施行"调虎离山"之计,利用老大娘带他俩找人的时间,进屋行窃的人便把东西偷走了。

"调虎离山"与政治

在政治事务中运用此计并不少见。唐德宗即位,淄青节度使李正己上书祝贺,并献贺礼三十万缗。德宗想接受,又恐其中有阴谋,要拒绝,却无恰当理由。宰相崔祐甫给出主意:以德宗名义派使臣去淄青慰问将士,把李节度使献的钱分发给他们。这一来,将士们深感皇恩浩荡,各地官吏也知德宗重仁政而轻财物。德宗采纳了这一建议。李正己感到很惭愧,对朝廷非常佩服。神策军使王驾鹤统帅训练卫戍部队的时间很长,权力甚大,德宗为防意外准备派人取代他,但又恐其发动兵变,就找崔祐甫商议。祐甫说:"此事勿须忧虑。"他就让王驾鹤留下"议事",故意拖延谈话时间,他们谈话未结束时,取代王驾鹤的白志贞已到军中,接管了统帅禁军的权力,从而消除了隐患。

吴国的公子光,想要除掉吴王僚,取而代之。但因吴王僚有三个骁勇的儿子时刻在身边,难以下手,暗自着急。伍子胥得知公子光的心病,

拟助一臂之力。这时,楚平王因内外交困发病而死,楚国更加动乱不安。伍子胥对公子光说:"如果你向吴王僚建议,乘楚国发生危机的时候,发动进攻,吴王僚一定会同意。然后你借口自己的脚被扭伤,建议吴王派他的儿子掩余和烛庸带兵前去伐楚,同时,建议派其另一儿子庆忌出使郑国和卫国,说服两国一起参加伐楚。这样,就可以去掉吴王僚的羽翼,仅剩吴王僚就好对付了。"吴王僚果然听从公子光的建议,把三个儿子都派了出去。于是,公子光利用此机会,派勇士专诸刺杀了吴王僚,自己即位为王。吴王僚的三个儿子不敢回国,只好亡命国外。

希特勒解散工会也是运用此计。希特勒自登上德总理宝座,取得国会授权法案,集军政大权于一身后,除纳粹党外,限期解散所有政党组织,只剩下势力强大的工会依然存在。但工会属于全国性的机构,组织庞大,实力雄厚,绝非一道命令或动用军队能加以解散的。希特勒对工会常存戒心,但又不敢妄动,怕弄巧反拙。因此,便采用"调虎离山"之计:他突然颁布"五一"劳动节为固定纪念日,特邀各地工会领袖到柏林参加盛会。于是,全国所有的工会领袖都齐集柏林。不料在5月2日,希特勒已下令其纳粹党员,强行占领当地工会,没收工会基金,并迅速逮捕全体工会领袖,只一天,就将一个庞大而根深蒂固的工会解散了。

"调虎离山"与商战

在商业竞争中,运用"调虎离山"之计,可出谋划策使竞争对手离开

我经营的范围,而为我独家经营。

我国第一家制碱公司——永利公司刚一建立,便遭到在国际上财大势雄的英国卜内门公司的暗算和排挤,曾使用降价销售战,企图在我国市场上搞垮永利公司。为对付这一挑战,永利公司采纳了其技术负责人的"攻其必救"的策略,在它的"后院"——日本市场"放了一把火",与卜内门公司的日本市场竞争对手三井公司联合,搞纯碱低价销售。这一来,迫使卜内门公司"回兵自救",不得不也降价销售,并同永利公司讲和,声明在中国市场不再搞降价销售;还自愿当永利公司在日本的代理商,付给了 35 万银元作保证。永利公司以"攻其必救",击其要害的策略,成功地调回并且降伏了这只"老虎"。

1992 年 6 月,北京市政府决定要与外商合作将黄金地段的王府井加以改造。一时香港大财团蜂拥而来,参加竞争夺标。

李嘉诚以非凡智慧与谈判技巧,获得了"天子脚下"的京城中心,而且比香港价廉的风水宝地的土地出租权。1993 年获得北京市政府的批准,该建筑被正式定名为东方广场。

于是李嘉诚负担该地段的地价和搬迁费,搬迁事宜请市政府办理。殊不知设在王府井大街的全球最著名美国麦当劳的快餐分店抛出杀手锏,依据当年与北京市政府签署长达 20 年的经营合同租期直到 2010 年,扬言要与北京市政府对簿公堂。当时,王府井地盘已夷为平地,只有麦当劳孤立其中,成为"拦路虎"。同时,香港民间也有微言,甚至谴责。

这时,李嘉诚"以和为贵",采取"调虎离山"之计,请北京市政府出面协商,只要麦当劳分店迁出王府井,日后东方广场留出比麦当劳分店现在面积更大的铺位适合它;同时,北京市政府批准美国麦当劳公司在北京多开若干家分店,由于条件优厚,"麦当劳"终于同意迁出,从而为东方广场的兴建扫清障碍。

"调虎离山"与炒股

王先生在香港主要经营房地产及建筑业,是香港颇有声望的知名人士,多次回内地投资建设,深得家乡群众爱戴。

王先生在香港股市主要操作地产股票,根据资料记载,其所持股数占香港的 20% 以上。当地地产股的升落,主要受其支配。因而股市中中户、散户多以其"马首是瞻"。王先生所握有多种股票中,最有影响力的仍是地产股票。有股商想介入操作赚钱,只能望洋兴叹,无可奈何!但亦有善于钻空子股商,得知有隙可乘的大好时机,毅然操纵地产股票,赚得大钱。

1987 年 5 月,王先生应家乡之邀,却被一中户得知。此人利用王先生不在香港之机,将原被套牢的地产甲股先行低价摊平,然后假托王先生的名义行事,再予悄然拉升。一般股友不知有诈,乃纷纷跟进。几天之后,中户被套牢的股票不仅从低价杀回,且拉到最高纪录,赚得一大笔钱。

王先生回港后，得知有人捣鬼，利用自己的名义操纵股市，从中得利，虽然气愤，但亦无可奈何！

这虽算不上典型的"调虎离山"例子，却亦收到"调虎离山"之效，可谓与原计有异曲同工之妙。

16计 欲擒故纵

"欲擒故纵"，意思是为了要捉住它，故意先放开它，使其戒备松懈。比喻为了更好地控制，有意放松一步。此计原出《老子本义·上篇》："将欲夺之，必固与之。"《太平天国·文书》中也有"欲擒先纵，欲急姑缓，待其懈而击之，无不胜者"的论述。这是"以迂为直，以患为利"，"放长线，钓大鱼"，通过迂回曲折的途径，化不利为有利，达到克敌制胜的目的。在军事上是一种暂时"让步"，待机"索取"的谋略。

《孙子·军争篇》中说："军争之难者，以迂为直，以患为利。""故迂其途，而诱之以利，后人发，先人至。"并说："先知迂直之计者胜。"迂直之计，曲中有直，直中有曲，包含辩证法的真谛，一向为历代兵家重视。运用迂直之计通常是：在时间上，以持久代速决；在空间上，以退为进，兜着圈子走；在手段上，则为欲取故予，欲扬故抑。"欲擒故纵"就是以迂为直之计。例如诸葛亮南征，对孟获曾经"七擒七纵"，表面看延长了不少时间，消耗了很多力量，实际上却使孟获心悦诚服，誓不复反，取得了扩大疆土、万众归心、南中得以长治久安的最大战果。

《三国演义》中张松献图的故事，详细地记叙了刘备如何巧妙地使用以迂为直、"欲擒故纵"的策略。刘备取西川本属既定方针，但他对汉中来的张松却躬亲远迎，连日宴请，"只说闲话，并不提起西川之事"。张松以言挑之，他依然假装糊涂，一味谦让。直至十里长亭为张松饯别，他眼泪盈眶，仍是只叙友情。张松在备受感动之余，便主动地将原想献给曹操的西川地图，欣然献给了刘备，并甘为其入川充当内应。反之，刘备如在见张松之后就谈及如何取西川，或酒席筵前张口索要地图，刘备形象在张松心目中必定黯然失色，不可能深受感动，而"自觉"献图。即使刘备强逼硬抢，最多也只能得到一张"死地图"，无法得到张松等一批西川人才。

"擒"与"纵"两者之间，"擒"是目的，"纵"是手段，是为"擒"服务，创造必要条件的。因此，"欲擒故纵"的"纵"，决不是对敌人放任不管，"纵虎归山"，而是战略上的必要放松，以防狗急跳墙。《孙子兵法》中的"穷寇勿迫"就是这个意思。运用"欲擒故纵"之计，一般是在我掌握主动权的条件下，客观地分析了有利条件和困难因素，主动地选择那些诸如瓦解敌人思想、疲惫敌人体力等取胜把握大、得手易、代价小的取胜方法。也就是在上述情况下，让敌人看到尚有一线生机，不必以死相拼，而图侥幸脱逃。这样一来，就可以造成有利的战机，收到预期的效果。

汉灵帝(刘宏)中平元年(公元184年)六月，"黄巾起义"军队十余万据守宛下(今河南省南阳市)，继续与朝廷军队对垒。右中郎将朱儁与荆州刺史徐璆合兵围攻宛城，义军首领张曼成、赵弘先后战死，由韩忠继续率领义军将士据城坚守。两个月过去了，宛城仍未攻下。后来朱用"声东击西"之计，鸣鼓佯攻西南，自将精卒五千乘虚由东北越城而入，占领了宛城。韩忠率义军退保小城，朱儁曾几度发起猛攻都未成功。于是朱儁登上土山，瞭望战场形势，发现义军之所以拼死抵抗，是由于汉军包围太紧，攻打太急，既不允投降，又无力突围。因此，随即下令把围城的军队撤了下来。义军将领韩忠没有识破朱儁的诡计，贸然出城作战。朱儁乘机发动猛攻，大破义军，杀死义军1万多人，韩忠也被南阳太守秦颉所杀。朱儁之所以能在镇压义军的宛城战役中取得胜利，从军事角度看，主要是他能够正确分析战场形势，把握对方心理，采取"欲擒故纵"撤围诱敌之策，才迅速取得胜利。

在现代战争中，即使敌人有现代化的装备，机动能力很强，"欲擒故纵"之策，仍有其重要价值。但是，由于作战条件比之古代、近代有了巨大的变化，对于如何"纵"敌，能否"擒"住，指挥员尤须深思熟虑，谨慎行事，切不可掉以轻心，造成纵虎归山、遗患未来的不良后果。

"欲擒故纵"与体坛角逐

至于体坛角逐，"欲擒故纵"之计也常见运用。在二十五届奥运会上，中国游泳女将庄泳以智慧加拼搏夺得百米自由泳金牌，这也是中国运动员为中国破天荒地夺得的第一块奥运会游泳金牌。论实力，庄泳以往的最好成绩为55″12，不如美国名将汤普森所创的世界纪录54″48。赛前庄泳与教练周明研究决定运用"欲擒故纵"的"谋攻"取胜。

三十六计

于是在预赛中庄泳但求取得决赛资格,排在不显眼的泳道,先不与汤普森死拼,使其戒备松懈,以便决赛时出其不意,放手拼搏。庄泳居然幸运地进入决赛并被排在离汤普森较远的第二泳道。汤普森在预赛时以54″69轻取首位,因而决赛时十分自满,有所松懈,仅游了个54″80,反比预赛成绩差。而决赛中庄泳则按预定战略,入水后就全力拼搏,到达终点抬头望计时钟,竟突破55″大关,以54″64夺得了冠军。汤普森大出意外,痛失金牌,悔恨之极,竟连为获得奖牌选手召开的记者会,她也没有出席。

“欲擒故纵”与日常工作和生活

美国著名画家惠斯勒在英国伦敦展销一幅落笔简洁、风格独特、显示流星烟火在夜空爆炸情景叫《黑色和金色夜曲》的画,由于定价200吉尼(美国旧时金币)遭到一些人的非议。评论家约翰·拉斯金甚至点了他的名,说:“从前我见过,也听说过伦敦人厚颜无耻,却从未想到竟有一花花公子向观众脸上扔一罐颜料而索价200吉尼。”惠斯勒对这样的人身攻击,忍无可忍,便诉诸法庭,控告拉斯金犯了诽谤罪。但审问中,检察长和被告辩护人都瞧不起惠勒斯的画,替拉斯金百般辩解。惠斯勒明白,面对这种情况,只能智斗,以理服人,使检察长改变态度。检察长想以这幅画创作时间短为由,证明没什么价值,便问惠斯勒完成这《夜曲》要多长时间? 对此惠斯勒本可回绝:“此问题与本案无关。”但他却心平气和地说:“请您再讲一遍。”检察长立刻感到自己问话有些唐突。惠斯勒看出他的窘态,索性继续前进,漫不经心地说:“我记得大约一天……要是第二天没有事干,就再补几笔。因此,应该说工作了两天。”检察长不识就里,终于按捺不住,赤裸裸地说:“两天工作,就要价200吉尼吗?”表露出他的无知可笑。惠斯勒早已成竹在胸,便一字一句斩钉截铁地说:“不,我要的是终生学识价。”检察长顿感语塞,因为知识成果价值,是不能以个人投入劳动时间长短来衡量的,这是人所共知的常理。到此,检察官才明白惠斯勒的真正意图,终于判定拉斯金向惠斯勒道歉。惠斯勒靠计谋,排除困难,赢得了胜诉。

“欲擒故纵”与政治

明武宗时,宁王宸濠叛乱。王守仁平定了宸濠之乱,擒获了宸濠。这年八月,皇帝御驾亲征,由北京出发经淮阴、扬州,至南京。用事中官要求王守仁先放宸濠回江西,等皇帝来时亲自将其擒获。王守仁不从。

江彬等人妒忌王守仁的功劳,散布流言蜚语,说王守仁开始时与宸濠同谋,听说朝廷大军进讨后,始出兵与宸濠战。王守仁与提督赞助军务的太监商量说:如果顺应皇帝的意旨,或许还可能挽回局面。否则,皇帝既不高兴,还引起小人的怨恨。于是就把宸濠交给张永,再上表告捷,把讨平宸濠叛乱的功劳归于威武大将军(即明武宗),同时王守仁称病在九华山寺庙里养病。

三
十
六
计

张永在皇帝面前极力为王守仁称赞辩解，皇帝这才了解了实际情况，不再听信左右嬖倖对王守仁的毁谤。

"欲擒故纵"与商战

在商业竞争中，"欲擒故纵"之计，指的是不在于一时地求快而是要懂得欲攻先守的策略，一旦时机成熟，就可以及时下手。所谓目光放远，放长线钓大鱼是也。如"与人分利，于己得利"、"薄利招客，暴利逐客"、"三分利吃利，七分利吃本"等商业谚语，包含了"欲擒故纵"的辩证哲理。

20世纪20年代成立的经营桐油外贸的义瑞行，一度在国内享有"桐油大王"的称号，其博取施美洋行的信任，主要靠妙用"欲擒故纵"的谋略。一是将"升称"（四川每担比汉口约大1%，除去运炼损耗，到汉口仍有盈余）所得主动分给施美洋行一半。1929年美国经济危机时，义瑞行在未结清"升称"前，即先按估计数提前装出3000吨以济施美洋行燃眉，更使其喜出望外。二是及时退给费用结余。义瑞行代买桐油，都按上海离岸美金价格报施美洋行，一切费用按一般标准估计，但实际支出比估计少，这项结余除添置设备外，前后共余款数万美元。结算时，施美洋行不仅不掏钱，反获额外收入，十分高兴。由于义瑞行长期多方努力，终于取得施美洋行的绝对信任。特别是1933年四川大旱，长江水位空前低落，轮船无法航行。义瑞行为维持信誉，先后组织200余木船，海船只装八成载量，运费照十成付。先后运出8000余吨桐油，在其他商行无法交货时，义瑞行却按期出口，使施美洋行能按期履行合同，增强了海外信誉。从此，施美洋行更加信任义瑞行。抗战发生后，施美洋行仍给义瑞行开光票信用证。至武汉沦陷时，义瑞行尚欠施美洋行16万美元光票债务。若非取得绝对信任，何能至此？

美国加州萨克拉门多，有位叫H.D.T的青年，经营家庭用品函售业务。首先他在一流杂志刊登"1 元美金商品的广告",而他所贩卖的都是名厂出的实用商品,其中约 20% 的商品进价超过 1 美元,60% 的刚好 1 美元。广告一出,订货单像雪片般的飞来,他便用客户汇款购货。他知道汇款越多亏损也越多,于是在寄给顾客商品时,另附 3 元以上至 100 元以下的商品目录和图片说明及一张空白汇款单,争取在这方面获得补偿。由于他以小金额商品亏损,换得了大量顾客的"安心感"和"信用",顾客再买较昂贵商品时就无戒备之心,从而迅速扩大了营业额,不仅没赔本,而且获得了很大利润。1 年后,他成立了 H. D. T 函售公司。3 年后,他雇用了 50 多名员工,1974 年的销售额多达 500 万美元。

天津一家食品厂生产儿童食品朱古力豆,每筒 24 粒,零售 0.27 元,销售 1 吨获利 2000 元。该厂为获更多利润,采取"姑纵"办法,将筒装改为塑料袋装,每袋加 1 粒,而零售价却调低到 0.19 元,每吨盈利比原先少 1000 余元。但薄利果然带来多销,调价前年销量只 30 吨,调价后猛增至 250 吨,所获之利比原来增长两倍半。

必须指出,采用薄利多销的办法,应有产量优势,同时还要注意把成本降低到社会平均水平之下。否则,难以满足市场需求,不能收到大量推销的利益。

在企业外交谈判术中,"欲擒故纵",引而不发的"模糊外交",也是常用的手段之一。在谈判中的一般做法是:打算成交而不露声色;急切想抓到手,却又能放得下。对产品质量本已十分满意,偏要从中挑点骨头,迫使其考虑"进一步作出某些让步的决定"问题。

巧妙地运用沉默,也是一种有效手段。沉默,一是让对方说话,二是使别人非说不可。如果你提出一个特殊问题,对方的答复不能使你满意,这时你最好不作任何反应。如果你还想知道更多的事情或获得其他的信息,沉默往往可以使你如愿以偿。

"港灯"是香港十大英资公司之一。是一块肥肉,惹人垂涎。怡和、长江、佳宁集团都有觊觎之意。而海外投资回报不佳,负债高达 160 亿港元的怡和系置地公司,急速扩张,以高出市价 31% 的条件,以 47.5 亿港元将"港灯"购到手。

然而在此激烈竞购中,李嘉诚却采取"欲擒故纵"之计。认为迎其锋与之硬碰,未必能胜;即使能胜,也会大伤元气。同时,认为置地公司不惜重金出击,容易"消化不良",或遇外界因素影响,置地公司不攻自破,再从置地公司夺过"港灯",易如反掌。因而在竞争中,李嘉诚"欲擒故纵",静待其变。

果然,后因撒切尔夫人与北京谈判香港回归中国事传出,香港出现移民潮,地产市场急剧滑落,置地公司陷入空前危机,债台高筑。这时主管置地公司的西门·凯瑟克不得已于 1985 年 1 月 21 日派员前往长江实业兼和记黄埔公司主席李嘉诚处,商议转让"港灯"股权问题,置地公司不得已折价售出"港灯",因而李嘉诚获利丰厚,省下 4.5 亿港元。

"欲擒故纵"与炒股

在股市上,分散的中小额股民多数只能跟从主力大户而炒股,因此中小额股民就要准确地得知大户的交易动态而买卖股票,才有利可图。但大户购进售出股票都很秘密。在某些情况下,大户表现出无可奈何、忍痛割爱,运用"欲擒故纵"之计,似乎在"挥泪大甩卖",其实是伪装,引诱众多的股民跟入,从而使其能低价大量购进股票,而大多数股民竟被蒙在鼓里,上当受骗。

因此,中小额股民为了避免大户"欲擒故纵"之计,就须亲自了解市场的真实情况,获取更多的信息,特别对股票的特性有所熟悉。例如有的股票在一年之中上涨下跌的幅度都不大,比较平稳,可以判断为投资型股票;而有些股票的股价波动幅度很大,则可判断为投机型股票。又如,通过观察股利的高低可以判断股票的质量;由股票成交量的大小可以略知市场对此股票的需求度,如果股票交易量超过高级市场的股票,则这种股票具有很大的投机性。只要明了上述情况,就不致上当受骗了!

17计 抛砖引玉

"抛砖引玉",语出宋代释道原《景德传灯录·卷十》:"比来抛砖引玉,却引得个墼子。"又据说,唐代诗人常建久慕赵嘏的诗名,为请他作诗,先在苏州灵岩寺的墙上写了两句诗,赵嘏看到后,立刻提笔续了两句,所续的比前两句还好。人们把常建的作法叫"抛砖引玉"。后来就用以比喻自己先发表粗浅意见或文章,以便引出别人的高见或佳作。用于军事,它是一种示形用诈,诱敌上当的计策。

钓鱼须用饵,"引玉"当"抛砖"。"利而诱之"是孙子根据前人作战经验提出的。对此《百战奇略·利战》中作了具体阐述:"凡与敌战,其将愚而不知变,可诱之以利,彼贪利,而不知害,可设伏兵以击之,其军可败。法曰:'利而诱之'。"意思是对愚蠢的敌将,可以先作小利引诱,让他尝点"甜头",才能够使其上钩吃"大苦头"。

公元前700年,楚国攻打绞国,绞军闭城固守,楚大臣屈瑕向楚王建议:绞军轻躁少谋,可用"无捍卫采樵者"诱之。楚王采纳了这一建议,头天故意让30名上山砍柴的樵夫被绞军擒获。次日,绞军又争先恐后地追捕一群楚军樵夫。这次,楚军除在城外预伏部队截击外,还设伏兵于山中,待绞军进入伏击圈后,伏兵四起,迎头痛击,绞军大败,只好投降。

"谋贵用疑"为历代兵家所重视。诱敌方法多种多样,其核心在于疑敌。只要令敌将产生狐疑,心理失去平衡,就能导致其判断与行动失误,最后为我所制。这种疑兵术在《三国演义》中俯拾皆是。足智多谋的诸葛亮,更是"抛砖引玉",用疑取胜的顶尖高手。尤其是大败曹操于汉水的战例,更见其高人之处。

曹操见玄德背汉水列阵,心中疑惑,使人来下战书,孔明批准来日决战。次日,两军于五界山前列阵。曹操出马唤玄德答话,玄德率诸将出……操命徐晃出战,蜀将刘封迎战。封不敌,拨马便走。曹操一心要捉拿刘备,遂指挥大军杀过阵来,蜀兵逃向汉水,尽弃营寨、马匹、军械,丢满道上,正当曹军纷纷夺取时,操急鸣金收兵。众将皆问:"何故收兵?"曹操说:"吾见蜀兵背汉水安营,其可疑一也;多弃马匹军器,其可疑二也。可急退军,休取衣物。"随即下命:"妄取一物者立斩,火速退兵。"曹军方回头,孔明号旗一举,玄德率中军,黄忠、赵云率左右军一齐掩杀过来,曹兵大败而逃。这是诸葛亮针对曹操熟知兵法的特点,不用"利而诱之",而用"示利疑之"的计策,乘操犹豫撤退之际,抓住战机,突然发动猛烈反击而取得胜利的。

现代战争中亦不乏其例。1956年英法对埃及进行武装干涉,在赛得港实施空降的前奏,就是妙用"抛砖引玉"之法。英法第一批空投只是"抛"一大批木头人和橡皮人,"引"得埃及地面炮兵轰击,步兵出动围歼。当埃及火力、人员暴露之后,英法空军一个回马枪杀来,使埃军遭到重大伤亡。而后,英法又由虚变实,在赛得港东空降三个伞兵营;次日拂晓在其东西海岸英法军又化装登陆。待埃军发觉时,已无法阻止,赛得港很快被英法攻占。

"抛砖引玉"与体坛角逐

在球类比赛中,常以战术伪装,示假隐真,利而诱敌,也是"抛砖引玉"的运用。1960年4月,国家乒乓球队参加在天津举行的各省、市代表队邀请赛。当时上海代表队张燮林使用长胶粒的直板削球,稳健,旋转强烈,变化多端,并能伺机反攻,打得灵活主动,在团体和单打赛中,连挫名将。王传耀、徐寅生、庄则栋等都先后败北,国家队的战将只剩下容国团一人了。国家队领导张钧汉对此坐卧不安,便施用激将法激励容国团,说:"你要能战胜张燮林,我就放你三天假!"把战胜张燮林的希望放在他的身上。容国团深知这是一场难打的仗。张燮林接连过关斩将,的确身手不凡,但经仔细观察,运筹策划,已有成竹在胸,只是缄口不言而已。在与张燮林争夺前四名时,容国团用"抛砖引玉"之计,先以拉攻尝试,利而诱之,连失两局。交换场地后,第三局一开始,他改为采用搓攻、突击等多变的战术,使张燮林难以招架,终于连赢三局,反败为胜。这时张钧汉脸上泛起了欣喜的笑容。

"抛砖引玉"与日常工作和生活

公元1587年,西南马湖(今日四川雷城县北附近邛部的一支)赋乃的首领撒假和他的表兄安兴攻扰内地。明朝廷命令四川总兵李应祥、原总兵郭成、参将朱文达、游击万鏊率兵抗击。万鏊在战斗中俘获了撒假的妻儿,郭成活捉了撒假。安兴据寨坚守。朱文达、万鏊分道攻入安兴的巢穴,俘获了安兴的母亲和妻子,安兴却逃跑了。

朱文达、万鏊派兵追赶安兴,眼看就要追上了,安兴急中生智,想出了缓兵的计策。他一边逃跑,一边把身上携带的金钱抛在地上,追兵都抢拾金钱,减慢了追赶的速度,安兴于是得以逃生。

"抛砖引玉"与政治

汉高祖初定天下,内忧不已,匈奴犯边,防不胜防。高祖甚为忧虑,便召关内侯刘敬,商议边防事宜。

刘敬献计说:"天下初定,士卒久劳,边疆又多事,若兴师远征,实非易事,认为不用武力对匈奴可以征服,并使其臣服,还使之子子孙孙不敢兴兵犯边,这是长远相安之计,不知陛下同意不同意?"

高祖说:"如果有此良策,化干戈为玉帛……"刘敬边谈边偷看高祖的脸色,继续说:"如果陛下肯割爱,将公主嫁给匈奴单于冒顿,招他为婿。他慕德怀恩,立公主为后,将来生下的孩子,必然继承王位。陛下利用翁婿关系,予以关怀,馈赠珍宝,这样亲密无间,即使是老虎亦可变为坐骑。冒顿子孙将来继承匈奴王位,为陛下之外孙,自然决不会对陛下无礼。这乃所谓'不战而屈人之兵',实为长治久安之计。"

高祖闻之,却有愠色,说:"堂堂中国皇帝,怎能把公主下嫁周身羊骚味的野蛮人呢? 岂不是与人以笑柄吗!"

"当然,臣也想到陛下不愿将爱女下嫁匈奴,这是一般之常理。不过,有一变通办法,以宗室女或在宫里觅一最美丽的宫女,冒充公主,把她嫁与匈奴单于不就行了吗?"

高祖听后立即反怒为喜,于是以宗室女为公主,派刘敬为使,护送到匈奴。果然冒顿非常高兴,立为阏氏。从此,汉与匈奴代代联姻,和平相处几十年。此举,也是"抛砖引玉"之计的具体应用。

公元580年,隋公杨坚被任命为左大丞相,权大震主,野心勃勃。相州总管尉迟迥看出杨坚心怀叵测,想出兵攻打他。杨坚也觉得尉迟迥对自己存在威胁,就派亲信韦孝宽去替换尉迟迥。

韦孝宽素知尉迟迥的为人,深知此行可能遭到不测,故而边走边思索着对付的计策。尉迟迥果然对韦孝宽来替换自己十分不满,准备致韦孝宽于死地。于是派人去催促韦孝宽上任。韦孝宽假托有病,慢慢行走,故意拖延时间,并派人以求医找药为名,去尉迟迥所在地暗中探察情况。

当时,韦孝宽的侄子韦艺任魏郡太守,是尉迟迥的同党,尉迟迥又派他催促韦孝宽。

韦孝宽知道尉迟迥心怀鬼胎,便追问韦艺此行的真实目的。韦艺不肯说实话,孝宽便用死相威胁。韦艺胆小,只得吐露真情。韦孝宽意识到尉迟迥很快就会派人来追杀他,便立即带了韦艺向西逃跑。

途中韦孝宽每到一驿站,都对驿站的管事说:"蜀公(即尉迟迥)即将到来,你们赶快准备好酒好菜迎接他。"并在临走时将驿站的马全部牵走,经过的桥梁道路,悉加破坏。

尉迟迥果然派仪同大将军梁子康带着几百人马来追韦孝宽,每个驿站都以好酒好菜招待。由于驿站的马都被韦孝宽带走,他们只得停留下来,韦孝宽则趁机远逃。

"抛砖引玉"与商战

在商业竞争中,"抛砖引玉"之计,具体而言,要以赢义取利、舍小求大,赢得名誉。那么就会在众人心中留下美好的印象,最终获得巨大的经济效益。

在日本,曾做过三家大公司董事长,又当过工商大臣的小林一三,他在大阪开设阪急百货店时,为招揽主顾,增加盈利,使出了"以廉价咖喱饭钓顾客"的"妙招儿"。首先,小林让秘书吃遍大阪市内的咖喱饭馆,把其中味道最可口的报告董事长;然后立即把那家咖喱饭馆请到百货公司内营业,再将咖喱饭售价降低四成,两成由小林补贴。这一来,要吃物美价廉咖喱饭的顾客从四面八方涌来。人们不仅在此大吃大喝,而且也在百货店大买商品。从此,百货店每天人山人海,销售额猛增六倍多。他所设的"抛砖引玉"之计,可算是非常成功的。

日本西铁城钟表为在澳大利亚打开市场,提高手表的知名度,竟然采用飞机空投的方法,将手表由高空抛到指定的广场上,谁拾到就送给谁。广告刊出这消息后,在规定的时间,成千上万人汇集广场,眼见一只只手表从高空坠落地面,居然完好无恙。于是,莫不称赞:"好表!好表!"从此,西铁城名声大震,一举开辟了新的市场。

在商品销售的争夺战中,"抛砖引玉"运用之广,花样之多,实在是难以枚举。

20世纪初,英法烟草公司向我国大量倾销香烟,意图垄断我国卷烟市场。国人简照南、简玉阶兄弟在香港开办南洋烟草公司与之较量,并在竞争中发展壮大。其竞争手法之一就是"抛砖引玉"——利用赠品吸引消费者购买"南洋"产品,扩大销售。1915年,采用香烟内放奖券的办法,大者可得金表,小者可得名家美术作品。当年参加国货展览期间,将香烟遍送北洋政府要员,上至总统,下至税务处头目,以及参加展览的各界人士。1916年对购买"飞艇"牌等香烟的顾客赠送月份牌。1930年前后赠品更是五花八门,有指定换物证券;还把钞票、金戒指、金镑、金针等直接放入听装烟内;也有采用"迂直之计",送《三国演义》《水浒传》、《红楼梦》等故事人物连环画,以引起儿童们的搜集兴趣,促使吸烟的父兄陆续购买"南洋"香烟,等等。即使在当代,特别是每逢商品过剩,市场萧条时,诸如"有奖销售"、"八折优惠"、"买二送一"、"大酬宾"等办法,更是屡见不鲜。

唐代崇贤人窦公善于经营家业,但是财力不足。在京城内有一块空地,与大宦官的地段相邻,宦官很想得到这块地。这块地仅值五六百缗(古代一千文为一缗)。窦公很高兴地把这地奉献给大宦官,却没有提价钱,讨得宦官十分喜欢。此后,他借故说自己打算去江淮,希望得到两三封给神策军中的护军(由宦官担任)的信,于是宦官便替其写了几封信。窦公借以获利三千缗,从此发迹。东市有空地一片,地势低洼,有积水,窦公就用低廉的价钱买到手,然后让女佣携带蒸饼在这块空地上引诱儿童。哪个孩子如果扔砖瓦击中空地上的目标,就奖给一个蒸饼。小孩子们都跑来争相扔砖瓦石块,这样就把那片洼地填平了十分之六七。接着窦公又让人用好土垫平,在上面盖起了一个客店,专门留波斯客商居住,每天获利一缗。

"抛砖引玉"与炒股

台湾一家生产味素的股份公司为了使本公司更多的股票上市,获得大利,就是采取"抛砖引玉"之策。这家公司举行大宴,亲朋好友欣然赴宴。董事长即席讲话,吹嘘公司即将推出一种可赚取厚利的健康食品,并说公司在台北市的一个工厂即将改建,公司前景如何如何好……这对被宴请的人而言,可真谓是第一手的内幕消息,亦为难得的赚钱机会。于是纷纷要求董事长让些股票出来让大伙儿"共同发财"。对此,董事长先是面有难色,而后勉强同意。次日开盘时按前一日的收盘价给每人转进几万股,同时再三叮咛消息暂不外泄。次日,这些亲朋好友一方面从这位"好心"董事长手里转进股票,另一方面又自己从市场大量买进这种股票,准备狠狠赚一笔大钱。殊不知当日收盘时,股价非但不涨,反而跌下几十个价位。事后一位曾参加过宴会的人哀叹说,这顿饭太昂贵了!

18计 擒贼擒王

此计语出唐代诗人杜甫诗《前出塞》:"挽弓当挽强,用箭当用长。射人先射马,擒贼先擒王。""擒贼擒王",比喻做事要抓住关键。在日常工作或生活中常见运用。《红楼梦》第五十五回,凤姐道:"如今俗话说,擒贼必先擒王。他(指探春)如今要做法开端,一定是先拿我开端。"用于军事,则是"打蛇先打头",使之主力崩溃、彻底失败的一种计谋。

"擒贼擒王"的"王",古代是指敌军的主帅、首领。在古代作战,两军对垒,白刃相见,敌人主帅通常就在"帅"字旗下。但在某些情况下,其主帅也有隐蔽起来不易发现的。因此,必须先使其主帅暴露而后再去擒获。

唐肃宗时,张巡和尹子奇激战。张巡一马当先,率军直捣敌方"帅"字旗下。这时敌营大乱,张巡全军上下,奋勇杀敌,一鼓作气,斩敌将50多人,歼敌军5000多人。张巡意欲射死敌主将尹子奇,但不识他在何处,便叫士兵以削尖的秸秆当箭射向敌军。中箭的敌军见此非常高兴,以为唐军的箭已用光,便纷纷拿着秸秆,奔向尹子奇报告。张巡因此便认出了尹子奇,于是立即令南霁云放箭。弓弦响处,一箭正中尹子奇左眼,几乎将其俘获。结果,尹子奇大败,只好下令退兵。

现代战争中的"王",则应理解为包括指挥员在内的指挥机构。"擒王",就是要消灭敌人的指挥员和指挥机构。因为敌人运筹决策,发号施令的首脑机关一旦被我消灭,敌军就会群龙无首,一团混乱,不堪一击了。在特定条件下,有的军事要塞、电子战兵器和通信装备,也属于必

三十六计

"擒"之列。现代战争的"擒王",通常采取"奇袭"手段来配合正面作战。也有在正面作战的同时,施以"掏心战术",以伪装的"小分队"直插敌后,如同孙大圣钻进铁扇公主的肚内那样。特别是空降出现之后,这种"掏心战术"又出现了一些新的特点,常常由战术行动转为战略行动,由小规模袭击转为大规模袭击,并且多以重兵突然袭击敌方战略要地,掐住敌人脖子,为我方地面大部队的行动创造有利条件。

1940年5月10日,法西斯德军奇袭埃本·埃马耳要塞,就是现代战争施用"擒贼擒王"术的一个范例。埃本·埃马耳要塞是比利时艾伯特运河防线的南部支撑点,其现代化设防与当时的马其诺防线齐名。德军要突破艾伯特运河防线,征服荷兰、比利时,进而入侵法国,首先得打开这道关。这次德国一反传统的袭击方式,没有用炮兵和航空兵的火力配合,仅以一支百余人的伞兵小分队于夜间乘滑翔机孤军深入,直接降落在要塞顶部。这个奇袭战术,突破了军事家们通常的思维框架,千余名比利时守军,虽有抗击德军地面进攻的充分准备,却万没想到在沉沉夜色中竟然祸从天降,懵懵懂懂地就丢失了要塞,变成了德军的俘虏。

1953年夏季,在朝鲜战场上我志愿军由杨育才所率领的13人侦察班深入敌后,歼灭伪军"白虎团"团部和美军榴弹营指挥所,也是成功的一例。

这次进攻战役中,我侦察员化装成敌伪军、美国顾问的形象,在我军炮火掩护下,冒雨深入敌军腹地。侦察员为避开敌人布下的地雷,顺着一条小溪沟前进。杨育才忽然发现队伍中"多"了一人,原来是敌军的一个胆小鬼,以为他们是逃兵,也跟着逃跑。杨育才从这个人的口中意外地得到了敌军口令。

一路顺利地急行军,就要到达目的地时,忽然发现满载步兵和弹药的敌军汽车发疯似的从隐蔽处疾驶而来。突然,前面一车停下,敌人想要下车集合,步行增援。杨育才机智地命令:两人打一辆车,先用手榴弹炸,然后趁乱冲过去。侦察员在敌人"不要误会"的喊声中,迅速冲过去,接近敌人团部。他们分兵三组,分别进攻炮兵室、办公室和大门的敌人。由于攻击的猛烈、突然,敌军陷入惊慌和混乱之中。"白虎团"正在开会的伪军甲团长、美军顾问、炮兵营长等全部被歼,还缴获了汽车、电台等许多战利品。

在这场战斗中,侦察员们采用了"擒贼擒王"的战术,先打掉敌人的指挥所,趁乱取胜,从而创造了以少胜多的辉煌战绩。

"擒贼擒王"与体坛角逐

在体育比赛特别是球类比赛中,双方都有自己的"王牌",或是独特的技术、战术,或为有威胁的"箭头"人物。二者常结合运用。倘能抓住这一主要矛盾,抑制对方的有效发挥,就可以克敌制胜。在二十六届世界乒乓大赛之后,中国一些快攻手对日本队有威力的弧圈球还处于应付、相持阶段,遇上弧圈球仍感威胁,不占上风。中国队直板削球手张燮林是乒坛上的雄者、智者,他暗下决心,制服日本弧圈王牌。于是,他研究并掌握了一套对付日本弧圈球的打法。在二十七届世界乒乓球锦标赛中,中、日再度争夺男子团体冠军时,中国队派出了张燮林这位削球手,他对付日本选手的弧圈球已是成竹在胸。比赛一交手,日本选手如坠云里雾中,对张燮林变化多端、旋转莫测的削球吃不透,摸不准,很不适应,莫名其妙的就输了。张燮林连续斩将夺关,为中国队搴旗"擒王"立下了显赫战功。

"擒贼擒王"与日常工作和生活

美国培斯莱姆海姆·斯切尔公司经理休瓦普的办公室里进来一位医生,声称愿向公司介绍使其取得划时代发展的秘诀。经理很不客气地说:"我在这公司已经工作了几十年,也没有发现什么秘诀,像你这门外汉能有什么秘诀? 今天我很忙,也请您不要浪费给病人治病的时间。"

医生说:"给有病的公司开处方,也是我的职责。现在对您很可说是机会之神。您就全当受骗,挤出 20 分钟如何?"经理只好耐心地请他讲出秘诀。医生说:"请您按轻重缓急的顺序,列出作为经理必须要做的六项工作,然后顺次认真完成,其余的请交给下级去做。"经理很不以为然地说:"难道这就是你要告诉我的秘诀吗?"医生领悟到经理不相信自己的心思,便说:"请您先在实际工作中试试吧! 如果觉得毫无价值,可以不付钱,如果觉得有效,你可根据情况付钱好了。"说罢立即告辞而去。

于是,休瓦普经理就试着按这秘诀改革工作方法,结果取得惊人的巨大成绩。几年后公司获得了很大的发展。

这年的圣诞节,医生突然收到休瓦普经理2.2 万美元的支票,对他所提供的秘诀表示感激和酬谢。

这位医生的秘诀其实就是"擒贼擒王"的策略。

"擒贼擒王"与政治

"擒贼擒王"也是一种谈判策略,在军事、政治、贸易等谈判中颇不少见。谈判是不流血的战争,为赢得胜利,切莫忘记抓住对方的关键人物和要害问题。《三国演义》中"关云长单刀赴会",是一次颇具戏剧性的谈判。东吴欲取荆州,首先必须搬掉关羽这块绊脚石。为此,鲁肃特请关羽到陆口寨外临江亭赴宴,企图以预伏的刀斧手在酒席筵前杀掉关羽。关羽让周仓和数名身挎腰刀的关东大汉同往。由于关羽将计就计,有备而来;席间又抓住了鲁肃这个权威人物,右手提刀,左手挽住鲁肃的手,佯装酒醉,说:"公今请吾赴宴,莫提荆州之事。吾今已醉,恐伤故旧之情。他日请公到荆州赴会,另作商议。"鲁肃吓得魂不附体,被关羽扯至江边。吕蒙、甘宁各引军欲出,见此情景,恐鲁肃被伤,未敢妄动。结果,云长安然归去,鲁肃"妙计"落空。

战国时的秦王与赵王的渑池(今河南省渑池县境)之会,秦王以强凌弱,让赵王鼓瑟,其御史(战国时的史官)上前写:"某年某月某日,秦王与赵王会饮,令赵王鼓瑟。"智勇双全的蔺相如"以牙还牙",请秦王击缶来互相娱乐。秦王发怒拒绝,相如持缶跪请,秦王仍不肯。相如便说:"你我相隔只在五步之内,我蔺相如将要拿头颈里的血溅在大王身上了!"秦王身边的侍从想杀相如,相如怒目呵叱,他们都吓得退了下去。于是秦王只得敲了一下缶。相如也让赵国御史记上:"某年某月某日秦王为赵王击缶。"秦群臣"请以赵十五城为秦王寿",相如也说:"请以秦之咸阳(秦都)为赵王寿。"

这次,由于相如以"擒王"之术,针锋相对,寸步不让,秦始终不能占赵国的上风。渑池会结束后,赵王因为相如功劳大,封他为上卿。

公元73年,汉明帝派班超和郭恂带领由36人组成的精悍的小分队,出使西域。先到了鄯善国,国王广起初对汉使者热情相待,后来态度突然冷淡。班超了解到原来是匈奴使者带兵到达鄯善。班超召集36人商议,说:"匈奴使者刚到几天,鄯善王的态度就改变了,假如鄯善王把我们交给匈奴人,我们就会死无葬身之地。不入虎穴,焉得虎子！只有袭击匈奴人的营帐，将其全部消灭，才能化险为夷。"

半夜，由班超率领部属36人，包围匈奴使者的营帐，乘着风势，放起大火，擂鼓呐喊，匈奴人惊醒大乱。班超亲手杀死3人。匈奴使者及其随从30余人被班超部下杀掉，其余100多人被火烧死。

次日，班超将夜间的事告知郭恂，并说，这次行动，郭虽没有参加，但功劳奖赏也都有他的一份。郭恂听了很是高兴。于是召来鄯善王广，把匈奴使者的首级给他看，告诫鄯善王不得再与匈奴来往。鄯善王为表示与汉朝真心和好，将儿子送往洛阳作为人质。班超出使西域初获成功，受到明帝嘉奖，令他继续留在西域，完成未竟的事业。

"擒贼擒王"与商战

在现代商业谈判和企业交往中，应用"擒贼擒王"计策，就是抓主要矛盾、抓权威人物解决问题。凡有经验的谈判者，每当遇到对方权威人物时，都认为这是攻取对方最后防线和堡垒的难得良机。深知此时谈判，得寸为寸，得尺为尺。因此，他们会全力以赴，去争取迅速而满意的谈判成果。

特别应当指出：在企业经营管理中，人才问题关系着企业的成败兴衰。举凡有志于建功立业的杰出人物，无不爱惜人才，十分讲求选才、用才、育才之道。谁拥有大批管理人才和专业人才，谁就掌握了竞争的优势和主动权，这是企业竞争的真理。从这个意义上讲，重视抓人才，就是用的"擒贼擒王"策略。在近代、现代中外企业管理史上，不重人才侥幸取胜而能长久的企业经营管理者实属罕见，而爱才、重才因而使企业获得巨大发展的经营者却不可胜数。

美国汽车大王福特家族的兴衰起落，与人才的得失就始终紧密相联。其创始人亨利·福特一世，从1889年开始曾尝试创办汽车公司，都因缺乏企业管理本领而失败。挫折使他聪明起来，便聘请一位叫詹姆斯·库慈恩斯的管理专家任经理。库氏上任后，一抓市场预测，得知只有生产美观、耐用、定价500元左右的汽车才能打开销路；二是组织设计了世界第一条汽车装配流水线，提高劳动生产率八十多倍，使产品成本大为降低；三是建立了一个完整的销售网。实施这些措施，短短几年就使福特公司一跃而成为世界汽车行业的第一霸主，老福特也获得"汽车大王"的称号。此后老福特开始头脑发昏，独断专行，许多人才纷纷另觅新枝，公司在19年里没有开发出新产品，终于被其对手通用公司击败。1945年，其孙子福特二世继承祖业，聘用了一些杰出人才，进行了一系列改革，推出了物美价廉、操作简便、广泛适用的"野马"轿车，创造了新车首年销量的最高纪录，把"福特王国"的事业推向顶峰。而福特二世后来也重蹈他祖父的覆辙，到1979年后，由于人才外流，公司从此一蹶不振，他不得不将整个公司经营权转让给外族专家菲利普·卡德威尔，结束了77年福特家族的汽车统治。

企业的竞争，归根到底是人才的竞争，提高职工的素质是竞争取胜的必要前提。一个现代企业家要舍得在智力开发上投资本,下功夫。

辽宁省东沟县水泥厂厂长韩旭东,他原在家乡的农机厂工作,后来进大连工业学校深造两年,回来成了该厂的"顶梁柱",为故乡插上"金翅膀"发挥了积极作用。1982年,他被特招到东沟县水泥厂,不久去武汉建材学院深造1年,学完11门大学课程,离校时绘制70余幅有价值的图纸,深得专家、教授的重视。韩旭东一当上厂长,便首先抓提高职工的素质。该厂职工大都是普通农民,为给企业发展增加后劲,韩厂长请来了4位教师,让职工轮流就读,每期半年。他还选派多名职工到高等学校进行较长时间的学习。就这样,他以长期的努力,长远的投资,使该厂职工素质不断提高,生产连年发展,效益不断提高。"擒贼擒王",抓紧提高职工素质,收到了明显的实效。

"擒贼擒王"与炒股

在股市上,对扰乱正常秩序,盘剥同行利益的集团或个人,可运用"擒贼擒王"之计,通过对最恶劣的不法之徒的惩治,收杀一儆百之效。

美国华尔街大证券公司DBZ是一家迅速发展中的证券公司,其前身为1935年创办的B公司。这公司于1973年购入费城D公司,1976年又购入Z公司,组成DBZ公司。到1979年公司资产达到1亿美元。然而从1983年开始,DBZ公司开始强行购并,到1986年通过不法收益达到5.45亿美元,总资产增加到18亿美元。其中原因是由于DBZ公司主管密尔肯在1984年到1986年之间,采取出卖客户利益,把客户秘密提供的上市公司的情报用作手段进行炒作,买进或卖出这些上市公司的股票,个人获红利达600万元。

DBZ公司的行为引起美国联邦证券管理部门的注意,并对其内线交易行为进行调查。经过两年,终于掌握DBZ公司从事内线交易、证券欺诈、股票炒作等不法行为的大量证据,遂于1988年9月正式起诉。担任办案的检察官朱里亚尼嫉恶如仇,依法予以严重惩罚。

第四章 混战计施计纲要

19计 釜底抽薪

"釜底抽薪",原意出自北齐魏收(字伯起)《为侯景叛移梁朝文》:"抽薪止沸,剪草除根。"《淮南子·本经训》:"故以汤止沸,沸乃不止,诚知其本,则去火而已矣。"《汉书·枚乘传》:"欲汤之沧,一人炊之,百人扬之,无益也;不如绝薪止火而已。"后用以比喻从根本上解决问题。它运用在军事上,是从根本上瓦解敌军的一种策略。

"釜底抽薪",自古就用来指导战争。尤其对于力量强大、锐气正盛之敌,更应避其锋芒,以"抽薪"来消耗和分散它的力量,方能战而胜之。

古代作战,由于武器和装备都很低劣,军队的战斗力,主要靠人的意志和体力。而粮草则是保持体力的根本因素,是"人吃马嚼"的必需品,对军队战斗力的强弱至关重要。军队没有粮草,就会丧失战斗力,古语

所说"军无粮则亡"是科学的至理名言。因此,历代兵家运用"釜底抽薪"之计,通常都是在粮草问题上作文章。

东汉末年的"官渡之战",曹操鉴于与袁绍实力悬殊,采纳其谋士许攸的"釜底抽薪"之策,亲自率兵奇袭袁军屯粮之地乌巢,使其军心动摇,不战自乱,然后趁势出击,大败袁军。

在现代战争中,部队的机械化程度大为提高,"粮草"的概念,已经不限于"人吃马嚼"的东西;飞机、军舰、坦克和各种机动车辆、新式武器装备等也

要"吃"的，离不了煤、汽油、弹药等"粮草"供应。倘能抓住战机，袭击敌方基地，切断其运输线，定收"釜底抽薪"之效。

第二次世界大战末期，美军为加速太平洋战争的进程，针对日本资源缺乏，大量的石油、煤炭、铁矿石以及粮食等均依赖进口的弱点，便来一个"釜底抽薪"，对日本实施大规模的水雷封锁作战计划，很快就切断日本与外界的航运，使其急需的石油、煤炭等战略物资严重短缺，许多飞机和船只由于无燃料而停飞停航，军工厂关闭，造船厂停工，全国工业生产濒临瘫痪，粮食供应日趋匮乏，国民陷入一片饥饿之中，从而达到了预期的战略目标，加速了日本军国主义的彻底崩溃。

"不敌其力，而消其势"。强大的力量虽然无法阻挡，而从气势上使其自行瓦解的妙策还是有的。对如何削弱敌人之气势，战国兵家尉缭子说："气实则斗，气夺则走。"而夺气之法，则在攻心。在今天看来，这仍属高见。曹操奇袭乌巢，以抢粮动摇袁绍的军心，可以说是运用"攻心夺气"的典型战例。

"釜底抽薪"与日常工作和生活

南北朝时期，宋朝的谢庄曾任太子中庶子，孝武帝（刘骏，公元454－465 在位）孝建初，进左卫将军。帝赐他一把宝剑，谢庄又将宝剑赠与豫州刺史鲁爽，后来，鲁爽叛变兵败被杀。一次，孝武帝偶然问起宝剑在哪里，当时在场的人，都为谢庄担心，不知如何是好。但谢庄却从容地回答："那天与鲁爽告别的时候，我私自假称陛下赐他宝剑，令他自刎。"孝武帝听了，不但未加怪罪，还表示嘉许。

有甲乙二人，同时追求一女职员。乙和女的较为接近，甲显然处于下风。但甲却想出"釜底抽薪"之计，进行"伯母政策"，在女子母亲面前献尽殷勤，双管齐下，取得母女俩的欢心，达到预期目的，从而"乾坤定矣，钟鼓乐之"。

当前，国内开展的全国性"扫黄"，采取有力措施堵塞"黄源"，特别是对制作出版淫秽书刊和音像制品的单位、个人，坚决查处，严厉打击，并且一抓到底,常抓不懈。这也是"釜底抽薪",从根本上消除"黄"患的谋略。

总之,"釜底抽薪",意在抓主要矛盾,抓影响全局的关键问题,抓那些决定成败的根本因素。把这些抓住了,抓好了,就能立于不败之地,稳操胜券。

"釜底抽薪"与政治

战国时,秦国的范雎用"釜底抽薪"之计大破赵国。秦将王龁攻赵,赵将廉颇严阵固守,秦军不能越雷池一步。赵王不明廉颇战术,屡下令命其进攻,廉颇不听。秦相范雎见有机可乘,使间谍造谣,说"秦最怕赵括将军,廉颇实一庸才,惧死不出军,早晚定被擒获"。赵王信以为真,乃使赵括代替廉颇。范雎知赵王中计,乃暗遣上将白起增军,赵国军败,秦军射杀赵括,坑杀赵国降卒四十万。

釜底抽薪在政治上最出色的运用就是墨子的非攻术。战国时,公输般(鲁班)替楚王建造一种新式攻城器械云梯,准备攻打宋国。墨子闻之,采取"釜底抽薪"之计,不远千里赶到阻止。在楚王面前,墨子和公输般表演攻防演习,接连九次的较量,均把公输般战败。终于把好战者吓住,被迫放弃进攻宋国的打算,从而避免了一场残酷战争。

唐宪宗时,吴元济割据淮西蔡州对抗朝廷,唐军屡次攻打失败。宪宗任命李愬为唐隋邓节度使,率兵讨伐吴元济。

淮西地区由于连年战争,生产遭到破坏,民不聊生。李愬对于逃荒的农民派人安抚,加以保护;对淮西的逃兵予以关切,甚至亲自询问安抚,家中有父母的,发给钱粮遣送归乡,降兵得到温暖、受到感动,由是淮西士兵投诚李愬的逐日增多。

唐军俘获淮西叛军的骁将丁士良,唐军被他杀害的很多,纷纷要求杀掉他。李愬却亲自为其松绑,劝他弃暗投明。丁士良受到感动,表示"以死相报"。李愬任他为将,给予特别优待。丁士良自告奋勇,擒获了为淮西军的"左臂"吴秀琳出谋划策的陈光洽,逼迫吴秀琳率众投降。厚待吴秀琳,和他商量攻打蔡州的计策。吴秀琳献计,要攻取蔡州必须收降淮西骑兵将领李祐。李愬设伏兵捉到李祐,但因其曾经杀死许多唐军官兵,众人强烈要求将其处死。李愬一面大力劝止部下,一面和李祐同吃同住,彻夜长谈。但是唐军仍然不服,议论纷纷。李愬只得将其械送京师,同时急报唐宪宗下诏宽恕李祐,令其在唐军候用。宪宗下诏将李祐释放送还李愬处,这样才平息了唐军官兵的怨愤。于是李愬任命他为统帅三千兵将的六院兵马使,可以带刀出入军帐。李祐这才献出攻打蔡州的秘计,正中李愬的下怀。

公元817年10月16日,唐军冒着狂风大雪行军百余里,偷袭蔡州城。吴元济还在睡觉,从混乱中惊醒,急令侍卫亲兵登上牙城顽抗。李愬得到情报,淮西军大将董重侦所部1万多精兵据守洄曲,可能赶回蔡州援救。董重侦的家眷在蔡州城内。于是李愬对吴元济暂时围而不打,亲去董重侦的家中安抚,并写信由董重侦的儿子飞送其父,劝其归顺。董重侦单骑前来投降,唐军没有了后顾之忧,立刻攻下牙城,活捉吴元济。各地的几万叛军不战而降。自从吴少诚领有蔡州,历时30多年的淮西割据局面,至此宣告结束。

楚汉交兵时,项羽对刘邦亦用过"釜底抽薪"之计,却未能达到目的,白费心机。广武(古城名。故址在今河南省荥阳东北)会战,项羽想逼刘邦退兵,以太公(刘邦的父亲)为人质,置于俎(宰割牲畜用的砧板)上,对刘邦说:"如不退兵,即将你父亲烹杀。"这时,如果刘邦畏惧,就可能屈服,而项羽就取得主动。但刘邦说:"我与你同在怀王前约为兄弟,我的父亲亦即你的父亲,如其要烹,最好也分给我一杯羹。"这么一来,项羽的打算全然落空,更无所施其技。

南宋初,金大将兀术(即完颜宗弼)举兵南侵,逼得宋朝迁都杭州。后在宋朝名将岳飞的猛烈反攻下,追奔逐北,逼其退回汴梁(今河南省开封)。兀术无奈运用"釜底抽薪"之计,利用秦桧把岳飞召回加以杀害,消灭了他畏惧的敌手,遂卷土重来。正如兀术准备撤离汴京时,那个劝阻他的书生所说的那样:"自古未有权臣在内而大将可以立功于外者。"这正是兀术应用"釜底抽薪"之计获得成功的缘故。只要把釜底的薪抽掉没有了热源,釜里的水也就沸腾不起来了。

宋朝的汉州(治所在今四川省广汉县)通判薛长儒,平息州兵叛乱也是采用此法。当时,数百州兵叛变,打开营门,要杀知州和监押(监察州县的地方长官),烧毁营房。知州和监押都束手无策,闭门不出,形势十分危急。面对这一严峻情势,薛长儒却不顾个人安危,挺身而出,徒步从断垣进入营中,向叛乱者动之以情,晓之以理,说:"汝等皆有父母妻子,为何做出这等事来? 倘若坚持错误,其后果将不堪设想,望慎重考虑,当机立断,以免铸成大错,追悔莫及!"当叛乱士兵们尚在犹豫时,他立即高喊:"凡是不愿叛乱者,都站到另一边来!"于是,随声响应的数百人都站到另一边,只有为首的十三人迅速夺门而走,散逃到各村躲了起来,不久都被捉拿归案。人们都说:"当时要没有薛长儒,全城人都要遭劫了。"这也是运用"攻心"之术,"釜底抽薪"之计用于政治上削弱敌人士气的又一成功范例。

"釜底抽薪"与商战

在商贸竞争中,瓦解同行对手,采取"压、挤、挖"三种手段,"挖"就是"釜底抽薪"。或者是不予正面交锋,用迂回战术,削弱对手实力等等。

20世纪20年代后期成立的中国飞轮制线厂,到1947年改为股份有限公司,资本总额为法币240亿元(合银元200万元)。它当时在中国,甚至在远东也算设备最新、规模最大的制线厂。为瓦解同行对手,采取"釜底抽薪"。飞轮厂曾以高薪和优厚的待遇把别厂技术、业务上的关键人物挖到该厂来。如把荣丰厂的绣花线技术员、华成厂的副厂长挖过来,使两厂在生产、业务上遭到沉重打击。此外,为了和英商锦华线厂竞争,通过朋友关系,把该厂的华人厂长张文田拉过来,条件是每月送200美金酬劳,另送一辆小汽车代步。张文田是锦华厂厂长,晚间成为飞轮厂的工程师,从而使锦华的技术秘密为飞轮厂所用,甚而连英国厂长亲自保管的雷司球(用于滚磨制线机上的引线刀,对保证制线技术起关键作用),也从其保险柜中"飞"了出来,使飞轮牌木纱团的质量大为提高。

被誉为"景泰蓝大王"的香港繁荣集团董事长陈玉书先生,曾有这样一个"惨痛的教训":当陈先生的贸易网扩展到厦门地区时,与厦门外贸局签订雄鸡牌蚊香合约。这种蚊香是畅销货,主要市场在尼日利亚等非洲国家。适有一位厦门籍港商,得知陈先生手中有兔毛、蝴蝶牌缝纫机、永久牌自行车等不少"拳头"商品,而厦门特产蚊香更是他的目标,于是便常到陈处,一"泡"就是半天。陈因情面难却,遂主动减价1/3,将合同转给他。当时陈尚无开信用证的能力,恰好他跟银行有这关系,所以陈只赚了点差额。不料这位"精明"的港商,刚做完这笔交易,就把陈先生一脚踢开,并把跟陈签的合约及信用证副本,一并作为"釜底抽薪"的依据,向厦门外贸局表示:他有条件直销尼日利亚,可以开信用证,是真正有实力的商户。外贸方面根据他提供的合约记录,就腰斩了陈先生的蚊香贸易关系。对此,陈先生说:"人心之可怕,已至于斯极,这不止是'釜底抽薪',简直把我的'灶'都连根铲除,这个惨痛的教训,我是会永远记取的。"一切正直、诚实、文明经商的人,对这种叵测用心、鬼蜮伎俩的确不可掉以轻心,"防人之心不可无"啊!

在商场上彼此较量往往十分剧烈,手段也很离奇阴险。解放前,有一家银行,吸收很多存户。其老板以此自骄,盛气凌人,因而招致了银行家某甲之忌妒,设下"釜底抽薪"之计将其搞垮。某甲的做法是这样的,他不惜牺牲10多万元活动费,邀约1000多个储户,到这家银行开活期存款。不到1个星期,所有1000多存户又同时前去提款,大排长龙队。同时,在外面散播谣言,说这家银行资金发生问题。因此别的存户也发生恐慌,纷纷向银行提款。这家银行无法应付,只好宣告破产。

"釜底抽薪"与炒股

美籍华人蔡志勇在经济学方面颇有造诣,在美国经营证券的"忠诚管理与研究公司"由于对公司的发展屡立奇功,被同行夸为"金融魔术师"。1958年,他被任命为该公司经理,并以自己历年的储蓄,购入公司20%股票。由于他在股市同行里为佼佼者,一般股户均以其"马首是瞻"。

1965年,该公司董事长退休,理应由时年37岁的蔡志勇接替,殊不知此项职务竟为一位不重进取、只求稳妥守旧的人接任。

蔡志勇为公司迅速增值和自己前途感到失望,随即另起炉灶,运用"釜底抽薪"之计,成立"蔡氏管理与研究公司"。原公司自知识渊博的蔡志勇走后,业务日渐萧条,职工深感失望!蔡志勇乘机将原公司人员招进自己的公司;同时,原来公司老客户也纷纷转而与"蔡氏"公司交易;甚至军火商的订单,随越南战争的升级,也大量进入"蔡氏"公司。因而公司发展突飞猛进,竟成为华尔街最大的证券投资商。次年,"蔡氏公司"的曼哈顿互惠基金证券上市,第一天就集资达27亿美元。这无异于在美国金融界引爆一颗原子弹,甚至欧亚金融界普遍感到震惊! 与此同时,原来"忠诚"公司由于人才匮乏,客户日益稀少,逐渐衰落,摇摇欲坠。

"蔡氏"公司的生意越做越兴旺,其个人声望如日中天,这归功于蔡志勇当年"釜底抽薪"决策的正确。

20计　混水摸鱼

"混水摸鱼"的本意是:趁水混浊鱼看不见东西,伸手把它捉住。比喻乘混乱之机,获取不正当的利益。运用在军事上,它是一种利用敌方混乱,乱中取胜的谋略。

使用"混水摸鱼"之计,通常有两种情况:一种是,客观上已形成"混水",如军阀混战、列国争雄、内部分裂等已经造成了混乱局势,对此,只须把握时机去"摸鱼"就是了。

公元前506年,一向归附楚国的陈、蔡两国派使臣到吴国来,请求吴王派兵援助,抵御楚国。孙武给吴王分析形势,认为现在晋国已挑头伐楚,十八国(包括一些楚附属国)先后响应,虽因天时不利、人心不齐而中途罢兵,但这说明楚已成众矢之的;同时,楚连年穷兵黩武,极度疲惫,北部边防薄弱,我们借救蔡之名而战,实为天赐良机,不可错过。吴王采纳了孙武意见,并拜孙武为大将,率兵6万,于同年冬,采取迂回奇袭的战术,一举击败楚国,收到了"混水摸鱼"之效。同样,刘备之得荆州、取西川,亦属此类。

另一种则是,客观情势还是"清水"时,就需要设法把水搅浑,然后再去"摸鱼"。

曹操在"官渡之战"中,就出色地运用了这种"混水摸鱼"的策略。曹操去乌巢劫粮,先令骑兵化装成袁军,打着旗号,乘黑夜偷越袁军防线,遇到袁军哨兵,就佯称增援后方,从而蒙混过关,抵达乌巢,突然纵火烧粮。火光中,袁军不辨真伪,顿时大乱。曹操乘机挥师猛攻,烧毁粮草,斩杀守军,一举夺得"官渡之战"的主动权。这次奇袭,以假乱真,可算是典型的"混水摸鱼"。

《三国演义》晋将周旨智夺乐乡一仗,运用此计尤为精妙。晋国镇南大将杜预,命牙将周旨"引水手八百人,乘小舟暗渡长江,夜袭乐乡"。周旨渡江后,便率队"伏于巴山"。次日,吴军先锋孙歆和杜预在长江交

三十六计

战时,被打得大败,仓皇撤回城里。周旨乘机率伏兵杂于败军之中,混入城内,然后"就城上举火"。守城吴军顿时大乱,刚吃败仗的孙歆对此突然变故不知所措,惊呼:"北来诸军乃飞渡江也?"当其尚未反应过来时,便"被周旨大喝一声,斩于马下。"晋军就这样轻易地夺取了乐乡城。

"混水摸鱼"是兵家熟知常用之策。《兵法圆机·混》中所列举的冯异变服乱赤眉、吕蒙白衣袭荆州、王皎明服捣吐蕃、岳飞黑夜入金营、曹孟德掳袁绍衣甲破淳于琼等都是运用此计的战例。

用"小分队"插入敌方腹地,制造混乱,或潜伏待机,配合大部队战略行动,在现代战争中也不少见。如:1973 年 10 月的第四次中东战争,以色列突击部队进行反击战,就曾用"以假乱真"的办法混过运河,在西岸潜伏,配合后续部队建立桥头堡,从而改变了整个战局态势。

"混水摸鱼"与体坛角逐

在体育比赛中,"混水摸鱼"多见应用。如足球比赛中,当众兵集中于门前,双方混战时,头脑敏捷、反应迅速、能抓住战机的运动员往往能"混水摸鱼",乱中取胜。在第十二届世界杯足球赛期间,意大利队的罗西堪称"乘乱取胜"的能手。足球行家评论罗西说:"他的打法并不复杂,当其在中场或前场得球后,总是将球很快转给同伴,然后甩掉防守队员,寻找战机,出现在最有威胁的'前沿阵地',在门前的混乱中迅速夺取战机破门"。

"混水摸鱼"与日常工作和生活

西汉末年,王郎冒充汉成帝之子,在邯郸称帝。他悬赏捉拿当时任刘玄更始政权大司马,正在河北蓟县等地视察的刘秀(东汉光武帝,公元 25 – 58 在位)。刘秀被困在蓟县城中,率领部属连夜突围而出。刘秀怕骑马逃跑目标容易暴露,便让部属把马赶到森林里藏起来,然后把鞋后跟调向前,鞋尖向后绑在脚上。这样分明是向西走,而从脚印看来却变成向东走了。刘秀施展"混水摸鱼"之手段就这样逃脱了王郎方面的追捕。

明武宗正德年间，御史戴铣等因上疏论刘瑾罪状被逮系诏狱。王守仁多次上书辩解说情，也遭到刘瑾的打击，廷杖四十，并将其贬为贵州龙场驿丞。王守仁被贬后，刘瑾还不解气，派人埋伏在王守仁赴职途中欲加以杀害。王守仁行至钱塘，意识到刘瑾必不会放过自己，便乘黑夜佯装投江，将鞋帽抛在江面上，并作遗诗一首。许多人都以为王守仁已离开了人间，其实王守仁逃到武夷山，隐姓埋名，躲避了一段时间。后因怕连累老父，才到龙场驿赴职。王守仁制造投江自杀假象，"混水摸鱼"，从而使刘瑾的暗算终于未能得逞。

"混水摸鱼"与政治

公元前240年，秦孝公派商鞅攻伐魏国。魏国公子卬率军迎击。商鞅给公子卬送信说："我从前与你交情很深，如今都为两国将军，我不忍相攻，想和你相见，当面订立盟约，然后各自收兵。"公子卬信以为真，高高兴兴前来赴会。不料商鞅设下伏兵，将其活捉。

接着，商鞅命令秦军乘机发起进攻，大败魏军。魏惠王割黄河以西的土地与秦议和，并且将国都从安邑迁至大梁。

春秋时期，齐桓公在大政治家管仲的辅佐下，国力日渐强盛起来。

这时，北方的燕国受到山戎的侵犯，无力抵抗，派使者到齐国求救。齐桓公亲率大军到燕国打败山戎。不久，卫国遭到狄人的侵略，无可奈何，遂派使者到齐国求救兵。齐桓公亲率大军战败狄人，还帮助卫国修缮加固城墙。齐桓公之威望从而大为提高。

这时，南方的楚国日渐强大，楚成王不再向周天子进贡。公元前656年，齐桓公利用楚国孤立的弱点，联合宋、鲁、陈、卫、郑、曹、许七个小国的军队，打着"尊王攘夷"、维护周天子尊严的旗号，征讨楚国。大军直达召陵（今河南省郾城县东）。楚成王承认自己的过错，表示今后要继续向周天子进贡。于是，中原八国和楚国在召陵订立盟约，齐桓公进一步提高了威望。

后来，周王室发生内乱，齐桓公又帮周襄王（姬郑，公元前651－前618在位）平定了内乱。

周襄王为了报答齐桓公,赐以祭祀太庙的祭肉。齐桓公趁机在宋国的葵丘(河南省兰考东)招集各国诸侯,并款待周天子的使者。使者表示周天子对齐桓公的信任。于是,齐桓公遂同各国诸侯订立盟约,史称"葵丘会盟"。从而齐桓公"九合诸侯",取得春秋时第一个霸主的地位。

"混水摸鱼"与商战

把"混水摸鱼"之计运用到经商中可引申为:善于"摸"势而行。"水"就是商场,"鱼"就是商道。商家要具有敏锐的眼光,才能洞察潜藏的各种商机,从而做到先人一步获得成就。

在上世纪初,中日两国都是主要产蚕丝的国家。日本的丝商在我国一些大城市,开设商行,开办丝厂。他们十分注意搜集有关情报,有的商行并借此在我国和外国市场上制造混乱。如新绸上市前,国际丝价尚无动静,而日本三井洋行却故意将每包价抬高几十两银子,分别向丝商小额收进生丝,做开市面。华商不知究里,纷纷向产地加价争购,造成哄抬现象。此时,三井便乘机打电报到国外报涨,高价抛空。等到新绸大量涌向市场时,他们又压低市价,一面牟取暴利,一面打击华商。华商由于进价高,无法与之竞争。这种情况特别在市场呆滞或剧烈变动时,倾轧尤其厉害。

日本明治初期,一度发生经济大恐慌,物价飞涨,商品滞销,商店倒的倒,关的关,生意人大都愁眉难展,摇头叹息。唯独伊势丹百货店老板小管丹治认为,这是施展"混水摸鱼"之计赚钱的绝好时机。于是,他趁机大量低价购进倒闭商店的商品,再印刷数十万张商品名称和价钱的宣传单:"空前绝后的大拍卖。我们供应您世界上最便宜的您所需要的东西。商品一定比别家商店便宜五成,敬请不要失去这千载难逢的良机。伊势丹百货店敬启。"并用够气派的民航机把这五彩缤纷的宣传单空投下来。结果,这颗"纸炸弹"大显神威。顾客如潮水般地来店抢购,连日爆满。他首次在日本使用飞机搞宣传的高招,捞了一笔大钱,成为明治初期的首富。

开放之初,我有关方面在和外商打交道时,缺乏警惕,疏于防范,上当受骗已非仅见。如香港有个"大江南北观光有限公司",是负责组办到国内各地旅游业务的。该公司成立后,先后与我民航、旅行社等20多个单位建立了业务联系,经常包租民航香港办事处的飞机。该公司董事长廖翠兰采取拖欠、欺骗等手法,前后骗得我17个单位的70余万元(外汇券)。其中一次,利用春节期间香港银行休假,我方无法查证支票是否有效之机,借此"混水摸鱼",给我方送空头支票,骗得我五架客机往返接运旅客。仅此一次就骗走我民航、各地中国旅行社9个单位40余万元。

"混水摸鱼"与炒股

搞股票投资,亦可运用"混水摸鱼"的策略。一般在股市混乱或主力大户活跃之时,也是股市投资风险大的时期,但这往往是在短时期获得大收益的良机。有魄力的股民就选择那些变动率大的投机股、成长股和产业股等,希望它在市场混乱期内迅速上扬,取得可观的赢利。投资者要想乱中取胜,除了有魄力外,很重要的一条是善于分辨真假新闻。股票市场的股价波动,常因某些传言而随之加剧。这些传言,有的是谣言,即无根据的小道消息、"马路新闻";而有的却是真正的新闻,是客观事实的预告或尚未公布的消息。凡谨慎的股民,必须对传言加以客观而理智的分析、判断,做出正确的决策,在股市混乱时,能头脑清醒。这样,才可能乘"混水"去"摸鱼",乱中取胜。

第21计 金蝉脱壳

"金蝉脱壳"一语在《元曲选》中常见。如《元曲选·朱砂担》第一折有:"兄弟,与你一搭儿买卖呀,他们倒做个金蝉脱壳计去了也,打你这弟子孩儿,你怎么放了他去。"关汉卿的《谢天香》第二折也有:"便使尽些伎俩,千愁断我肚肠,觅不得个脱壳金蝉这一个谎。"《西游记》第二十回中,黄风大王的前锋用虎皮盖卧虎石作替身跑了,八戒不识,行者说:"这叫做'金蝉脱壳计';他将虎皮盖在此地,他却走了。"此语比喻用计脱身而不使对方及时发现。在军事上,它是摆脱强敌,完成转移或撤退任务的分身法,是暗抽主力,袭击他处敌军的一种奇谋。

运用"金蝉脱壳"之计,关键是善于"脱"。这种"脱",不是仓皇逃跑,而是内容虽变其形式犹存,走而示之不走,以稳住敌人,悄然脱身。

公元 1206 年,南宋将领毕再遇率军抵御金兵,由于寡不敌众,决定撤走。但因平日他总让士兵在营中击鼓,以震慑敌人,又给自己部队壮胆。而撤退时,倘营中鼓声顿停,势必被敌发觉。为此,毕再遇妙用"金蝉脱壳"之计,走时,仍在阵地遍插旗帜,并命令士兵弄来许多羊和鼓,把羊倒悬起来,将其蹄抵鼓面。羊被吊难受,尽力挣扎,双蹄乱击,鼓声不绝。金兵见旗鼓依然,认为宋军仍严守阵地,数天未敢妄动。待其发觉时,宋军早已安然远撤。

"金蝉脱壳"的实质,都是以诈术迷惑敌人,掩护其真实的行动意图。"脱壳"的方法,则是按照客观需要而灵活多样。有毕再遇的"悬羊击鼓";也有诸葛亮的"西城弄险(即空城计)",曹孟德的"割须弃袍";还有后梁刘鄩的"借驴撤军"——公元 915 年,后梁将领刘鄩得知后晋

把重兵集结于魏州,而晋阳城(今山西省太原市)空虚,决定先袭晋阳。但此时刘䣋驻扎在恒水(今河北省大名县西),倘公开率部奔晋阳,必遭晋军阻击。梁军驻地城墙上有许多堞(齿形的矮墙),平时卫兵常扛旗沿堞来回走动,以观察敌情,保卫城中安全。为了迷惑敌人,刘䣋命士兵将毛驴牵到堞上,驴背上绑着肩插旗帜的草人,并训练毛驴像卫兵般地来回走动,执行"巡逻"任务。这样,使晋军以为毛驴是卫兵。一切就绪,刘䣋立即带领人马悄悄地撤出恒水,迅速向晋阳进发。待晋军得知真情时,刘䣋部队早已走远,明知上当,追悔莫及。这是进攻中的战略转移。也有为了顺利撤军用"欲退反进"的手法来迷惑对手的。

"金蝉脱壳"与体坛角逐

"金蝉脱壳"计策,亦可用于球坛角逐之中。中国乒乓球女队第一次获得团体世界冠军就曾巧妙地运用"金蝉脱壳"之计。在第二十七届世界乒乓球锦标赛中,中国男队再次蝉联男团体和单打冠军,而女队还没有翻身。这时,全国妇联、团中央等部门将了国家体委一军,向乒乓女队提出"妇女要翻身",也要拿回世界冠军。而中国女队的技术尚在成长中,世界乒坛评论是:横板打法欧洲是鼻祖,直拍攻球日本是长期称雄世界的王牌。难道中国女队就不能问鼎吗?容国团拍案而起,出任女队教练,集中全队智慧,多谋善断,针对欧、日特点厉兵秣马,积极备战。在二十八届比赛中,容国团先指挥李赫男、梁丽珍两位直拍快攻手以凌厉的攻势闯破欧洲诸关,进入前两名,将同日本队争夺桂冠。然而正当世界乒坛以赞美的目光注视这两位龙腾虎跃般的直拍快攻女选手将如何冲击日本女队这张王牌时,中国队在同日本队的女团决赛中却撤下了这两位斩将夺关的"常胜将军",竟然换上了两位中国式的横板削球手林慧卿和郑敏芝,使日本队和世界乒坛人士大出意料。特别是日本女队准备对付梁丽珍、李赫男的一整套战略战术全部"报废"。由于措手不及,结果以零比三惨败,屈居第二,中国女队第一次夺得团体世界冠军。这是"存其形,完其势",走而示之不走,而后出奇制胜,大智大勇的奇谋妙算。中国女队棋高一筹,赢得了世界乒坛的盛赞。

"金蝉脱壳"与日常工作和生活

1941年5月,新上任的日寇华北派遣军总司令冈村宁茨,集中了5个师团、6个混成旅团和一部分伪军,约7万余人,对北岳区进行大规模空前大扫荡。冈村宁茨的第一个"锦囊妙计"是采取所谓"分进合击"的办法,妄图将我军歼灭于长城西侧。一向料敌如神的晋察冀军区司令员聂荣臻巧妙地指挥部队转移,让敌人到处扑空。

敌人一计不成,又生一计,决定对我北岳区实行"分区扫荡",妄图将军区机关和主力部队逐步吃掉。聂司令员决定"投其所好",诱敌分兵。他让军区机关先拖住敌人,另派主力部队跳到外线,这样内外夹击的结果,敌人伤亡惨重。

感到连连失败的冈村宁茨,不得不拿出看家本领。他一方面暗暗在沙河以南一线设下层层包围圈,封锁大大小小的道路,另一方面又虚张声势,搞什么"伪装撤退"等阴谋,企图迷惑我军。殊不知聂司令员洞若观火,早已成竹在胸,制定"金蝉脱壳"之计。8月下旬,聂司令员选择敌人合击圈形成而又未合拢的时机,率领军区机关,在敌人的眼皮底下,自由地穿梭,先由娘子关穿马驹石,后又"三进三出,军出常家渠",不早不迟,跳出了冈村宁茨精心设计的层层封锁。

"金蝉脱壳"与政治

唐末淮南大将张颢和徐温商量谋杀其节度使杨渥。徐温认为:"要是用咱俩分别掌握的左右牙的军队,必定行动不统一,不如单独用我的右牙军队。"张颢不同意。徐温又说:"那么,单独用您的左牙军队吧?"张颢遂十分高兴地同意了。事情败露之后,一追查逆党,都是张颢所统率左牙军队中的人。因此,别人以为徐温确实不曾参与此事。徐温就用"金蝉脱壳"之计得脱厄运。

"金蝉脱壳"与商战

商业竞争中运用此计,就是避实就虚。如善于从一个地方"脱"到另一地方,进可能击败对手,退可保存自己,使自己进退自如,立于不败之地。此外,还须提高警惕,防止不法分子用"金蝉脱壳"之计,骗取财物。

某地的一个副食商场,在1989年11月26日下午,被人骗走价值1800多元的22条中华牌香烟。这天下午,先有三名男青年来买烟。售货员拿给他们后,其中一人拿出一捆钱准备付款,另一人将烟装入一长方形带有"中国制造"字样的黄色人造革箱内。这时又一男青年来到柜台,紧挨这三人对售货员说:"请给我拿一盒烟。"就在售货员转身拿烟时,他与先来的男青年互换了箱子,随后接过烟,付了钱,大摇大摆地走了。先前数着钱准备付款的男青年对售货员说:"我带的钱不够,这箱子和烟暂存一下,我4点钟来取。"售货员把箱子放在柜台下。不料,买烟存箱子的人却"黄鹤一去不复返",5天过去仍不见来取烟。几名售货员开箱一看,个个目瞪口呆:香烟竟变成砖头和硬纸板。这时才知自己警惕性不高,上了人家"金蝉脱壳"骗术的当了!

"金蝉脱壳"与炒股

深圳某上市公司的股票,于1990年到1991年底,发展良好,为众股友瞩目,争相购买。不意因某种原因,于1992年这家公司业绩一路下跌。

这时作为公司董事之一的刘先生,鉴于公司股价下跌之势,乃出奇谋,联合数位董事,强行拉高出货,以利"金蝉脱壳"。

当时,深圳股价指数由280点下跌到250余点,这家公司的股价一直停在17～18元左右。刘董事等先在17元以下购进一部分,随后又用该部分股票在15.5元上抛出,直至股价落至14元止住,继又大量补进。与此同时,故意扬言自己公司利多。这家公司的股价经此一拉升,竟涨到每股24.5元,继而股价再度穿破24.5元高点创新。这时,原已认为股价太高不敢买进的股友,在各方面宣传之下,被迷惑,转而纷纷追进,使股价一涨再涨,直涨到28元。此时,忽转暴跌,仅在短短两周之内,股价跌回到14～15元之间。众多股友见已跌深,乃放心地买进股票等待反弹。殊不知两周之后,股价再度跌至10元以下,继而跌至8元,真是跌至低谷!

这时,股友以为此次刘董事等主力一定大被套牢,殊不知刘董事一班人在股价突破24.5元后,即不再买进,转而秘密出货,至28元关口时,已抛出股数的2/3,而后到股价跌至18元左右即已全部抛空。此时,众股友得知利空消息,乃知跟风上当倒霉,太惨了!

在股市设"金蝉脱壳"之计,一要股本雄厚,二要有密切的社会关系,尤其要信息灵通。因此人们说这计谋为"富贵"计,一般中小散户无法施用。

22计 关门捉贼

"关门捉贼"的原来意思是:当窃贼进家盗取财物时,必须关起门来把他捉住。用于军事,和"欲擒故纵"相反,它是对弱小敌人采取四面包围,一举全歼的谋略。《兵法圆机·发》中就有这样的论述:"制人于危难,扼人于深绝,诱人于伏内。张机设井,必度其不可脱而后发。盖早发则敌逸,犹迟发失时。故善兵者制人于无所逸。"其意思是要把握时机,聚而歼之,不使敌人漏网。

"关门捉贼"的"贼",在古代多指那些行踪诡诈,突然来袭的小股敌人。其特点,一是行动灵活,出没无常;二是为数虽少,能量颇大,追之易遁,驻则相扰,甚而击我不备。《吴子》有云:"一人投命(拼命),足惧万夫。"这是因其易于脱逃,倘穷追不舍,既可能狗急跳墙,反咬一口;也可能正中其诱敌之计,吃亏上当。孙子的"穷寇勿迫"就是指的对于这种敌人,如过于逼迫不但难达歼灭目的,反有遭其暗算的可能。因此,"捉贼"必须讲究斗争艺术,谨慎行事,要先断其退路,再聚而歼之。

"关门捉贼"围歼敌人之策,不仅限于"小敌",在掌握战争主动权的前提下,也可以设法歼敌主力。其战术常用伏击战,也叫"口袋战"。即通过在预定的战场上,四面埋伏,布设"口袋","请君入瓮",致敌于被动不利的境地。伏击战又可分待伏和诱伏两种形式。待伏,是获取敌军行动的时间、兵力和必经路线的情报后,预设伏兵,待机歼敌。诱伏则是将我主力设伏于有利地区,再以少量兵力,巧妙地引诱敌人钻进我布设的"口袋"予以歼灭或采取佯攻某地,引诱他处之敌驰援而伏击之。

秦赵长平之战就是历史上著名的此类战例。在长平决战时,秦将白起针对赵括鲁莽轻敌的特点,采取后退诱敌,包围全歼的作战方针。先以一支人马诱敌,待赵军出击后,即向预设的壁垒撤退,赖以阻止赵军;随后以骑兵一部插入赵军,将其截为两段;而后再用主力从两翼包抄赵军主力,使其完全陷入被包围的境地。为保证全歼赵军,秦将白起又采取长困久围、待其饥疲而后歼灭的作战方针,秦王亲自动员后备力量,切断赵国粮道。赵军被围40余天后,饥困难熬,自相杀食,几次突围均告失败,赵括亦中箭身亡,40余万赵军全被坑杀,酿成长平之战的历史悲剧。

诸葛亮火烧藤甲军一役,其诱敌入"袋"之法运用得更加高妙。孟获与蜀军多次交手,从屡遭失败中看出孔明巧于伏击,因此在战前特别提醒藤甲军主将兀突骨:"诸葛亮多有巧计,只是埋伏。今后交战,吩咐三军:但见山谷之中,林木多处,不可轻进。"诸葛亮高明之处在于针对敌人首领对自己平时用计谋了解的情况,一反自己以往一贯拿手之计谋,半月内,令魏延连败"十五阵",丢"七个营寨",使藤甲军更加骄傲,连孟获也得意忘形,认为"诸葛亮已是计穷",只此一进,便"大事定矣"。更妙的是,诸葛亮这次作战设伏,恰恰与过去相反,故意示形于密林深处,却在光秃秃的山谷中暗设伏兵。兀突骨在追击魏延中,"望见山上并无草木",便"料无埋

第二编 《三十六计》施计纲要

伏,放心追杀",不知不觉地被对手引进了伏击圈——盘蛇谷。"只见山上两边乱丢火把,火把到处,地中药线皆着,就地飞起铁炮。满谷中火光乱舞,但逢藤甲,无有不着",使3万藤甲军全部葬身火海。

在解放战争中,我军转入战略进攻以后曾多次巧妙地运用"关门捉贼"的谋略。1947年6月底,我刘邓大军巧渡黄河,进入鲁西南。根据战役计划,先在郓城、定海消灭敌军三个旅后,立刻挥师以四个纵队包围了六营集、独山集和羊山集三个师的国民党军队。7月14日,我第一、第六两个纵队把两个师的敌军包围在仅有200户居民的六营集。为不使其狗急跳墙,我军有意将第一纵队撤至六营集以东一带开阔地,布成"口袋"等待敌军。同时,网开一面,虚留"生路",故意让敌人向我"空虚"方面突围。第六纵队按预定计划发起三面攻击(西面为主),敌军果然仓皇夺路向东逃窜,企图靠拢济宁之敌。结果,两个师都钻进了"口袋",被我全部歼灭。我军在大兵团作战中,特别是1948年9月至1949年1月发动的淮海、辽沈、平津三大战役,我军运用"关门捉贼"的谋略更为巧妙。

用伏击战"关门捉贼",在现代和未来的作战中,还将会广泛运用。但对敌实行围歼,必须认真领会孙子"十则围之,五则攻之"的思想,一定要集中优势兵力,否则难于达到预期的目的。优势也不单在人数上,还需将指挥能力、武器装备、部队战斗力以及天时、地利等条件加上,综合权衡,要对具体情况作出具体分析,依据客观情势,灵活加以运用。

这里值得注意的是,在两军作战中,对敌方灵活机动的"小分队",万万不可粗心大意,丧失警惕,穷追猛打。否则,易中诱敌之计,钻进其预设的"口袋",待觉察时,则已铸成大错,追悔莫及。古代和现代有的弱国,在其抗击强敌的战争中,用诱敌深入,以退为进,等待时机,聚而歼之的战略,同强敌巧为周旋,最终转败为胜。而骄纵轻敌、恃强凌弱的侵略者,只落得"无可奈何花落去"的失败结局的并非仅见。

"关门捉贼"与日常工作和生活

中国银行某地分行的行长,背着上级领导和分行的其他领导人,私自将57万美元调到香港。经人举报,发现这笔钱去向不明,既无贷款协议,又无买卖合同,更无借据凭证。为了弄清情况,领导遂责令他予以解释。他支支吾吾,一会儿说款由别人借去,一会儿又说自己也不知道是怎么回事。上级有关部门认为其中肯定有问题,当即决定对这位行长拘留审查,以防其与别人串通或本人逃匿。

这位行长因此老羞成怒,认为在事实未弄清楚之前,就对其进行拘留审查是非法的,所以不断地进行上诉。后来上级法院反驳说:"如果这笔钱装入你的腰包,则属于贪污;如果私自借给别人,则属于挪用公款;如果这笔钱被别人骗走,则属于渎职。以上三者,有其中一项,均构成犯罪,所以拘留审查是必要的。"

这位行长理屈词穷,只得老实地交代自己转移现金、准备卷款外逃的犯罪事实,终于受到应有的惩罚。

在这案例中,两处使用"关门捉贼"之计。第一处是在发现这位行长有严重经济问题时,立即将其拘留审查,这样就防止了他与别人串通或狗急跳墙,逃往国外的可能,这是物质上"关门捉贼",断其退路,使其无从逃逸的策略;第二处是对这位行长的驳斥,所使用的是逻辑推理的方式,使他无理可据,无情可原,无一点空子可钻,这是精神上心理上"关门捉贼"的策略。

在美国西部一城镇,有12个农民组成的陪审团。根据当时该地区的法律,陪审团有权判决案例的当事人有罪或是无罪,但是必须在12个人的意见完全一致时才有效,即使其中有1人不同意,该陪审团就不能做出最后的判决。一次审理中,11人认为当事人有罪,仅有1人认为无罪。11人只好耐心地劝导这1人,让其跟大家意见取得一致,但是这人硬是不肯改变主意。从早晨一直到中午,突然天上布满乌云,还刮起呼呼的大风,眼见一场骤雨来临,但谷物都晒在院子里,如果不立即收回,一年的收获就全部损失,但是陪审团不做出最后的判决又不能散去。为此,这11人甚为焦虑。在这种情况下,这人的态度更加坚决,十分镇定地对大家说:"反正就要下雨了,你们不同意我的意见,咱们谁也别想回家。"这时其中一人实在忍耐不住,便大声嚷着:"你不改变主意,我改变主意好了!"其余的人全急着要回家收拾自己的谷物,故纷纷同意了这1人的意见,于是最后判决当事人无罪。

坚持当事人无罪的人,利用其余11人急于赶在下雨之前收晒在院子里的谷物的急迫心情,把最后限定的时间作为心理上的"门"紧紧地"关"起来,迫使他们就范,最后获得成功。这个人借用的不是"地利",而是"天时",所采用的手段是"抓住时机"既而擒之。

"关门捉贼"与政治

公元前121年,西汉骠骑将军霍去病率兵向匈奴发动了恢复河西的战役。在张骞、李广部队的策应下,霍去病命公孙敖率兵一部,从正面进攻匈奴,以吸引敌人的注意。他自己率主力骑兵,采取大迂回的行动,骑兵深入敌后2000多里,把匈奴兵包围在祁连山与合黎山之间的黑河流域一带。匈奴人完全没想到汉军竟然出现在他们的大后方,军队大乱,汉军在大包围中,斩杀敌人3万余,俘虏王子、相国将军、都尉百余人,单桓王、酋涂王等2500人投降。这一仗,创造了我国骑兵集团远程奔袭,打歼灭战的战例。

公元前119年春,汉武帝命大将军卫青率5000骑兵为左翼,深入蒙

古大漠1000里,骠骑将军霍去病率5万骑兵为右翼,深入蒙古大漠2000里,对匈奴完成战略大包围。卫青的汉军斩匈奴1.9万多人,大军直至窦颜山赵信城(今蒙古杭爱山南乌拉特旗)。霍去病的汉军在大包围圈中来往奔杀,俘匈奴屯头王、韩王、将军、相国以下共7万余人,大军直抵狼居胥山(今蒙古乌兰巴托东),从此,匈奴向北远迁,漠南无王庭。

秦末,刘邦攻入咸阳,受降秦王子婴,项羽的大军随之亦到达咸阳,驻扎在新丰。这是决定谁为王关中的关键时刻,项羽的军师范增说:"刘邦是心腹之患,今日不杀,将来必后患无穷。"于是设下"关门捉贼"之计,邀请刘邦到鸿门(今陕西省临潼县东)宴会。刘邦明知此行危险,但自己力量薄弱,非项羽对手,乃勉强与张良等赴会。当时,刘邦的性命全攥在项羽手里,项羽本可于席间一剑刺死刘邦,但他见刘邦一副可怜相,加之张良的花言巧语,说得他不忍下手,刘邦得以乘机设计脱险,逃回霸上自己军中。此后,项羽被刘邦逼得自刎乌江。

此计应用不当,则易反受其害。

三国时,刘备向孙权借了荆州而不肯归还。乘刘备丧妻之机会,东吴都督周瑜定下"关门捉贼"之计。上书孙权,请将孙权的妹妹许配给刘备,请刘备过江入赘,将备软禁。刘备本不敢去,孔明从旁加以怂恿,并定下三条"锦囊妙计",由赵子龙护驾前往。赵子龙一到东吴,先使出"打草惊蛇"之计,继而又用"移花接木"之策,刘备便偷跑回了荆州。周瑜不但"关门捉贼"之计破产,还落个"周郎妙计安天下,赔了夫人又折兵"的笑柄。

"关门捉贼"与商战

在商业竞争中,此计可引申为将竞争对方或消费者围于自己精心设计的"口袋"中,通过一系列的经营谋略或经营方式的实施吸引之,使其再无他路可走,从而实现自己获利的目的。

日本樋口后夫很多年前在大阪市开了一个小药局,日销售额约1000日元,当时连吃稀饭都有问题。有一天,他读着一本军事历史书。书中使他得到教训:当时日军进攻的据点,腹背受敌,有被包围消灭的危险。他想:一个小店,如果和几家店密切联系,以三角型或四角型,就是采用包围体,把消费者包围起来,使别的药商无法围攻,以控制较大的生意面,连在里面的别的药局也受包围,即使不能消灭它也能压倒它。这跟下围棋一样,孤子很弱,而几颗棋子连起来就有力量,再多几颗就结成无比坚固的地盘。于是,他决心以现有小店为"据点"(起点),全力攻下大阪府,做为扩展的棋盘,然后再向全国进攻。大计订好,他格外努力经营,赚了些钱,便开始收买或租赁能互相支援的小店,改成药局。大阪市的药局众老板,见他热衷于改小店感到可笑,而樋口却越来越起劲。不久,他拥有了几家小店,由于彼此呼应,同心协力,"三角商法"逐渐发挥出令人惊异的威力,被这些小店包围的地区,便成为被他控制的基地。就这样,他运用"三角商法",几十年来他的连锁店,像雨后春笋般地在日本各地出现,造成了规模宏大的连锁组织,真可谓"生意兴隆通四海,财源茂盛达三江"了。他还雄心勃勃地要把连锁店增至1000家;药品进价要厂家符合他的希望,由他掌握价格控制权。樋口的"雄心"能否实现尚难逆料,其"三角商法"对我们却不无启迪。

23计 远交近攻

"远交近攻"语出《战国策·秦策三》:范雎听到秦相魏冉主张越过韩、魏去伐齐,便向秦王建议:"灭六国,统一天下,王不如远交而近攻,得寸则王之寸,得尺则王之尺也。今舍此而远攻,不亦谬乎?"又,《读史方舆纪要·卷一》也有此说:"秦用范雎远交近攻之策,先灭韩、次灭赵、次灭魏、次灭楚、次灭燕、并灭代,乃灭齐。"但作为一种谋略,在此二百年前,郑庄公为争霸诸侯,联合齐、鲁,夹击宋、卫,已见运用。它是一种分化或防止敌方联盟,以利各个击破的外交策略。

《孙子·谋攻篇》有"上兵伐谋,其次伐交,其次伐兵,其下攻城"的论述,由此可见:"伐交"除"伐谋"外,比之"伐兵"、"攻城"更为重要。而"伐谋"与"伐交"相辅相成,不可分割。军事外交活动本身即包含着许多谋略斗争。在《十一家注孙子》中,李筌引苏秦说服六国,以"合纵"战略抗击秦国的历史事实,杜牧则用张仪献计秦国,以"连横"战略瓦解六国联盟的历史事实,来解释"伐交"。凡用计分化敌人的联盟,促进自己阵营的联合,都属于"伐交"范围。因此,"远交近攻"这种手段,在封建割据的兼并战争中,特别是春秋战国时期,苏秦、张仪、范雎等游说之士,不遗余力地积极鼓吹和具体策划,纵横捭阖,屡见运用。

这里所说的"远交",并非是长久和好,而是适应斗争形势需要的权宜之计,是避免树敌过多而采取的外交诱骗手段,目的在于孤立近邻,"分而治之",实现其扩张野心。一旦"近攻"得逞,"远交"之"故友",立即变为"新敌",就会藉机反目,兵戎相见,直至将对手置之死地而后已。

　　第二次世界大战中法西斯德国施行"远交近攻"之计,屡屡得手。当时,希特勒妄图吞并欧洲,进而称霸世界,却担心欧洲各国联合起来对付自己。于是,他便利用西方盟国的绥靖政策,开展一系列的政治诱骗的"伐交"活动,甚至与东方的原苏联,也签订了"友好"的《苏德互不侵犯条约》。直到他入侵波兰前夕,即 1939 年 8 月 31 日,还煞有介事地通过墨索里尼同英法两国搞外交活动。而 9 月 1 日,法西斯德国便突然向波兰发动"闪电战"。不久,希特勒了解到西方盟国不会援波之后,便肆无忌惮地向波兰大举增兵。随着波兰的灭亡,希特勒继续挥师西进,先后攻占了丹麦、挪威、荷兰、比利时和卢森堡,并绕道攻入法国,直抵英吉利海峡。其后,又将魔爪伸向东方,悍然撕毁《苏德互不侵犯条约》,向原苏联突然发动大规模袭击,占领了原苏联大量国土,一度兵临莫斯科城下。德国法西斯这一罪恶行径,给欧洲和原苏联人民带来了巨大的灾难,留下了惨痛的教训。

　　今天,透过霸权主义者的"全球战略"和武装入侵别国的行径,仍可看到一些"远交近攻"的用心和伎俩。了解和研究这些历史战例,对于识破当今侵略者的阴谋是很有裨益的。

"远交近攻"与日常工作和生活

　　清初于成龙任黄州同知,有张姓强盗闻名于湖北全省,甚至有差役去投靠。于成龙决定亲自将其捉拿归案,但恐怕证据不足,难以定罪,就化名杨二,往其家当仆役,不久竟成为张某的心腹。

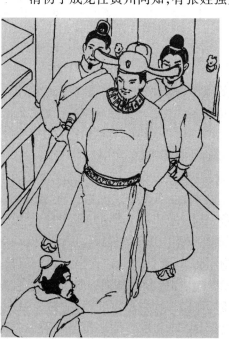

　　于成龙完全掌握了张某同伙的姓名,藏匿赃物的箱柜及机密暗语等,便逃出张家,召集捕快,直奔张家大院。张某见仆役"杨二"竟是同知大人,忙伏地求饶。于成龙取出几十个大的案件卷宗扔到他面前,说:"你把这些案破了,足可赎罪。"不久,所有强盗全部捕获,而张姓强盗也得到从宽处理。

"远交近攻"与政治

成吉思汗(铁木真)统一蒙古后,其东边和东南相邻的是金;其西南相邻的是夏;远隔金是南宋。对蒙古汗国威胁最大的就是金国。成吉思汗采取"远交近攻"的战略,他以武力胁迫西夏与蒙古议和,暂时消除西夏的威胁;同时,派人联系与南宋友好,并愿与南宋联合攻金。南宋虽然迫于金的直接威胁没有联蒙打金,但对蒙进攻金采取了中立的态度。成吉思汗率军大举攻金,金军连连败退,只好迁都开封。

成吉思汗基本上解除了金的威胁后,回手进攻西夏,1229 年 6 月,夏主李睍投降,夏亡。

1229 年 7 月,成吉思汗病死。成吉思汗的第三个儿子窝阔台继大汗位(元太宗),亦采取"远交近攻"的战略。窝阔台正式派使者联系南宋,与之联合南北夹击金国。1231 年攻克开封。金哀宗逃到蔡州(今河南省汝南县)。8 月,窝阔台派使者约南宋合攻蔡州。10 月,蒙、宋军会师,合围蔡州。这一年,窝阔台表示对宋朝的友好,还修孔庙。1223 年正月,金哀宗自缢而死,蔡州城随即被攻破,金灭亡。第二年 6 月,蒙古兵便大举进攻南京。1271 年成吉思汗的孙子忽必烈(元世祖)迁都大都(北京),改国号为元。1279 年,元军攻占崖山(今广东省新会南),宋大臣陆秀夫背着小皇帝赵昺跳海自杀,南宋灭亡,元遂统一了中国。

"远交近攻"与商战

在商战中,此计引申为:开拓邻近的市场或与近处的对手竞争,有利因素多,开拓相隔较远的市场或与远处的对手竞争,不利因素多。为了使形势对自己有利,对远处对手,可以适当联合,达到共同利益。

我国大企业家刘鸿生,在 20 世纪初与外商开展的水泥战中,也运用过"远交近攻"的策略。1920 年,刘鸿生邀集几位朋友,在上海创立"上海水泥公司",生产象牌水泥,一投产,很快就打开了销路。但时隔不久,便遇到唐山启新水泥厂的马牌水泥和日本小野田在大连生产的龙牌水泥的激烈竞争,"三足鼎立",各不相让,彼此降价竞销,致使上海水泥公司陷入困境。为了扭转这一不利局势,刘鸿生在竞争中采取了"联华制夷"的手段,与启新厂签订联营合同,达成分区销售、稳定价格的协定,使象牌水泥占据上海及华南市场。自此,象牌水泥迅速扭亏为盈,次年即盈利 12 万元。

"远交近攻"运用在新产品开发上,也可收到成效。但首先要正确处理科学研究和应用研究这种"远"和新产品开发这个"近"的辩证关系。一般企业通常比较注重"近攻"而忽视"远交",这样,虽然见效较快,但却缺乏坚实的后劲,在激烈的竞争中难免不吃败仗。

瑞士号称钟表王国,日创 20 亿美元的价值,垄断着世界钟表市场。但他们只注重对机械表的"近攻",缺乏对电子石英技术开发的"远交"。

而日本既重视机械手表开发,与瑞士争夺世界市场,又不遗余力地搞电子石英技术开发研究,一旦时机成熟,便充分利用自己雄厚的电子技术基础和已经占领的国际市场,生产、销售大批优质的电子石英手表。到1978年,日本钟表的销售量已超过瑞士,并动摇了它世界钟表业"王国"的地位。

对新产品开发,"远交近攻"既可走独立研制的道路,也可走技术引进的捷径,两者各有千秋。但技术引进可以减少科研经费和技术力量,能尽快地缩短与外国企业的技术差距。

日本在20世纪60年代的经济起飞中,主要采用这一方式,迅速成为工业大国,产品一举冲出亚洲,威胁欧美市场。我国的一些企业,由于"远交"一些发达国家,引进先进技术,开发出数控机床、彩色电视机、全自动洗衣机、双门电冰箱等新产品,既有效地"近攻"了国内市场,并在此基础上,还返销到国际市场。其中,牡丹牌彩色电视机荣获了国际金奖,从而收到了远近皆得的双重效果。

"远交近攻"与炒股

在股市上,与"远交近攻"计策有密切关系的概念,一是冷门股,一是热门股。两者虽和《国策》中所谓远国与近国风马牛不相及,而在炒股操作中如何区别对待,从而趋利避害,却仍有着某些共同之处。

王先生初入深圳股市时,是借朋友的两万元起家的。因其娴熟炒股技巧,任何股票,只要介入就能升上两个涨停板。时间一久,股友知悉他为炒股市场的炒股名人,多跟他买进或抛出。王先生的炒股技巧,多用的是"远交近攻"之计。

1990年初,深圳新股陆续上市,到1992年6月已有几十种股票上市交易。其中万科等股始终为热门股,而石化、中厨等上市时间短,相对购股者少。1990年初王先生入股市后,逐渐发家。根据调查研究,认为1991年发行而未上市的××股票,潜力很大。王先生决定对暂时尚为冷股的××股进行操作。通过内部关系,而以5至10元的价格收购职工股10万股,后又在××股上市前购入5万股,再加××股上市发行时购入10万股,到1992年3月,王先生已拥有××股25万股。及到1992年6月25日,××股票经国家批准正式上市交易。当其上市交易日期临近时,握有××股的人持股惜售时,王先生的便宜股收购就此结束。于是,持其25万股,伺机猛扑股市。

与此同时,深圳另一家公司因香港某集团介入,违规现象日益严重,逐渐成为虚弱病股,但仍然依势慑人。正在筹划股价从高到低时,王先生从内部得知消息后,待其局势尚未恶化明朗之前,联络几个大户,积极炒高售出。

次日,王先生等扬言,欲大量收购这公司的股票,报价比昨日收盘价涨近三成,众股友跟风积极购买,价格越炒越高,到第四天前的一倍,且有上升的趋势。殊不知王先生在此四天里吩咐各处经纪人,暗地将10

万股悄悄抛出,顺利地抽身,还获取若干暴利。至6月中旬,深圳市有关部门公布该公司有违法的行为,因而公司股票一落千丈,跌至谷底。到七月中旬,只得以最低价位停盘。有些持有该股的人,一夕之间,竟倾家荡产。

这只病股暴跌之时,恰逢××股正式上市,以1元票面股,溢价发行至2.4元,不久涨到每股17至18元左右,王先生所持25万股,要赢回多少利润呀!

这就是王先生的"冷交热攻"战略,亦可认为是"远交近攻"之计,在股市上的实际运用。

24计 假道伐虢

此计亦作"假途伐虢",原出《左传·僖五年》记载:春秋时,虞、虢二国毗邻,都靠近晋国,晋久有并吞野心,于是用荀息的计谋,先以名马、宝玉买通虞公,允其借道攻虢。晋灭虢后,回师途中又灭了虞国。此后即用"假道伐虢"泛指托借路之名,行灭亡该国之实的计策。侵入的战略大体分两种:一是以攻击接壤邻国为目标的谋略,如"远交近攻";二是越过邻国去攻击远国,如"假道伐虢"。前者是为消除肘腋之患所用,后者是为灭远敌以争霸权而用。两者均属先发制人的侵入性战略。

"假道"也作"假途",就是借路。其本意并非是对小国受"敌胁"时予以救援,而是乘势扩展兵力,控制对方,以便伺机突然袭击,占领该国。由此可见,"假道"是为掩盖其真实军事侵入意图的一种具体手段。晋献公采纳荀息的计谋,一箭双雕,灭虢国和虞国,就是在"假道"二字上作的文章。从历史经验看,虞公之所以亡国,在于贪小利而背大义,不听良臣宫之奇"辅车相依,唇亡齿寒"的忠言,宫之奇这一思想,实为御敌良策,已成为后世联弱抗强的重要战略思想。

晋献公"假道伐虢"一举兼并两国的成功经验颇为兵家重视。甚至被后人视作"成方",反复套用。

《三国演义》第七回讲的袁绍用逢纪之策,使公孙瓒攻打冀州,迫冀州牧韩馥来求援,而后乘机灭韩。袁绍自离开洛阳后,率兵驻河内(今河南省武陟县西南),因缺少粮草,他对富庶的冀州十分垂涎,却苦无良策。谋士逢纪献计说:"可暗使人驰书公孙瓒,令进兵取冀州,约以夹攻,瓒必兴兵。韩馥无谋之辈,必请将军领州事,唾手可得。"袁绍听后,马上给公孙瓒写信,约他"共攻冀州,平分其地。"同时又派人密报韩馥,说公孙瓒将起兵攻打冀州。韩馥得知,大惊失色,不顾左右劝谏,急差人至河内请袁绍相助。袁绍入冀州后,尽夺韩馥之权。韩馥懊悔不及,遂弃家投陈留太守张邈。接着,袁绍又同"盟友"公孙瓒翻脸,兵戎相见,

自己独占了冀州。由于袁绍是顺应韩的渴求而行动的，虽是借机而入，却无"假道"之嫌，自然用之成功。

周瑜为从刘备手中夺回荆州，也使出了"假道伐虢"之计，妄图借出兵取西川路过荆州，在刘备出城劳军时"乘势杀之"，以武力夺取荆州。不料周瑜此计，被足智多谋的诸葛亮识破，将计就计，设下圈套。当他率兵至荆州城下，突然被伏兵团团围困，"活捉周瑜"的喊声，响逾百里。周瑜知道中计，"大叫一声，箭疮复发，坠于马下"。周瑜的失败，是因为他在急于夺取荆州而荆州正小心提防东吴的情况下，照搬"成方"，只要稍有头脑之将领都能识破个中机关，何况博古通今的诸葛亮呢！

由此可见，施计用谋，比智斗术，要因时、因人、因地灵活变通；而因袭陈套，"照方抓药"，难免不事与愿违，自食苦果了。

1968年8月，原苏联入侵捷克斯洛伐克，也是用的"假道"手段。在入侵前三个月，原苏联、东德、波兰、匈牙利和捷克斯洛伐克五国，联合在捷举行军事演习。苏军借机向捷境内集结兵力和军用物资，熟悉作战地域。这次演习的地带、使用的部队和入侵时没有多大出入。8月20日23时，一架苏运输机飞临布拉格国际机场上空，伪称机械发生故障，要求迫降。当机场按国际惯例允许其降落后，机上突然出现数十名伞兵组成的先遣分队，迅速占领机场，威逼工作人员为其后续部队着陆服务。这次"假道伐虢"式的入侵捷克斯洛伐克，1989年12月4日在莫斯科举行会晤的苏、德、波、匈、保五国领导人宣布：是对捷克斯洛伐克内政的干涉行为，造成了长时间的消极后果，应当受到谴责。

"敌胁以从，我假以势"，此种藉援助之名，行扩张之实，完全是一种"趁火打劫"的不义之举。这在古代诸侯、近代军阀的兼并战争中颇不少见；即使现代，这种鬼蜮伎俩，霸权主义和扩张主义者，对于弱小国家也并未停止使用，只不过其方式、手段、规模有所变化而已。善良的人们，不要只具"菩萨心肠"，还得要有"火眼金睛"啊！

"假道伐虢"与日常工作和生活

梁朝的张率,刻苦好学,16岁时就写有2000余首诗,虞讷见到,说他写的诗很差。张率气得焚毁旧作,又重写几首给虞讷看,假说是著名文学家沈约写的。虞讷读后,啧啧称赞。张率莞尔笑道:"其实,这几首诗都是我写的呀。"从此,虞讷不敢小看张率了。

东汉永平年间,廉范被陇西太守邓融任为功曹。后来邓融被州里检举查办。廉范知道这事复杂,难以解决,打算用变通的办法来报答邓融。于是假称有病,请求离职。邓融不知其意,痛恨廉范忘恩负义。

廉范到了洛阳,改名换姓,请求代理廷尉监狱里狱卒的工作。不久,邓融果然解送到洛阳,关押在廷尉监狱里。这样,廉范得以守护在他身边,尽心地照顾他。

邓融奇怪他的相貌很像廉范,但绝没想到他就是廉范,于是对他说:"你怎么那么像我过去的功曹?"廉范呵斥他说:"你大概是处在困境中,因而两眼昏花,神经错乱了吧?"以后,邓融被释放出狱,贫病交加,廉范一直跟随在他身边照顾。邓融去世后,廉范送丧到南阳,后事全办完方才离去,最终也没说出自己的姓名。

"假道伐虢"与政治

马超被曹操战败之后,转而攻陇上诸郡,杀了凉州刺史韦康,占据了冀城,不料竟因此捅了马蜂窝,四处挨打。

韦康的故吏杨阜、姜叙、梁宽、赵衢等人,一心为韦康报仇,合谋攻马超。杨阜、姜叙在历城起兵,马超出兵攻打历城,而梁宽、赵衢却在冀城乘机作乱,断了马超的归路。马超只好往依汉中张鲁。可是,张鲁部将忌妒其才能,从中挑拨离间。张鲁便派马超北取凉州,但又不多给马超兵马。马超北上,与凉州军队交战,战事当然不利,只好退守葭萌关一带,进退两难,一筹莫展。

这时,刘备正围攻成都,得知马超的困境,便派李恢前去劝说马超归顺。马超得知李恢求见之后,便命刀斧手埋伏在帐后,乃与李恢会见。李恢一进帐,马超就厉声问道:"你来干什么?"李恢不慌不忙地说:"来做说客。"马超道:"我的宝剑刚刚磨过,你先说来我听,如果说的不好,就用你试我的剑。"李恢笑着说:"依我看,将军目前的境况如此之糟,恐怕新磨的剑不能试我,将军可能要试用于自己了。"

李恢接着说:"我听说日到中天就开始倾斜,月满之后就要亏缺。将军您与曹操有杀父之仇,与陇西为切齿之恨,前不能救刘璋于危难之中,后不能制张鲁部将之谋,四海难容,一身无主。假如再有渭桥之败,冀城之失,将军有何面目见天下之人呢?刘荆州过去曾经与令尊约定共讨曹操,将军正应继承先父之志,这样,上可以报父仇,下可以立大功于天下。"

一席话,说得马超良久无语,终于下了投靠刘备的决心。

蜀汉初建,朱褒、高定、雍闿在南中地区联合反叛,又与蛮王孟获相勾结,派人到东吴邀结外援,声势颇为浩大。为了平定南中之乱,诸葛亮决定亲率大军出征。

诸葛亮到达南中之后,首先与高定接战,俘虏了高定部下许多士兵。诸葛亮故意把俘虏放回,并对他们说:"我知道高定是忠义之士,只不过是为雍闿迷惑,才起兵反叛,如果能够悔悟,我不怪罪他。"高定从归来的士兵口中听到这些话以后,深有悔改的意思。不久,便设计杀掉雍闿,把首级送给了诸葛亮。

这时,诸葛亮又伪造了一封朱褒的书信,对高定说:"朱褒已经给我一封信,信中说你与雍闿是生死之交,一定不会杀雍闿,所献的首级是假的,如果你诚心归顺的话,可以一并把朱褒的首级送来,那样,我才能相信。"果然,高定又杀了朱褒。这样,诸葛亮用"假道伐虢"计谋,兵不血刃,便消灭了这两股反叛力量。

东汉末年,赤壁之战后,孙权把荆州借给了刘备,刘备暂时有了一席之地。按照诸葛亮的计划,下一步是要占领益州。

当时割据益州的刘璋,由于受到汉中张鲁的侵扰,曾派别驾张松去见曹操,意欲加以依附。曹操未予理睬。张松回到益州建议刘璋联络刘备,刘璋派法正前往荆州见着刘备,说明来意,刘备殷勤接待,表示一定出兵讨伐汉中的张鲁,援助刘璋,并一再表示只想和刘璋同心协力共拒曹操,绝无占领蜀地野心。于是法正满心欢喜地返回成都。

不久(公元211年9月),刘备果然借道入蜀支援刘璋抗拒张鲁、曹操。

刘璋专派法正带四千人马迎接。法正、孟达均想投靠刘备,故劝刘备趁机杀掉刘璋攻占益州,而又有张松作内应,蜀地唾手可得。公元212年12月刘备攻下涪城,进而攻占雒城。刘璋方知受骗,虽然杀掉张松,但为时已晚。公元214年5月,刘备大军进驻成都城下,刘璋不得已投降。刘备终于取得梦寐以求的益州。从此,刘备跨有荆益,实力强大,与曹操、孙权形成鼎足之势。公元221年,刘备在成都称帝,国号汉,史称蜀汉。

"假道伐虢"与商战

在商海大战中，在保持高度机密之下，通过合情合理的借口向对方实施攻击，强占对方的地盘，从而达到自己的目的。

在近代企业史中，有位叫阿曼·哈默的美国大富翁（后任美国西方石油公司董事长兼总经理），依靠他广泛交际获知原苏联在卫国战争后，面临经济困难，粮食短缺，因饥荒饿肚子的儿童不计其数，难民到处可见。然而辽阔的原苏联国土上有数不清的毛皮、白金、绿宝石。这使他联想到美国大丰收后小麦价格正大幅度下跌。如果"我假以势"将小麦运到原苏联，他们定然乐意接受这种"援助"，自己不但有利可图而且将大有作为。通过贸易外交途径，他不仅给美国的小麦和原苏联的"金玉珠宝"搭上桥，还让美国福特汽车公司、橡胶公司以及艾利斯—查尔斯机械设备公司也"乘隙插足"了。就这样，哈默在原苏联获得了极高的荣誉和数不清的卢布。他看到在原苏联商店里铅笔价比美国高十倍，了解到"扫盲"是原苏联的一项国策，在他的筹划奔走下，很快在原苏联建起铅笔厂，不仅满足了原苏联市场的需要，还出口欧亚十多个国家和地区。与原苏联各界尤其是上层人士的交往，使哈默获得了大量信息，这些信息又帮助他施展"假道伐虢"的策略，使他成为商界巨头、铅笔大王和亿万富翁。

"假道伐虢"与炒股

顺发公司是农工牧三业为主体的股份有限公司，尤其以农牧系列经营突出闻名。其农副产品远销欧美亚非各国，以其盛誉，发展很快，顺发股价，一路上升，1元面额的股价竟涨升到54元，参加操作该股者，都获厚利，甚至有大户以操作这股票为荣。

当时，顺发公司绝大部分农产品，都通过香港一家最大的转口产品出口商收购，发往世界各地，因而这家出口商基本掌握顺发公司的命脉。当顺发公司股票成为热门股，拥有顺发股等于拥有一笔牢固增值资本时，出口商向顺发公司商请转账，要求让一笔大数额的股票，未料到遭顺发公司董事会的拒绝。这使出口商愤怒不已，立即召开公司董事会议，部署为顺发公司设置陷阱。首先秘密召集同业联络会，请在港其他出口商停止收购顺发公司产品，承诺在事后转让相应数额的顺发公司的股票，作为报酬，与会同业欣然同意。接着，派人到顺发公司鼓励其扩大生产，顺发公司不知其中有诈，乃继续扩大生产。

转眼旺季到来，这家出口商却不像往年积极派人前来签订收购合同，亦没有其他商家前来订货。公司产品不能销出，堆积如山，到11月上旬，农产品收获完毕，却仍未找到销路，到第二年春天，面临梅雨季节，多数农产品霉烂，只得花费人力按垃圾处理了。与此同时，债主盈门，顺发公司雪上加霜，从而股价急剧下跌，公司被迫破产拍卖。

此时,出口商不仅庆幸出谋击溃顺发公司,而且以廉价购得这个烂摊子。经过悉心的整顿,顺发公司焕发往日生机,其股价又回到每股 50 元以上。出口商对支持他的同业亦未食言,依约转让其相应数额的顺发公司的股票。至此,顺发公司变成贸工农畜四位一体大企业。

这样,出口商假收购之途、灭"顺发"之"虢"的妙计一举成功。

第五章 并战计施计纲要

25计 偷梁换柱

"偷梁换柱",比喻暗中玩弄手法,以假代真。《红楼梦》第九十七回:"偏偏凤姐想出一条'偷梁换柱'之计。"(指以宝钗冒充黛玉与宝玉成婚之事)又作"偷天换日"、"偷龙转凤"。它在军事上,是暗中抽换敌方主力,使之由主动变为被动,而后乘机将其吞掉或控制的一种计谋。

古代作战,敌对双方多要排列阵式。列阵须按东西南北的方位布置。阵中有"天衡",首尾相对作为大梁;"地轴"则连贯于中央作为支柱。"梁"、"柱"位置的部队皆是主力。因而,观察敌阵,即能发现其主力所在。"偷梁换柱"就是要设法抽敌方的主力,变敌之"梁柱"为我之"梁柱",然后乘机将其制服的一种计谋。

此计运用,一种是在古代战阵的条件下"偷梁换柱",多是将敌营中暂时联合的力量,暗中争取过来为我所用。

春秋末期,握有晋国军政大权的智伯,联合韩氏、魏氏共同围攻赵氏。当赵氏濒临绝境之际,赵襄子采纳谋臣张孟谈"偷梁换柱"之计,用"唇亡齿寒"的利害关系,打动了韩、魏,与赵暗中结盟,并约定时期,三家军队同时向智军发难,从而一举消灭了智氏家族。

另一种认为"偷梁换柱"是调动敌人的计谋。其理由正如解语中的"频更其阵",是指多次运用佯攻、佯动,使之改变阵容,调开兵力,再攻其薄弱环节,并非指频繁变更其盟军阵容。此种理解,虽与"并战计"有些牵强,但还符合兵法上"分人之兵"的思想,即遇强敌,可先以各种佯动使其兵力分散,由强变弱,显然于我有利。似此理解亦无不可。

日军在第二次世界大战中为救援被美军围困在尔达康纳瓜岛的残余部队,所用的计谋,实质上也是"偷梁换柱"。1943年2月,日军大本营派小柳少将率十九艘驱逐舰急驶瓜岛。为掩护这一行动,潜藏在拉巴维尔椰子林的日密码破译队把电台信号调得与美军警戒机信号毫无差别,制造了一份假电报,准备伺机欺骗美军。2月7日凌晨3时40分,美基地电台频频呼叫在所罗门北的警戒机,而该机未及时应答。日破译队即冒充该机与美基地电台通了联络,将预拟的电报拍去。电文是:"发现日机动部队:航母2,战列舰2,驱逐舰10,方向东南,午前4时。"美基地电台果然中计,立即将此电报转发给美军各舰队。于是,美军最高司令部与下属部队间频繁通信,紧急调动机动部队和航空兵力。小柳少将乘敌混乱,率驱逐舰队满载瓜岛之日军残部,安然脱离了美军包围。由此看来,其关键在于能否设法"抽其劲旅",以有利于达到预期的目的。

南北朝时,齐将鲁康祚侵魏,两军夹淮河对峙,魏军长史傅永说:"南军常在夜间偷袭,渡河时定将火把插淮河中,标明水浅的地方。"于是魏军伏在营外,又用瓢装上油灯,令士兵置于淮水深处,一旦南军在河上点灯,便将其点燃。当晚,齐将鲁康祚果引兵渡河,傅永迎击。鲁见魏军有备,急令收兵。但此时灯火竞明,南军不辨深浅,淹死者不计其数。这是傅永把鲁康祚军队渡河赖以识别浅水的标志——火把的位置挪到深水区了,"偷换"了这个具有关键意义的"梁柱",这实质上也属于"偷梁换柱"之计。

"偷梁换柱"与日常工作和生活

"偷梁换柱"在其他方面运用的事例,古今都不少见。例如,齐国孟尝君遭秦软禁,为脱樊笼,先由一门客偷出已献给秦王之狐白裘,用以贿赂秦王宠爱的燕姬,在其甜言蜜语下,秦王同意将孟尝君放回齐国。孟尝君得到过关文书,急忙奔赴函谷关。为防秦王派人追赶和守关人的刁难,他除隐姓换名改扮商人外,还让一个有造假和挖补技能的门客,巧妙地在过关文书上"做了手脚",才神不知鬼不觉地免去了函谷关的麻烦。但到关时正值午夜,而大门要鸡叫时才开。孟尝君怕秦兵追来,十分焦急,多亏他的另一门客会学公鸡叫,他一"叫",群鸡皆鸣。于是关吏验证、开关,孟尝君一行便星驰而去。待秦王醒悟派兵追来,为时已晚,孟

尝君等已经杳如黄鹤。这过关的一系列办法,就是用的"偷梁换柱"之计。

1987年以来,英国不断的出现毒品走私案件,引起了警方的注意。警方根据犯人的交代重点在海关港口侦察。

9月22日,一艘哥伦比亚籍"塔加莫"号集装箱船,刚抵达英国南安普敦港。海关警员仔细地检查,发现一个集装箱上一把锁有被撬过的痕迹。为了不"打草惊蛇",他们设法调走了船上的人,然后用气割枪切开了集装箱顶。令人大吃一惊的是,

三十六计

里面竟装着 263 袋可卡因，重 250 多公斤，价值9000 万美元。

警方为抓获所有毒犯，不动声色地用等重量的白粉末替代塑料袋中的可卡因。通过国际刑警组织，了解到"塔加莫"号将要驶向法国、联邦德国、荷兰鹿特丹港。船上的毒犯先是在港口观察，认为"一切正常"，于是同接货的毒品集团联系。毒犯为了更加安全起见，精心设计了接货的行动方案，认为万无一失。此时，国际刑警组织及英、荷警方早把毒犯的联络行踪摸清楚。11 月 10 日，当 8 名毒犯开始搬运集装箱时，警察突然出现，所有毒犯还没来得及拿出武器就被擒获。

"偷梁换柱"与政治

隋朝有个知县也曾妙用此计为民除害，扶正祛邪。泉县的大恶霸冯弧，倚仗姐夫是吏部侍郎，无恶不作，残害百姓。一次，他输了棋，一怒之下，竟用砖砸死对方。此案告到县里，知县魏复写了判处冯弧死刑的案卷，呈报到京城。吏部侍郎接过此案，批道："此案不实，请魏县主另议。"将案卷退回，并暗中给魏复写信，说冯弧是他小舅子，让他从轻处理，将来保举魏复晋升高官。魏复十分愤慨，再次呈报案卷，仍被退回。他心生一计，在案卷上写："杀人犯马瓜，无故杀人，欲予斩首示众，特报请审批。"第三次送京。吏部侍郎见后，没细看案卷内容，就挥笔批了"同意处斩"四个字。批文到县后，魏便在"马"字旁加了两点，"瓜"字旁加了个"弓"字，就成"杀人犯冯弧"，急令衙役将冯弧就地处决。等到吏部侍郎得知后，明知"上当"，但有口难言，已经无可奈何了。

公元前 202 年，刘邦即皇帝位，将妻子吕雉（今山东省单县人）立为皇后，儿子刘盈立为太子，女儿封鲁元公主。后来，刘邦宠爱的戚夫人生儿子名如意，封赵王。刘如意为人作事如其父刘邦，汉高祖很想立为太子。吕后为确保其子刘盈为太子，使用种种手段拉拢朝廷大臣，形成吕氏集团。甚至张良亦参与筹划说情，也未能改变刘邦立刘如意为太子之心。刘邦平定天下之后，曾宰杀白马与大臣歃血为盟：今后，不是姓刘的不封王，不是功臣的不得封侯；否则，大家共同加以讨伐。

公元前195年4月,刘邦病死,太子刘盈继位,是为汉惠帝。刘邦死时,吕后四天密不发丧,与吕氏亲信紧急磋商,但实力不足,未敢动手。后来,她毒死刘如意,砍掉戚夫人的手脚,挖了她的双眼,灌哑药,将其安置在猪圈里,让惠帝去看,惠帝吓得大哭,事后,生了一场大病,从此不理朝政。

公元前188年8月,惠帝死,吕后临朝执政。

"偷梁换柱"与商战

在商业竞争中,有的不法商人仿制对手的品牌,以劣充优出售,让对手信誉扫地倒闭,然后独占市场。

20世纪初,在"英美"、"南洋"两个烟草公司的竞争中,"英美"公司为使"南洋"公司"频更其阵,抽其劲旅,待其自败,而后乘之",曾采取不断改换和增加烟牌名称的办法。如1914年,"英美"在东北增出"白刀"牌以打击"南洋"的"飞船"牌。1915年,又在广东增出"大头针"牌和"大山"牌以打击"南洋"的"地球"牌。1936年,它见"南洋"的"金斧"牌在汉口畅销,即以"锦扇"、"黄金"、"燕子"、"三八"和"多福"等牌名,轮流与"金斧"竞争,使"南洋"受到很大打击。更为可鄙的是,"英美"公司竟然依仗其资本雄厚,大量收买"南洋"的香烟,存放到发霉后再抛售出去,并唆使烟贩去找"南洋"退换。甚至于买通"南洋"在雅加达的仓库保管人员,把"南洋"烟搁置发霉后再发货。1931年,在汉口采用将劣质香烟换入"南洋"的名牌"白金龙"小包之中的"偷梁换柱"的手段,还暗中派人至各摊、店伪装顾客,斥责"南洋"香烟的质量低劣,以损坏"南洋"烟厂的名声。

至于古往今来的一些"江湖骗子",到处诈骗钱财,用"偷梁换柱"手段的更是不可胜数。

"偷梁换柱"与炒股

"偷梁换柱"在股市上的运用,就是套用甲股,指向乙股,赚取股市超利。

在某股市上,黄先生除拥有其他股票外,主要经营橡塑股和苯烷股,均属于当时成长股,其价格一涨再涨。然而单只股炒作,没有多大潜力。这时,黄先生向证券管理委员会申请出售橡塑股,意欲腾出大量资金继续扩大对苯烷股的投资。这一举措是趁橡塑价居高时,迅速出售获利。外界不知其意图,中散户中计,认为黄大户扩大苯烷的投资,苯烷的年度盈余增长无疑,苯烷股利必将升值,因而投资者纷纷抢进苯烷股。其实,黄先生所申请出让的橡塑股,只是申请转让的数量多,实际出让少。只不过是借此手法,迷惑广大中散户,把苯烷股价炒至意料不到的高位,赶紧出让获利;同时,却仍紧握具有实力的橡塑股的绝大部分控股权,以便今后获取更高的利润。这一"偷梁换柱"之计,让黄先生大获其利。

26计　指桑骂槐

"指桑骂槐",即俗话说的"指冬瓜,骂葫芦"。比喻明指张三,实骂李四。《红楼梦》第十六回:"偏一点,他们就指桑骂槐的抱怨……"运用于军事,它是以"杀鸡儆猴"、"敲山震虎"的手段来严肃法纪,树立权威的一种治军策略。

军队必须有铁的纪律,才能令行禁止,攻之能克,守之可固,退之有序;反之,有令不行,有禁不止,各行其是,一盘散沙,这样的"乌合之众",根本无法作战,必败无疑。因此历代兵家无不重视严明军纪。

宋朝的抗金英雄岳飞,善于治军,他的"岳家军",纪律严明,对百姓秋毫无犯,"冻死不拆屋,饿死不掳掠"。这支军队英勇善战,所向披靡,使金兵闻风丧胆,曾流传"撼山易,撼岳家军难"的赞语。

严明军纪,重在信赏必罚。赏,不忘士卒;罚,不避将帅。此计主要是以"罚"来整治军纪的。运用时,务须严格依法办事,要"罚不避亲,刑不畏贵",切实做到:有法必依,执法必严,违法必究,在法律面前人人平等。为使治军卓有成效,特别要重视抓关键,抓对全局有影响的人和事。这样,才能树立权威,令人信服,才有号召力。我国历史上一些著名兵家在这方面有不少佳话,对我们很有教益。

吴王阖闾在拜孙武为将军前,读了他的兵法十三篇,赞赏备至;为试他的实际本领,将一百八十名宫女交他布阵。孙武便把宫女分为两队,并以吴王的两位爱姬各担任一队的队长,让所有的人都拿着戟。然后问道:"你们知道你们前心、左右手和后背吗?"宫女们说:"知道。"孙武说:"命令你们向前,就正对你们前心的方向;命令向左,就转向你们左手的方向;命令向右,就转向你们右手的方向;命令向后,就转向你们后背的方向。"宫女们说:"是。"交代清号令之后,把铁钺之类的刑具摆了出来,即三令五申,击鼓发令向右,宫女们都大笑起来。孙武说:"命令交代不明,没有反复申述,让部下都熟悉,这是将帅的责任。"再次三令五申,击鼓发令向左,宫女们仍旧哈哈大笑。孙武说:"已经三令五申,将条令交代清楚了,仍然不执行命令,那就是下级士官的过错了!"于是下令斩两个队长。吴王大惊,急忙派人传令,希望不要杀她们。孙武说:"将在外,君命有所不受!"于是,杀了两姬,另选两名队长,再次击鼓演习。这一来,宫女们都严格操练,合乎兵法要求了。后来,吴王拜孙武为将,终于打败了楚国,称霸中原。今天看来,孙武把两个吴姬斩首未免处治过重,但其"有法必依,执法必严"的思想却是值得借鉴的。其他如"穰苴辕门斩庄贾"、"孔明挥泪斩马谡"等,都是通过抓个别典型的方法来严明军纪的。但是,以"罚"治军,不能动辄就罚,实行惩办主义;不能"不教而诛"或者罚不得当,否则效果将适得其反。

对于"赏"的重要,我国古代兵家多有论述。尉缭子说:"赏禄不厚则民不勤(尽力)";黄石公说:"礼赏不倦,则士争死。"曹操说:"军无财,士不来;军无赏,士不往。"等等。可见,物质奖赏对治军、激励士气的作用非比寻常。当然,对精神鼓励也须重视。

本计主要是强调治军要"严"。但同时还应当重视"宽",并使"宽"与"严"密切结合。"严"为法治,晓之以理,绳之以法;"宽"为情治,动之以情。一味地严刑峻法并不能激发人们的感激之情,调动不了下属的积极性。以"宽"治军就是待兵要宽厚,要爱护。古代兵家吴起即以"爱兵如子"闻名于后世,他与士卒风雨同舟,休戚与共。因此,士兵都以父视之,甘为驱使,效命疆场。吴起为大将期间,率兵作战,所向无敌,成为有名的常胜将军。古代兵家爱兵,当然不只吴起一人,在他之前孙武就曾指出:"视卒如婴儿,故可与之赴深溪;视卒如爱子,故可与之俱死。"在他之后的尉缭子、黄石公等,不仅重视爱护士卒,还认为爱兵是治军的前提,是设谋制胜的保证。因此,"宽"、"爱兵",不仅治军者需要重视,而且肩负行政、商贸以及其他管理重责的人们,要开创"人心齐,泰山移"的新局面,都应当效法孙武、吴起等古今楷模,在这方面下功夫去身体力行。

"指桑骂槐"与日常工作和生活

北齐高湝任并州(今山西省太原市西南)刺史,有一妇女脱下新靴,在汾水边洗衣服。一骑马的人过路,乘她没注意,脱下自己的旧靴,换穿其新靴而去。因此妇女持旧靴往州里报案。

高湝自幼聪明过人,将城外各家的老太太请来,把旧靴拿给她们看,骗她们说:"有一骑马的人半路被强盗抢劫杀害,只留下这双靴子。你们知道这人有亲属吗?"有一老太太听后捶着胸号啕大哭,边哭边说道:"我儿子昨天就是穿着这双靴子去他妻子家的啊!"高湝就派人去把此人抓获。

西汉时,汉武帝乳娘侯母家里的人横行不法,武帝知道后,不忍将其法办,决定让她全家迁到边疆居住。

乳娘不愿离开京都,却又不敢违抗皇帝的旨意。无

第二编 《三十六计》施计纲要

可奈何之下,想起汉武帝宠信的郭舍人,便去求其帮助。侯母将事情的原委诉说后,郭舍人安慰她说:"当你向皇帝辞行的时候,只回头看皇上两下,我就有办法了。"

这天,乳娘叩别武帝,满眼泪水,频频向武帝回顾。郭舍人乘机大声呵斥她说:"老婆子,还不快走! 皇上现在已经长大成人了,难道还用得着你喂奶吗? 还老回头看什么呢?"

汉武帝一听此话,感到十分难过,想起自己是吃她奶水长大的,她又没犯什么大错,就立刻收回成命,留下乳娘一家子,不再迁往边疆了。

"指桑骂槐"与政治

赏与罚,相辅相成,二者兼用,更见成效。"赏",也可以"指桑骂槐",往往比"罚"更具积极意义。

战国时政治家商鞅变法,就从"赏"与"罚"两方面运用了"指桑骂槐"。他在变法之令准备就绪尚未公布时,为了使人们确信新法,严格遵守,切实做到法明令行,就在秦都南门立起一根高达三丈的木杆,并下令:无论谁能将此木杆搬至北门者,皆赏十金。最初,民众不信有此重赏,只是围观并无人搬。随后商鞅将赏金提到五十金,有人将大木杆搬至北门,商鞅就当众如数付给他五十金。人们都说:"公孙鞅说话真算数啊!"到这时,商鞅才把预先准备好的新法条令叫人张贴出来,并在条令后写:"法令公布,立即执行,有违犯者,定罚不赦!"当新法遭到太子驷的师傅公子虔等人反对,并唆使太子犯法时,商鞅即启奏孝公:"太子犯法系有人唆使,请将唆使之人治罪示众。"孝公准奏。结果,商鞅便将这几个破坏变法的大臣,分别处以"墨"(脸上刺字)、"劓"(割掉鼻子)之刑,搬掉了绊脚石,使新法得以顺利推行。这是"杀鸡儆猴"在政治上的运用。

战国时著名军事家吴起"北门徙辕"之令,说明信赏必罚才能取得士卒的信任。在吴起任西河守时,秦有小亭临界。他想把它夺过来,但不知士卒是否愿意听从指挥,为此效命。于是便使用"指桑骂槐"之计,命人将一车辕置北门外,下令说,谁能将此车辕搬到南门外,就赐他田宅。开始,大家都不相信,好久也无人搬。后来,有个士卒抱着试试看的心理把它搬到南门外了,吴起当即实践了诺言。士卒们无不称赞他言而有信,吴起见时机已经成熟,便下达攻占秦国小亭的命令,并宣布:凡首先攻进小亭的就赐他们田宅。战斗一打响,人人奋勇争先,一个早上就拿下了秦国的小亭。

"指桑骂槐"与商战

在企业管理中,运用"指桑骂槐",使赏罚有信,也可收到好的成效。

福州铅笔厂的少数职工原有偷拿公物的行为,于是该厂在改革中作出了明确规定,按情节轻重予以严肃处理,重者开除出厂。"立法"后,有个别人"以身试法",结果碰了"硬","自食其果"了,一举煞住了这股歪风。该厂对在厂区内抽烟者,又规定:违反的一次罚四十八元。后来,动了一次"真格的",这种现象就消除了。在企业管理中,要重视"奖当奖者,罚当罚者",奖优罚劣,刚正不阿,特别是要重视奖励对生产作出卓越贡献的先进分子,防止"偏赏",不搞"人人有份"。这样就能达到"奖一劝百",调动全体职工的积极性。

"指桑骂槐"与炒股

股市上运用"指桑骂槐"之计,常见的是有实力的大户,串通金融界人士散布消息,或行贿、裹胁金融证券刊物从业人员制造假新闻,扰乱视听,从而达到操纵股市的目的。广大中小股民必须高度警惕,谨防上当。

香港的某公司是生产电子产品的股份制造业,其产品质量达到国际先进水平,业绩颇佳,股价一直居高不下,为众多炒家所倾注。但由于香港矿产资源异常贫乏,公司的生产原料基本依赖进口,因此,生产原料正常与否,成为公司经营业绩优劣的关键。

卫先生在香港投资的化工企业,曾有过一个时期股价上涨的黄金时代,但近来却起势平平,据调查得知,乃是众友极力支持那家电子企业,而对其经营的化工企业态度冷淡所致。于是卫先生决定对那家电子公司设置陷阱,借此挽回化工企业的颓势。

首先,卫先生派出精明强干的下属,在那家电子公司的原料中做手脚。继而煽动海关和缉毒总署的人前往检查,竟然查出有走私和贩毒行为。一时,各大报刊沸沸扬扬的大肆渲染,加之金融刊物也配合新闻界作股价分析,因而那家电子企业的股价急剧下跌,由每股 2500 元跌至 800 元左右,致使投资股友纷纷破产。

同时,卫先生经营的化工企业在金融刊物的宣传下,经济指标节节上升,众多股友争相购其股票。在其股价涨升中,卫先生却将掌握的主股悄悄地出售了。

此时那家电子公司的股价跌落至 500 左右的低谷,不得已将所有股份出售,化工企业的卫先生遂利用其从化工股腾出的资金全力吸尽电子股。尔后,召开董事会,卫先生竟当上董事长。

卫先生在股市战中,运用指"原料"之"桑",骂"电子"之"槐",发了横财。

27计　假痴不癫

"假痴不癫"就是表面装糊涂,实际很清楚,目的在于把自己隐蔽在"假痴不癫"之中,欺骗麻痹对手。汉朝人在假托为吕尚所编写的《六韬》里说:"鸷鸟将击,卑飞敛翼;猛兽将搏,弭耳俯伏;圣人将动,必有愚色。"这些都是用假象来欺骗、迷惑和引诱敌人。在军事上,它是麻痹敌人、待机破敌的一种策略。即孙子所谓"能而示之不能,用而示之不用"的老成持重的手段。

"能而示之不能",关键在于了解敌将之心,顺从对手的意图,相机行事。

关羽在水淹七军大获全胜之后,被胜利冲昏了头脑,一心想"取了樊城,即当长驱大进。径到许都,歼灭操贼",早就把东吴的威胁置诸脑后。吕蒙和陆逊就是适时利用关羽这种骄横的心理,一个托病辞职,一个故作卑谦,巧妙地运用政治伪装和外交伪装,使他真以为东吴害怕了,便失去警惕,疏于防范。东吴见时机成熟,用军事伪装,突然袭击的手段,轻而易举地占领了荆州。关羽"大意失荆州",立即陷入了腹背受敌的困难境地。这次假如把骄纵轻敌的关羽换为谨慎行事的孔明,情况就会不同了。孔明非但不会上当,还有可能将计就计,让吕蒙与陆逊重蹈周瑜"赔了夫人又折兵"的可悲覆辙。

"兵者,诡道也"。敌我相争,生死拼搏,对敌无诚实信义可言。大凡成功的军事行动,多与欺骗麻痹敌人紧密相连。

东吴的周瑜,这位千古风流的"反间计"导演,在群英会上他"假痴不癫",就坡骑驴地演了一出酒后吐"真言"、帅案放"降书"的假戏,使自作聪明的蒋干如获"珍宝",连夜溜回大营,报告曹操,从而使周瑜"借刀杀人",翦除了曹营中的水师顶梁柱——水军都督蔡瑁、张允。为使黄盖的诈降成功,周瑜又假戏真做,演了一场惟妙惟肖的"苦肉计",并利用蔡中、蔡和向曹操传递假情报,终于使老奸巨猾的曹操上钩,吞下了"火烧赤壁"的特大苦果。此外,司马懿在剪除政敌时,也以"假痴不癫"来欺骗对手。魏主曹芳登基,司马懿明升太傅,暗中兵权旁落于大将军曹爽之手。他为夺回兵权,以屈求伸,伪装衰老病重,使曹爽对其失去警惕。果然骗得曹爽放松了对他的戒备。一天,司马懿乘其随魏主外出狩猎之机,发起兵变,一举杀死了曹爽,夺回了兵权。

"假痴不癫"在历史上也有作为"愚兵"之计来治兵的。

宋代南方信奉鬼神。狄青在征伐壮族首领侬智高时,大军开赴桂林南,他便假装拜神,手持百钱祝道:"果能大捷,则投此钱面也。"左右恐事若不成影响士气,极力劝阻。狄青不听,突然挥手将百钱掷地,居然尽是钱面。全军为之欢呼,声震林野。狄青亦喜,命左右取钉,就地钉牢,上盖青布,并亲自封好,说:"俟凯旋,当酬神取钱。"后得胜回师将钱取下,僚属们一看,原来这些钱两面皆同。《孙子兵法》中也讲过"能愚士卒之耳目,使之无知"的话。今天看来,这是不可取的。

此计用于其他方面的事例亦属常见。

孙膑与庞涓曾同师学习兵法。后来庞涓当魏国大将,孙膑曾找他谋事。庞涓妒嫉孙膑本领比他强,便诬告孙膑私通齐国,砍下他的膝盖,使之残废。表面却装好人把他"供养"起来,让他将《孙子兵法》背录下来;实际是等到手后,再结束孙膑的性命。侍候孙膑的老人见孙膑受了冤屈,便将庞涓的阴谋告诉他,孙膑才恍然大悟,设法脱离险境。于是,当晚便烧毁已写好的兵书,装起疯来。庞涓不信,将他关在猪圈里。孙膑披头散发地躺在地上睡觉,醒后将送来的饭菜倒掉,却抓起猪粪吃,庞涓这才信以为真。后来,孙膑在齐使的帮助下逃出樊笼,作了齐国的军师,并在马陵道置庞涓于死地,报了刖足之仇。

刘备为避免曹操怀疑,于己不利,曾用韬晦之计,整天在后园种菜,以示自己安于现状,别无所图;曹操"煮酒论英雄"时,他遍举袁术、袁绍、刘表、孙策、刘璋等,甚至提到"二流人物",却不提曹操和自己。不料曹操竟说:"现在天下称得起英雄的,只有你和我呀!"一语道破,使刘备"失神",恰好这时天降惊雷,被他借机巧妙地掩饰过去了。对此,《三国演义》中还有"勉从虎穴暂趋身,说破英雄惊杀人,巧借惊雷来掩饰,随机应变信如神"的诗句赞扬他的应变才能。

"假痴不癫"与体坛角逐

大智若愚,以退求进,后发制人是"假痴不癫"的主要特点。春秋时,吴国名将伍子胥的朋友要离,虽然又矮又瘦,却是个所向无敌的"剑客"。他与人比剑,总是采取守势,当对方发起进攻,剑锋快刺到他时,才轻轻地一闪,巧妙地避开对方的剑锋,突施袭击,刺中对手。伍子胥向他请教取胜的诀窍,要离说:"我临敌之先示之以不能,以骄其志,而后示之以可乘之机,以贪其心;使其急切出击而空其守,我则乘虚而突然进击,使其防不胜防,必败无疑。"

"假痴不癫"与日常工作和生活

在日常工作和生活中,也有故意施放烟幕弹装糊涂,把自己的真正面目隐藏起来的。三国时,曹操恐怕被人暗地杀害,常吩咐左右的人:"我在睡梦中好杀人,当我睡觉时,你们切莫靠近。"有一天他在帐中睡觉的时候,被子掉在地上,一近侍慌忙中把被子再给他盖上。曹操一跃而起,拔剑把近侍斩杀了,仍上床睡觉。等了一会,当他睡醒起来后,惊

三十六计

奇地问:"何人杀我近侍?"众人将他在梦中杀人的经过如实相告。曹操伤心地痛哭,并命厚礼埋葬。人们以为曹操真是在梦中杀人,只有杨修知其用意,指着尸身叹息说:"丞相非在梦中,君乃在梦中耳!"原来,曹操在这里正是使"假痴不癫"之计。

往往与人商谈事情时,当看出对方想转移话题蒙混过关时,就说:"你可不能'王顾左右而言他'呀!"即是说"你可不能装糊涂与左右的人说别的事。"

明武宗正德年间,宁王宸濠慕唐伯虎之名,重金加以延聘。唐伯虎觉察出宸濠心怀异志,可能发生叛乱,便想逃离这火坑。但他深知如果提出辞职请求,必然被宸濠怀疑,致招杀身之祸。于是,仿效战国时孙膑假装疯魔。宸濠得知唐伯虎发疯,觉得突然,不甚相信,便派人以赠送礼物为名,借此观察唐伯虎是否真疯。唐伯虎知道来意,越是疯狂得厉害,赤裸着全身,伸开两足如簸箕状,用手玩弄着阳物嬉笑,见侍者就发怒地把着自己的阳物骂道:"你也想得到他吗?"把宸濠所赠的礼物全部扔到地上,往上面撒尿,然后又拣起来吃。侍者回去后将自己的所见所闻向宸濠作了汇报。宸濠认为唐伯虎真的患了疯病,于是赠送一笔金钱,打发他回家乡。唐伯虎因此安然脱险。

不久,唐伯虎预料的事发生,宸濠果然举兵叛乱,兵败被诛,其党羽无一幸免。唐伯虎因有先见之明,行"假痴不癫"之计,及早脱身,才免遭身首异处的灾难。

"假痴不癫"与政治

"假痴不癫"是一种麻痹敌人待机而动的谋略。此计古代运用在军事上,一般都是在不利于己的形势下,利用伪装以障敌耳目,等待时机再转守为攻。后来,此计也有人用于政治上。

战国魏文侯时,邺地(今河北省临漳县西南邺镇)的官吏、豪绅与女巫假托"河伯娶妇",强选少女,投入河中,不然,就说会有洪水为灾,借以愚弄人民,榨取钱财。西门豹为邺令,决意为民除害。到"河伯娶妇"

时,故意说所选女子不漂亮,要女巫、官吏去与河伯商量另外选送,立刻命人强行把他们先后投入河中。邺地的官吏、豪绅们都很惊恐,从此不敢再提说为河伯娶妻的事了。西门豹初对此佯装不知,其实是运用"假痴不癫"之计,一举制止了荒唐可笑的河伯娶妇的罪恶勾当,结束了当地人民的灾难。

在法庭上,有人成功地运用"假痴不癫"的计谋,迫使对方自供实情赢得胜诉。穷老汉王庄将所养的一匹烈性马拴在树上,恰好有一大腹便便的富人路过,也把所乘的马拴在这棵树上。王老汉便告诉他:"我的马性子烈,拴在一起,它会把你的马踢死的,你还是另找一棵树拴马吧。"尽管王庄一再告诫,这富人依旧我行我素,不予理睬。不久,果然两匹马踢打起来,富人的马竟被踢死。富人蛮不讲理,来个"恶人先告状",拉着穷老汉去见法官,要他赔偿被踢死的马。

在法庭上,王庄为防富人奸诈不讲实情,难脱干系,便来个"假痴不癫",任凭法官一再问他:"是你的马踢死了他的马吗?"只眨眨呆滞的眼睛,一声不吭。法官以为他是哑巴,说:"这就难办了。"富人说:"他这是装的,刚才他还跟我讲过话来。"法官追问:"他对你讲什么来着?"富人把他拴马时王老汉对他所说的话重复了一遍。于是法官明白了真相,判决:富人无理;老汉不应赔马。法官问老汉为何装哑?老汉说:"让他自己讲真相,不是比我讲更让你相信吗!"

徐文长曾妙用此计躲过公差捉拿。明代被誉为学富五车、满腹经纶的徐文长,因不满时政,写文章冒犯了绍兴知府,知府派公差前去捉拿他。徐文长闻讯赶紧离家,穿过几条小巷,来到华弄里,公差便随后追来。徐文长见前面弄底立着一块"泰山石敢当"的石碑,灵机一动,计上心来,便看着碑不慌不忙地念道"秦川右取堂",那几个公差没见过徐文长,见他把这碑上并不难认的字都念错了,就说:"走,这个人是'白字先生','泰山石敢当'都不认识,哪能是徐文长!"说着,便匆匆往前追去。徐文长就这样用"假痴不癫"之计轻易地从公差眼皮底下溜走了。

"假痴不癫"与商战

清代诗人郑板桥曾留下广为流传的名句:"聪明难,糊涂难,由聪明转入糊涂更难。"这实质就是"假痴不癫"之术。这种"能而示之不能,用而示之不用",卑而骄敌的策略,一些外商也深谙此道。他们往往扮成谦谦君子,见面深深鞠躬,赞颂备至,表白"真诚"无比:"愿为贵国竭诚服务",报"最低价格",做"赔本买卖"。因而常使一些人确信他们的"友好"、"开明"。其实,这正是为迎合我们一些人的虚荣心理,使之神经麻痹,双眼"失明",对其盲目信任,不知不觉、高高兴兴地上当受骗,在商贸中吃了败仗。小而言之,有的坏人在街头巷尾,假装聋哑、傻子,面带可怜的样子,欺骗善良的人们,似乎他在行乞,其实在干骗人、甚至行窃的勾当。据了解,这些人有的还成了万元户。

"假痴不癫"与炒股

在股票交易中,"假痴不癫"之计在一些炒股大户中时有运用。1990年8~9月间,众多的深圳、广州等南方炒股者涌入上海股市,上海的电真空股票一直徘徊于120元左右。这时有位资金雄厚的股票投资者,毅然以125元夺标,买下6000股。人们认为他太傻,花了冤枉钱,他却不以为然。第二年春天,这位投资者又来到股市交易所,将一张卖股合同交给柜台,愿以每股190元挂牌卖出。他的举措使在场的人无不目瞪口呆:因为时价是220元,他至少应挂牌200元,为何有钱不赚?实在难以理解。其实他的"贵买低卖",非但不傻,可以说很聪明,拿得起,放得下,具有"大将风度"。他也因此很潇洒地就赚一大笔钱!他自己是这样说的:"有人以为我买贵了,又卖低了,表面上我吃亏了。实际上他们不明白,这正是我的投资策略,我炒股数额巨大,不这样就难以大进大出,事实上这一进一出,扣出必要的费用,还可净赚几十万元。"在商业上这就是"薄利多销"。但这种炒股手段,主要适于股市的主力大户。

28计 上屋抽梯

"上屋抽梯",亦作"上房抽梯"、"上楼去梯"。此计,也有叫"过河拆桥"的。比喻诱使前进而断其退路。见《孙子·九地篇》:"帅与之期,如登高而去其梯。"原意也见于《三国志·蜀书·诸葛亮传》,荆州牧刘表之长子刘琦,因后母偏爱幼子刘琮,常受压抑,屡求自安之策于诸葛亮,均遭拒绝。一天,刘琦引诸葛亮游观后园,共上高楼,饮宴之间,令人抽去楼梯,然后对他说:"今日上不至天,下不至地,言出子口,入于吾耳,可以言未?"诸葛亮感其一再诚恳求教,遂告以"重耳在外而安"之策。刘琦便求父派他去江夏任太守,得免灾祸。

此计在军事上,是一种诱敌就范、聚而歼之的计谋。其使用既可对己,亦可对敌,目的都是为了克敌制胜。对己,是将自己部队置于有进无退、有敌无我的绝境,激励将士一往无前,同敌人作殊死斗争。

秦楚钜鹿之战,项羽面对强大的秦军,在自己部队渡过漳河后,下令凿沉渡船,砸破锅甑,烧毁营房,只带三天口粮,用以表示只有誓死作战,才能绝处逢生的决心。楚军一到前线,立刻包围秦军,截断其粮草供应。战斗中,无不以一当十,勇往直前,一场恶战,打得秦军落花流水。"破釜沉舟"的成语典故即出自于此。对敌,则是《吴子·料敌》中说的:"必先示之以利而引去之,士贪于得而离其将,乘乖猎散,设伏投机,其将可取。"也就是诱敌深入,"请君入瓮",通过实施包围、迂回、背后进攻和切断退路等使其覆灭的计谋。这方面的战例甚属多见。

在《三国演义》中,张飞嗜酒成性,逢酒必饮,每饮必醉,醉后常出事端,此其一大弱点。徐州失守,就是因他酒醉未醒,吕布乘机杀进城来所致。然而,随着张飞在战争中锻炼日趋成熟后,他的弱点却变成了麻痹诱惑敌人的招数了。张飞在岩渠山智取张郃就是一例。张飞在巴西一带战败张郃,乘胜追至岩渠山下。张郃却据山守寨,一连五十余日,坚持不出交战,张飞无可奈

何。于是,他就在山前扎寨,每饮酒"大醉"后坐在山前辱骂张郃。刘备得知,大惊,急告孔明。孔明不以为意,反派魏延送好酒三车,车插"军前公用美酒"的大旗。张飞得酒更加嗜饮无度,将美酒置帐前,"令军士大开旗鼓而饮"。山上张郃见此情景难按杀敌心情,率兵夜袭蜀营。当张郃冲进大寨,见"张飞"端坐帐中,举枪便刺,方发觉是个草人。结果,张飞与伏兵尽出,张郃被打得大败,曹军的岩渠寨、蒙头寨、荡石寨全被张飞夺得。

凡用"上屋抽梯"之计,须先"置梯"或"示之以梯",诱其入套。《百战奇略·利战》:"凡与敌战,其将愚而不知变,司诱之以利,彼贪利而不知害,可设伏以击之,其军必败。语曰:利而诱之。"《孙子·虚实篇》:"能使敌人自至者,利之也。"诱敌之法并无定式,可以多种多样,但其根本在于依据对手特点和战场实际,因势利导,引敌就范。

公元前700年,楚伐绞(小国,今湖北省郧县西北),两军相持于绞都南门。根据绞用兵轻躁少谋,有人建议楚王,以"无捍卫采樵者诱之"。楚王依计,第一天上山砍柴,让绞军捕走樵夫30名。次日绞军都争捕楚军樵夫。楚预伏阻击部队于北门外,并在山中也设埋伏。待绞军进入伏击圈,顿时伏兵四起,大败绞军,迫使绞国订立投降条约,俯首称臣。

"神机妙算"的诸葛亮,在三国争鼎中,更是"置梯"诱敌的顶尖高手。如他初出茅庐烧的"两把火":先是在博望坡一带采取伏兵计,用火攻将曹军大将夏侯惇、于禁等打得大败。接着,又率军主动撤出新野,布下"口袋",再次用更猛烈的火攻,把进犯新野的曹兵烧得焦头烂额。更

为精彩的是诸葛亮创造性地运用"退避三舍"的谋略，竟使老谋深算的司马懿也中了圈套。司马懿在武都、阴平之战中连败两阵，便采取坚守策略，一任蜀兵天天骂阵，魏军紧闭寨门，半月不出，企图以此疲惫蜀军，创周亚夫坚壁昌邑式的战绩。但道高一尺，魔高一丈。孔明思得一计，传令各营拔寨退兵。司马懿得知后说："孔明必有大谋，不可轻动。"又告诉张郃说："彼见吾连日不战，故作此计引诱。可令人远远哨之。"军士探明，回报说："孔明退兵30里下寨。"司马懿说：

"吾料孔明果不走。且坚守营寨不可轻进。"住了旬日，绝无音信，并不见蜀将向魏挑战。再令人哨探，回报说蜀兵已起营去了。司马懿闻报未信，曾亲自易服混在军中，果见蜀兵又退30里。司马懿对张郃说："此乃孔明之计也，不可追赶。"待10日后，蜀军复退30里下寨。这时，张郃认为孔明是缓兵之计，力主追击，而司马懿尚怕"孔明诡计多端，倘有差失，丧我军锐气"。张郃坚决请战，说："某去若败，甘当军令。"司马懿终于经不住接二连三的诱惑而动摇起来，于是决定追击。为"谨慎"起见，便分兵两路，张郃先行，他"随后接应"。不料诸葛亮以多路伏兵围歼运动之敌，又以两路奇兵直袭曹营。结果使狡猾的敌手司马懿首尾难顾，还是败在足智多谋的诸葛亮手下。

在近代、现代战争中，运用"上屋抽梯"之计的亦不少见。

1841年，平英团在广州三元里北牛栏岗以大刀长矛痛击有洋枪洋炮的英国侵略军；1939年，我抗日部队将侵华日军坐镇张家口的"蒙疆驻屯军"最高司令阿部规秀中将率领执行"扫荡任务"的主力部队900余名予以歼灭。这位"名将之花"也未能幸免，一命呜呼了！

"上屋抽梯"与体坛角逐

在第十二届世界杯足球决赛中，意大利队擅长防守反击，曾采用"上屋抽梯"的策略，先设陷阱引诱西德队出击，使其后防空虚，然后以防守断其后路，"抽梯"，造成对方回兵缓慢，以致败北。西德教练德瓦尔在决赛失利后说，意队将主动进攻让给我们，引我队出击。而他们以稳固防守为基础,然后伺机反击。这一打法很厉害,终使他们获得胜利。

"上屋抽梯"与日常工作和生活

第二次世界大战期间,法国反间谍机关收审了一个自称是比利时北部的农民流浪汉的人。从他的言谈举止和眼神看来,法国反间谍军官吉姆斯认定他为德国纳粹间谍,可是无确切的证据。

审讯开始后,吉姆斯提问:"会数数吗?"流浪汉用法语流利地数数,并未露出破绽,即使在说德语的人最容易说错的地方,他也能说得极为熟练正确,于是将其押回小屋。

少顷,有人在屋外燃起火,哨兵用德语大声喊:"着火了!"流浪汉仍无动于衷,仿佛听不懂德语,照样睡觉。此后,吉姆斯又找一位农民,和流浪汉谈论起种庄稼的事。他所谈的颇不外行。

次日,流浪汉在被押进审讯室进行审讯之时显得更加沉着冷静。而吉姆斯此时似乎正在非常认真地审阅一份文件,待他阅后在上面签上字,突然抬起头来说:"好啦!我满意了,你可以走了!"流浪汉立刻高兴地像放下沉重包袱似的,昂着头打算离开此危险之地。

忽然他发现法国军官吉姆斯脸上正露出胜利者的笑容。他顿时醒悟过来,原来吉姆斯在说上面这些话时用的是德语。不言而喻,而他却听懂了,他的真实身份由此暴露无遗,只有等待最后的判决。

1945年8月下旬某日,晋察冀军区聂荣臻司令员率领军区机关跳出冈村宁次精心设计的包围圈,赶到阜平以北三十里的雷堡村时,突然遭到敌人飞机的轰炸。与此同时,侦察员发现四面都是敌人。聂司令员冷静地思索,认为这次穿插是在非常秘密的情况下进行的,敌人飞机为何跟踪得如此及时准确?这时,司令部嘀嘀哒哒的电台呼叫声,使他顿时醒悟,敌人可能熟悉我电台呼号,通过测定我电台之方位,准确地找到了我军的位置。顺着这一思路,聂司令员决定将计就计,变害为利。

于是,他吩咐侦察科长罗文坊率一支由50人组成的小分队,带着一部电台到雷堡东边的台峪,仍然用军区的呼号,煞有介事地不断呼叫。果然,冈村宁次受骗上当,一面派飞机轰炸台峪,一面组织各路敌军以进攻作战队形向台峪逼近。三天之后,敌人在北平的广播电台吹嘘:"聂荣臻总部的电台已被英武的皇军炸毁了。"

就在敌得意忘形之时,聂司令员正带着军区机关,在离敌人不到1里之处,悄悄地从敌人眼皮底下秘密迅速地向西转移。这支近万人的队伍,终于再一次从敌人的所谓"铁壁合围"中跳出。待冈村宁次事后得知,垂头哀叹:"肃清八路军非短期所能奏效。"

此计妙用于诱捕刑事犯罪分子。明朝,山东某县城有一民妇回娘家,行至城外旷野,被城里跟踪而来的樵夫强奸,并掠走其首饰。民妇返城向县令哭诉。县令心生一计,当即派十多名捕役分散在城内各街巷,大声吆喝:"今天早上,有个樵夫进山砍柴被老虎吃了,他身长五尺,黑圆脸,身穿蓝布衫,头包白毛巾,不知谁家的?……"樵夫之妻听到大哭起来。捕役便隐藏在她家附近。傍晚,樵夫回家,捕役从他身上搜出民妇的首饰,县令即命人将他关进监牢。若非县令巧施"上屋抽梯"之计,这个强奸案犯哪能如此迅速地被抓到呢!

"上屋抽梯"与政治

隋朝末年,隋炀帝荒淫残暴,穷兵黩武,激起了人民的义愤,纷纷起而造反。在战乱风起云涌的时候,李世民感到隋朝的统治岌岌可危,势难持久。以为这亦正是成就大功大业之时。但仅凭自己的力量难以达到目的,必须策动父亲唐国公李渊起兵反隋,才可望大事有成。后经多次劝说,李渊不但不同意,甚至要将李世民抓起来交官府治罪。李世民无奈,便和当时任太原令的心腹刘文静商量,设计逼迫李渊造反。

刘文静好友裴寂时任晋阳宫副监,负责管理隋炀帝的离宫。刘文静把李世民策划起兵反隋之事告诉裴寂,裴寂故意遣派离宫的宫女侍候李渊。按当时的法律,这乃是大逆不道之罪。这给李渊思想上造成很大压力。一天,裴

寂佯装喝醉告诉李渊,公子李世民准备谋反之事,李渊大惊失色。李世民乘机从旁劝解道:"事已到此,父亲如果不起兵,皇帝决不会轻饶。不如起兵自保,借机夺取天下。"这时,李渊觉得再无别的道路可走,只好决定起兵。

李世民使用的正是"上屋抽梯"、断其退路的计谋,使其父处于有进无退的境地,被迫起事,终成帝业,实现了自己的愿望。

"上屋抽梯"与商战

商业竞争中,可以采取用小利引对方上钩,步步诱导,最后断其后路,逼其就范;或采取产品试用出售方法,待试用者感觉良好离不开时,再提高价格等等。

在 20 世纪初,美商美鹰洋行是国际丝商中的权威,在同业竞争中手段毒辣。一次,华商虎林公司卖给他们 2000 包柞蚕丝,是抛的"空头"。

美鹰公司掌握了这一情况,成交后便使出"上屋抽梯"的伎俩,故意"置梯"捣乱,他们分头向各丝栈散布与虎林公司成交的消息,使许多丝栈纷纷派人到虎林兜生意。这时虎林如果出手买进,就会立刻引起丝价上涨,而虎林与美鹰约定的交货日期很紧,不得延期,势必高价进货,造成亏损。后来虎林及时采取应变措施,从外地进货,打通了不少关节,如期向美鹰交货,这才转危为安,免被洋商挤垮。

"上屋抽梯"与炒股

在股市上,某些投资大户常用"上屋抽梯"的策略,以"博傻主义"操作方法而取利润。所谓"博傻主义",是一种风险很大的投资方法。它是指在预计价格上涨将持续一段时间时,大胆以高价买进,在价格更高时卖出,以谋取进出差价。这种方法的前提是假定自己"傻",而有人比自己"更傻",用"傻瓜"赚"傻瓜"的办法获利。例如某种股票跌幅正深,未经照会时市场大户纷纷介入,引起股市关注,散户跟着抢进的不少,而后又有更多的散户追高抢进,但升不了多少价位,有些主力大户便暗中"下轿"。其结果是,中途下轿的损失较少,末尾剩的欲下不能,在高价位上被套住,真像"上屋"被"抽梯"了。几年前,香港股市某大亨在炒一种地产股时,一些股市投资者踊跃跟进,加上股市行情上扬,使此种股价节节上升。本来这地产股并无优良业绩,跟进的投资者主要是见气势不错且慕这位大亨之名而追随的。随着大亨日益增加买进这种地产股,一些熟悉市场情态的投资者判定必须立即买进,主要是既有大亨照顾,又在空头待补之时,股价必有突出表现。果然,这种地产股当天因抢进急速上涨,而大亨再以涨停价大量挂进,致使收盘后其成交数量异常惊人,所有刊物又报了这大涨中的地产股成交数量,很自然地促使其连日在抢进中以涨停板收市,且成交量日益增大。到这时,那位大亨却在暗中抛出获利了结。于是,此地产股就接连下跌,使散户包括一些自认对炒股有研究的投资者无不损失巨大。由此看来,广大散户投资者,对大亨们施用这种追高抢进的"博傻主义"伎俩,必须提高警惕。

29计 树上开花

"树上开花",是巧借其他因素以壮声势,迷惑、震慑敌人的一种计谋。也就是用诈术制造假象,使敌人真假难辨,在惊慌疑惑中上当挨打。像本来无花之树,可以用彩色绸子剪成花朵,装点在树上,使人难分真假一样。这就是借局布阵,增势生威的妙用。

在敌强我弱的不利情势下,为摆脱困境,全军避害或迷惑敌人,乘机进击,可用此计。

东汉明帝永平十六年（公元73年）七月，北匈奴大举入侵云中郡（今内蒙古自治区托克托县），太守廉范（赵国名将廉颇的后裔）率领全郡军民坚决抵抗。廉范深知，战场形势敌强我弱，援兵又难救"近火"，决定以智克敌。一天傍晚，他令士兵每人将两只火炬扎成十字形，三端点火，一端用手高举，军营中顿时像落下满天星斗。敌人从远处见汉军火炬星罗棋布，大为震惊，误认为援兵已到，形势于己不利，还是"走为上策"，准备次日清晨撤退。廉范判断敌人已经上当，于是半夜命令部队吃饭。次日拂晓，他亲领兵士英勇出击，斩敌数百。匈奴军遭此突然袭击，便慌忙逃窜，自相践踏又死了千余人。从此，匈奴人再不敢入侵云中了。

东汉安帝元年（公元114年），羌骑数千进犯武都郡（今甘肃省成县西），太守虞诩率兵迎战，队伍到陈仓、崤谷一带便停止前进。虞诩故意宣称因上书求援，待援兵到后再进发。羌人闻讯，便分散各县抢掠民间财物。虞诩趁此时机，挥师昼夜兼程进军，日行百余里。并下令士卒各造二灶，每过一日增灶一倍。羌人因此再也不敢逼近。有人问："孙膑减灶而君增之；兵法日行不过三十里，以戒不虞，而今日且二百里，何也？"虞诩答道："虏众多，吾兵少。徐行则易为所及，速进则彼不测。虏见吾灶日增，必谓郡来迎。众多行速，必惮追我。孙膑见弱，吾今示强，势有所不同故也。"可以看出，虞诩之所以能使强敌惮追，就是运用"树上开花"之计，以待援、增灶、急行军等来制造声势，迷惑慑服敌人，终于在敌强我弱的情况下，赢得了战争的主动权。

战国时齐将田单以火牛阵大破燕军，其"借局布势，力小势大"更为典型。公元前279年，燕国大军围齐即墨城（今山东省平度县）。齐将田单带领城内军民英勇抗战。他一面施计使燕君撤换燕将乐毅，一面诱使敌将骑劫上当受骗麻痹大意。同时，暗中积极备战，收集城内1000余头牛，给牛群身画巨龙，衣以锦绣，头角缚利刃，尾部束苇、浇油；再挑精壮士兵5000名待命。准备停当后，一天夜里，田单下令出击，挖开城墙数10处，点燃牛尾，1000余头"火牛"顿时怒吼狂奔，

直冲敌营；5000 名精兵随后掩杀，城上老弱拼命敲打铜器。一时，火光四起声震天地。只见无数火龙，东奔西突，所向披靡，燕军侥幸活着的，已是魂飞天外，溃不成军。田单挥师乘胜追击，大败燕军，杀死敌统帅骑劫。以此为转机，齐国各地百姓揭竿响应，军民团结，势如破竹，一鼓作气收复 70 余城。

《三国演义》中的一些将领，不仅在战略上，而且在战术上，由于妙用"借局布势"之计，常收异乎寻常的效果。孔明从曹操手中夺回汉中，主要是利用曹操"为人多疑"，虚张声势。赵子龙的"空营计"、诸葛亮的"空城计"，无不与设疑造声势紧密相连。张飞在"当阳桥前一声吼，吼断了桥梁水倒流"而吓退追兵，若非他事先令左右在桥东树林中，砍下树枝，拴在马尾，在林中往返奔驰，尘土飞扬，造成设有伏兵之势，只靠他一声大吼，曹操的大队追兵是吼不退的。

俄军统帅库图佐夫也曾运用此计布下"迷魂阵"，"不战而屈人之兵"（《孙子·谋攻篇》语）。1812 年，拿破仑远征俄国，在马洛拉维茨城郊，企图强迫俄军在不利条件下进行决战。当时两军对垒，鼓角相闻。夜间，双方营内都燃起堆堆篝火，以防对方突然袭击。久经沙场的老将库图佐夫将军，他令所有部队多燃篝火，以迷惑法军。拿破仑见俄军阵地遍布篝火，误以为俄国援兵已到，便放弃了决战的企图，不战而退。俄军乘虚而进，发动了猛烈的反击，赢得了胜利。

"树上开花"与日常工作和生活

公元 534 年，北魏朝廷内部大乱，丞相高欢想篡夺政权，关西大都督宇文泰则维护朝政，双方发生争斗。秦州刺史侯莫陈悦投靠高欢，被宇文泰击败身死，其同党幽州刺史孙定儿仍拥兵抗拒。

机敏过人的都督刘亮奉宇文泰之命攻打孙定儿，只带了 20 多名骑兵，飞速到达孙定儿驻扎的城外，先在离城不远的高地上，树起一面大旗，然后带着人马闯入城中。

此时，孙定儿正设置酒宴，见刘亮忽然来到，大为惊异，不知所措，刘亮趁众人慌乱之际，挥刀杀死孙定儿，随后，他胸有成竹地站在孙定儿的士兵面前，用手指着城外大旗，命令同来的两名骑兵说："快去招呼大军进城。"孙定儿的部下见到大旗，真以为旗下有大军屯集，又鉴于主将已成刀下鬼，纷纷缴械投降，无一人敢动。就这样，刘亮使用"树上开花"之计，降服了敌军几万。

清康熙年间，西藏达哇、兰占巴等人叛乱，皇上任命十四子允禵为大将军，噶尔弼为副将军，率领岳钟琪等前往讨伐。

岳钟琪率军到达察木多，探知准喀尔的使者在此地，正诱使各部落首领派人严守三巴桥，企图阻止清军的前进。三巴桥易守难攻，地理位置十分重要，是进藏第一险要之地。如果此地有数军断桥而守，清军很难通行。而岳钟琪足智多谋，挑选 30 个会藏语的士兵，穿藏人的衣服，飞快赶到落藩宗，擒住准喀尔的 5 名使者。各部落首领得知使者被擒，均吓得面如土色,若不是神兵降临,岂能飞过天险三巴桥。于是皆主动前来投降,进军道路由此畅通。

"树上开花"与政治

三国时,吴将吕蒙乘蜀将关羽北攻樊城之机,白衣渡江,偷袭公安、江陵这两个荆州重镇,全部俘获了关羽及其将士的家属。吕蒙不但一个未杀,反而立刻进行安抚和慰问,并下令士兵不许骚扰人民和勒索财物,有违者立斩不赦。此外,吕蒙还经常接触人民,对老者问寒问暖,对有病者治病发药,对饥寒者发衣给粮。

关羽在回军途中曾几次派人探听消息,吕蒙每次都用厚礼接待,并允许其在城内自由活动,了解情况。结果,关羽所派的人回去后传播了吴国优待蜀军家属的消息,使蜀军将士斗志全无,关羽最后败走麦城,为吴军所擒杀。

隋炀帝北巡到雁门。突厥始毕可汗得知,发兵将其围住,雁门守将急忙调集各路军队,前来解围。

李世民当时年方 16 岁,在屯卫军将云定兴军中。他向云定兴献计:"始毕可汗之所以出兵围攻天子,一定认为我们仓卒之间不能前往救援。我们白天可让士兵举着旗帜,排成几十里的长蛇形;晚上则击鼓敲钲,遥相呼应。如此,始毕可汗误以为我大部救兵已到,不用攻击他便会遁去,从而解除雁门之围。"云定兴见他言之有理,当即采纳。果然,突厥真以为隋援军已到,赶紧撤兵,雁门之围遂解。

"树上开花"与商战

《孙子·势篇》中说:"善战者,求之于势。"现代企业家在激烈的市场竞争中,倘能善于"借局布势",先声夺人,造成具有强大吸引力之势,其效果定然可观。产品的适销对路,物美价廉,经久耐用,加上良好的销售服务,这是每个企业家应当坚持不懈的正确方向。但只靠这个,在当今瞬息万变、竞争激烈的市场上,特别是买方市场上,还抱着"店有喜人货,不用多吆喝"那一套旧生意经,很显然是不够的,在这种情况下,加强销售宣传工作就非常必要了。

在我国近代、现代企业发展史上,不少企业家十分重视销售宣传。他们为提高企业和产品的知名度,积极运用各种广告形式加以宣传,收到了可喜的效果。如 1935 年上海的"老介福"绸布店迁入新楼开业时,为扩大影响,在店内遍洒香水,并免费给参观者供应茶水,给购货者送化妆品。不久,该店承接了两家大旅馆的窗帘、床单、沙发罩、台布等订货。为此他们认真研究,精心准备,采用高级丝织面料,设计了别具一格的各种图案。交货后,旅馆老板非常满意,不仅获得了厚利,而且引起旅馆房客的极大注意,纷纷询问生产厂家。从此,"老介福"的声誉不胫而走,有口皆碑,遍传中外,连卓别林这位赫赫有名的电影大师也向该店订了货。

内蒙古自治区化德县羊绒絮片服装厂的焦维厂长,有着从困苦到开心的经历。1986 年初,他拿着厂里生产的羊绒絮片到北京百货大楼,好说歹说,商店只同意代销一下,可是一上柜台,顾客却不光顾,老焦心如火燎,愁眉难展。恰好这时有位热心的顾客对他说:"你们的产品本来不错,就是宣传不够。"他这一句话,使老焦豁然开朗,他立即请人设计了说明书,印好后亲自到百货大楼门口散发,还真灵,买羊绒絮片的顾客越来越多,销路终于被打开了。焦厂长再接再厉,又把羊绒絮片做成防寒服,在百货大楼和西单商场租柜销售,"照方抓药",很快他的柜台被顾客挤得水泄不通。有一次,竟把柜台的玻璃挤坏,日销售额从 2000 元增加到 2 万元,厂里加班赶制,还是供不应求。

曾被称为"点子大王"的何阳,从金华乘火车到杭州,挤进硬座车厢。与乘客聊天时,有一位浙江塑料厂的推销员,举着本厂生产的一次性塑料杯子,说生产有很长时间了,销路平淡,厂长命令推销员兵分四路,不推销完不许回来。何阳接过杯子仔细观察,觉得工艺很好,成本仅几分钱,于是举着进车站买的时刻表,说:"我给你出主意:别在这上印那么没用的画,就把这张时刻表印上,再加上沿线地图、沿线各站站名及列车开出到达时刻,然后在火车上卖。全国有近百次列车,如法炮制,还愁卖不出去吗!零售价每个一角,比买时刻表还便宜呢!"这位推销员一拍大腿,说:"啊!你真是神了!"与何阳互道姓名、地址后,便打道回府,向领导建议照何阳所说的"树上开花"之"创新"招数办,果然制造出的一次性塑料杯子,大为畅销。火车上的乘客既可用于喝水,又可了解沿途站名、何时到达什么车站,都觉得十分方便有用,因此,火车上的乘客都乐于购买。

埃德温·兰德发明可立即取出照片的瞬时显像照相机,称为"立拍得"照相机。因人们习惯于旧有的用底片翻印的相机,这样"立拍得"相机的优点暂时不为人们所了解。要想打开新产品的销路,按常规做法:一是展开声势浩大的广告攻势,但需要大量的广告费用;兰德感到自己无此财力;二是挨门挨户推销,但他又觉得无此精力。

埃德温·兰德急中生智,携带产品到全国各大城市,选择声誉最好的百货公司进行宣传演示,答应给予他们"立拍得"照相机的专卖权。各城市的百货公司,都认为埃德温·兰德的相机非常新颖、别致,只要做好宣传广告,肯定能打开销路,所以都纷纷不惜重金做广告,以便独得专卖权获得更大的收益。一时全国形成了宣传"立拍得"照相机的浪潮,订货单如雪片飞来。这样,埃德温·兰德运用引友杀敌不自出力的"借刀杀人"之计,未花一分钱的广告费,却打开了全国的市场,发了一笔大财。兰德凭借盟友的人力和财力,逐处开花,达到推销自己产品的目的,正是他运用了"树上开花"策略的结果。

销售宣传的形式多种多样,如广告、橱窗、产品包装等等。有的企业还利用企业的信封、明信片进行宣传,也收到好的效果。还有这样一个"树上开花"的实例,对我们也颇有启迪。

1982年夏季,上海市第一百货公司新进一批玻璃刻花酒具,六只高脚酒杯一套,造型美,质量也好,但上柜台后却是"门前冷落车马稀",顾客很少赏光,每天只能卖出两三套。后来,几个青年售货员想了一个办法:在酒杯中盛满清水,再把红墨水加进几滴。这一来,白色透明的酒具就一变而晶莹动人,大有"葡萄美酒夜光杯"之感,人见人爱,因此引来许多顾客,日销售量猛增到三四十套。

至于一些"现身说法"的推销宣传,五光十色,更具魅力。像茅台酒在巴拿马的博览会上展销,由于酒瓶的装潢不出色,喝上一点点酒又难于品尝出美味,因此无人问津。推销员在心急之中,故意失手打碎酒瓶,使整瓶酒溅散四溢,满室酒香,顿时,满座惊讶,不约而同叫"好酒!好酒"!从此,一举招来了各方顾客,堪称推销宣传的千古绝唱。

但是,在销售宣传上使用"树上开花",一定要注意真实性,不能欺骗。"宣传虚夸,等于自杀"。肆意吹牛、言而无信、隐恶扬善、沽名钓誉的一些做法,即使一时得逞,但终究好景不长,到头来只能是"搬起石头砸自己的脚",使企业声誉扫地。

"树上开花"与炒股

在美国经济畸形发展时期,汤姆逊子承父业,经营一规模庞大的电子集团有限公司。初创时业绩尚佳,在华尔街股市亦有名气。虽然公司后曾遭受一定挫折,但在众股友的支持下,股价尚未受到较大的影响。然而近两年,公司的产品在西欧和亚洲市场,受到日本同行业的争夺,公司受到巨大冲击,以致发展困难。同时,加上公司董事之间出现矛盾,甚至有人撤股,汤氏公司处于岌岌可危的困境之中。

这时,汤姆逊临危不乱,仍然保持镇静,牢牢地控制企业情报,向外宣传。为了扩大生产,先后在欧亚洲等地区建立几个分厂,陆续推出很多适应市场需要的新产品,在世界各地占领了广阔市场,似乎公司一派欣欣向荣的景象。与此同时,公司与某证券交易所联手,把股价进一步炒高,一时吸引众多不明真相的投资者,争相购股,公司乘机又发行一批新股,也被一抢而空。

这时，汤姆逊售股获得巨款后，公司的形象随之提高，处在舆论顶峰的汤姆逊突然将公司售予另一财团，携款组建新的电子企业。

待公司转到新老板手中时，新老板才发现公司早被掏空，与外界宣传的大相径庭。信息传到证券交易所，股价迅速暴跌，致使众多炒股者破产，而汤姆逊正喜气洋洋经营新企业。

汤姆逊内控情报，外作宣传，把业绩平平的企业宣扬得如花似锦，从而吸引众多的投资者买股。获得巨款后，遂将公司出售，解脱困境；同时，将筹措到的巨款组建新公司，大发其财。汤姆逊所运用的策略，正是"树上开花"之计。

30计 反客为主

"反客为主"，原意为：主人不善待客，反受客人之招待。比喻化被动为主动。《十一家注孙子·虚实篇》："张预曰：我先举兵，则我为客，彼为主；为客则食不足，为主则饱有余，若夺其蓄积，掠其田野，因粮于彼，馆谷于敌；则我反饱，彼反饥矣，则是变客为主也。"另见《三国演义》第七十一回："渊（夏侯渊）恃勇少谋。可激励士卒，拔寨前进，步步为营，诱渊来战而擒之：此乃反客为主之法。"它在军事上是一种由弱变强，由被动变为主动，争取战争主动权的战略。

在军事上，一般以深入敌国作战为"客"，在本地防御为"主"。"主"军有利条件多，如地理、民情熟悉，地势好，防御阵地较坚固等；"客"军一方，劳师远征，人地两疏，给养困难，易陷入困境。因此，古代兵家根据历史经验提出，在不利条件下，可变攻为守，诱敌来攻，由于主客易位，可以化不利为有利，乘机歼敌，以实现作战目的，此即"反客为主"的战略思想。

《三国演义》中，蜀军夺取定军山就是施以这种"反客为主"之计。在作战初期蜀军由于地形生疏，情况不熟悉，曾一度失利，攻打定军山的牙将陈式，被魏军守将夏侯渊生擒。这时，监军法正向黄忠献策说，夏侯渊为人，有勇少谋，骄躁轻敌，可以鼓励士兵拔寨前进，步步为营，引诱他来进攻，就能够抓住他。这叫"反客为主"的计谋。黄忠依计而行，次日便拔寨前进，每宿营只住数日，步步向定军山进逼。果然，夏侯渊沉不住气，准备点兵出战。但富有作战经验的张郃识破此计，便极力劝阻说，"不可出战，战则必失"。而夏侯渊一意孤行，派夏侯尚迎战蜀军，果然一战败北被俘。随后黄忠乘胜前进，直逼定军山下。夏侯渊先是坚守不出。黄忠又按照法正观察地形后的建议，乘夜攻占了西面的高山，给魏军以威胁。最后，法正和黄忠已商议好诱敌之策，而夏侯渊却不听张郃"不可出战，只宜坚守"的苦谏，竟分军围山大骂挑战。黄忠先不出战，待曹军倦怠，"多下马坐息"时，鼓角齐鸣，喊声大震，黄忠一马当先，驰下山来，犹如天崩地塌之势。夏侯渊措手不及，黄忠宝刀已落，连头带肩，砍为两段。

"反客为主"在战役战斗中运用时，一般是以攻为守，争取先机，乘隙突进，而不是循序渐进。

在魏蜀决战初期，当魏将钟会长驱直入蜀汉腹地之际，蜀将姜维巧妙地摆脱两路敌兵的追击堵截，迅速驰援剑阁，牢牢地把住这一战略要冲，成功地打破了司马昭"西路钳制，东路出击"的战略企图，致使钟会攻难进取，退难持久，由主动转为被动。然而，在正面战场出现僵持不下的情况下，足智多谋的魏军征西将军邓艾，乘姜维一军孤掌难鸣，无法兼顾东西之机，亲自率领轻兵开山劈路，自阴平行无人之地700余里，直捣蜀国"心脏"——成都。结果，使姜维的6万兵马无用武之地，西蜀政权终告覆亡。邓艾的阴平渡险的成功，说明当两军相持时，设法避开敌人的防御主力，迅速地向其纵深的"要害"部位插刀，是从根本上扭转战局、争取主动、克敌制胜的良策。

第二次世界大战初期，法西斯德国军队气势汹汹地攻到离莫斯科只有30公里时，苏军朱可夫元帅，根据敌人战线过长，后续脱接，如强弩之末，已无突击能力的弱点，决定乘敌之隙以攻为守，立即组织部队从侧翼突施反击。由于这一行动大出敌人的意料，一举重挫了德军，扭转了战局。

"反客为主"与日常工作和生活

清朝的法律，是以"万恶淫为首，百行孝为先"为立法基础。所以，凡犯不孝之罪必凌迟处死。有一人受后妻唆使，欲害死前妻之子，便向衙门告其子不孝之罪。其子将被处死，感到冤枉，不得已求救于一位师爷。师爷授以密计，并写一条子嘱其开审时上呈县太爷。当开审时，县太爷惊堂木一拍，令儿子从实招供。儿子却说："我身为儿子，不敢与老父对簿公堂，有张申诉字条谨呈太爷过目。"县太爷接过审阅后，反将其父责骂一番，当堂把儿子释放。究竟这纸条上写着什么呢？其实字条上仅三句话："父有卫宣之心，妻有宣姜之貌，为孝子者难矣！"卫宣公是"扒灰"之徒，宣姜很漂亮，为其儿媳，而被其抢去为小老婆。此即暗示，做父亲的行为不端，占有我的妻子，要我怎样孝顺呢？

一位年轻小寡妇要改嫁，其家翁向衙门告她淫奔私逃，不守妇节。小寡妇亦求教于师爷，同样写一字条呈给县太爷，县太爷同样地反把原告斥骂一顿，批准寡妇改嫁。此条写的是："十六嫁，十七寡，叔长而未娶，家翁五十尚风流，嫁亦乱，不嫁亦乱。"

清末，张之洞任两江总督时，微服私访一昔日同窗，被一并邀请参加松江知府的寿宴。寿宴开始，张之洞毫不客气地自占首席。知府十分恼火，指着桌上一道名菜，出了一联："鲈鱼四腮，独占松江一府。"自诩"鲈鱼"，暗示他是松江之长。张之洞指着桌上的另一道名菜，说："螃蟹八

足，横行天下九州。"知府闻此大惊，一打听，才知竟是两江总督张之洞，急忙叩头赔罪，恭请上座。

一小偷与两名强盗深夜偷窃，上房翻瓦。两强盗先要小偷入室，搜寻财物，两强盗在屋顶用绳子放下一筐，搜得财物放在筐中，就往上拉，如此拉了三次，获得很多财物。至第四次，小偷想到，这回他们可能会抛弃自己，于是，他把很多值钱的珠宝，装进自己衣兜里，然后躲进柜子里，让两人拉上。果然，两个强盗私语，"这一柜财物足够我们受用了，如小偷上来，必然要分一份；就不拉他了，让他自己去受罪吧。"于是两个人笑哈哈的抬着柜子向前走去，不知小偷躲在柜子里。走了一会儿，两盗感到疲倦，遂在路旁休息。小偷暗暗估算天已发亮，又听到有行人说话，乃在柜子里大声呼救："有强盗掳人呀!"两盗一听，惊慌失措，又见路人都逐渐围过来，乃拔脚飞遁。小偷于是顶开柜门出来，编出一套被绑经过讲给周围的人听，然后把所有珠宝带走了。

"反客为主"与政治

在战略上运用"反客为主"之计，通常应当循序渐进，有个由量变到质变的过程。即在战略形势不利时，应甘居"客位"，蛰伏待机；有隙可乘，就钻进去，逐步扩大实力；待"羽翼丰满"，通过战略决战，最后变成"主人"。

吴越争霸，勾践之于夫差即用此策略。公元前494年，吴王夫差伐越，勾践战败求和，夫差不听伍子胥忠谏，竟收越为属国，让勾践夫妇在吴宫服劳役。勾践为报仇雪耻，以屈求伸，为夫差驾车饲马，夜宿石室。勾践夫妇忍辱负重，侍夫差如奉父母，三年如一日，从而感动了夫差，要放他们回国。伍子胥竭力反对，认为这不啻放虎归山，后患无穷。吴王依然不听，把他们放回越国。勾践回国后，让文种治国，范蠡整军，自己则食不加肉，衣不重彩，卧薪尝胆。并躬亲农事，与百姓同甘共苦，发愤图强，誓雪国耻。勾践为使夫差疏于朝政，不断奉丝绸、狐皮、优良木材。待其姑苏台建成，又以美女西施、郑旦献吴王。从此，夫差沉溺女色，朝

欢暮乐，不理国事。公元前 484 年，勾践还特选三千精兵助吴攻齐，大败齐师。夫差因其助战有功，将所侵占之越国土地全部归还。勾践经过十年生聚，十年教训，励精图治，又转弱为强。公元前 482 年，勾践乘夫差于黄池大会诸侯，国内空虚之机，亲自领军，战败吴军，活捉太子友。夫差闻讯赶回，由于远行疲惫，全军斗志尽失，只好向勾践求和。从此，吴国日趋衰落。公元前 473 年，勾践见时机成熟，便率领大军伐吴，一路势如破竹，直抵吴都。夫差只得出逃，派人求和又遭拒绝，反要将其流放甬东（今浙江省舟山岛）。至此，夫差追悔不及，遂拔剑自刎。越王勾践终于"反客为主"，实现了雪耻称霸之"宏愿"。

三国时，吴国的太史慈年少时在东莱郡任奏曹史。当时，正巧郡里和州（青州）里有矛盾，是非难辨。在这种情况下，谁先向朝廷上奏章，谁就占上风。当时州里的奏章已派人送出，郡里的官员怕自己落在后头，想选得力的使者赶在州里送奏章人的前头，将奏章送到京城。最后选中了太史慈。于是他昼夜兼程赶到洛阳，马上来到专门接待臣民上书的公车衙门，这时州里派出的官员刚到，正在求守门的官吏为自己通报。太史慈问他："你想通报呈递奏章吗？"州吏说："是的。"太史慈问："你的奏章在哪里？题头落款该不会有错吧？"于是就让州吏把奏章拿出来看。州吏不知太史慈是东莱郡的，递上奏章。太史慈拿过奏章就撕掉了。州吏大声嚷叫，拉住太史慈不放。太史慈说："你要不把奏章给我，我也没有机会把它撕了。是福是祸，咱们共同承受，反正也不能让我独自蒙受罪责。不如咱俩都悄悄离开这儿各自逃走。"太史慈等州吏离开后，把郡里呈送的奏章悄悄地递交上去，顺利地完成了使命。

"反客为主"与商战

此计要求经商者善于变被动为主动，变不利局面为有利局面。其方法就是客方钻空子插足进去，掌握其首脑机关或要害部门，循序渐进，变客为主；或被动一方，抓住时机，变被动为主动，即在形势不利时，要争取时间，扩充实力，通过由量变到质变过程，变被动为主动。

在国际商贸竞争中,日本"精工"表与瑞士表较量,曾以"循序渐进"的战略,最后打入了广大的欧洲市场。"精工"先是在瑞典找到一家理想的商店,作为立足点。在该店强大销售网的支持下,"精工"依靠其价格便宜和质量优良,终于在瑞典打开了销路。随后,又以强大的优势进入希腊,以此作为向瑞士名表长期控制的英、法、德等其他较大的欧洲市场进攻的"桥头堡"。为改变这些市场对"日货低劣"的旧印象,确信"精工"表质量和瑞士名表比毫不逊色,"精工"不惜投下重资,从瑞士钟表制造商手中夺取了在英国、雅典举行的世界业余摔跤锦标赛、第27届巴尔干国家运动会等各项体育比赛制作计时表的荣誉,从而在欧洲消费者心目中,树立起"精工"表计时精确的形象,终于打入英国市场,并迅速扩展到其他国家,其销售量在10年中从4000块激增至60万块,大有所向无敌之势。

日本的摩托车从国内很少有人问津到在国际市场畅销,也有赖于"反客为主"循序渐进的策略。1969年日本政府决定振兴摩托车工业,曾有人提出求助于摩托车王国——法国,购买其专利、生产流水线及零件,并按其型号生产。日本却没有这样做,而是从全国有关厂家中招聘200名有经验、有研究能力的工程技术人员,兵分12路,用一年多时间,走遍各国有名的摩托车生产厂。每到之处都声称:日本决心发展摩托车工业,一是买大量车,二是请帮我们设计一个工厂。接着便参观现场,详细询问车型和优缺点,并要求买样机,以便回国与其他厂产品比较再签合同。外商都希望与其签订合同,介绍情况时唯恐不详。这12个小组带回了170多部样机,回国后将每种样机作运转试验,解剖分析,并对其零件性能逐个加以分析研究,以博采各家之长。从出国考察到设计、制造出一种轻便耐用、性能优良、物美价廉的新型摩托车,仅用四年就投产了。这种赶超世界先进水平的"拳头"产品,一投放到国际市场,很快销路大开,给法国等一些著名的摩托车厂家带来了很大的威胁。

1916年"南洋"公司对付"英美"公司的一次争夺烟草市场的战役,则是采取"乘隙插足",以攻为守的策略变被动为主动的。当"英美"公司突然将外埠的"派律"烟统运回沪,企图在"南洋"成立上海分公司时,由每箱250元降至225元抛售。"南洋"得知后,立刻邀集在沪70余家同业共商对策,决定一面将"飞船"烟每箱批发价降至215元与之竞争,一面趁"英美"将"派律"烟集中上海而外埠空虚之机,"南洋"公司"乘隙插足",迅速打进外埠市场,"反客为主",竟使"英美"公司捉襟见肘,顾此失彼,在这场竞争中败北。

"反客为主"与炒股

"反客为主"运用在炒股中,亦行之有效。上海股市在1990年七八月间,沸沸扬扬,股民6月初买的股票,到8月价格上涨1倍;而8月初买的股票,到10月又翻了1番。时隔一两个月就有1倍利润。场外黑市价更是直线上升,如静安股价指数 7 月初为 100 多点,到 10 月初就突破 300 点,两个月时间股价上涨两倍。

然而,到 10 月下旬,上海股市在此前出现一次幅度很小的回挡而又反弹之后,股票牌价接连数天不动,场外黑市价直线下跌。10 月 29 日(恰巧星期一,是西方股市的忌日),股民最为担心的事情终于发生:这天股市黑市价下跌 100 多元,股民愁眉苦脸,垂头丧气,尤其是从"黄牛"手中以 800 元、900 元,甚至更高的价接过股票的股民,更是苦不堪言,只能按 400 元、300 元的牌价抛出。

在此危急时,股民若继续持股,怕再跌下去,越等越苦;若把股票抛出,又不甘愿白白赔钱!股民陷入进退两难境地。许多股民难以忍受巨额资金被高价套牢之苦,加之股市有各种传言,致使很多股民心慌意乱,将手中股票以低价位出售,因而越抛股价越下跌,形成恶性循环,股民大受其损失。

然而此时,一些资深股民深入分析股市行情,认为股市低潮是暂时的,坚决不随大流,耐心等待,采取"反客为主"之策略,后来果然在股价上升到高位时出售,从而赚了大钱。

三十六计

第六章 败战计施计纲要

31计 美人计

"美人计"早被兵家用作谋攻的策略。《韩非子·内储说下》记有："晋献公伐虞、虢,乃遗之屈产之乘,垂棘之璧,女乐二八,以荣其意而乱其政。"《六韬·文伐》中亦有:对直接采取军事行动不能征服之敌,须"养其乱臣以迷之,进美女、淫声以惑之……"这是用美女(或金银珠宝等)诱惑敌人,使其贪图享乐,斗志消沉,内部分裂,以达到战场上达不到的目的。

兵家有云:"攻心为上。""美人计"就是一种"攻心"之计。"心者,将之所主也。"倘能针对其弱点施计用谋,"则彼之心可夺也"。孙子也说过:"不战而屈人之兵,善之善者也。""美人计"就是针对敌将在思想、意志和品德上有贪财好色的弱点,投其所好,用美女、财物等"糖衣炮弹"施以攻击,使之性惰意怠,达到夺其心、乱其谋,而后相机取胜的目的。这是一种采取隐蔽手段,用软刀子制服敌人的一种有效方法。把它列在"败战计"之首,足见其重要地位。

公元前 200 年冬天,汉高祖刘邦亲率 20 万大军攻打北方的匈奴。行前,刘邦遣使臣前往匈奴,了解其实力。匈奴冒顿单于则把精锐部队隐藏起来,只让使者见到一些老弱病残的人众。刘邦根据使者报告,认为匈奴战斗力不强,便悍然进击。当部队行至平城(今山西省大同东北)时,遭到匈奴事先埋伏好的 40 万大军的突然袭击,将刘邦围困在乎城以东的白登山上。

刘邦一连被围困 7 天,身陷绝境,内心十分恐惧。忙与足智多谋的陈平商量。陈平建议施行"美人计"。

于是,陈平在军中寻得一位丹青能手,令其赶画一张绝世美人图,送给冒顿单于的阏氏,请求她设法让冒顿解除白登山之围,否则,汉有这样的美女多名,献给冒顿。阏氏等陈平离开后醋意大发,心想,冒顿是好色之徒,倘他得到这样的美人之后,哪里还会对她宠爱? 于是多方劝说冒顿退兵,白登之围遂解。

在现代战争中,"美人计"一般作为军事目标的一种辅助手段,通常是以色情进行意识形态斗争和直接从事间谍活动,从人们思想上打开缺口,其花样不断翻新,手段更加巧妙。某些国家的间谍机构,还设立培训这种"美人"间谍的专门学校,教给她(他)们如何根据不同对象,使用不同手段来诱引其对手落入所设圈套,为她(他)们搜集、提供所需之物和有价值的情报。这种手段无论强者或弱者均可运用。

1976 年,原苏联外交部官员菲拉托夫,在驻阿尔及尼亚大使馆作随员时,美国中央情报局利用"美女"引诱,使他堕入陷阱,成了中央情报局的间谍,后来他被调回莫斯科外交部工作,仍继续为美间谍机关提供情报。直至 1977 年,这个美国中央情报局安插在克里姆林宫的高级间谍,被原苏联情报机关克格勃逮捕并以叛国罪处死为止,1 年多的时间,这个高级间谍为其新主子搞走了大量情报,给原苏联造成了严重损失。

"美人计"与日常工作和生活

公元前 660 年,晋献公打败骊戎得骊姬。因其美貌温柔立为夫人,生奚齐。骊姬欲废太子申生,立奚齐。遂设"蜜蜂计"声言申生要调戏她,以毁其名声。后假称申生母托梦,要太子前去致祭。申生祭母于曲沃(今山西省闻喜县东),归胙(古代祭祀用的肉)于献公。骊姬暗派人置毒于胙中,先以狗食之,狗死,藉以诬陷太子欲谋害晋君,逼其自杀。献公死,果由奚齐继立,后被晋卿所杀。重耳(献公子,即晋文公)流亡国外长达 19 年之久。

《三国演义》中周瑜以孙权之妹为诱饵,企图赚刘备去东吴作人质,讨还荆州,也是使的"美人计"。只是由于被诸葛亮识破,才落得"周郎妙计安天下,赔了夫人又折兵"的结果。

"美人计"与政治

早在我国东周列国之际,运用"美人计"向对方实施政治、军事斗争的已不乏其例。

《论语·微子》记载:"齐人归女乐,季桓子受之,三日不朝。孔子行。"原来,孔子在鲁定公十四年(公元前 506 年)离开鲁国前,在鲁国做司寇的官,参与国政,齐国恐鲁用孔子,强盛起来,于齐国有害,所以用黎钼之计,选了会歌舞的美女 80 人,良马 120 匹,送给鲁君。当派遣的使者率齐国的歌女、良马到达鲁国城南门时,孔子下令让守城士兵紧闭城门,不准放齐国一兵一卒进城。齐国歌女便在城外歌舞起来。鲁定公得知后,心痒难熬。季桓子(鲁大夫季孙斯)3次微服往观,感到的确迷人。乃与鲁君商量,借口到各处巡视,实则出城门外,沉醉在歌舞里。终于不顾孔子的规劝,"受之",并接连3日不过问政事。孔子鉴于鲁君中了齐国的"美人计",觉得鲁国没有希望,忧心忡忡地离开了鲁国。

周幽王荒淫无度,不理朝政,对待臣下和百姓凶狠残暴。忠臣褒珦进言劝谏,周幽王不听,反而将褒珦监禁三年,还不肯释放。褒珦的家人恨透周幽王,决心要进行报复。

第二编 《三十六计》施计纲要

一天,褒家给周幽王送来一人叫褒姒的美人,为褒珦赎罪。周幽王一见褒姒倾国倾城的美貌,顿时乐得神魂颠倒,当即令人将褒珦放出。于是让褒姒陪着他每天玩乐。谁知褒姒是冷若冰霜的美人,进宫后从未有一次笑脸。因而周幽王下诏令:"有谁能使娘娘笑一笑,就赏千金。"这时,虢石父献计说:"您可带娘娘到骊山玩玩,然后点起烽火,招来各路诸侯,那时说不定她会笑的。"周幽王听了,就立刻携褒姒登上骊山。晚上,周幽王命人四处点燃烽火,一时火光冲天,附近的诸侯以为西戎入侵,便赶紧率领兵马前来救援。殊知幽王与娘娘点燃烽火取乐,诸侯大为扫兴,愤愤而归。

褒姒见此情景,觉得十分开心,便轻轻地露出一丝微笑,周幽王见了,感到无比高兴!立刻赏虢石父千金。从此周幽王更视褒姒为掌上明珠,却大失信于诸侯。

不久,西戎真的前来侵犯,周幽王急忙令人点起烽火,召集各路诸侯前来抵抗。可是,因前次受到戏弄,竟无一人率师前来,周幽王孤独无援,因此战败并被西戎杀死,褒姒也被抢走了。

褒珦使用"美人计",致使周幽王身败名裂,酿成千古遗恨。

电影《知音》里,袁世凯为了实现他当皇帝的美梦,企图用"美人计"来控制蔡锷,消磨其报国雄心。但因蔡锷矢志不移,小凤仙亦非寻常的风尘女子,很快两人成了知音。蔡锷表面上故作迷恋酒色,无所作为;暗中却寻找出逃机会,终于在小凤仙的掩护下跳出牢笼返回云南,高举讨袁义旗。袁世凯的"美人计"连同做皇帝的美梦也就此彻底破灭了。

瓦努努曾在以色列迪莫纳地下秘密核工厂工作多年。1985 年 11 月因政治原因被开除,单身出走。1986 年,他向英国《星期日泰晤士报》出卖以色列秘密生产和储存核武器的情报。以色列当局大为震惊,责成谍报机关"莫萨德"把在伦敦的瓦努努秘密押送回国,但不得触犯英国法律。

一天,瓦努努在伦敦莱斯特广场散步,偶遇一金发碧眼的妙龄女郎向其频送秋波,他身不由己上前搭讪。女郎自我介绍名欣蒂哈宁,在美国佛罗里达从事美容,到英国旅游。于是两人一见钟情,很快就如胶似漆地相爱。

此时,英国《星期日镜报》登出了瓦努努的消息和照片,瓦努努焦虑不安。欣蒂劝其去罗马,在她姐姐家避难,同时可度蜜月。他欣然同意。他俩双双来到一幢公寓欣蒂姐姐家中,想着愉快地与欣蒂共度"罗马假日"的瓦努努,满心欢喜地进入房间,突然被人打倒,立刻被捆绑着扔到高速驶往以色列的快艇上。

"美人计"与商战

在激烈的国际贸易竞争中,某些企业不择手段地用"美人计"拉关系,挖墙脚角,窃取情报,"招财进宝",借此争生存、求发展的亦非少见。而最普遍的还是在商业上,用"美人"做售货员、服务员、"外事"工作人员以及模特儿等,以此吸引顾客,成交买卖,提高经济效益,使自己"生意兴隆通四海,财源茂盛达三江"。

日本东京银座的闹市区,各商店的老板们,拼命地动脑筋,竞相推出招徕顾客的各种花招,"美人计"就是其重要招数。如有的雇用年轻漂亮的小姐,穿上有商号的服装,带顾客进店光顾;有的在店里举行模特儿的新装展示会及表演大会;三越百货店曾雇了二十位美女,让她们穿上艳丽夺目的古代和服,头发也梳成古代妇女的发型,还抹胭脂,涂口红,打扮得花枝招展,成群结队地漫步在银座街上,有意让人们围观,掀起骚动。然后她们就走向百货店,跨进店里,不久,她们便杳若黄鹤了;甚至还有给店员一律穿浴衣的。这在某些发达国家已经不足为怪了。而在不少的西方国家中,且不用说有出卖"灵与肉"的妓院、"应召女郎",就连一些"酒吧间"、"美容厅"、"跑马场"、"按摩室"等,多已超出经营范围,实际上也成了色情场所。这种唯利是图,不择手段的"美人计",和我们中华民族的传统道德大相径庭,也为一般正直商人所不齿。

"美人计"与炒股

经营股票要取得成功,如同用兵打仗,也要事先了解情况。矛盾在其著名小说《子夜》中描写一土财主兼小资本家冯云卿,由于利欲熏心为在公债投机中大发横财,施行"美人计",不惜将自己的独生女儿献给大资本家赵伯韬为姘头,以便通过娇小姐这位"间谍",从大资本家口中探刺行情,事先了解情况赚大钱。然而,这位小姐投入赵伯韬怀抱,只顾睡觉和玩乐,根本没听清行市是"看涨"还是"看跌",是吃"空头"还是吃"多头",回到她父亲身边,只好用谎言搪塞,结果使其父亲冯云卿赔了女儿又破产,最后上吊自杀。

32计　空　城　计

"空城计"在《三国志·诸葛亮传》裴松之注引的郭冲"三事"中有此记述。《三国演义》第九十五回"武侯弹琴退孟达"写得更加详细。此计是在敌众我寡的紧要关头,为迷惑敌人,解救燃眉之急,以"虚者虚之"的手段,迫不得已而用之的一种险策。

诸葛亮的"空城计",在我国民间已是千古流传,妇孺皆知了。《三国演义》中写的是:在马谡街亭失守之后,诸葛亮为挽回不利的作战局面被迫地采取了这一冒险措施。他以一座空城,让"老谋深算"的司马懿产生错觉,以为城内埋伏着强兵猛将,便毅然下令退兵,坐失克敌制胜的良机。其所以如此,主要是因为诸葛亮历来用兵谨慎,足智多谋,司马懿曾多次败在他的手下,心有余悸。诸葛亮则知彼知己,善于审时度势,一反常法而用之,故收奇效。尽管史学界有人考证,《三国演义》中的有关记述,其时间、地点与历史事实不尽相符,但"小说"有别于"史志",它既"源于生活",又"高于生活"。在三国这段历史中,确有与"空城计"类似的真实战例:

魏将文聘坚守石阳巧退孙权一战。《魏略》记载:孙权尝自将数万众卒(猝)至。时大雨,城栅崩坏,人民散在田野,未及补治。聘闻权到,不知所施,乃思惟莫若潜默可以疑之。乃敕城中人使不得见,又自卧舍中不起。权果疑之,语其部党曰:"北方以此人忠臣也,故委之以此郡,今我至而不动,此不有密图,必当有外救。"遂不敢攻而去。

赵云对曹操所使用的"空营计"。当黄忠在汉水北山脚被魏军大将张郃、徐晃夹攻,未能按时归来时,赵云急忙率领数十名轻骑兵出营察看,正值曹操带领大军出击,便同曹军前锋接战,敌兵越聚越多,赵云数十骑奋力拼杀,冲出包围,退向自己营地,曹操领兵追赶。赵云回营后,副将张翼欲闭门拒敌。赵云却令大开营门,说:"当年大战长坂坡(故地在湖北省当阳县东北),我单枪匹马,不怕曹操百万大军,现在有兵有将,还怕他什么!"说完,他先派部分士兵埋伏在营内外壕沟中,然后叫士兵放倒军旗停止击鼓,自己单枪匹马挺立在营门外待机行事。黄昏时,曹军赶到。曹操见蜀营内外毫无动静,赵云威风凛凛挺立门前,恐中赵云之计，未敢贸然进攻，旋即挥师后撤。赵云审时度势，把枪一挥，率领伏兵一齐冲杀过去，追击曹军。昏暗中，曹军只听到杀声震天，金鼓齐鸣，摸不清追兵多少，无不惊恐万状，争相逃命，溃不成军，互相践踏，落水淹死者不计其数。在赵云、黄忠合兵掩杀下，张郃弃寨而逃，曹操也丢下粮草，逃往南郑（今陕西省汉中市）。事后刘备亲临军营慰劳，赞扬"赵子龙一身都是胆"，并封为虎威将军。

其实"空城计"早在东周时期，郑国抵御楚国就已见用。公元前666年，楚国以600乘大军北上攻打郑国，直抵郑都近郊，郑国危在旦夕。郑文公召集百官共商对策，众说纷纭，莫衷一是。正当文公左右为难之际，大臣叔詹在认真分析敌情后说："楚首次以重兵伐郑，意在必胜，其用兵定然谨慎小心，不敢冒险，惟恐失败。故退楚之计，当在其不敢冒险上作文章。"于是，当即陈明如何退敌之计，并被文公采纳。叔詹把军队全埋伏在城内，使楚军不见一兵一卒，不但大开城门，而且"县门不发"。令街上百姓照常来往，表情自然。楚军前队见此"反常"现象，认为必是郑国诡计，担心入城落入圈套，便在城外停下。楚军统帅令尹子元率大军来到，听了前队的报告，并登高眺望，见城内旌旗整肃，甲士林立，秩序井然，依旧疑惑不解，倘贸然进击失利，定难交账，于是决定待弄清情况后，有把握时再战。不料次日，战场形势剧变，齐、鲁、宋援郑大军将与楚军后队接触。楚帅子元害怕腹背受敌，只好下令匆匆撤退。由此可见，郑国所以转危为安，用"县门不发"的心理战，给楚军造成心理上的神秘莫测之感，不敢贸然进城而丧失战机，最后只好不战自退。

公元573年，北齐人祖珽，刚任徐州（今安徽省凤阳县东北）刺史，南陈军队突然大举进犯，形势异常危急。祖珽临危不惧，急中生智，令士兵大开城门。部队都下城静坐在街巷内，全城寂然无声。敌军来到城下，见此情景，疑惑不前。此时，祖珽突令士卒齐声呐喊，声震天地。结果，南陈军不战自乱，纷纷逃去。

唐玄宗时（公元727年），吐蕃人进攻瓜州（今甘肃省安西县），唐守将战死，张守珪接任瓜州刺史后，城墙尚未修好，敌军又来进攻。正当大家恐慌之际，他说："敌众我寡，不能硬抗，退敌须以智取。"于是，也来了个类似诸葛亮的"空城计"，令人在城上摆好酒席，找乐工吹打弹唱，自己和将士们饮酒作乐，并大开城门。吐蕃人见了，疑有伏兵，便撤兵而去。

此计不仅用于防守，在敌众我寡的遭遇战中，巧于运用，使敌难辨虚实，能收"奇而复奇"之效。

西汉飞将军李广，率百骑巡逻，突与数千匈奴骑兵遭遇。在李将军的机智沉着应付下，匈奴骑兵不明虚实就里，始终未敢贸然进攻，到夜幕下垂时，敌骑恐中埋伏，反匆忙撤走，从而化险为夷。

公元140年5月，金军以兀术为统帅，兵分四路，大举南犯。前此由于宋高宗赵构根本未作临战准备，金兵一到，中原、陕西守土之臣，望风崩溃，或者不战而降。近一月内，中原和陕西地区几乎全部丧失。高宗以孟庾为东京（汴梁）留守，刘锜为副留守。5月12日，兀术人东京，孟庾以城降。

5月15日，刘锜率军到达顺昌（今安徽省阜阳）。第三天，刘锜得到报告，金之骑兵已进至距顺昌仅300里的陈州（今河南省淮阳）。面对着如此严重的情况，刘锜仍然镇定自若。5月27日，金兵3万余人进至顺昌城下，29日开始围攻顺昌。刘锜为迷惑敌人，巧施"空城计"，下令大开四门。金军疑有伏兵，不敢贸然前进，只是在远处放箭。刘锜则指挥士卒用破敌弓、神臂弓和强弩射击敌兵。金兵稍向后退。刘锜又以步兵追击。晚上，宋军继续出击，激战持续到30日早晨，斩获无数。终于挫败金兵的围攻，大获全胜。

公元219年，曹操率军自长安出斜谷，直逼汉中。刘备凭险固守，不与交锋，一天，赵云率数十骑出营侦察，恰与曹操大军狭路相逢。赵云当机立断，率领轻骑主动攻打曹操，且战且退。曹操追至赵云营前，赵云明知自己兵少力弱寡不敌众，却故意令士兵大开营门，偃旗息鼓。曹操疑有伏兵，随即撤军。

从上述战例可以看出，运用"空城计"，既需要智慧，更需要胆略。智慧来源于知彼知己，特别是要在了解对手的心理的基础上，审时度势，改常法为变法，使之"疑中生疑"，方收"奇而复奇"之效。此计属于生死攸关、成败所系的险策，只有冒最大的风险，才能获得最大的成功。这就需要指挥员能"泰山崩于前而色不变"，沉着冷静，临危不惧，"一身是胆"，尤其在"弄险"的过程中，不能有任何疏漏和"惊慌"、"沮丧"的蛛丝马迹。否则，再高的智慧也要铸成全盘皆输的悲惨结局。

"空城计"与日常工作和生活

齐国张丑，被送到燕国当人质。不久齐、燕交恶，燕王打算将张丑杀害。张丑乘机逃出燕都，不幸在边境被捕。

张丑对境吏说："燕王之所以要杀我，是因为有人向他告密，说我拥有很多财宝。其实我并没有财宝。但是燕王不相信。现在我被你们捉住,把我交给燕王,我会说所有的财宝都被你独吞了。为此,你一定会被燕王杀害,你也活不成。"

境吏受到恐吓,便将张丑释放。张丑就这样用"空城计"平安无事地逃回齐国。

"空城计"与政治

公元 727 年,突厥人进攻瓜州(今甘肃省安西)。守将王君█战死,张守珪被派作瓜州刺史。他到任后,立即组织百姓修筑城墙,以抵御敌人的进攻。可是未等到把城墙筑好,突厥人又突然来攻,情况十分危急,众人惊慌失措。张守珪急中生智,对众人说:"敌众我寡,不能用利箭、礌石硬抗,必须用计谋退兵。"于是命令众人在城楼下摆好宴席,乐工吹打弹奏,自己和将士饮酒作乐,好不热闹,吐蕃人见状,疑心城中有埋伏,遂撤兵而去。

公元前 666 年,南方霸主楚国,派出六百乘战车的庞大队伍北上攻打郑国,轻而易举地闯进了郑国都城近郊的桔秩之门,郑国危在旦夕。

郑国面对大敌临门,身为国君的郑文公召集文武大臣商量应急措施。众大臣议论纷纷,争论不休,但谁也想不出好办法。这时,坐在角落里一直沉默不语的叔詹说:楚国自从进行兼并战争以来,第一次使用 600 乘战车的强大兵力,说明楚国是怀着必胜的信心前来的,所以他也就最担心、最害怕失利。这就决定了楚军必然是处处谨慎小心,稳扎、稳打不敢冒风险。因此,我们可以利用楚军这种心理大作文章。郑文公见叔詹胸有成竹,便让他按自己的计策行事。叔詹于是一面派人向齐、鲁、宋三国求援,一面亲自在城内安排布置。他把军队埋伏在城内,使楚军看不到一兵一卒,不仅将城门打开,还让街市上的百姓来往如常,丝毫不流露出害怕的样子,使郑国都城的秩序与平时没有两样。

叔詹部署就绪,楚军先头部队便已推进到遽市。先锋斗御疆一马冲到城门下,举目一看,城门大开,城中百姓从容不迫,城上悄无声息。斗御疆认为其中必有诡计,便在城外等候统帅令尹子元。子元到后也捉摸不定郑军的葫芦里究竟装的是什么药。这时有人向他报告说:齐、鲁、宋援郑的大军就要到了。子元害怕腹背受敌,便连夜率军匆匆撤退。

"空城计"与商战

在商业竞争中,运用"空城计"关键在于有意显示自己的实力不足,或者隐瞒自己强大的实力,使多疑的竞争对手或者顾客造成错觉,有利于经营。比如,通过限制销售而有意识地使自己的产品在市场上保持供不应求的局面,以此刺激消费者需求,扩大市场。或者产品滞销,却有意造成脱销假象,诱发消费者购买欲,从而获胜得利。

1982年是美国钢铁工业严重衰退的一年,其产量比上年减少40%以上。美国七大钢铁公司这一年总亏损约16亿美元。正当一些钢厂相继宣布倒闭的时刻,在芝加哥发迹的谭仲英就买下其中有4000多工人面临失业的麦克罗斯钢厂。谭仲英于1964年建立起自己的第一家钢材公司后,接二连三地买下了许多破产的公司,使其事业得到了迅速发展。到1981年,他在美国的大小企业已达20多个。他的生活之路就是在"葬礼"时买公司,在"婚礼"时卖出公司。很多人对他花重金买下沉疴难起的工厂,感到高深莫测,难于理解。也有人称之为"喜欢冒险的赌博"。由于他埋头工作,拒不接受新闻界的采访,人们对他了解很少。但不管怎样,谭仲英就是以此种"冒险"的方式,从一名推销员发展到资产超过10亿美元的企业家。这不能不说是他的胆略和智慧的代价吧。他的"冒险"的背后一定有深谋远虑和细心的筹划安排。

日本的角荣建设公司董事长田式美也是一位赤手空拳闯天下的企业家。他曾专心思考"没资金赚大钱"的生意,经过一段时间终于想出一套"预约销售"的方法。这也具有"虚者虚之"、"奇而复奇"的性质。这办法很简单。如有人要卖某处山坡的地上物时,他就找买主,同他接洽:"那座山上的木材约值100万日元以上,主人现有意80万脱手。请你买下它,保证两个月内可赚1成。超出1成利润时,超出部分由我得,如赚不到1成时,我赔你1成的利润。"等买好之后,角田便代其销售,他往往以相当于买价两倍左右的价脱手。对买主来说,两个月就有1成利润,比银行存款利息高得多,而且安全可靠。这个办法,只要你有信用,有人替你担保,你只要有诚意,肯跑腿,收获定然大有可观。角田做这项不要本钱的生意确实有一套。他本来一无所有,经过十年奋斗,已成为日本有名的一次盖几百栋楼的建筑企业家了。

"空城计"与炒股

在股市上,手中无钱欲要炒股,这就得运用"空城计",也就是做空头生意,将借来之股票以高价出售,然后用低价买回,自己得一进一出的差价。然后用以经营股票,日积月累,资金逐渐增多,实力日益壮大。如此,不但本金滚利,而且利滚利,不断扩大操作量,赚取更多的利润。

33_计 反 间 计

三十六计

"反间计"是利用或收买敌方间谍为我所用的一种计策。见《孙子·用间篇》："反间者,因其敌间而用之,故反间可得而使也。"《长短经·五间》："陈平以金纵反间于楚军,间范增,楚王疑之,此用反间者也。"杜牧在《十一家注孙子·用间篇》中解释"反间"说："敌有间来窥我,我必先知之,或厚赂诱之,反为我用;或佯为不觉,示以伪情而纵之,则敌人之间,反为我用也。"

战争中使用间谍,早在我国古代就有了。对于如何使用间谍,《孙子·用间篇》就此作了专题论述,其中讲了五种用间:一是"因间",故意示伪情于敌方间谍;二是"内间",收买敌方官吏为间谍;三是"反间",收买或者利用敌方间谍为我效命;四是"死间",故意示伪情于敌谍使之上当受挫,敌方往往将其处死;五是"生间"派去来方便之人到敌方去侦察,返回报告情况。孙子说,这五间俱用,就使敌人摸不到规律,神妙莫测,无法对付。并说:作战必须了解敌情,而了解敌情关键又在于运用反间,所以对"反间"不可不重视。

"反间计"通常有两种用法。一种是收买敌方间谍,为我所用。

东周时期,"秦赵长平之战",赵军老将廉颇在秦强赵弱的形势下,采取坚壁以待的作战方针与秦军抗衡,使秦军久攻不克,双方相持达三年之久。秦相范雎认为,要打败赵军,须先除赵将廉颇。遂利用赵王与廉颇有隙,派人携千金贿赂赵王身边的大臣,谎称:"廉颇不敢与秦军决战,是因他年老胆怯,且有降秦之意。""秦军所畏,独畏马服君(赵奢)之子赵括为将耳!"其实秦真害怕的是廉颇,却反说是赵括。赵王听信谗言,对廉颇产生疑惑,不顾蔺相如及赵括之母谏阻,竟任命赵括取代廉颇为将。秦国的"反间计"就这样得逞了。

齐将田单利用燕惠王做太子时对燕将乐毅不满,收买燕国派来的间谍,散布谣言说:"乐毅同燕惠王有宿怨,怕被其所杀。因此,借攻齐之名,行联合齐军、自立为王之实。现暂缓攻打即墨,是因齐军尚未归顺而等待时机。"并说,齐国人现最担心燕国另换大将,果然如此,即墨就难保了。燕王对此信以为真,派骑劫接替乐毅职务。这一来,田单除去了战场上的劲敌,为打败燕军、收复国土奠定了基础。

"反间计"的另一种用法,是对敌间"佯作不觉,示以伪情而纵之"。即采取顺水推舟,将计就计的手段,让敌间为我所用。

《宋史·岳飞传》记载:"岳飞奉令去广西岭表招抚曹成,曹不受。岳飞上奏宋帝,说:'贼寇力强则肆意横行,力弱方能接受招安。故须先用兵,后劝降。'帝准奏。"岳飞在征讨途中,抓获一敌间,绑至帐下。此

际,岳飞正升帐议事,有人进帐报告:"军中断粮,如何行动?"岳飞故意说:"暂退到茶陵,等待补给。"随即装作无意看到敌间,流露出泄密后悔之态,跌足入内。其后又故留空隙,让间谍逃脱。岳飞料定间谍回去报告后,曹成必派兵追击,便暗中率军趁黑夜绕过山岭,迂回敌后,突然高呼:"岳家军来了!"并乘势猛攻。敌军惊慌失措,连遭挫败,丢失许多关隘,处境愈加困难,最后不得已接受招安。

在历史上此类例子颇多。如汉朝陈平使用反间计,迫使范增愤然脱离项羽。三国时期,司马懿利用蜀军叛逃的都尉苟安为间谍,使昏君刘禅硬把孔明从前线召回,丧失了四出祁山北伐曹魏的大好时机。唐朝的高仁厚利用邛州叛将阡能的间谍进行反间,仅用六天时间即平息了四川一带的叛乱。

在现代战争中,由于通信技术与联络手段的高度发展,一些大国特别重视用间,建立了庞大的间谍机构,其用间之法也是历史上无法比拟的。随着科技和经济的发展要求,间谍早已不限于刺探军情,经济、科技等方面的情报也成了他们猎取的对象,且手段愈趋多样化。因此,"反间计"也更加丰富多彩。

第二次世界大战期间,英国的海军间谍机关,将捕获来的德国间谍收买培养成"双重间谍",按英国的意图,专门用假的或没有实际价值的情报,提供给德国情报部门进行欺诈。例如,英情报机关为破坏德军的反潜艇探测战术,利用名叫塔特的"双重间谍",给德国情报局发回已获知英军有了对付德国反探测的新办法。对此假情报德国信以为真,错误地放弃了这种反潜战术,从而遭受了更多的损失。

"反间计"与体坛角逐

在体坛角逐中,"反间计"的运用亦不少见。"知己知彼,百战不殆。"要知彼,用间是重要手段之一。而使用"反间计",除买通敌方间谍为我服务外,主要是对敌间"佯为不觉"而示假隐真,使其为我所用。如在第十三届世界杯足球赛中,巴西队教练桑塔纳常以假战术示人,有时故意让替补队员击败正式队员,使观看训练的其他队教练员造成错觉,

第二编 《三十六计》施计纲要

由于判断失误,制定的战术方案也将错误,实战结果就不言而喻了。

"反间计"与日常工作和生活

四川永宁安抚使奢崇明叛乱,布政使朱燮元率兵抵抗。在成都地方破了叛军所研制的吕公车,大败奢崇明的军队。奢崇明不甘心,于是派出间谍,要部将罗乾象假意前往投诚,见机破坏。

朱燮元见有人前来投降,知道是对方遣派的间谍。于是将计就计,施行"反间计"。在做周密的部署后,就让罗乾象一同饮酒,罗乾象身带佩刀,朱燮元也不让其摘下,表现出毫无戒心。两人一起饮酒,甚至同床而卧。为此,罗乾象很感动,对朱燮元说一定要以死相报。

如是,罗乾象回营后,贼营的大小举动,朱燮元通过他无不一一事先获得了解。

曹玮任渭州知府时,号令严明,甘肃一带人都为之畏惧。有一天,正召集众位将领饮酒,恰巧有士兵叛变,逃到西夏一边去了。边守飞马前来报告此事,众位将领相顾失色。曹玮谈笑自若,与平时无异,却内心想到"反间计",从容地对前来报告的人说:"这是我命令去的,但千万不要说出去。"这话却被西夏的人听到,以为叛军是前来偷袭自己的,于是将这伙叛军都一一杀掉。

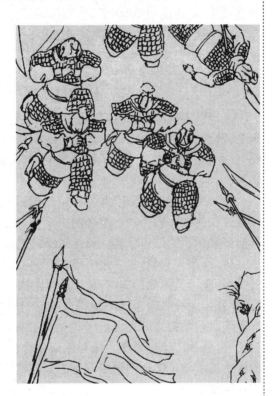

南宋高宗朝,统制郦琼叛变扣押了兵部尚书吕祉,投降了受金人册封的大齐皇帝刘豫。张魏公浚正在宴请部下,消息传到,满座的人都大惊失色。独张魏公神色不变,仍然高兴地喝酒。直到深夜众部下散去之后,才命人把写好的信用蜡密封后给郦琼送去。信上说:"这件事可以办成,就把它办成功,否则,赶快保全部队回来。"敌人得到这信就对郦琼产生了怀疑,将其所带去的士兵加以改编,并对他加以严密监视。由于张魏公施用这种反间手段,边境得以安定。

"反间计"与政治

五代十国时期,南唐后主李煜畏惧当时后周能征善战的大将赵匡胤,便向后周皇帝柴荣施用"离间计",派使者给赵匡胤送信,并赠送白银 3000 两。赵匡胤知道来意不善,于是便把 3000 两白银全部上交周朝的国库,"离间计"遂未得逞。

明末宁远之役,明朝大将袁崇焕大败 13 万八旗兵,重创努尔哈赤,使其在败归时丧命。此后不久,这位良将功臣却被崇祯帝处以死刑。

袁崇焕乃明朝镇守北疆名将。由于能攻善守,胆识过人,八旗屡屡攻关不破,故皇太极继承汗位后,极力避开袁崇焕,取道蒙古,绕到河北背后,直取北京。不料袁崇焕又迅速回兵保卫北京,杀得皇太极的兵马受阻,皇太极绝望之中心生一计:派出奸细在明朝一牧马厂散布"袁巡抚里应外合,引狼入室"的谣言。姓杨的小太监听到后迅速密报崇祯。崇祯信以为真,遂定袁崇焕"资敌通敌,欺君误国"之罪处以磔刑,甚至将其兄弟、妻子流放 3000 里。

袁崇焕被杀,为八旗兵除掉一劲敌,皇太极闻知暗喜,认为明王朝覆灭为期不远矣!

"反间计"与商战

在经济斗争中,此计可利用不忠于自己的下属为自己服务,利用其短处、缺点,折射出自己领导策略上的缺点和不足,以提高自己的领导水平;此外,是利用"敌"间,了解竞争对手的情况,以便自己对经营做出决策。

1936 年,"面粉大王"鲜伯良经营的重庆复兴面粉公司曾与当地粮商有过一次较大的交锋。时逢四川干旱,粮商囤积居奇,重庆粮价高涨,影响了复兴厂的原料收购。而此时汉口粮价仍然平稳,由汉口运粮至重庆出售,虽难于获利,但不至于亏本。鲜伯良便施展"醉翁之意不在酒"的手段,在汉口买面粉 3000 包赶运至重庆出售;一面将向汉口福新厂订购 10 万包面粉的假合同一份寄重庆,视作"密件"保存,但又让其负责在重庆收购粮食的厚生商行经理粟玉泉有窃见之机。鲜所以对粟不明白相告,是既防他在紧要关头与粮商联合起来对付自己,同时又使自己的助手都不知是假合同而信以为真,对于实现鲜的全部计划更为有利。果然粟玉泉中了"蒋干盗书"之计,将此消息外泄,粮商只眼见汉口面粉不断运来,而不见复兴厂在市场采购原料,也就确信不疑,争相脱手,面粉价格从而直趋下落,复兴厂便乘机购进小麦 1.4 万石,战果相当可观。

当代,某些外国企业集团,利用现代科学技术,其"反间"活动更是五花八门,手段亦狡猾阴险。如美国国际商用机器公司在对付日本日立、三菱两公司时窃取其最新技术,就是巧用"反间计",采取"佯为不觉",虚虚实实,设饵诱敌,终于使日立在这次"电脑战"中败下阵来。此外,"反间计"并非都是用诡秘的手段暗中进行,也有在公开的微笑外交中巧妙进行的。如有些日本企业负责人,其接待外商、外公司人员时,和美国一般经理的拒而不见或敷衍塞责的"待客"风格迥然两样,通常都是殷勤相待,谈笑风生,热情备至。其如此"好客"的目的,在于使对方感到亲切、热诚,犹如故交,从而放松"戒备",在谈笑之间便巧妙地套取走所需的情报。其策略是：你摸我的底你摸不着，我摸你的底你不知道。这种寓攻于守、"顺理成章"的高超手法，确实堪称妙用"反间计"了。

"反间计"与炒股

"反间计"亦用于股市。情报在股市上有越来越重要的作用，而且搜集情报的方式多种多样。股民从众多的情报中挑选出对自己有价值的情报，进行分析处理，从而指导自己的实践。因此，如果有股民派遣间谍搜集我内部股票行情，就可运用"反间计"：一是收买"敌方"间谍，使其为我所用；二是对"敌间""佯作不觉，示之以伪情"。即采取顺水推舟、将计就计的手段，让对方间谍为我所用，从而收到巨大的成效。

34_计 苦 肉 计

"苦肉计"，是用自我伤害的反常手段，骗取敌方信任，掩盖真实意图，以利克敌制胜的一种计谋。这种自我伤害和损失，以不妨碍达到既定目标为原则，是以小的、局部的牺牲，换取更大的胜利。

"人不自害"乃人之常情，也是人们分析和判断事物的通常习惯。"苦肉计"就是利用这个一般人的常情和习惯而反常行事，使敌方难于一下识破意图，甚而深信不疑，以至于吃大亏上大当。

"周瑜打黄盖，一个愿打，一个愿挨。"这个在群众中广为流传的口头语，是《三国演义》中"赤壁之战"的一个重要情节——说的是东吴大将黄盖，为破曹军，向大都督周瑜献"苦肉计"，自己甘受"皮开肉绽"之苦，假意降曹，火烧战船，为"赤壁之战"的重大胜利立下了汗马功劳。其实"苦肉计"早在赤壁之战前七八百年的东周列国时期就已见运用了。

春秋时，郑武公为给攻打胡国作好准备，先将其女嫁给胡国的国君，使两国成了"至爱亲朋"；随后又将主张攻打胡国的大夫关其思杀了，使胡国对郑武公的"友好"态度深为感动。于是，胡国认为郑国和自己"友好亲近"，从思想到行动对郑国已没有丝毫的防范了。郑武公见时机成熟，便出兵向胡国发动突然袭击。胡国由于被郑国的"苦肉计"所迷惑，完全丧失警惕，早已"刀枪入库，马放南山"，自然猝不及防，迅即为郑所灭。

运用此计，必须假戏真演，更要演得真切；既要障敌眼目，又要不为己方无关之人所识破。如周瑜、黄盖之"苦肉计"，除被才智过人的诸葛亮看穿外，不仅瞒过了东吴诸将，甚至连周瑜的亲密助手鲁肃也不知是计。反之，倘瞒不过众人，很容易被识破，"苦肉计"也就只能落得个"赔了夫人又折兵"的结果,连"老本"也要丢了。

"苦肉计"常与"反间计"配合使用。在现代的间谍战中亦时有所见。

1980年《航海》第五期登载:1978年,原苏联克格勃企图攫取希腊女船王克里斯蒂娜具有战略性的家产,包括10亿美元,500万吨的输油船队,尤其是地中海北端有战略价值的斯科皮奥斯岛,便派出叫考佐夫的克格勃成员,通过"冒死"救克里斯蒂娜免遭"车祸",以其身受重伤来获取她的感恩之情。当考佐夫伤愈出院后,就被邀请到她家疗养。经过一段"爱情"戏剧之后,两人还"喜结良缘"。其实,考佐夫的"舍己救人",完全是克格勃一手导演的"苦肉计",目的在于使克里斯蒂娜落入他们设下的"恩爱"陷阱之中,获得这份"战略性"的巨大资产。

当今世界,特别是那些霸权主义者,为了侵略、颠覆、掠夺和竞争的需要,常以"苦肉计"的形式,派遣间谍、特务打入对方内部,进行各种阴谋活动。这就要求我们能像诸葛亮那样明察秋毫,以防止敌人钻我们的空子。

"苦肉计"与日常工作和生活

白居易《新丰折臂翁》诗中所讲述的故事,就说明了"苦肉计"的妙用。老翁为什么在60年前会"偷将大石捶折臂,一肢虽废一身全。至今风雨阴寒夜,直至天明痛不眠。痛不眠,终不悔,且喜老身今犹在"呢?就是行"苦肉计"避免兵役,为要苟全性命于乱世,断臂又何足为苦?

楚国春申君的发妻名甲,一侍妾名余,两人交恶,互相打骂,如同老

虎和牛。妾余得春申君宠爱,因而恃宠生娇,时常在丈夫面前毁谤发妻。

有次,她自己抓伤身体,哭泣着对丈夫说:"我得侍奉夫子,实三生有幸,可是夫人不容,屡次辱骂欺凌,今天更变本加厉,动手打我。你看我身上的爪痕,痛楚难忍。如此下去,终有一天我会被她害死,不如现在死在你面前了此一生!"接着,装出撞壁姿势,春申君将其拉住,并以美言安慰,答应免去发妻夫人的称号。

侍妾余仍然心犹未甘,因为甲的儿子还是春

第二编 《三十六计》施计纲要

申君的继承人。为了彻底篡权,更进一步想将其母子置诸死地。于是,她把自己的衣服撕坏,向丈夫哭诉:"看来,委实我在这里无法活了。刚才那个疯婆又唆使她的儿子,先以语言调戏我,继而扯破我的衣裳,想侮辱我,幸亏我跑得快,否则——她这样随时对我暗算,试问我避到何时……"

春申君听后,竟信以为真,勃然大怒,下令将其发妻和儿子杀害。立即将侍妾立为夫人。

北宋庆历年间,种世衡率军驻守清涧城。一次,种世衡为员蕃将的小错误发怒,对之施以杖背的重刑。

其下属多愤愤不平,一致向种世衡求情,但终于未能得到种世衡的谅解。这蕃将受刑之后,就逃到西夏。赵元昊对他十分信任,准其自由出入西夏王朝的枢密院。一年后,这位蕃将了解相当多的军事机密,又悄悄地溜回种世衡的身边。这时,人们才知道种世衡使用的是"苦肉计"。

一位家庭主妇在农贸市场向一位农民打扮、老实忠厚、不善言谈的中年汉子,买西红柿。摊主报价为一元钱三个,家庭主妇凭着三寸不烂之舌把价压到三角钱一个。家庭主妇选了二个西红柿,装到篮子里。在付钱的时候,她突然说自己的钱包忘在家里,并煞有介事地在身上所有衣服口袋里搜索一阵子,好容易凑成五角五分钱,送到摊主的面前说:"实在对不起,我只有这么多了!不然我回家再给您取一趟吧。"中年汉子急忙说:"算了吧!反正都是自家出的东西,拿走吧!"家庭主妇放下钱,挎上篮子,到不远的摊上又买了黄瓜、茄子之类。中年汉子见了,摇摇头,露出一丝苦笑。

在此暂不评论家庭主妇品质如何,她却成功地使用了"苦肉计",在她无法同摊主继续讨价的时候,便装作没带足钱以此获得摊主的同情,最终达到降价的目的。

"苦肉计"与政治

《东周列国志》第七十四回所述要离杀庆忌的故事,则更是典型的"苦肉计"了。要离是吴国的一位民间武士——"剑客",由伍子胥推荐给吴王,被派往卫国刺杀亡命他乡、准备伐吴夺位的公子庆忌。要离为了取得庆忌的信任,施用"苦肉计",甘愿让吴王借追查流言蜚语,砍了他的右臂,把他和他的妻子投入监牢。然后故意放松监禁,使其越狱逃亡,于是又杀其妻子。要离到卫国后,逢人便大骂吴王是无道昏君,并求见庆忌,声泪俱下地倾诉其悲惨遭遇,要求为他报断臂杀妻之仇。庆忌开始还将信将疑,当见到要离果失右臂,又派人探知其妻被吴王焚弃于市的真信后,遂坦然不疑,视要离为亲信,从此主仆形影不离。三个月后,庆忌率兵乘船向吴国进发,要离持矛侍立其身后,行至中途,要离猛刺庆忌后背,短矛穿胸而过。庆忌就这样丧身于"苦肉计"下。此后,如宋代的"王佐断臂降金"的故事等都是流传甚广的"苦肉计"。

唐高宗时，王皇后萧妃同当时身为昭仪的武则天争宠。永徽四年，武则天生下皇子，备受高宗喜爱，因而身价百倍，有了册封皇后的野心。这时尽管高宗很喜欢武则天，却并无废黜王皇后的打算。永徽五年，武则天又生一女儿，更受高宗的喜欢。为扫除自己册封皇后的障碍，她精心策划了一场阴谋。

一天，王皇后单独前来看望武则天所生的女儿，武则天故意躲藏起来。王皇后见小公主睡在床上，却不见武则天，很快就离开了。王皇后刚走，武则天从内室走出，咬着牙用双手掐死自己的亲生女儿，再用被子盖好，若无其事地离开了。正巧高宗来看小公主，武则天亲自打开被盖，发现小公主眼球突出，面色青紫，已气绝身死，顿时哭得死去活来。高宗大怒，进行追查，大家都说王皇后刚才来过。于是，王皇后有口难辩，再加上武则天添油加醋，王皇后终于被废。

武则天就是利用人们相信自己不会掐死亲生女儿的心理特点，采用"苦肉计"自我伤害的手段，借此嫁祸于人，达到爬上皇后宝座的不可告人的目的。

"苦肉计"与商战

"自我伤害"，除包括伤害自己的身体以外，也包括"伤害"自己的财物或其他与己相关的利益。这种"自我伤害"以取信于人的手段，在企业经营管理中也非少见。

上世纪初，我国有名的大买办，人称"赤脚财神"的虞洽卿，对生意经非常精通，且工于"逢迎之术"。一次有位清朝大员到上海采办军装，此人故示清高，据说不肯和洋行买办面谈生意。事为虞洽卿所闻，他乘此大员外出时，故意叫自己的马车撞坏了大员的马车。于是，他煞有介事地匆忙下车道歉，并将自己的新马车送与大员作为赔偿，因此，取得了这位大员的信任。从而做成了这笔巨额交易，获得了一大笔佣金。这种商业"权术"，也是"苦肉计"的一种运用。

丹华火柴厂"自毁产品"。该厂是丹华公司（1918年由丹儿与华昌两公司合并而成）的重要企业。其火柴商标在市场上颇有信誉，因为其火柴的质量规格始终如一。一遇产品质量出现问题,厂内发现,即时烧毁;厂外发现,派人查明,如责任在厂方,便把原货烧毁,赔人损失。在第一次世界大战期间,由于原材料缺乏,该厂曾使用精制土硝(KNO_3)制造火柴,起初质量还不错。后将货发到绥远(今内蒙古自治区的一部分),经过夏季,发现有的火柴划不着火。丹华厂急派人查实,将几十箱火柴当众烧毁,给经销商换新货,补偿杂费。另一次,因火柴用胶货源困难,改用胶粉,发火很好,但经夏天,有的代销点也发现类似问题,该厂照样烧毁赔偿。因此,该厂虽不断公开自毁产品,但其销量与日俱增,信誉反而不断提高。

日本东京横山町有名的岛村大楼业主,岛村产业公司及丸芳物产公司董事长岛村芳雄,就是以他首创的另一形式的"苦肉计"踏上成功之路的。岛村初到东京一家包装材料厂当店员,薪金很低,时常囊空如洗。下班后,他惟一的乐趣是逛大街,欣赏人们的服装和所提的东西。一天,他在街上漫步时注意到无论是年轻的小姐还是半老的妇人,除自己的皮包外,还提着一个买东西时商店给装商品的纸袋。他想将来纸袋会风行一时,做纸袋绳索生意一定不错。于是经过3个月的努力,跑了69次银行,终于感动了"上帝",银行贷给他100万日币做本钱。他深知,条件比人差,只有用自己创造的"原价销售法"才能在激烈的商战中立足。岛村的这个销法后来相当有名,方法却很简单。首先,他到麻产地冈山的麻绳商场以0.5元一条大量买进,然后按原价卖给东京一带的纸袋工厂。完全无利地经营了1年后,"岛村的绳索确实便宜"的名声远播,各地的订货单雪片似地源源而来。于是他开始采取行动。他拿购货收据找订货客户说:"到现在为止,我是1角钱也没有赚你们的。但是让我这样继续为你们服务,我只有破产这条路了。"交涉结果,客户被他的诚实做法所感动,甘愿把交货价提到0.55元。随后,岛村又找冈山麻绳索厂商洽:说明过去都是照原价卖给别人,因此才有这多订货。如果继续这样做,我只有关门倒闭了。厂商一看他开给客户的收据,十分吃惊,这样不赚钱做生意的还是第一次遇到。于是,一口答应他一条只算0.45元钱。如此一来,以当时每天1000万条交货量算,利润就是100万日元。创业两年后,他就名满全国了,把店名由凡芳商会改为公司。创业13年后,他的日交货量至少5000万条。由于现在袋子的绳索原料日益讲究,每条卖价在5元左右,利润就更加可观了。岛村芳雄的成功,除有先见之明外,巧用"苦肉计",推行吃亏的"原价销售法"也是一个重要的因素。由于这样,他并不花一文宣传费,顾客却有口皆碑,广为传扬,从而使他买卖兴隆,利达三江。

国际驰名的我国海尔集团,原是一家生产电冰箱的工厂,很不景气。现任董事长张瑞敏受命于危难之际,发现售出的电冰箱,客户反映存在质量差的问题。他在盛怒之余,经过冷静思考,为了教育职工;同时,取信于消费者,决定从仓库存货中,取出经检查不合格的产品,只要稍有纰漏,一律摆放在现场,谁负责的工序不合格,就由谁执大锤当着全厂员工的面加以砸毁。其损失之大,的确令人痛心。员工面对这种场面,既内疚难堪,又受到巨大震慑。这其实也是"苦肉计"的运用。自此,工厂生产面貌大为改观,同时,企业的信誉也日益高。据说,张瑞敏对《孙子兵法》和老子哲学有深刻理解,加之以灵活运用到现代生产技术、科学管理、变中取胜,组织领导工作,才处处居于主动地位。

"苦肉计"与炒股

"苦肉计"亦用之于炒股中。股市有大户、小户、散户之分。一谈起"大户",许多人谈虎色变,敬之畏之。大户之所以被称为大户,除了他们拥有雄厚的经济实力之外,还在于他们能运用各种技巧手段,制造气氛。有的大户还别有用心地施行"苦肉计",当股价上涨,正沸沸扬扬之时,突然抛出大量低价股票,致使股价猛然下跌到一发不可收拾的地步,这时,他暗中买进成倍于抛出的股票,待股票价回升时赚大钱。这样,得利是这些大户,却苦了中小股民。

35计 连 环 计

"连环计",是给强敌甩"包袱",制造障碍,"使其自累",以削弱他的力量,夺取战役和战斗的胜利的一种谋略。通常有两种理解:一种见《兵法圆机·先》:"大凡用计者,非一计之可孤行,必有数计以勷之也。……故善用兵者,行计务实施,运巧必防损……此策阻而彼策生,一端制而数端起,前未行而后复具,百计迭出,算无遗策。虽智将强敌,可立制也。"这就是说,把连续运用两个以上计策的称为"连环计"。

另一种则是取意于"使其自累,以杀其势",认为凡是前后运用两种计谋,前计在于使敌"自累",自相钳制,以削弱其战斗力,从而改变战场形势;后计则是在前计基础上,对敌人实施攻击,消灭其有生力量,夺取全局性的胜利。由此看来,后一种理解,更符合此计的内容实质。

在运用"连环计"时,关键是抓住敌人的弱点,首先要令其"自累",削弱其战斗力,这样才能转变战局,克敌制胜。

《三国演义》中描写的赤壁之战中,庞统诈降曹营,巧献"连环计",怂恿曹操将大小战船,分别用铁环扣紧,上铺木板,连成整体,名为解决北方人不惯水战怕船颠簸的困难,实则是使之行动不灵,自相钳制,削弱其战斗力,便于火攻;同时又用"苦肉计"派黄盖"暗投曹营",为火攻作好准备。等到万事俱备,东风一起,便"火烧赤壁"。这样从巧锁战船、黄盖诈降到火烧赤壁,数计连用,构成了累敌、惑敌、歼敌的一个完整的谋略链条,终于把"舳舻千里,旌旗蔽空"、号称83万的曹操大军,几乎全部葬身于熊熊烈火和滚滚波涛之中;使"酾酒临江,横槊赋诗"、一世之雄的曹操,遭到空前的惨败。幸而他见势不妙,带着些残兵败将取小道逃窜,才没有丧命,留下了曹仁、张辽、夏侯惇等守住南郡、合肥、襄阳等地,自回许昌去了。

《三国演义》中王允智献貂蝉,既是"美人计",更是"连环计",这从第八回的标题"王司徒巧使连环计,董太师大闹凤仪亭"可以看出点得非常明确。王允利用美女貂蝉,同时将其给了吕布和董卓,实际上是给自己的对手一个"包袱",使他们互相钳制,互相猜忌,离间其义父子间的关系,甚而反亲为仇,互相残杀,不但削弱了对手的力量,最终还借吕布之手,杀掉了董卓,达到剪除政敌取而代之的目的。

"连环计"的运用方法多是"以迂为直"。看来,这是敌方"将多兵众,不可以敌",即敌强我弱的特点所决定的。

《历代名将用兵方略》记载:宋朝时,金兵大举入侵,毕再遇和强敌作战中,常常用计引诱金兵出战。他总是忽进忽退,再三设法拖住敌人。他采用游击战术,时东时西,忽前忽后,出没无常,使之疲于奔命,得不到必要的休息。等到夜幕降落,天色昏暗之际,他把预先用香料浸煮过的黑豆,遍撒在阵地上,又挥兵前往敌营前面挑战,战不数合,就假装败退,引诱敌人"乘胜"追击。当敌军追到预设的阵地时,金兵的战马已经疲乏和饥饿。骤然闻到地上黑豆散发出来香味,喜不自胜,莫不自行停步,埋头抢吃,任你如何鞭打,也不肯往前走动,照吃不误。毕再遇抓住这一有利战机,集中兵力向敌军猛烈反击,从而大获全胜。

"连环计"与体坛角逐

"连环计"也用于乒坛上。中国横板削球选手王志良,在二十七届世乒赛男单比赛中以 3:2 淘汰了世界名将木村兴治,震动了世界乒坛,也使擅长横板削球、号称这种打法鼻祖的欧洲选手侧目。因为他们都对付不了木村的凌厉攻势,然而却为中国王志良的横板打法所破。但只要细心观察,就会觉得事出有因了。

原来王志良的削球是在扎实的基本功基础上,巧妙地运用计谋,随机应变,可谓板板有计,玄妙莫测。比如他的形象外示柔静,心平气和,然而却绵里藏针,暗伏杀机。他在救小球时,貌似狼狈,在跌跌撞撞的招架动作中都刁钻地给对方送回一个加转球,使对方上当失机,不得不吞下苦果。他又边打边配合着心理观察,运用计谋。当他窥见对方很谨慎地拉攻时,则以加转动作形象送去不转的球,使对手接回的球频频出界;待到对方对此有所警觉时,却又以表面动作轻松、暗地狠狠加转送去强下旋球,使对手击球连连下网;当对手犹豫、混乱时,他又用正、反手做斜、直线反攻。他这种诡谲多变的球风,神出鬼没,使对手连连中计,终于淘汰了名将木村。了解以上情况,当知这一胜利的取得并非偶然。

"连环计"与日常工作和生活

武则天在登上皇帝宝座之前,为了消灭异己,除掉潜在威胁,便诏令天下:"任何人都可以直接到京城见皇帝,告发贪官污吏。凡告发属实,则授予官职,若不属实,亦不追究。"果然告密者蜂拥而至,其中有效忠皇帝的,有为求得一官半职的,有借机报仇的……一时举发案件如山,武则天便选拔狡诈残忍视人命如草芥的人处理案件,把天下搞得腥风血雨,人人自危。武则天则借机扫荡异己,因而顺利地当上女皇。由于告密不实和酷吏肆虐,使得天下很不安宁。武则天为了安抚民心,稳定政局,又下令限制告密,并利用酷吏之间互相罗织罪名的办法,将他们一一除掉。

武则天借酷吏之手扫荡异己,继而借酷吏之头缓和危机。这里连用两计,并且是两计环环相扣,这就是连环计中的"机巧贵连"。同时,武则天利用互相告密以达到互相钳制、互相削弱的目的,又为"使敌自累"的计谋。另外,她无论是借用酷吏之手,还是借用酷吏之头,均属于"借刀杀人"之计。所以,总的说来,武则天所用乃是"连环计"中两计扣用更套用"借刀杀人"之计,虽然高明,却甚狠毒。

"连环计"与政治

"连环计"也有人用来整治小偷。汉宣帝(刘询)时,张敞出任京畿地区(今西安市西北)行政长官,当时长安小偷颇多。张敞一到职,便轻装简从,走访了一些地方父老,了解到小偷中有数名头领,生活颇为富裕,张敞召见了他们,让他们协助官府缉拿小偷以立功自赎,赦免了他们罪行,并补为小吏。他们回家即办酒席,小偷们都来祝贺。酒酣,小偷头领暗地里用红土染在这些小偷的衣襟上。此时,吏卒在里巷大门口察看,凡是衣襟染红的就予以逮捕,这天就捕到数百人。由于张敞将"擒贼擒王"和"借刀杀人"之计连环使用,只此一举就消除了长安市的小偷之患。

第二次世界大战前,英法两国为欧洲最强的国家。法国在非洲拥有众多殖民地,实际上成为欧洲地区的非洲帝国,其野心是希望独霸欧、非两洲。英国殖民地散布全球,其政治目的是永远保持均势。而德国希特勒鉴于英、法两国目标不同,认为要有所作为,必先拆散英、法两国联盟。

如要削弱法国,就应拉拢英国。因此他一面高歌和平,一面秘密重整军备;同时,英国有意投德之好,建议"平等军备",法国却强烈反对。到萨尔区人民投票重返德国之后,希特勒乘机宣布:不向法国作领土要求,即暗示不索回阿尔萨斯和洛林两割地,引诱法国同意"平等军备"。此时英、法两国已开始貌合神离,希特勒再借口法国与苏联结盟,突然进军占领非军事地区莱茵河,使法国外交陷于徬徨境地,在得不到英国的军事支持下,只可诉诸大而无当的"国联",最后不了了之。英、法矛盾日益加深,希特勒再支持西班牙佛朗哥发动兵变,怂恿意大利墨索里尼进占非洲的阿比西尼亚,而他却又乘意军南进机会,把奥地利从意国手里夺过来。几年之间,从一个孤立国家进而成为轴心盟主,公然向全世界挑战。希特勒制造矛盾,利用矛盾的取得成功,确是近代历史上巧妙地使用"连环计"的典型。

"连环计"与商战

在企业的经营管理中,带有"以迂为直"特点的"连环计",每一计都要体现铺垫作用,暂时的做法是为了实现以后的长远目标做准备。

抗战胜利前,在国内外都有分支机构的宝元通百货公司,为加强经济实力,调动职工的积极性,采取了不少措施。在生活福利上,免费供给职工衣着和日常生活用品(如牙膏牙刷等)。见习生升为店员两年后,其家属可住入公司宿舍,家属伙食只收费1/4,其父母、子女及18岁以下未就业的弟、妹等都可享受此种待遇;职工本人免费供给医药,对残废、死亡的有补助及抚恤办法,还修了职工公墓等等。宝元通还允许职工入股,条件是在公司工作两年以上,连续两年考绩为乙等以上。职工都期望公司发展壮大,因而将自己所分的全部或大部红利交公司以取得股东资格。入股后,不少人还继续出钱增加股本。由于这样,公司的经济实力加强了,职工的积极性较前提高,公司的基础更加巩固。尤其是大家同在一条船上,公司的兴衰和职工的自身利益紧密相连,所以职工也都希望事业发达,从而使资方的后顾之忧大为减少,不需花大力气来对付劳资纠纷。此外,公

司还力求人事公开,加强考核,奖罚分明。这些,就是使该公司兴旺发达的一个原因。

日本东京的美乐餐厅老板还采用了一种新奇的赠送礼品吸引顾客的经营花招。他把一张张的卡片,分别寄给"经过挑选"的顾客。顾客从卡片中看到:自己是"千百人中挑选出的幸运儿",现在有要事等自己去办。"请拿这卡片到新宿歌舞伎町美乐餐厅,向一位穿泳装的美丽小姐换取一件礼物。你的工作她将亲自告诉您。她还会送给您一张兑奖券","第一号可领取一部彩电(三个月有效)"。于是不少人在好奇心的驱使和礼物及奖券的引诱下,便前往看个究竟。果然,该餐厅一位美丽的泳装女郎给了顾客玻璃杯、五色铅笔等小礼品交换走卡片。小姐接着告诉顾客:"您的工作就是坐下来吃点东西。"在这种情况下,而且周围的人们都正在小酌或大饮,持卡片前来的人自然也得坐下吃点或喝点什么的了。据该餐厅老板说:自采用这种活动后,每天拿卡片来的顾客约200人,人均消费日币2000元。卡片是由半工半读的学生投入家庭邮箱的。餐厅用这项"战术",经常高朋满座,已进入全东京的大餐厅行列。

"连环计"与炒股

投资股票存在着一定风险,倘善于运用"连环计",即可把风险降低到最小限度。有经验的投资者多采取不把自己所有的资金都买一种股票,也不全买投资股票的办法。主要是投资股票和企业债券,确实存在风险。要避免大的风险,最好的选择是将自己的资金分别投入经过认真选择的几种股票上。这样就能做到"东方不亮西方亮。"

股市的行家、里手,对解决股市热潮阶段的高点这个难题,常采用"定点计算"法。二是"定点计算,适可而止"。例如,用 10 元买进的股票,定到赚 4 元即涨到 14 元时,无论是否继续上涨都果断出手,目标达到,见好就收。二是"定点计算,分批出手"。例如,用 10 元买进股票100 张,在涨到 14 元时卖出 50 张,涨到 18 元时又卖 30 张,涨到 24 元时卖出剩下 20 张。"分批出手"能弥补"适可而止"出手后股票继续上扬的缺陷。三是"定点计算,看跌出手"。用此法时不是看股票涨到多少抛出,而是看其跌到什么程度才卖。例如,用 10 元买进的股票已涨到22 元,此时,投资者却以 20 元卖出,认为已盈利 1 倍,略低于市价,容易出手,可稳操胜券,因股市涨跌实难预料,弄不好拖下去连可以获得的利润也会成为泡影。总之,投资股票,风险不小,倘能审时度势,灵活使用上述谋略,效果定然可观。

36计 走 为 上

三十六计

"走为上",语出《南齐书·王敬则传》:"檀公(指檀道济)三十六策,走是上计。汝父子唯应急走耳。"古代兵家对此多有论述。《孙子·虚实篇》:"退而不可追者,速而不可及也。"《吴子·应变篇》:"不胜速走……退还务速。"《百战奇略·退略》论述更为具体:"凡与敌战,若敌众我寡,地形不利,力不可争,当急退以避之,可以全军。""走为上"原意是说,事情已到了无可奈何的地步,除了走别无上策。在军事上,则为在敌强我弱的情况下,主动退却,保存实力,伺机破敌的一种谋略。

"走为上",并非说"走"是三十六计中最高明的"上乘"计策,而是说当自己处于劣势,力战必败的情况下,"走"是最好的办法。所谓"走",就是有计划地主动退却,作战略转移,保存有生力量,为将来"东山再起"留下宝贵的"资本"。俗话说"留得青山在,不愁无柴烧",就是这个道理。在通常情况下,形势于我不利,要避免与敌决战,出路只有三条:即投降、媾和及退却。前两条不是彻底的失败,就是一半失败,而退却尚有转败为胜的机会。三者权衡,的确还是"走为上"。

宋将毕再遇抗金受挫,由于敌我众寡悬殊,考虑到如果同敌人硬拼必遭惨重损失,为此决定"全军避敌",主动退却,便在一个晚上偷偷地把全军撤走。为了让敌人不易发觉,除将旗帜留在原有阵地上外,还布置了一个"悬羊擂鼓"的迷阵,因此,直到几天后才被敌人发觉。所以,在确定了"走"之后,还得考虑如何走法,毕再遇这样走,可以说是个善于"走"的最佳战例。

"走",有计划地主动退却,非但不是消极逃跑,而且还具有积极意义。敌强我弱不应力敌,而通过"走",常常可以"分敌"、"疲敌",创造战机"破敌"。如捻军以弱胜强,大败清军,击毙自恃勇猛、不可一世的科尔沁亲王僧格林沁,就是在一场大范围、长时期的"运动战"中,用巧妙的"走"以调动、牵制、疲惫和迷惑敌人,待到时机成熟,便来一个漂亮的歼灭伏击战,把僧格林沁连同他的精锐骑兵,一举消灭在高楼寨的柳林之中。

《三国演义》中的诸葛亮,可以说是历史上并不多见的撤退艺术大师了。他六出祁山,每次撤退,各具特色,不落旧套,常常在撤退中变被动为主动,大量地消灭敌人。书中所述虽然有艺术加工,但都来源于生活的真实。诸葛亮曾说:"欲思其利,必虑其害,欲思其成,必虑其败。"并且提出了"善败者不亡"的至理名言。这些具有辩证法的军事思想,对于指导现代战争、经济工作和其他方面也仍然可资借鉴。

退却,"走",说来容易做则难。难就难在,它既有思想因素,也有实际问题。因此,一要有勇气,不怕蒙受损失,不怕丢掉面子;要从大局着眼,胸怀广阔。二要有智慧。何时走,怎样走,走向哪里,其中确实大有学问。这就需要指挥员调动一切智慧,做到深思熟虑,计划周密,井然有序,退中有进。退与进,相辅相成。古往今来,许多军事家采取以退为进的策略,创造不少辉煌战绩。

在我国抗日战争胜利后,面对国民党军队的全面进攻,我军的策略以退为进的"走",就是一个光辉的范例。解放战争一开始,国民党百万大军向我解放区大举进攻,在敌强我弱的情况下,我军采取退让一步的做法,故意放弃了一些地方。最初,许多人没有看清这着棋的厉害,国民党的军事将领也自以为得计。毛泽东则指出:"暂时放弃若干地方若干城市,是为了取得胜利。"战争的发展果然如此,我们以有限的地域,给敌人背上分散兵力的包袱,为我军"各个击破"创造了条件。而且我军可以乘势集中兵力,实行内线中的外线,"大踏步地后退,大踏步地前进"。我军经过大量削弱敌人后,乘敌主力深入,后方空虚,政治危机严重的有利时机,在内线作战、吸引敌人、收复失地的同时,抽出部分兵力主动挺进敌后,迫使其仓皇回援,由主动转为被动防御。随着形势发展,我们及时发动"三大战役"的战略大决战,开拓了战略反攻的新局面,终于赢得了解放战争的全面胜利。

"走为上"与体坛角逐

在竞技体育比赛中,应用,"走为上"之计的实例颇为不少。"走"也是为了创造战机,抓住战机,争取变被动为主动。其中以第十二届世界杯足球赛意大利队和巴西队的比赛最为典型。巴西队实力雄厚,是当时夺标呼声最高的队之一。赛场上的实际表现,巴西队也占明显的优势,全场巴西队射门 24 次,而意大利只有 9 次。但是,结果却是意大利队获胜。

比赛一开始,巴西队借 3 比 1 战胜上届冠军阿根廷队之雄风,又仗比意大利队进球数多的优势,发动了强大的攻势。意大利队面对强敌的猛烈攻势,没有"以牙还牙"地硬拼,而是采取"走为上"的策略,"以退为进"，运用其擅长的防守反击战术，稳固防守，诱敌深入，伺机反击，出奇制胜。实战中，巴西队全线出击，大举进攻，造成后防空虚，且边防后卫回防速度较慢，从而给意队造成有利战机；而意队又善于捕捉战机，由罗西连进 3 球，最后以 3 比 2 获得了胜利。

"走为上"与日常工作和生活

《斯巴达克》书中记载：沦为斗牛士的斯巴达克，在一场惊险的团体角斗中，同伴们都倒下了，而对方还剩三个人。如果一对一地斗技，斯巴达克分别战败他们是有把握的。可是，在三个强敌合击下，他寡不敌众，必败无疑，此时，斯巴达克急中生智，瞅有空子便摆脱对方，拔腿就跑，三个对手紧追不舍。因为奔跑速度和体力各不相同，斯巴达克自是略高一筹，而三个对手之间，却逐渐拉大了差距。突然，斯巴达克转身战斗，迅雷不及掩耳地一击，打倒了追在最前面的对手。对另外两人也"照方抓药"，不久，全被他打倒了。很明显，斯巴达克在危急关头能够转败为胜，主要是他及时地调整策略，以退为进，用"走"的办法，把这一场一对三的劣势战局，改变成一对一的优势战局，然后分而治之，达到各个击破以少胜多的目的。

"走为上"与政治

宋代陈瓘曾主持考试。为避免权臣蔡卞陷害和维护史学，曾巧用"走为上"计。蔡卞素与陈瓘有积怨，在录取前借机放风："听说陈瓘想全录取搞史学的而罢黜通晓经书的人，他的目的在于败坏国家之事，从而动摇王安石的学说。"企图以此诬陷陈瓘并禁绝史学。于是，就等在陈瓘所录取的名单上吹毛求疵了。谁知陈瓘已识破蔡卞的阴谋，在录取时，前五名都取谈经之士及王安石学派之人。但五名之后，取的都是博学通古的史学人才。蔡卞对此无计可施。事后陈瓘说："我当时如不退让，矛盾势必激化，对方将加害于我，而史学也将被废弃了。"陈瓘以退为进，确是聪明之举。

鸡肋

公元 215 年，曹操进攻汉中。在强大的军事压力之下，张鲁被迫投降曹操。曹操便留下张郃、夏侯渊两员大将驻守在汉中险要隘口，自统大军向江南而去。后来刘备出兵夺取汉中，曹操又回兵，与刘备军相持在阳平关。219 年正月黄忠大败曹军,斩夏侯渊于定军山。曹操得到消息十分气愤,亲自统率大军驰救,在阳平关受到刘备的阻击。曹操本打算速战速决,夺回汉中。但没想到被刘备死死拖住,曹操想到粮草难以接济,如果再相持肯定不利,如果撤退,把汉中之地弃与刘备又委实不甘心。这时,曹操进退维谷,十分焦急,一天,士兵送上一盆鸡汤,曹操夹起汤中的鸡肋,若有所思。这时,部将来请示夜间口令,曹操下意识地将"鸡肋"二字做为口令。面对曹操这种矛盾的心情,杨修劝谏说:"鸡肋食之无味,弃之可惜,但是终究啃不下多少肉来。不如趁早撤退为好。"曹操一时恼羞成怒,杀了杨修。但最后权衡利害,还是知难而退,以"走为上",于当年五月撤出汉中。

"走为上"与商战

"商场如同战场。""走"在经济竞争中,同样具有重要的价值。通常经营企业要以需定产,而市场需要却五花八门,且同一市场其对手中往往各具特色,有强有弱。任何企业,即使它规模再大,实力再强,也不可能"通吃天下",满足市场上的一切需要。要应付形形色色的对手,争取自身的生存与发展,就有个"可进就进,该退则退"的问题,就必须采取选择性的策略。今天成功的商人,无不应用"人无我有,人有我创,人赶我转"的方针,这正是孙子当年用兵"出奇制胜"的计谋。

"兵之形,避实而击虚。"这是《孙子·虚实篇》中的重要论点,意思是用兵作战要避开敌人的坚实之处,攻击它的薄弱环节。"走为上"就是避实就虚,以退求进的策略。就产品而言,避实一是要避市场饱和之实,如企业面对竞相争利的畅销产品,我虽有占领市场的优势,但终有滞销疲软之时,因而不必久占不放,"宜未雨而绸缪",伺机转移,另辟蹊径。二是避竞争对手长处之实。"敌"之长即我之短,在这种情况下,最好的对策是"打不赢就走",不能把命运拴在一种产品上,继续搞"一贯制",以卵击石,把自己置于无法与人竞争的逆境中;要改弦更张,开发新的产品。这样,就能"东方不亮西方亮",即使面临"山重水复"的困境,也会出现"柳暗花明"的新局面。

国内有家大型拖拉机厂,多年来一直生产50匹马力的大型拖拉机。由于农业形势的新变化,这种产品市场萎缩,难以销售。原厂长决策不力,致使该厂面临严重危机,职工只能发70%的工资。新厂长到任后,采取了两种措施:一是变大为小,重点生产15马力的手扶拖拉机;二是化整为零,改生产拖拉机为生产50马力的柴油发动机,从而迅速扭转被动局面。既保住了原有农村市场,柴油发动机又打入了其他领域。近几年,东南亚一些厂商也纷纷来厂订购柴油发动机安装游艇。这退中有进的策略,使该厂出现勃勃生机,不仅年年完成上缴国家利税的任务,而且职工的工资也有较大幅度的增长。

天津石化通用机械公司所属的四个泵厂总共不过两千来人,只相当于沈阳水泵厂的一个车间。其技术设备,根本无法和人家相比。但他们过去都和大厂干同一产品,争同一市场,结果自己被挤得几乎没有饭吃。实践使他们懂得,要想以小胜大,以弱胜强,只有避大厂之实,打空挡,走夹缝才能奏效。他们经过调查,发现不锈钢耐酸泵市场上很需要,而大厂不愿干,小厂干不了,于是便把它作为自己的开发对象。通过不断摸索,悉心钻研,逐步掌握了不锈钢精细铸造工艺诀窍,迅速跃居全国耐酸泵厂家的先进行列。

塑胶花曾使李嘉诚成为"塑胶花大王",赚得盘满钵满。

然而有远见的李嘉诚从开发塑胶花之时,就预见到塑胶花迎合社会的时髦心理,只能风行一时。因为,塑胶花无论如何不能取代有生命的植物花。于是常思考:物极必反。塑胶花市场的繁荣,究竟能持续多久?同时得悉,塑胶及玩具业厂家,1960 年为 557 家,1972 年已猛增到 3359 家。因而香港出现塑胶花积压,原因一是生产过滥,二是欧美市场萎缩。真是塑胶厂遍地开花,塑胶花泛滥成灾。虽未直接影响长江实业公司,却引起李嘉诚警觉。

此时,李嘉诚早有心理准备,采取"走为上"策略,不再投资于塑胶花生产,让其自生自灭;同时,另辟蹊径,缔造以地产为龙头的商业。李嘉诚早期进入塑胶花领域,赚一大笔钱后,审时度势,急流勇退,进和退均占先机。

经商以"走为上",作战策略撤退的,不乏实例。如刘文汉知道美国盛行"假发热"断定香港必定步其后尘,所以抢先在香港成立假发制造公司,大赚一笔钱。其后料定假发的生命力不会久长,于是,在市场攀升到高峰时,急流勇退,移居澳大利亚。日本商战圣手松下幸之助说过:"高明的枪手,他的收枪动作,往往比出枪还快。"

"走为上"与炒股

股价行情的走势可分为"强势"与"弱势"两种。

强势时行情全面升涨,指数盘旋向上,中短期的各种线路状况均佳。其衡量标准是指数比 30 天移动平均数大。这时,指数高点连续居高创新,几乎所有股票都在轮作、比价气氛的影响下,逐渐调高价位。在此情况下,股民应采取"攻势",做多头买进股票。因为股票指数虽然持续上升,但是每个股票的涨幅各不相同。这时,一般比较盛行"主力操作",所以,一旦手中持有主力操作的投机股,其涨升的幅度比其他股票高,获利也大。

股市行情处于弱势时,行情多呈下跌趋势,或者是跌深后狭幅成盘旋状,中短期的各种线路状况均不佳。其衡量标准是当天指数比 30 天移动平均指数低。这时,指数连续下跌,或大跌之后指数呈狭幅盘旋。在弱势市场中,最好采取"走为上"的策略,暂不炒股,等待时机,以备"东山再起"。

第三编

《三十六计》处世智慧

第一章　胜战计处世智慧

1计　瞒天过海

《三十六计》第一计"瞒天过海"曰："备周则意怠，常见则不疑。阴在阳之内，不在阳之对。太阳，太阴。"

意思是：防备十全十美，就容易斗志懈怠；平时司空见惯了的，也就不容易引起怀疑了。秘计就存在于公开化的事物里，而不存在于与公开形式相对立之中。非常公开的事物中往往隐藏着非常机密的心计。

围棋之道在于：用尽可能用的招数引对方误算，从而掉入自己的陷阱之中，这叫智骗。生活中有瞒人和被瞒之分，假如为了达到目的，有意去瞒住对方，就要看瞒的手段是否高明。善瞒者，总是把秘计死死地埋藏在心中，每一计都让对方陷于被动局面。在生活中，存在这样一个道理：有些事，不瞒则做不成；但处处都瞒，则为下策。

➤ 领导之艺

"瞒天过海"一计用在领导艺术方面，就是领导要善于控制自己积极的工作热情，不要把自己急躁、不安、失落的情绪带到工作中去，而是要引导下属一起跟你"战斗"；如果你一有情绪，就流露出来，会弄得下属心绪不宁,无心工作。因此高明的领导善用"瞒天过海"之计,把委屈、失落掩藏在心头,用热情去激励下属。

掩饰情绪显大将风度

作为一名领导,如何掩饰情绪,稳定军心是"瞒天过海"之计最突出的运用。

在某单位,一位领导早上来上班,突然听到下属说,李明先因有单位重金聘他,辞职了。这位领导听到这位爱才不辞而别的消息,顿时乱了手脚,神色慌乱,结果一下被别的下属知道了他的心中过分关注李明先,而不关注其他下属,结果大家心情涣散,一连几个星期,工作效率降低。这位领导真应该学一学瞒天过海之计,把自己的外露感情藏起来,保持平常心,从而让下属觉得你有大将风度。

毫无疑问,没有工作经验的年轻下属,遇到变故时,往往显得慌张,不能冷静下来分析问题。作为上司,应该有极佳的应变能力,才可以在适当的时间带领下属渡过难关。

上司好比飞机驾驶员、航海的掌舵人,一定要有准确的判断力,以及冷静理智的头脑,才能控制所属部门。不负责任的上司,只会将过失全推到下属身上,自己则向上级打报告,将责任推得一干二净。他们抱持的心理,是宁可缺失一个员工,不能影响自己的"锦绣前程"。在工商社会,这种情况屡见不鲜。

基于性格的影响,可能你属于情绪紧张型,往往有意无意地表现了惊慌失措和狼狈的举止。这对个人形象的损害,是无可挽救的;因下属唯你的马首是瞻,你的反应,也正是他们的样板,连你也不知如何是好,下属的军心必然大乱。

最佳的例子,是一批下属突然集体辞职,虽然你知道是有其他公司进行高薪挖角,但却无力挽留下属。这个时候,如果你突然改变对待下属的态度,例如变得比平日谦恭或有意无意地恳求下属留任的话,你的上司形象必大打折扣。

如果你认为自己平日的作风正确的话,那么无论外界发生任何情况,导致下属流失,你都不要改变个人作风。与其作出恳求的挽留政策,不如积极招聘人手。此举是比较实际的,而且你的上司形象会显得更鲜明和硬朗。

无论任何时候,处变不惊是最重要的。不要随便说出:"糟了"、"哎"、"真气人"等,这是不成熟、不老练的表现,只有未成熟的孩子才喜欢以此作为口头禅。这里的瞒天术"瞒"的是你的下属,其目的是为了稳住阵脚,全面发展。

瞒住你的聪明

泰勒·罗斯福在白宫的时候承认,如果他的判断75%是对的,行事便可以达到最高的期望。

如果像这样一位杰出的人物的上限是这个百分比,你和我又该当如何?

如果你能够确定自己的判断有百分之五十五是对的,便可以到华尔街去日进斗金。如果你不能确定自己的判断是否有百分之五十五是对的,又怎能指责别人常常犯错呢?

你可以利用眼神、音调或是手势来指责别人的错误,这和言辞表达一样有力——但是假如你指出对方的错误时,对方会因此同意你的观点吗?绝不会的!因为你已经伤害了他们的智力、荣誉和自尊,这只会造成反击,而不是改变观点。也许你会用柏拉图或康德的逻辑理论反驳,但还是没有用,因为你早已伤了他们的感情了。

千万不要开始就宣称:"我要证明什么给你看。"这等于是说:"我比你聪明,我要让你改变看法。"这实在是个挑战,无疑会引起反感,爆发一场冲突。在这种状态下,想改变对方观点根本不可能。所以,为什么要弄巧成拙?为什么要麻烦自己呢?

如果你想证明什么,别让任何人知道。要不着痕迹,很技巧地去做。就像诗人波普所说的:"你在教人的时候,要让人觉得你像若无其事一样。事情要不知不觉地提出来,好像被人遗忘一样。"

300多年以前,科学家伽利略说过:"你不能教人什么,你只能帮助他们去发现。"

契斯特菲尔爵士也告诉儿子:"要比别人聪明,但不要让他们知道。"

苏格拉底一再告诫门徒:"我惟一知道的,就是不知道什么。"

每个人都有自己的做人原则,有些人可能喜欢平淡从容,有些人可能喜欢锋芒毕露。我们会发现踏踏实实的人很容易与人共处,而锋芒毕露的人则没有什么太好的人缘。人缘可不是小问题,它的好坏直接影响着你社交的成败。因此要学会瞒住你的聪明。

▶ 处世之道

在现实生活和工作中,"瞒天过海"之计可以说是最常见的,也是应用最广的。"哄"与"遮"是两种最典型不过的方式了。"哄"能把激化后的矛盾化解掉,"遮"能把问题的严重性暂时挡一挡,等到最佳时机再去处理。

善意的谎言

如果你在生活中运用"瞒天过海"之计绝对不能恶意骗人,而是在合情合理的范围内,巧妙地"哄"一"哄"对方,暂时延缓激烈的矛盾冲突。大家知道,"哄"不论在工作中,还是在生活中起着不可忽视的作用,做人如果离开了"哄"字,你可能寸步难行,因为人人都离不开"哄"字,小孩需要家长、大人、老师的"哄",其实大人也是一样。懂得

"哄"字的作用,并学会运用得体而有技巧,你一定会收到意想不到的效果。

一位下海的年轻机关干部,随着几本畅销书的策划、编撰,办起了一个文化发展中心。事业正如日中天,由于工作太专心,就冷落了带着孩子的爱妻。早过午餐时间了,他才回家。妻子自然不高兴,话也就越说越气:"你到现在才回来,你以为这是旅馆,不是家?再说了旅馆还有个'旅客须知',制度也蛮严的。你倒好,甩手一身轻,把做饭、带孩子都推给我!别忘了,我要的是丈夫!要当干部你就别再进这个家门!"经理先生没生气,扑上去抱住妻子,温和地说:"别生气,亲爱的。我办公司是你同意了的。再说,我玩命去干,还不是为你和孩子?星期天,我就陪你们娘俩坐船、坐碰碰车,请你们吃自助餐,好不好?对了,明天,我还要给你一个惊喜,你说行吗?……"这时,妻子转怒为笑。她故意一推丈夫的手,娇嗔地说:"你呀!真拿你没办法!"

的确,"哄"是夫妻之间爱的法宝。"哄"还是润滑剂,既能防锈,又能减少摩擦,降低噪音,减少损耗。

学一学"哄"的艺术吧!它会使你的家庭生活更愉快,夫妻关系更融洽。其实不失原则的"哄",正是"瞒天过海"之计在日常生活中最深刻的体现。

转移视听

有人投诉你的上司办事不力,刚巧他不在,由你接听电话,对方满腔愤怒尽向你发泄,难听的话也出现了。由于对方说得确实有据有理,你无从解释,只得唯唯诺诺。这时你该怎样使用"瞒天过海"之计呢?

其实,问题是在挂了电话之后,你应该将事情向上司和盘托出呢?还是向其他同事讨教?或者,索性当做没有听过那电话?

三种做法都不妙。将投诉者的说话一字不漏的向上司复述,你以为"被人当众批评"的滋味如何?这等于叫上司没有下台阶的余地;那么,你自己也同样没有好回报的,甚至会被上司以为有意使他出丑。

312

向其他同事讨教,不就是将上司这件丑事公开? 给予那些平日与上司不和的人一个突袭机会? 弄巧成拙,万万不可。若无其事也是行不通的,投诉者若得不到回应,必然会再次投诉,事情就可能愈闹愈大了,甚至后果不堪设想。

所以,你该在接听电话时告诉对方:"对不起,我先代他向你道歉,请在一小时后再来电,我看由他亲自处理会更好。"然后向上司报告,由他自解困结。

人事斗争一旦牵涉你的上司,也就间接影响到你了。你惟一可以做的是,做个上司的永远支持者,别怕给人家冠以"拍马"之名,想深一点,连顶头上司也背叛之人,还有人肯信任或重用他吗? 孰得孰失,你自会作出明智的抉择。

听到别人讲上司的坏话,是否应该立刻报告? 当然应该,但不应一字不漏的相告,尤其是一些难听、损害上司尊严的话,可以省略,只需将坏话的大意转告,请上司有心理准备就足够,遇到别人对上司进行尖锐的批评,而你又在座,你当然不会插嘴,但为避免尴尬,也为了表态,你不妨起身离座,表示你的不满。

万一有人请你发表意见,就平心静气地说:"对不起,我的责任只是为上司做事,其他的可没有多余时间去理会。"

或者,你明知某件事是上司故意所为,请扮作不知情(包括上司),这样,才能巧妙地避免卷入人事漩涡里,产生不必要的误会。

▶ 经商之技

"瞒天过海"之计在经商中的体现是:面对有充分准备的竞争对手,不施奇谋就无法取胜。而隐起真情,制造假象,出其不意、攻其无备,正是为了促成"乘隙潜袭"的良机。

"虎飞"巧订合同

美国虎飞自行车公司尽占老、大、名、特四字:建于 1928 年,牌号老;年销量占美国货的 40%,金额达 2.64 亿美元,规模大;居美国四大自行车制造商之首位,知名度高;下属 YLC 公司专营装配和保修,服务网点多达 4000 个,已遍及全美,有经营特色。据市场调查,美国现有自行车逾一亿辆,但消费需求依然很大,因为更换率高、速度快,成年人将其用于体锻和健美,正在与球类和跑步竞争第二位。虎飞公司凭自身实力,藉良好的消费环境,本当安然度日。不料七劫八难接踵而至,危情厄运不请自来。

先是中国台湾、日本、韩国利用美国进口关税低,大肆推销自产整车,夺下美国整车市场的一半;继而英国、法国、德国倾销零件,又使美自行车无国货可言。外强杀来,首当其冲的自然是虎飞,而国内对手又趁势逼于身后:第二大制造商默里公司以凌厉攻势使产销增长速度很快超出虎飞;老三 Scrwinn 公司专心致力于运动用车,独占成年人市场;老四则迂回包抄虎飞市场;其他各大公司各以所长,分占市场一席之地。

面对如此严酷的局势,虎飞公司下了破釜沉舟的决心,断然使出瞒天过海之计:与英国罗利公司签订长期独营合同,取得特许证;以惟一代理人的身份在美国生产、销售罗利公司产品;利用商标使用特权给自己产品打上罗利商标。这一妙计是美国其他大公司想不出,想出来也不肯做的。

为救燃眉之急,虎飞先使用罗利商标,迅速获得了招揽顾客,打进对手销售渠道的两大好处。因为,罗利是美国自行车市场第二大商标,给人以"谦谦君子款款骑行在英国林荫小道,悠然自得"的高雅印象,美国成年人正追求这个视觉形象;而且罗利商标的产品主要在美国专营专业商店出售。虎飞借用英国商标迅速打开市场之后,进而利用惟一代理人之便,一面出售罗利公司产品,一面租用生产车间,扩大生产自家产品,以"美国罗利自行车公司"之名,堂堂正正地步入专营专业商店,顷刻之间身价陡增,单价跃至 245 美元至 1400 美元之间,虎飞的市场保有率直线上升。

虎飞公司的成功,正是利用了"瞒天过海"之术,使"虎飞"自行车走上国际化并风行全美市场。

制造假象过海关

曾经有一个时期,美国海关规定,进口法国手套需缴纳高额税金,以此来抵挡法国手套对本国市场的冲击。这样一来,法国手套在美国市场上的价格令人咋舌。显而易见,谁能逃过美国海关的高额税金,谁做法国手套的买卖就会挣大钱。

推销商泰勒绞尽脑汁,终于想出一个逃税的办法。但是,这个办法有一个致命的缺陷,一旦被揭穿,不仅会前功尽弃,还要被处以重罚。在高额利润和投机心理的驱使下,泰勒决定铤而走险。

泰勒在法国选购了一万副做工精致、质地优良的皮手套,然后将每副手套一分为二,把其中的一万只左手套集中装箱,发往美国。这一万只左手套到美国海关后,泰勒却不去提货。按海关的惯例,逾期货物在无人认领的情况下,海关有权进行拍卖。于是,海关商办斯托尔主持了这次拍卖活动。由于这批手套全是左手,几乎可以算作废品,因此拍卖场面并不热烈。最后这批手套被一个商人以很低的价格买走,而这个商人正是泰勒。

斯托尔觉得此事很蹊跷,便通知海关人员严格审查来自法国的手套,特别是大宗的法国右手套。同时,海关对泰勒的一举一动加以严密监视。可是,此后泰勒从法国收到的手套都是成双成对的,先后共有五千副。海关始终没有发现泰勒收到过右手套。这是怎么回事呢?斯托尔一直对此迷惑不解。

一年后，斯托尔到鞋店买鞋，鞋柜上的一双棕色牛皮鞋引起了他的兴趣。当他试穿这双鞋时，才惊奇地发现两只鞋都是右脚。此时的他猛然醒悟，终于知道一年前泰勒是如何偷漏手套税金的了。

原来，泰勒后来收到的五千副成盒手套都是右手的。当人们看到两只手套摆在一起时，会习惯地认为它们是左右手各一只。如果海关有一位细心人亲自试戴的话，就会当场揭穿泰勒的这个把戏。由于海关人员麻痹大意，使得泰勒在他们的眼皮底下，合理合法地利用了"瞒天过海"之计，巧取一笔大钱。

2 计　围 魏 救 赵

《三十六计》第二计"围魏救赵"曰："共敌不如分敌；敌阳不如敌阴。"

其大意是：对于集中、强大之敌，应当诱使它分散兵力而后各个歼灭；正面攻击敌人，不如迂回到敌人的后方，伺机歼灭敌人。

当你实力不够却硬要做成某件事的时候，最好的办法是绕开强大的对手，声东而击西。反之，如果霸王硬开弓，不但不能达到预期效果，反而会丢掉已有的成果。

▷ 领导之艺

"围魏救赵"一计用在领导方略上，就是避免直接的对立，采取最有效的迂回方法，对待下属要以迂为直，谨言慎行，同时作为领导也要采取避实击虚的战略，去解决主要问题，切忌方法单一，直来直去，要会"围"

三十六计

甲救乙,这样就不会身处困境。

谨言慎行巧计算

有些领导不注意工作方法,单刀直入,不懂"围魏救赵"之计的妙用,常常引起下属的不满。实际上,领导不单会发号施令,还要是一个"围魏救赵"的指挥家、谋略家。如何使领导者发出的指令得到最有效的施行,这对几乎所有的领导人物都是一个至关紧要的问题,它直接关系到权力的影响力和威信的大小。因此发号施令要遵循如下规则:

(1)谨言慎行

名人举步,众目睽睽。地位和知名度很高的人,他们的一举一动,必然引起相当多的人的注目。因此,社会地位高的人,应该对自己的言行抱着戒惧、审慎的态度,才能名符金口玉言之实。

一言既出,驷马难追。圣人接触别人,小心言行,不为防人,只为防口。人之口舌软而无规,人与人之间,舌之作用得半个人。身处高位的人,一咳嗽一眨眼都引起众人注意,当年美国总统布什访日,于席间昏倒,立刻影响到华尔街股市价格。鉴于此,领导人物时时修正自己的言行非常必要,那些轻视这个道理与原则的人,必定会不时引起群体舆论的攻击,因而遭受困扰。因为,地位愈高的人,他们在外的名声愈是属于整个社会。

循着尊重别人,谨言慎行的原则,赞誉之声一定是伴随着你。反之,则说不定。伟人们越是声望高时,越要谦虚地审度自己的言行。否则,声望也有可能走向反面,正所谓不积小善,无以成名;不积大恶,不会有灾;小恶多积,恶掩善言。

(2)内圈外圈

每一个人都是可信的,每一个人都不是可信的。不论人多人少,必定有内圈外圈。要正确使用内圈的人,首先应该不断地扩充巩固外圈,有外圈才能巩固内圈。

内圈的形成,还必须配有一种定势。群体定势形成后,反对派不会轻易拉出你内圈的人,外圈又会向内圈靠拢。

命令制造者是自己,发

布者应该是别人,这样可避免矛盾焦点集中到自己身上,要避开矛盾焦点,不管面对内圈还是外圈,在有些事情上面,应对内外圈一视同仁。

领导者想坐稳自己的位子,一方面要谨言慎行,修炼自己,通过不同的途径磨合自己,同时又要建立起自己的威信,这些都不能一蹴而就,都要经过一个九曲十八弯的路途!因此要多学一点"围魏救赵"的奥妙。

用透镜观察下属

领导在发现下属时,要想达到"围魏救赵"的效果,必须学会用透镜观察下属,区分"魏"、"赵",采取不同的策略。

领导者要想说服和劝导下属,让他们依照你的意志行事,就必须摸清下属的性格秉性,对不同的人施以不同的手段,不能千篇一律,也不能"牛不吃草强按头"。

摸透下属的秉性,必须对下属有全面、细致的了解。对雇员的情况知道得越多,就越能理解他们,理解他们的观点和问题。作为领导人,你应该尽一切力量去认识和理解一个人的全部情况。

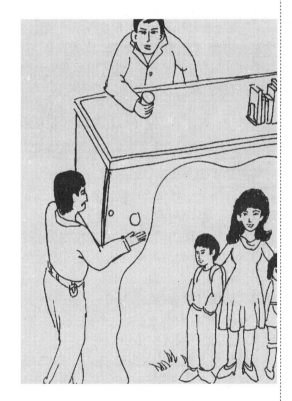

你应该了解雇员的家庭。家庭是他们的一部分,影响着雇员的工作和行为模式。如果你知道雇员的家里有多少人、子女的年龄和名字,就读学校、学业成绩如何等,那么你就能更好地理解你的雇员。

同样地,你对雇员本人的情况也应该有所了解。他们的籍贯和工作经历,有什么特别的技能或爱好,受过什么教育,目标和抱负是什么。

了解有关雇员的这些情况,你就能够与雇员探讨调到较好岗位的可能性,探讨他们的晋升机会。他们渴望成为主管的话,还能一起分析他们是否具备了公司所要求的教育水平和个人素质。

当一个领导人,不可能对每一个雇员的情况有太多的了解。了解到以上几方面的情况,你就能更好地理解你的雇员,设身处地地对待他。

雇员在能力和才干上存在很大差异,这是你必须面对的活生生的事实。你的某些雇员掌握了扎实的技能,其他人很可能缺乏这种才能。有些人聪明,有些人笨拙。有些人可能很快就胜任新的工作,有些人则学得很慢,人与人不一样,你得承认这个事实。

你的雇员会把他们的差异带到工作中来,这些差异是由他们长期的生活经历造成的。你要想重新塑造他们,改变他们,这是不现实的。他们是什么样,你就得承认他们是什么样,他们能怎么干,你就得让他们怎么干。如果你不这样做,如果你想去改变他们,你就会遇到不必要的挫折。

领导者掌握下属的性格品行,与领导者的工作本身好像毫不相干,实际上并不是如此,因为你只有了解雇员,才能抓住他们的心理,这看似非常繁琐,但往往会收到意想不到的作用。

▶ 处世之道

"围魏救赵"一计用于现实生活中,就是要求你能抓住对方实质,采取避实击虚、后发制人的技巧,或者说以"佯攻"来造成对方的错觉,信以为真,一旦时机成熟,你就可以与其竞争,以达到对自己有利而对对手不利的目的,从而赢得竞争的最后胜利。

以迂为直 委婉批评

"迂"乃迂回之义,"直"就是如直线般地一通到底。意谓领兵进攻时切勿急于短兵相接,迂回前进反而能快速到达目的地。欲速则不达,亦即这个道理。这是"围魏救赵"之计的精髓。那么,在生活中如何运用"围魏救赵"之计呢?举个例子:

在人际交往中,我们不可能每时每刻都赞美别人,每时每刻都说别人爱听的话,因为别人不可能总是正确无误,我们也不可能没有做事的原则,当我们发现了别人一有错误的时候,我们就应当指出他的错误,批评他的错误,使他改正。

可是,批评别人并不是一件容易做的事,这有两方面的原因,对于批评者来说,批评别人往往会使别人不高兴,甚至会对自己产生怨恨之情,为了避免别人对自己的怨恨,有些人就不愿意批评别人。有的时候,别人不接受自己的批评,甚至与自己争吵,这也会使自己没面子,所以这也导致一些人不愿批评别人。

对于被批评者来说,挨批受训并不是一件愉快的事,因为接受批评往往意味着自己做错了事,别人批评自己就意味着将自己的错误公之于众,这会大大地丢自己的面子,别人的批评不会使被批评者脸上有光,所以一般的人是不欢迎别人的批评的。

既然批评别人是一件很困难的事,那么有没有什么方法可以使这样的事变得容易起来,既使批评者好意思开口指明别人的错误,又使被批评者乐于接受别人的批评呢?

方法是有的,这就是批评别人时要婉转,婉转地批评别人能够保全被批评者的面子,不会使被批评者尴尬,使他们在不知不觉中意识到自己的错误,从而痛改前非。同时,因为婉转的批评不会导致被批评者激烈地对抗,不会得罪被批评者。

人际关系有时也是这样,已然裂变的友谊需要花时间慢慢愈合。

从事工作或谈判之时,倘若一言不合,便恶言相向,互揭疮疤,将使事情触礁,难有结果。这时应该使自己冷静下来,从侧面试探,重新设法制造接近的机会。

上面那句话反过来又可以应用在人际关系上面。与人相处最重要的是不要发生正面冲突,如果处处摆出不能容人,对别人的一点小错均不肯轻易放过,随着日长月久,结怨必深。

尤其应该避免人前人后谈论是非,或与朋友三三两两聚集的时候暗箭伤人,把对方批评得体无完肤。纵使一时人心大快,趾高气扬,得意洋洋,但话若不慎传至对方耳里,那时难堪的倒是自己。

跟他人发生龃龉时,不妨先聆听对方的意见,若实在无法苟同,可在不损及对方颜面的前提下,替对方制造下台阶,然后将自己的主张婉转提出,往往能获得较好的效果,这种安排亦即《孙子》所主张的"以迂为直,以患为利"的富于弹性的曲线思维。

人们之所以经常在人际关系上受挫失败,一部分原因便来自对事轻易承诺,事前答应既未经深思,事后又否认承诺,这样自然会失去人心,更无法获得部下佩服。因此,要想做一个聪明人,出言务求慎重,以免给人留下恶劣印象。所以处理人际关系,方法是一个重要的手段,在适当的时候来点以迂为直,"围魏救赵"之术,是完全有必要的。

经商之技

在经济活动中,竞争对手之间不管在技术水平、产品质量、信誉和知名度,还是在经济实力方面,都有高低强弱之分。技术水平低、经济实力弱的企业如果硬碰硬地跟实力雄厚的企业竞争,十有八九要败阵。"围魏救赵"之计的核心,就在于"避实击虚"。企业经营者运用此计,关键在于避开强大的竞争对手,不与之发生正面交锋,而要侧面出击或者绕道进取,捕捉机会,乘虚而入。例如,要在充分调查的基础上,认真分析商品市场的虚实所在。哪些产品市场已经饱和,哪些产品市场缺乏,哪些产品滞销,哪些产品畅销。根据这些情况,预测市场需求趋势,开拓新产品,钻空档,走冷门。

二是在市场营销中。商品市场之大,总是有可乘之隙。经营者在产品推销中,要善于面对实际,到市场上去找微小的空档。销售某种产品时,如果遇到某一地方的市场已经饱和,或出现滞销,就到其他地方去寻找市场。

宗一郎打造"本田王国"

日本有家公司,在世界4辆摩托车中就有它制造的1辆,在日本汽车制造业的三足鼎立中有它这个强劲的一方,且行销渐有独占鳌头之势。这家公司名叫"本田技研工业公司",世界商界却管它叫"本田王国",其"国王"是"令人生畏的本田宗一郎"。其实,30多年前,本田王国只是个不值一提的小作坊,国王本是个不起眼的靠修车起家的小铁匠。

他1907年出生在名古屋城北滨松镇的本田铁匠铺里,因是长子,取名宗一郎。幼时听到的是打铁声,看见的是铁家伙,玩具也是父亲用铁皮做的,耳濡目染使他与铁制机械结下不解之缘。

涉足汽车业远比制造摩托难。宗一郎虽在1963年暗中起步,但因列强称霸的格局使他施展艰难。其后,日本汽车制造业的老大"丰田"、老二"日产"更把本田看得死死的,而美国的福特虽用主要精力对付丰田和日产,但也在提防着本田。勤于思索的宗一郎记起了创造性思维的对应规律,心想你们研究"矛",我就研究"盾";你有所长,我就专攻你的所短。他针对丰田凭轿车和普通车为优势,福特靠大型车称雄的状况,把价廉、省油、低公害的轻型轿车作为自己的处女地。

1970年美国修订《净化空气法案》,1975年实行严格的汽车排废规定。宗一郎加紧了研究步伐。不久美国派出用户监察员抵日本考察,丰田公司不当一回事,本田却虚位以待,诚心求教。1972年本田的耗油低、污染小的CVCC发动机研制成功。1973年世界石油危机降临,本田的小汽车立刻成为日本市场的抢手货,一举夺下丰田、日产的轿车市场,成为日本汽车制造业的老三。本田转身攻向福特的大型轿车,迅速拓展美国市场。

福特的第一反应不是改进产品适应市场需要,而是要求美国政府限制日本货进口,意在困住本田车。宗一郎这次直截了当地使用"围魏救赵"之计,在俄亥俄州广设汽车装配厂,使本田车源源不断地流向美国辐射欧洲,这一手不仅抵挡住福特的堵截,而且使紧紧追赶的丰田背腹受敌。丰田不久也生产出新型车,但日本市场已被本田夺去,而销往美国又受到严格的进口限制。此后宗一郎在美国建立汽车制造厂,大批生产本田车,使福特转产的小型节油车在市场上"慢了一拍"。他的成功受到美国机械工程学会的嘉奖,颁给"荷利奖章",他成为世界汽车工程师戴此奖章的第二人,第一个是亨利·福特,美国人因此叫他"日本的福特"。

功成名就之后,宗一郎主动引退,把总裁位置让给对本田公司有卓越贡献的45岁的雇员河岛喜好,而任顾问兼董事,关注技术开发。1988年,本田公司打破现行汽车发动机的"四冲程式",发明了"六冲程式",极大提高油燃效率,并在英国大赛中创下每公升汽油行驶229公里的世界纪录。专家们预言,装有这种发动机的新车将成为21世纪的低燃耗汽车。丰田汽车公司再不迎头赶上,日本第一的桂冠难保不被本田摘走。

冷饮商速解燃眉之急

说来也怪,有一年冬天,美国冰类食品的销售势头非但没有下降,反而直线上升,于是人们大量需要冰棒、冰淇淋的说法逐渐传播开去。

本来就跃跃欲试的冰点商们以为自己赚大钱的机会来了,便高速度大批量地生产并囤积冷饮制品。

谁知道,人的口味却是变幻无穷。冰点商生产出来的冰凉之物,没能温暖消费者的心。惨了,门可罗雀。生产得越多,卖出去的却越少,并且越来越少,从而引发了一场各冰点商资金周转呆滞、调度不灵的危机。

其中一位冰点商更是到了山穷水尽疑无路的地步。他为了尽快将陈货脱手,四处奔走游说推销,可到头来仍然无人问津。在回家的路上,他猛然间看见了一张马戏团的海报,一时灵性大发,推销商品有望了!望着这张在别人看来没有什么特别意义的海报,一种成功在望的喜悦油然而生,他无论如何按捺不住自己那颗由于兴奋激动而怦怦乱跳的心,找到了,终于找到了实现"柳暗花明又一村"的妙计。

他立即与马戏团联系,在剧场入口处给观众赠送热炒的豌豆仁,人们边看戏边吃豌豆仁自然是一件赏心悦目的好事哟,既饱眼福,又享口福,开心极了!

演出休息时,在剧场周围突然冒出了一群卖冰棒、冰淇淋的小孩。人们刚吃完精心炒热的"咸豌豆",正感到喉头干得直冒火,焦渴难耐,猛然看见冰凉凉、清爽爽的好东西,那还不是老鼠跌到米桶里——求之不得,纷纷掏腰包购买。

就这样,一连5天,这位冰点商将其积压品全部推销给了看马戏的戏迷们。

美国冰点商,先是实情实意送豌豆,燥其热,紧接着雷厉风行卖冰棒,降其温。这一送一卖,显示出该商人似平地风雷般推销滞货的过人之处。为此,他不仅没有遭受倒闭的厄运,反而还大大地赚了一笔。这也是"围魏救赵"在商业中的巧妙应用。

3计　借刀杀人

《三十六计》第三计"借刀杀人"曰:"敌已明,友未定,引友杀敌,不自出力,以《损》推演。"

意思是:敌方的情况已经明朗,盟友举棋不定,要诱使盟友去消灭敌人,以保存自己的实力。这是运用《损》卦中关于"损下益上"的求胜之法,即自己作出谦让之状,希冀盟友有所作为。

借势发挥的道理在于:可以借他人之力实现自己的意图。例如:把别人的梯子搬到自己的脚下,爬到自己想爬的地方去。这要比自己先造梯,再登梯要来得快,来得巧。善借势,才能巧赢。这是成功的硬道理。

▶ 领导之艺

"借刀杀人"是一种借助他人势力达到自己目的的手段。

用在领导之艺上,一方面可以推而广之,理解成领导者向下属学习,丰富自身知识;另一方面则是以人制人,以牵制对手。

要善于网罗人才

作为管理者并不是什么时候都对他人无所求,相反,他们是那种最懂得求人又善于求人的那种。即借人有借法。

《花花公子》杂志总裁海芙纳拥有一切成功企业家的特质——

精明果断、擅长授权。而在博采众长这方面,她又绝对高人一等。

身为老海芙纳之女,一般人都认为她命好,"继承"了父亲的事业。事实上,1982 年她接手的是一家问题重重的公司,每年亏损 5000 万美元,利润丰厚的赌场事业已成过去,《花花公子》杂志本身也仿佛与时代脱节。

不眠不休的工作加上精明的管理,她终于使公司转亏为盈,重振声威。真正的情况应该是:她继承《花花公子》杂志并非幸运,反而是《花花公子》有幸找到明主。

刚接手《花花公子》杂志时,海芙纳并不像一般人一样迫不及待地想表现自己的能耐,却刻意网络了一群顾问。正如她所说:"聪明的人才永远不嫌多。"

她随即设立"总经理"一职,重用一位能力甚强的财务主管。

海芙纳对巴菲特担任贝克夏·哈塞威企业董事长所创下的惊人业绩,已有耳闻。巴菲特是公认的投资奇才,长于发掘有价值的特许权,然后进行长期开发。

于是她写信给巴菲特,表示有意对某家公司的特许权做长期开发,并且愿意在他到芝加哥、纽约或洛杉矶时,请他吃午餐。

不到一周,巴菲特即回信说,很少到那些大都市去,但如果海芙纳造访奥玛哈,他倒很愿意碰个面。要不然,新年期间他与家人会到圣地亚哥北边的加州海滨去度假,顺便也欢迎她来访。于是海芙纳刻意赶到加州,与他谈了一下午,获益良多。日后又两度亲往奥玛哈。谈话的结果是巴菲特同意做她安排的财务主管角色。这样降低自己的姿态求人的做法正是许多管理者的擅长。

一封信,一趟旅行,便换来一位可贵的顾问。网罗到人才就能利用其聪明才智为自己服务,也就是"借"得人才发展自我。

管人奇招　一物降一物

管人的根本方法之一,只要学会借人治人。何以见得?

任何领导者,都会遇到个别颇难对付的奸臣和小人。对于这些下属,作为领导者,应持的正确态度是:因势利导,对症下药,热情帮助,严肃批评,积极促使他们改掉毛病,向着好的方向转化。

然而,在一些老奸巨猾的领导者看来,如此对待他们,未免太无能了,远不如玩弄以毒攻毒的权术显得"高明"。

因为采用后一种方法,一来可以省去领导者不少精力和时间;二来可以化害为"利"、变废为"宝",充分利用这些特殊下属为自己服务;三来可以彻底制服这些下属;四来可以通过驾驭他们,从中获得不少乐趣。

因此,这些领导者,一般都乐于运用以毒攻毒的手段来对付他们。

所谓以毒攻毒,就是利用下属的缺点、毛病来制服下属,或者利用下属之间的矛盾,指使这一下属去制服那一下属,领导者不用亲自动手,就能坐收渔翁之利。

常见的手段有:

(1)以其人之"毒",还治其人之身

某甲喜欢上领导家里传递信息,出卖别人。针对他这一毛病,故意向他提供假信息、假情报,借他之口,传到某个领导者耳朵里,造成领导者的决策失误,从而最终使某甲受到该领导者的惩罚。

某乙喜欢给某上司充当"打手",按照上司的意图,压制反对上司的人。针对他这一毛病,故意制造假象,设法唆使他跳出来攻击某个反对上司的人,其实,此人恰恰是该上司的一个心腹,结果,某乙给上司帮了倒忙,自己也为此而吃了苦头。

(2)以恶治恶人

某下属品性恶劣,不服管教,谁也制服不了他。领导者特意将他交给一个以心狠手毒著称的中层领导者整治,没用多少时间,该下属就变老实了。

(3)以懒人治懒人

张三办事不勤快,爱动嘴,不动手;李四干活节奏慢,干一天,歇半天。领导者干脆将他俩搁在同一个科室里,给他俩规定了各项硬指标,并且指定由李四"管"张三。这样一来,他们谁也依靠不了谁,完不成任务都得受罚,没用领导者费嘴,他俩都变"勤快"了。

(4)以奸臣治奸臣

某下属爱上领导家里打小报告。领导者就特意将他安排在某个同样也爱走上层路线的科长手下当干事。他俩都有共同的毛病,互相提防,互相揭发,互相吃苦头,互相吸取教训——时间久了,谁的名声也不好。渐渐地,他俩都觉得挺没趣,打小报告的行为,就有所收敛了。

(5)以庸人治能人

某下属才华横溢,傲气十足,谁也看不起。为了制服他,领导者就故意让他接受某个德才平庸的中层干部管辖。能人碰上庸人,有理说不清,有话听不懂,有事干不得,有才使不上……时间一长,锐气减退,棱角磨掉,一匹烈性千里马,变成了一匹温顺驯服的窝囊马。

(6)以能人治能人

张三才华出众,傲气十足,经常顶撞领导;李四也知识渊博,能力非凡,经常在领导面前发表不同意见。好。你俩今后谁也别直接和领导者打交道,从现在起,将你俩都交给精明强干、足智多谋的处长管辖,看你俩还能再逞能不!

上述手段就是"借刀杀人"之计,在运用时只要适宜,一般都能治服有缺点、毛病的下属,使你坐收渔翁之利。

三十六计

➤ 处世之道

在现实生活中,"借刀杀人"一计普遍运用,其意是诱导同行或朋友之力战胜对方,以保存自己实力。这是"损下益上"求胜之法,即自己退避起来,借自己以外的人、事和物而达到自己的目的。如借"名人效应"及借助各式各样的机会来使自己有所作为。

巧借东风　直上青云

"万事俱备,只欠东风",这句话的意思是指天时、地利,是指机会。在处事做人过程中,看准机会,抓住时机,借助于现有条件或现成的机会以达到目的的做法,就是"巧借东风"的妙用。

"巧借东风"与"借梯登高"有相同之处,都是借助于外部条件获得成功,但二者又不尽相同。"借梯登高"强调的是借助于他人之力而达到目的,重要的是自己创造机会;而"巧借东风"强调的是借助于外物,如自然条件、金钱等物质条件,便于利用现成的机会以达到目的。

在处事做人过程中,借助于现有的条件和现成的机会而一举成功,是很不费力气的事情。

运用这一妙计的诀窍在于以下两点:

(1)机不可失,即首先要抓住机会。机会是难得的,故此才有切勿坐失良机的劝世良言。像赤壁之战中的曹军,就是由于没抓住机会,再没有胜利的希望了。所以,要想不失去机会,就应当在机会失去之前,仔细观察分析,随时做好准备。

(2)巧借东风,即知晓机会,随时巧妙地加以把握。一直想当元帅的拿破仑,发现借助约瑟芬的力量可以争得远征埃及的机会,他便紧紧地把握住了这一时机,此举为他日后建功立业乃至为法兰西帝国奠定了坚实的基础。

一个人的力量总是有限的,要想取得事业的成功,就应该善于借助各种有利条件,为我所用,从而增强自己的实力,为最后的成功奠定基础。

▶ 经商之技

"借刀杀人"之计被历代军事家广泛运用,现代商战中的"借刀杀人"更是花样翻新,屡奏功效。在激烈的商战中,常常出现强者一统天下,弱者夹缝求生的情况,弱小企业者欲赢得市场,由小而大,须巧用借术,以最小的投入创造最大的产出,实现四两拨千斤的效应。"借刀杀人"是一个把握性较大的发展谋略。

借兵破敌　汇丰大败美银团

早在 20 世纪 60 年代,美国几家大银行组成银团,开始实施一项惊人的秘密计划:占领香港金融界,彻底打垮华人和英国人在香港的金融实力,夺取香港,控制东南亚。计划一出台,美国金融大亨们纷纷来到香港"旅游"、"度假"。他们的到来,使香港的股票市场发生了巨大的股票买卖风潮,这一风潮险些把资金雄厚的香港汇丰银行置于死地。多亏他们急中生智,亮出绝招,才得以转危为安,反败为胜,挽狂澜于即倾。

香港汇丰银行是一家金融集团,在香港有着雄厚的根基和社会基础,实际上起着香港中央银行的作用,其首脑人物与当地居民也有着传统的密切联系。因此美国银行视其为"眼中钉",只有打垮汇丰银行,才能稳获香港金融大权,但要击倒汇丰,又谈何容易呢?

美国金融界的人士进攻汇丰银行的策略,在香港之行前夕就早已谋定。他们首先利用香港当时的股市传播信息系统不灵活的条件,大量收购汇丰银行股票。一时间,汇丰银行股票连翻数倍,不断暴涨,成为人们手里发财的象征。汇丰银行为平抑股价,开始抛售股票,但杯水车薪无济于事。紧接着,美国人在一两天内把所有收购的汇丰银行股票向市场低价抛售,并制造各种谣言,散布汇丰银行经营状况不好,汇丰股票如同废纸等等。一时间,汇丰股票价格如落潮般狂跌下来,在银行挤兑现款的人越来越多。形势对汇丰银行十分不利。

很明显,如果不收尽这些堆积如山的股票,任其继续下跌,汇丰的信誉便会一落千丈,甚至有关门垮台的危险。谁知形势比预料的还要糟,就在汇丰银行筹集资金大量吃进股票时,分布在全港的汇丰各分支机构也频频告急:许多不明真相的储户纷纷提款,使银根紧张,如不关门停业,存款有被提空的危险,一份份写有"绝对机密"的电文飞到汇丰银行总部,总部决策人陷入了有史以来最大的困境之中。

面对美国银团的挑战,汇丰银行开始进行反击。他们首先广而告之,安抚民心,强调汇丰银行久盛不衰的秘密在于对每一位储户负责。然后,他们马不停蹄地四处贷款,先找老关系户,不行,再找新关系,也不行;最后找到香港黑社会组织,请他们助一臂之力,但是一切努力都未能奏效,借款的工作人员四处碰壁,谁也不肯把钱借给看来即将破产的倒霉蛋。汇丰银行既无力收购股票,也无力支付挤兑,失败的结局似乎离汇丰银行越来越近。战场是无情的,你死我活。商战也是如此,是生与死的较量。在这生死存亡的严峻考验面前,汇丰银行在走投无路的情况下,猛然找到了一剂起死回生的灵丹妙药,那就是向香港的大后方——中国大陆金融机构求援。

对于美国金融界的野心,中国大陆驻港金融机构早已察觉,并曾多次提醒汇丰银行注意,但由于汇丰银行没有防范,结果吃了大亏。如今在这极为关键的时刻,中国金融机构本着稳定香港的目的,决定支持汇丰,保证香港的经济稳定。

事实证明,这个决定是十分正确的,有着重要的战略意义。大陆驻港人员以最快的速度把香港发生的一切反馈到北京。中国金融的权威机关,中国人民银行立即作出决定:支持汇丰银行。并迅速指示驻港机构以最快的速度办理贷款过账业务,一切都以最高效率进行。与此同时,香港新闻媒介立刻作了大标题披露:"中国人民银行与汇丰银行联手共进","汇丰银行信心的一票来自大陆"等等。大小报纸从头到尾进行报道,一时间成为港报的主旋律。

香港的股民和储蓄客户知道、汇丰银行有大陆金融机构撑腰就意味着,汇丰银行的资本不会枯竭,资金信用是毫无疑问的。他们看到了这场厮杀的前景。紧接着,形势急转直下,汇丰股票价格直线上升,储蓄额再领风骚。天外有天,人外有人,美港金融大战,半路杀进了个程咬金,形势由对汇丰不利转为有利,来港的美国人只能望洋兴叹,本想吃掉汇丰,没想到聪明反被聪明误,搬起石头砸了自己的脚。

由于大陆金融机构的加盟,战局已经明朗,美国银团被迫与汇丰银行进行谈判。由于美方高价吃进,低价抛出,损失了很多,并且为弥补汇丰银行损失,不得不同意将一个航空公司拱手相让。汇丰银行为保证香港金融业的稳定发展,同意让美方在香港保留一部分资产,并让美方承诺,今后不再发生类似的事件。事后,美方一位金融界高级人士讲,"汇丰银行邀请大陆金融机构参战,这一招太绝,也太狠,差一点使我们全军覆没。"这一仗中,汇丰正是"借"中国人民银行这把"刀","杀"的是美国银团这个"人"。

4计 以 逸 待 劳

《三十六计》第四计"以逸待劳"曰:"困敌之势,不以战,损刚益柔。"意思是:围困敌军的进攻态势,不用实战攻击,待敌筋疲力尽、声威锐减、攻防双方的态势发生逆转之时,我方便可以变被动为主动了。

不懂技法,一味地强攻硬打,既消耗体力,亦不一定能有所收获,甚至会一败涂地。最高明的应对术是:"以逸待劳"。你想:你没有费多大劲,就轻而易举地制服了对手,这是多么舒心的一件事。一个人累得气喘吁吁,离成功的距离还很远,这是最可悲的境况。

▶ 领导之艺

"以逸待劳"是一种很高明的策略,即是以不变应万变,变被动为主动,身处危难的环境,要做到"泰山崩于前而色不变",要沉着,消耗和回避对手的锋锐,抓住对手疲惫之际,转守为攻。"逸"不是无为高枕无忧,而是养精蓄锐,积极准备。"待"不是守株待兔,而是选择战机,创造战机。

不打无准备之仗

"以逸待劳"之计在领导管理方面,有一个主要特点,避免盲目性。这就要求领导打有准备之仗。

你公司的总体意向是什么? 短期目标是什么? 长远目标又是什么? 它将驶向何方? 你能辨明它的价值观吗? 是让受过最好训练的人来干活,还是要又快又省地完成工作? 是企图让那些竞争者销声匿迹,还是要在众多竞争者中力拔头筹? 对人们工作以外的事,持的是什么态度? 是不干公司的事,还是我们是个彼此关心的整体? 尽管每个公司最基本的目的就是要提高整体生产力,但如何达到这一目标却与公司的价值观密切相关。对你而言,你要了解的就是有关整个公司的宏伟蓝图。

这里,我们讲要了解整个公司的状况,是因为新上任的主管往往还不能把自己和工人分开,仍以工人的眼光来看待问题。但是,情况已是今非昔比了,现在该是你以管理人员的眼光看待问题的时候了,你现在已经是管理阶层中的一员了。然而,尽管如此,也许你会觉得对你的支持更多的来自于你的员工们,而不是来自于你的同级或上级。所以,千万要注意别落入了那个令你无限惬意的漩涡,你得去了解你的新同事们,与他们一样行事,而不是与你的员工们一样行事。

充分了解公司的目标是什么,以及用何种方式来达到这些目标是相当重要的。这将有助于你弄清楚在公司里,谁来执行计划以完成这些任务。毫无疑问,自然是那些掌握权力的人。比方说,你主要以新产品为龙头,那么作些改进和革新就是必要的。因此,可以想见,那些勇于冒险敢于创新的人一定会比那些因循守旧的保守派们干得好。如果操纵公司运营的是上了年纪的人,那么那些谨小慎微,循规蹈矩的人一定会比那些脑子灵活,不太安分守己,老想着改进和创新的人更受欢迎。

预期目标还要受公司所处的不同发展阶段的影响。因此,你就得考虑一下,现在公司是处于一个不断发展扩大规模的时期,还是一个相对稳定的时期,或者是公司正在裁员和缩减开支以渡过困难的时期。

就一般情况讲,权力总是落入那些最为公司所需要的人手里。让我们来看些例子:宝洁公司(PC)主要是盯住市场;英特尔(Intel)计算机公司则将重点放在研究和开发上,以期打败众多的竞争对手;而克莱斯勒(Chrgsler)汽车公司,过去是将重点放在产品的生产上,现在却大力地依靠起自己的金融决策人员来。如果资源紧缺的话,对公司而言,采购部门就更显出其重要性来,就像一个学校如果在财政上有困难,它就必须多争取些办学经费,还得搞些合营来创造收入。

在任何体制中,或多或少总会有些紧张的状况,所以为了生存,你也需要了解一下政治。权力的平衡是动态的,因此你得不时地留意动向,以了解到底发生了什么事情或者什么事情正在发生。

在开始的时候,如果你希望大家认同的话,尽量按规划行事。只有等时间长了,而你也赢得信任且很好地树立了威信的时候,你才能来点创新,试着去改变一下现有的僵化的工作状态。

作为领头羊,你要想着士兵的安全,运筹决策要经过深思熟虑,只有平时练好“兵”,做好打仗的准备,以逸待劳,才能在实战中一举取得胜利。

不紧不慢　化解矛盾

作为领导,解决下属矛盾,也可以用"以逸待劳"之计,即不用急着非要弄个张家长,高家短,而是先停一停,观察一下,再找方案。

当下属之间出现矛盾时,处理这种矛盾是很显水平的。处理得好,化干戈为玉帛,共同进步;处理不当,矛盾终会导致"白热化",至此程度,作为领导你也就很棘手了。

当下属间出现摩擦时,你首先要保持镇静,不要因此风风火火,甚至火冒三丈,这样你的情绪对矛盾双方无异于火上浇油。

不妨来个冷处理,不紧不慢之中,会给人以此事不在话下之感,人们会更相信你能公正处理,假如你自己选"一跳三尺",处理起来显然不太合适,效果也不会很好。

双方因公事而产生矛盾时,"官司"打到你的跟前,这时你不能同时向两人问话,因为此时双方矛盾正处于顶峰,此时谈来,双方定会在你跟前又大吵一顿,让你也卷入这场"战争",双方可能由于谁最先说一句话,而争论不休。

到底是先有鸡后有蛋,还是先有蛋后有鸡,此时是争论不出个一二三的。这种细节的问题,也委实难以证明谁是谁非。

不妨倒上两杯茶,请他们坐下喝完茶让他们先回去,然后分别接见。

单独接见时,请他平心静气地把事情的始末讲述一遍,此时你最好不要插话,更不能妄加批评,要着重在淡化事情上下工夫。

事情往往是"公说公有理,婆说婆有理",两个人所讲的当然会有出入,且都有道理,你在一些细节问题上也不必去证明谁说的对。

但是非还是要由你断定,当你心中有数了,此时尽管黑白已明,也不要公开说谁是谁非,以免进一步影响两人的感情和形象。假如你公开站在一方这边,显然这方觉得有了支持而气焰大涨,而另一方则会觉得你偏袒一方。

你不妨这么说:"事情我已经清楚了,双方完全没有必要吵得这么凶,事情过去了就不要再提了,关键是你们要从大局出发,以后不计前嫌,精诚合作。"想必经过几天的冷静,双方都有所收敛,你这么一说,双方有了台阶下,互相认个错,也就一了百了。

▶ 处世之道

"以逸待劳"之计,要求做人者面对强大的对手,以善于休整,养精蓄锐,不急不躁,能忍则忍,能让则让的做人技巧来对付劳顿疲乏,急功近利,表面强硬的对手的做人策略,待时机成熟后,再找机会战胜对方,因为做人其实是一个斗智斗勇的过程,同时也是一种意志的考验,耐得住诱惑,忍得一时之勇,才是你战胜对手的关键。

待之以疲　促成谈判

在谈判中,常见"以逸待劳"之计的灵光闪现。请看:

1978 年 9 月 17 日,美、埃、以签订了戴维营和平协议,埃以关系进入缓和时期。为了促进埃以关系的改善,在谈判桌上,卡特以超人的耐心和别出心裁的方法打破了谈判僵局,促成了埃以双方早日签订协议。

卡特把谈判地点安排在戴维营一个偏僻的没有生气的地方,这里没有繁华的街道,喧闹的市场、电影院、酒吧间、夜总会一概与它无关,普通人不去那里消闲,时髦男女不见出没。卡特在那里安排了两辆自行车,供前来参加谈判的 14 个人玩耍,此外再不增加其他娱乐设施。晚上休息时,人们可以任选三部乏味的影片中的任何一部片子观看。

埃及总统萨达特和以色列总理贝京从 9 月 6 日开始先在戴维营这座别墅休息了几天,每天也没什么好玩的,几部电影片看来看去也都快背熟了。

这样到了第 8 天,从此每天早晨 8 点,萨达特和贝京会准时听到同一节奏的敲门声。随着听到那个熟悉声音友好地说:"你好,我是卡特,我们再把那个乏味的题目讨论一天吧。"萨达特和贝京起初还认为这种消遣持续不了多久,双方都顶着牛,不愿让步。到了第 13 天,两人都实在受不了了,有点脾气也磨平了。双方在该签字的地方写下了他们无可奈何的笔迹。

关于戴维营协议签字经过,卡特后来调皮地对人说:"那招是我向最小的儿子学来的。"卡特的这一招正是"以逸待劳"之计的妙用。

方圆处世　以图大计

前面讲过,"以逸待劳"之计重在把握时机,不贸然行动。把握住时机则能由弱变强,由小变大。如果不知把握时机,非得弃弱逞强,到时非但不能实现自己的目标,反而会输个一塌糊涂。历来成功的从政者都知道"忍"字是传家宝,能忍者方能伺机待时,等到自己有足够的力量与对手抗争时方猛地反击,定能一战而胜。

能忍得旁人所难以忍受的东西,才能使自己能屈能伸,不断地积蓄

三十六计

力量,增强忍耐力和判断力,这样才能为将来事业的成功积累资本。

宋代苏洵曾经说过:"一忍可以制百辱,一静可以制百动。"这就是说忍的作用可抵抗千军万马,可以说是"忍小谋大"的策略。诸葛亮对孟获七擒七纵,忍住仇恨,并且是一忍再忍,终于以自己的忍让制服了叛军,保住了国家的安宁与和平。

孟获是三国时蜀国南方少数民族的首领,率众起兵反叛,诸葛亮奉命率兵去平定。当诸葛亮听说孟获不但作战勇敢,而且在南中各个地区的部族人民中很有威望,想到如果把他争取过来,就会使蜀国有一个安定的大后方。于是,下令对孟获只许活捉,不得伤害。当蜀军和孟获的部队初次交锋时,诸葛亮授意蜀军故意退败,引孟获追赶。孟获仗着人多势众,只顾向前猛冲,结果中了蜀军的埋伏,被打得大败,自己也做了俘虏。当蜀军押着五花大绑的孟获回营时,孟获心知此次必死无疑,便刁钻使横,破口大骂。谁知一进蜀军大营,诸葛亮不但立即让人给他松了绑绳,还陪他参观蜀军营寨,好言劝他归降。孟获野性难驯,不但不服气,反而倨傲无礼,说诸葛亮使诈。诸葛亮毫不气恼,放他回去,二人相约再战。

孟获跑回去之后,重整旗鼓,又一次气势汹汹地进攻蜀军,结果又被活捉。诸葛亮劝降不成,又一次把孟获送出大营。孟获也是个犟脾气,回去又率人来攻并同时改变进攻策略,或坚守渡口,或退守山地,却怎么也摆脱不了诸葛亮的控制。一次又一次遭擒,一次又一次被放。到了第七次被擒,诸葛亮还要再放,孟获却不肯走了,他流着泪说:"丞相对我孟获七擒七纵,可以说是仁至义尽,我打心眼里佩服,从今以后,我绝不再提反叛之事。"

孟获回去之后,说服各个叛乱部落全部投降,南中地区重新归属蜀汉控制。自此,蜀国的大后方变得稳定,南方各族人民也得以休养生息,安居乐业。

常言说,事不过三。忍让一次两次都可以,再三再四就有些按捺不住。可是诸葛亮却为了自己后方的稳定而对孟获捉了放,放了捉,耐着性子忍下去,并没有因为孟获的行为而放弃,诸葛亮之所以这样做,就是想以德服人,使孟获心悦诚服,下定决心不再叛乱。这就能够使自己获得一个稳固安定的大后方,使国内人民免于战乱之苦,同时也能逐渐积蓄力量以对付魏、吴的觊觎和侵略。如果诸葛亮对孟获的傲慢失礼和不识时务无法忍耐,抓住之后一刀杀掉,那也就只能出一时之气,反而会激起其他族人的敌忾,竞起效尤,那么他不但会对此疲于应付,而且会因无暇他顾而使曹魏和东吴有机可乘,丢了天下。所以忍与不忍的区别在于,不忍只能发一下眼前怨气,忍却能得到长远利益的回报。善忍者,可"以逸待劳",轻松达到目的。

► 经商之技

在企业运营中,迫使对方处于困难的境地,不必采取直接进攻的手段,可以根据刚柔相互转化的原理,实行积极的防御,逐步消耗、疲惫对手,使其由强变弱,我则因准备充分而变被动为主动,再行出击。此计之延伸,还可用"以静制动"、"以柔克刚"、"以近待远"、"以不变应万变,化被动为主动"、"静如处子,动若脱兔"、"不鸣则已,一鸣惊人,不飞则已,一飞冲天"等来形容或说明。也和《孙子兵法》中"善守者藏于九地之下,善攻者动于九天之上"有异曲同工之妙。以逸待劳法,就是在现代商战中,企业经营者善于牵动和疲劳竞争对手,而我自从容,养精蓄锐,保存实力,待机而动,后发制人。

日商击败"山姆大叔"

一位美国人前往日本参加一次为期 14 天的谈判,他怀着美国人所特有的自信,心想一定要大获全胜。飞机着陆后,他受到了日本方面的热情接待,日本人诚恳而热情地表达了对他的问候,随后请他坐上豪华舒适的轿车。显然,日本人把他看做非常重要的人物,这使得美国人不禁暗自得意。他被安排住进一家高级酒店,日本人客气地说:"您的一切花费由我们来支付,请尽情享受。"随后又问:"您来过日本吗?"

"不,我是第一次来。"

"那您一定要在这里多待几天,看看我们日本的名胜和文化。我们会安排好您到各地的旅行。"日本人又问:"您是不是一定要准时回国? 我们可以办好您的机票和所有手续,并且将准时送您到机场。"

美国人感觉到这次工作是一次非常愉快的旅行。

接下来的几天,日本人周到地安排美国公司代表的行程,闭口不提谈判的事,一切仿佛表明谈判及签约都是轻而易举的,不用多虑。

第 12 天,谈判才算开始。但未谈多久,日本人提出因为安排了专门的活

飞机快起飞了这是我们拟好的文件

动而早些结束谈判。第 13 天,日本人设宴盛情款待美方代表,又提前结束谈判。

最后一天早上,实质性谈判才真正开始。正到了关键时刻,美国人被告知飞机起飞的时间快到了,送他去机场的轿车已准备好。日本人建议剩下的问题在车上继续谈。结果美国人再也没有时间集中精力去讨价还价了,只好在日本人早已拟好的文件上签了字,而日方,则是在谈笑之中取胜美国疲惫之军。

松下轻松胜索尼

在日本企业界被称为"一代宗师",被誉为"经营之神"的松下幸之助,在讲述其经营之道时,特别强调说明:"经营事业,首先必须考虑的,就是如何获得和培养人才。如果他们问你:'你的公司在制造什么?'你要回答:'松下电器在制造人才。当然我们是在制造电器产品,但是在这以前,要先培养人才'。"

日本松下电器公司不愧为"培养人"的企业,堪称谙熟"以逸待劳,后发制人"营销术的高手。该公司一直把提高产品质量和降低价格作为工作的重心,从不盲目地赶时髦,也不热衷于花大气力去推出新技术,而是着眼于改进"最新技术",并在延伸其功能上刻意攻关。

而索尼公司却恰恰相反。在 1946 年索尼公司成立之初,就在公司宗旨上赫然写着:"公司绝对不搞抄袭仿造,而专选他人甚至以后都不易搞成的商品。"该公司创始人之一盛田昭夫在其所著《索尼经营绝招》一书中,也将不断开发新产品作为招数之一做了详细介绍。几十年来,该公司在新技术的投入上不惜金钱,常常投入大量的人力、物力、财力,不断推出新产品,企望以开拓者的姿态抢占家电市场。可事与愿违,时常败给松下。

索尼公司也堪称人才济济,财力雄厚,而且又有个敢于对美国说"不"的总裁盛田昭夫,缘何时常败给松下呢? 下面的实例也许能揭开其中的"庐山真面目"。

1969 年,索尼公司首先研制成功家用小型录像机,一时成了热门货。松下公司并没有急于跟进,而是面对复杂的竞争局面冷静思考,进行深入的市场调查,积蓄力量,伺机而动。

在 1975 年,索尼公司 RCA 录像时间长达两个小时,松下欲使自己的产品在美国站得住脚,ACR 必须能将很长的体育比赛实况录制下来,松下只有在索尼产品的基础上背水一战,一则省了研究时间,轻松上阵,而此时索尼已坐吃山空。松下总经理一拍胸脯,神情自若地对 RCA 说:"松下能够提供录像长达 4 小时的 VCR。"双方当即签订了供货合同。这哪里是商谈,简直是赌博,而且是一项风险很大的赌博,因为此时此刻松下甚至还没有生产过录制长达两个小时的机器。

君子一言,驷马难追,况且双方又有合同为证。松下公司立刻从其他部门、实验室和分公司广招贤才,寻求帮助,把各部门的技术骨干动员过来,同吃喝,共睡眠,经过一段时间的协同作战,终于攻克难关,研制出能录制4—6小时的录像机,奇迹般地在合同规定时间以前交了货。

该机一上市,就以它低廉的价格(比索尼机低15%)及广泛的用途(录像时间是索尼机的2—3倍),博得广大消费者的特别青睐,索尼不战而退,一败涂地。

5计　趁火打劫

《三十六计》第五计"趁火打劫"曰:"敌人害大,就势取利。刚决柔也。"

其大意是:敌方遇到困难、危机,就乘机出兵去夺取胜利。这就是强者趁势取利,一举打败处于困境之敌的策略。

有些事情,是不能等待的;等待就会坐失良机。成功的高手都是趁势把不利化为有利,把被动变为主动,从而闯出一片局面的,这就是说,趁势胜人,才是天下能人所为。

▶领导之艺

"趁火打劫"之计——是指趁人不备时取胜。领导人施行趁火打劫计时,要具备以下条件:"火"烧起来出手,没"火"时要主动地点火,然后趁热打铁,顺势而谋。

新官上任　趁热打铁

新领导人上台,常要趁热打铁,来个下马威。但从根本上讲,还是要做到天天趁热打铁,让下属不松懈。

年纪轻轻就当上领导的人,如果不加强修养和学习,就会将自我的大好前程毁于一旦。下面的三个问题是新任领导要想趁势造势,必须小心保持的,不可掉以轻心。

(1)永远保持进取心

进取心是一个干部的宝贵品格,是责任心、事业心强的表现。这就好比一列火车,机头马力的大小,决定了列车运行的速度和所承载的吨位。如果机头好,马力大,火车运行的速度必然快,载运货物的能力也必然大;反之,则又慢又少。进取心就是列车上的动力。火车机头有了强大的动力,就不愁火车在轨道上奔驰;一级领导有了强烈的进取心,困难和挫折就不在话下,一定能轰轰烈烈地干出一番事业。进取心是一种勇往直前、不畏艰辛的献身精神,它并不为年龄所限。一般说,青年是朝气蓬勃的,但并不因此可以得出结论:凡年轻人都有强烈的进取心。人老

不算老,心老才算老,年老的人仍然可以有旺盛的进取心。著名作家姚雪垠同志七十多岁了,仍孜孜不倦地研究明史,在浩瀚的史料海洋中汲取养料,清晨三四点钟就起床写作历史巨著《李自成》,这种锐意进取的精神难道不令人肃然起敬?可见年龄对进取心并不是一个决定因素,关键还在有没有一个远大的志向。与姚老相反,有的人年纪轻轻,只因已当上了某一级领导,就认为目的达到了,从此不思进取,这样下去人生只能走上下坡路。

（2）与原来的同事和谐相处

小王刚升为一个小组的负责人,原来的同事就成了他的下属,小王感到他们开始与他保持距离,除了不太愿意汇报工作情况外,有问题亦不会主动向他提出,反而在部门开会时在大老板面前说出来。小王通过思考决定,首先要做的不是建立上司的威严,而是继续保持与同事间友好的关系。纵使升了职,成为他人的上司,也应该让大家参与某些重要决定,主动组织小组讨论,以明白各人的想法与面对的问题。这样,大家信息的沟通也非常方便,他放下上司的架子,一起吃饭、消遣,彼此轻松地交谈,促进了工作上的合作。

（3）一切尽力而为

不要因为是新提拔的人就认为以前的失误与自己无关,如当公司经济情况出现混乱,个人的工作量和压力相继增加。此时应了解下属的感受,尽能力安抚众人,做一些可以为他们做的事,例如赞赏其工作表现等。另一方面,则应将下属的情况反映到上层,因为很多时候管理层会忽略下层员工的感受,甚至不了解他们的困难。即使反映过后没有大的改善,也总算是尽力而为了。

快速决断　顺事而谋

两利相较取其大,两弊相较取其小,做到不以小利害大利,不以小局害大局,不以眼前害长远。这是一切领导者都熟知的原理。

在工作中,对领导者所作的决断要求是很严格的,它必须体现科学性、严肃性。依据实践经验和科学性要求,具体来说必须做到:

（1）要博采众议,不要主观武断

博采众议,指的是一个正确决断必须认真听取各种不同意见,并考虑到诸多方面因素,既不偏激又不脱离实际和群众,从而能做出正确判断和决定。因此切忌主观武断,所谓主观即听不进客观合理意见;所谓武断即由个人简单的专断。这种作风与博采众议的民主作风是根本对立的,必须加以反对。因为科学决断是以充分发扬民主为基础和前提的,离开了发扬民主就要脱离实际和群众。这样,既不能正确处理问题,也不利于调动群众的积极性。所以,主观武断,是正确决断的一大忌,应力求避免出现。

(2)要权衡利弊,不要好大喜功

权衡利弊,就是决断时对利弊得失要全面分析。依据现代管理学要求,"两利相较取其大,两弊相较取其小,做到不以小利害大利,不以小局害大局,不以眼前害长远。"只有兼顾利害两个方面,把小利与大利、局部利益与全局利益、眼前利益与长远利益统一起来,才能防患于未然。曹操所说"在利思害、在害思利"也是讲的这种意思。这里所说的不要好大喜功是说决断时应保持清醒头脑,不作主观论定与客观事实不相符合的事情,以免导致不良后果;只有在情况明、决心大的情况下才是对头。如果对客观情况还没有弄清楚,就下决定或决断是没有不吃苦头的。这种教训,过去也屡见不鲜,应引以为戒。

(3)要顺势而断,不要逆理而为

古人说:"顺势而谋","因势而动"。这种"势",即指事物发展的趋势和客观条件。这样,领导者对重要事件进行决断时,一定要考虑到事物发展的趋势和客观条件的变化,顺应事物发展规律作决定。违背了客观规律的决断是不会有好的收效的。多懂一点趁势而动,对于领导者巧妙地达到目的,大有裨益。

▶ 处世之道

在现实处世做人至关重要的环境中,趁火打劫能助你事业的成功,起独特的作用,该计用于现实生活中即是自己以最少的付出,取得最大利益。但必须选择好最佳时机,才能在同行竞争中取得事半功倍的效果,增强你在单位的凝聚力和晋升的实力。

把握时机　趁火打劫

古往今来有这样一批谙熟处世技巧的人,他们为人圆滑,城府颇深,在官场上左右逢源,八面玲珑,这种人善于把握时机,察言观色。他们通过察言观色,揣摩对方意图,随机应变,趁机而动,以便达到自己的目的。因此,"趁火打劫"的通常说法还有"见机行事"。

作为一种策略来运用,"见机行事"法的要求很高,它要求有高度的灵活性和巧妙性。也就是说,没有一定的成法可循。但是,尽管如此,还是有一些基本原则需要掌握。

首先，要善于揣摩对方的说话意图。不要盲目顺从对方说出的话，因为有时对方说的话或提出的问题与他的真实想法相反。比如对方问你："你是不是觉得自己很有创造性，很不甘寂寞，总想有所发展？"如果你不善于揣摩对方心理的话，也许会以为说"是"就是最佳答案了，因为一般人都喜欢有作为的人。但是你有时也会搞错。假如你要谋取的职业是电脑打字或资料储存等，那么对方希望你回答的是"不是"，你只想讨好对方，却未料到掉到对方设下的"陷阱"中去了。

其次，在出现意外情况时，不能无动于衷，而应当采取特别的措施。比如你们正在谈话时，突然有人来指责对方，言词非常激烈。那么你可以适时地参与进去，并充分表现自己的组织、调解能力及口才，这样做往往比自我表白更有效。

再次，要善于掩饰自己的真实意图，适时加以改变。说话过程中，不要一开始就把自己的事先打算一览无余地通盘托出，而应适时保留，待弄清对方真正意图后再提出自己的意见，这样有助于你适当改变话题来迎合对方。另外，要锻炼自己敏锐的观察力，做到思维敏捷、应对巧妙、谈吐得当，这样才能在求职过程中始终掌握主动权。

这种处世方法虽然一定程度上给人一种投机钻营的感觉，但是它作为一种方法，对于我们做人处事还是有一定的正面的意义。

趁热打铁 一举成名

苏珊·海沃德长得漂亮、苗条、性感，她的青年时代，正是好莱坞的主要制片公司发展的全盛时期。她像其他雪亮的童星一样，怀着成为好

莱坞电影明星的梦想，当上了合同演员。她进入好莱坞的最初几个月中，面对的不是摄像机而是照相机。她穿着泳装，日复一日地摆弄出千姿百态，为广告照作模特儿。她那充满魅力的微笑，随着报纸杂志的广告传遍五洲四海。读者们，也是电影的影迷们，对她已经具有一种倾倒和渴望的感情。

然而苏珊一直得不到当演员的机会，当她询问老板时，得到的回答总是："耐心地等一等，总有一天会推荐你的。"

有一次，机会突然来

了。1938 年,派拉蒙公司在洛杉矶举行全国性的影片销售会。苏珊接到旅馆舞厅的通知。舞厅里来了很多电影院的老板和来自各州的商人。影星们进入舞厅之前,派拉蒙公司对自己的影片已进行过大肆宣传。

影星们一个接一个与观众见面。苏珊出场时,会场上发出了一片欢呼。她此前还没意识到这是一次机会。她面对观众,像对老朋友们一样微笑着说:"我知道你们都认识我,你们中有谁见过我的照片?"

台下立即有许许多多的人举起了手。

"有人看过我在电影里的形象吗?"没有人举手,只有笑声。

苏珊趁热打铁,发问道:"你们愿意看我在电影中的形象吗?"

会场上响起了雷鸣般的掌声,代替了回答。

苏珊这一计即兴拈来,大获全胜,于是她说:"那么,诸位愿意捎个话给制片公司吗?"

这是一次民意测验,那么多观众的代表想看苏珊在电影中的形象,制片公司的老板得到这一民意测验的结果,完全可以判断,如果请苏珊出演影片,此片一定走俏。于是苏珊不久之后便受聘出演,上了银幕,并且成了大明星。她在《我想生存》一片扮演的角色使她荣获了奥斯卡金奖。

难道你不承认苏珊·海沃德是趁热打铁、一举成名的高手吗?

➤ 经商之技

"趁火打劫"是军事上选择战机的惯用谋略,指的是乘敌之危,发动进攻,夺取胜利。所谓"敌有昏乱,可以乘而取之"讲的也是这个意思。在商战中,"趁火打劫"之计可引申为:一是要善于寻找"火"源。生意场和战场一样,竞争激烈,形势错综复杂。经营者要广泛了解市场信息,准确掌握竞争对手的产品优劣、市场销售行情。瞄准"火"源,抓住对方的弱点和消费市场的新需求。大力开展促销活动,以占领市场。

二是要抓住战机"打劫"。生意场上变化万千,在变化中许多原有的优越条件丧失,同时又会给新的发展提供机会。所以经营者要看准"火"源,分析"火"势,抓住战机,抢先一步。

"乖乖"从容胜"佳佳"

保力达经过周详调查,新创了一种香脆小点心,取名"佳佳"它上市之时,凭借其强大的宣传,曾引起了一时轰动,台湾出现了香脆食品的流行热潮。

"佳佳"原以为是首创且指引着消费潮流,前景足可乐观。不料却因营销决策的错误,在轰动一时之后,便出现市场萎缩;又因应变的迟缓,最终被"乖乖"挤出市场。之所以落得这样的结局,是因为"佳佳"自上市之初就潜伏着三大危机:

(1)扭曲了消费对象。"佳佳"是以青少年为销售对象的,尤其以恋爱中的男女青年为主,甚至包括失恋者,还在广告中带上一句"失恋的人爱吃佳佳"。本来,以恋爱男女为主已经缩小了消费范围,很容易失去一般消费者;再加上那句叫人感到晦气的广告词,有谁愿意无端沾上"失恋者"之嫌呢? 花钱买不痛快,谁乐意?

(2)口味有偏差。"佳佳"既然把"情人的嘴巴"作为追求对象,就应该考虑到恋爱男女都喜欢甜蜜,用作边吃边谈的小点心必须与这种消费环境相适应。然而它却做成了"咖喱"味,咖喱含辣,容易生火,使人口干舌燥,情人们吃过一次以后会不会再买,实在叫人怀疑。

(3)包装不得当。"佳佳"为满足顾客一次购买(求方便)的欲望,采用大包装上市。但多数消费者对新产品是持一种"试试看"心理,只想买一点尝尝,很少愿意花钱买一大包心中无数的东西。

"佳佳"三大营销错误是显而易见的。保力达公司不乏人才,各级主管也不是不知道。但为什么不在最短时间内纠正过来呢?

原因在于营销决策的修正,势必涉及公司的各个部门的利益,这就需要一个立场客观、公正的首脑人物选择良策,当机立断,可惜保力达那时没有。

市场竞争不等人,讲的是适者生存,冷酷无情。"佳佳"危机日深之时,正是"乖乖"趁势出击之日。它分析了"佳佳"的三大错误之后,制定了针锋相对的三项营销策略:

(1)明确消费对象。"乖乖"坚定地把儿童作为自己的销售对象,以儿童对零食的反应快、冲动购买的可能性最大为基准依据,在广告中直截了当地说:"吃得高高兴兴! 高高兴兴地吃!"试想,哪个孩子不想高兴愉快呢? 哪个家长不望孩子愉快高兴呢? 这句广告词恰好与消费者的企盼密切关联,很自然地给消费者留下深刻的印象,轻而易举地触发了他们的购买欲望。

(2)顺应消费者口味。"乖乖"在强化香、脆的同时,重视甘美,力求甜而不腻。这不仅使儿童爱吃,也使恋爱男女喜欢,尤其那些尝过咖喱辣味的"情人嘴巴"更觉得口味一新。这就在无形中给"乖乖"扩大了消费范围,夺来了"佳佳"的市场。

（3）包装精巧。"乖乖"区别于"佳佳",特意用小包装上市。它完全符合大多数消费者"买一点尝一尝"的心理。而且包装小,分量小容易留下好印象,特别是孩子吃完了一包,口中还余有香甜,当然要吵着嚷着"再买"。小包装变成了一种催发重复购买的促销手段。

"乖乖"正是利用对手的潜在危机,趁势出击的。它使对手的危机明朗化,让对手营销错误显得更加突出,促使对手乱了阵脚。待到对手意见统一,开始启动的时候,"乖乖"早已稳固地占领市场了。

6计 声东击西

《三十六计》第六计"声东击西"曰:"敌志乱萃、不虞、坤下兑上之象。利其不自主而取之。"

意思是:战争中敌方的指挥乱成一团,不能判明和应付突然事变的发生,这正是潭水高出地面,随时有溃决危险的征象。必须利用敌方失去控制力的时机而将它消灭。

一个人的一切行为如果都被别人掌握,这个人肯定已经犯了许多低级错误。反过来,如果你施展飘忽不定的套路,就会让对手摸不着、猜不透你,从而可以声东击西,左右开弓,打开一条成功的通道。

➤ 领导之艺

"声东击西"之计,是出奇制胜的办法,亦即转移对手的目标,出其不意,攻其不备,"声东"是手段,"击西"才是目的。对于领导人来说,声东击西就是避重就轻,引开对方注意,或者是乘虚而入。

巧妙应对　收到良好效果

受柯立芝总统之命,出任美国首任驻墨西哥公使的是莫洛这个天才型外交家。

这是一个很困难的差事,美国名人巴尔顿曾说过:"墨西哥是美国心中永远的痛,到这里去做公使是很麻烦的。"

所以,当莫洛第一次觐见墨西哥总统卡尔士的时候,就是最能考验他的时候了。他能够使墨西哥总统得到一个好印象吗? 他能够使他自己及其代表的美国得到尊敬吗? 这全要看莫洛运用的策略了。巴尔顿说:"第二天卡尔士总统对一个朋友说,这个美国公使真是一个善于说话的人。"

究竟这位初任公使的莫洛对卡尔士总统说了些什么话呢? 他的策

略究竟如何？巴尔顿告诉我们说："莫洛绝口不提那些公事，他只是称赞厨子，说他会做鲜美的面包和可口的好汤；并且请总统多讲一些墨西哥的情形给他听；当然还有总统所想做的哪些事情？他对于将来的局势意见怎样等等。"莫洛说这番话的目的，就是要使卡尔士总统悦服，他利用了我们人人都能运用的妙法——让别人说话。他鼓励卡尔士表示他自己的意见，他很注意地倾听，从这种态度中，显示出他对于别人的尊敬，从而激起了他人的"自尊心"。

▶ 处世之道

在现实生活中，"声东击西"是以假象造成对方的错觉，使对方陷于对自己毫无提防，毫无警觉之中，然后因情势的发展而用计，出其不意地击败对方，以达到自己的目的。

声东击西　巧得其妙

语言本身就是一门艺术，让人们感觉到它变幻莫测而又蕴含无穷的力量。

处事做人在和对方交谈时，要特别注意语言的运用，运用恰当，可以起到较好的交流效果，有时甚至是截然相反的两种效果。

在阿凡提故事里，有一个故事叫《解梦》。故事说皇帝做了一个梦，梦见被一个人拔光了牙齿。皇帝惊醒后非常害怕，第二天上朝时，皇帝把梦中的事讲给群臣听，问谁能解释。有一位大臣说："陛下全家都将比陛下先死。"皇帝听了大怒，下令把这一大臣给斩首了。这时，正好阿凡提来到皇宫，皇帝把梦中的事向他讲了，问他如何解释。阿凡提说："陛下将比你所有的家属都长寿。"皇帝听了，十分高兴，下令给阿凡提重赏。

两句话，一个意思，一个大臣没有采用声东击西的语言艺术而被斩首；阿凡提巧妙地运用了声东击西的语言艺术，而被皇帝重赏，最终得出两个截然不同的效果。一个听起来

陛下将比你所有的家属都长寿

刺耳,一个听起来入耳。这就是我们说话的艺术,也是处事做人艺术,不管你是采取声东击西还是瞒天过海等计谋,但有一点你要记住,要求用合适的词语表达同一种意思。

《红楼梦》中凤姐讲起话来也很中听,因而也极讨贾母喜欢。一次,贾母对薛姨妈等人说,她自己因小时候淘气,不小心落水,碰伤了头,至今鬓角还留着一个顶针大的小印儿。凤姐立即说:"那时要活不得,如今这大福可叫谁享啊!可知老祖宗的福星不小。鬼使神差,碰出那个窝儿来,好盛福寿的。"凤姐这一鬼机灵,使贾母乐得不行。

避强击弱　忽"东"忽"西"

谈判的目的就是要使双方得到利益上的满足,当一方处于被动的局面时,在重要问题上仍然要坚持立场,而在次要利益上一再作出让步,装作力不克敌之状,给对方以满足。

在大多数人的心目中整数比较令人愉快,比较能够吸引人的注意力。的确,它具有一种简单利落的性质,而简单利落的事物容易解释容易把握,能很快博得人们的欢心,而这种心理往往不为人知地促使生意成交。

一个美国人到墨西哥去购买汽车零件,零件的标价是 250 比索,惯于照价付钱的美国人照付了,结果他大大吃了亏。如果换上一个当地人,他会通过讨价还价而少付这 50 比索的零头。因此,一笔开价 102400 元的货物,精明的卖方大多会控制在整数作起点,在进行谈判时以 10 万元的出价成交,让对方感到自己已作了很大的让步。

其实,舍零取整的做法只是卖方在微不足道的利益上的让步,可见,故意声东,适当让步带来的心理效应是何等之妙。处事做人也应该吸取这种商业买卖的技巧,就可以在不知不觉中战胜对手,达到你的目的。这种做法在做人处世上,化解个人恩怨,化敌为友,可以得到灵活的应用。

➤ 经商之技

"声东击西"之计,是以假象造成敌人的错觉,"声言击东,其实击西",从而掩盖自己真实的作战意图,转移对手的注意,使之疏于防患,甚至作出完全错误的判断,然后出其不意,攻其不备。

此计的用法很多,或制造谣言,混淆视听,增加对方顾虑,迷惑其意志;或故布疑阵,使对方力量分散,削弱其防卫。但自己的意图和行动却要绝对保密,从而争取主动。

在经商活动中,市场竞争激烈,各种关系错综复杂,经营者更需要善于制造假象"声东",隐蔽自己的真实意图,以转移消费者或竞争对手的注意力,在产品研制、生产和市场促销中占踞主动地位。

三十六计

经商本身就是智力的角逐,在各种竞争中,谁的智谋高,谁就会占上风。企业经营者运用此计,可以采取的方法很多。欲买而示之以卖,欲卖而示之以买,欲推销这类产品而示之以推销其他有关的产品。欲生产某种产品,却放风说要转产,等等。只要认真掌握,都可以取得良好的效果。

故作姿态　摩根施巧遂其意

约翰·皮尔弗特·摩根出生在康乃狄格州首府哈特福德,一个到处都是古典式房屋和教堂又临近纽约的美丽的小镇。摩根从一个无名小辈,成长为纽约市华尔街的第一号人物,荣登美国经济霸主宝座,是与他一生中善于把握机会,并及时巧妙利用机会的能力分不开的。

一天,摩根在华尔街的办公室里来了一位拜访者,这人比摩根大二三岁,名叫克查姆。小伙子果敢机智,很有才华,与摩根谈得很投机,两人都有一种相见恨晚的感觉。

"有一笔黄金买卖,想不想干?"克查姆问摩根。原来克查姆的父亲是华尔街的投资经纪人。克查姆从他父亲那里得到了一些好消息。他告诉摩根,他父亲从华盛顿方面得到确切消息,最近一段时期,北军伤亡惨重;同时,政府准备出售 200 万美元战时债券。

这个消息对于摩根来说,是相当及时的,也是至关重要的。在黑市上做交易,必须以可靠的信息做保障,同时,还要具备冒险的精神。只有这样,才能从黑市的交易中牟取暴利。

"只要能赚钱,为什么不干?"摩根浓眉下那双深不可测的蓝色大眼睛立刻闪烁出喜悦的光芒。

在克查姆的建议下,摩根立即同在伦敦的皮鲍狄先生打了个招呼,通过皮鲍狄公司和摩根共同付款的方式,秘密买下了 400—500 万美元价值的黄金。他将其中一半黄金给皮鲍狄汇往伦敦,另一半自己留下,并故意让汇款走漏风声。于是到处都在流传着皮鲍狄买下黄金的消息,而此时又恰遇查理斯敦港的北军战败,黄金价格猛地暴涨。摩根恰到好处地把手里的黄金全部抛出,成捆成捆的钞票顷刻间全部落入他的钱袋。

摩根靠这种"声东击西"的策略着着实实地发了一大笔。羽翼渐丰的摩根,充分显示了他的经商才干。随着摩根在黑市交易中的一次次胜利,摩根商行的资本不断扩大,在华尔街的影响也与日俱增,摩根终于从一个无名小辈成长为华尔街金融界的一颗新星,从而也揭开了他事业辉煌的新篇章。

虚中隐实　韦普巧计推销用电

菲德尔费电气公司的约瑟夫·S·韦普先生去宾夕法尼亚州推销用电。当他敲响一所看来较富有也较整洁的农舍门后,门只打开了一条小缝,户主布朗肯·布拉德老太太从门内向门外探出头来。当她得知来人是电气公司的代表后,猛然把门关闭了。无奈韦普先生再次敲门,敲了很久,她才又将门打开,但仅仅是勉强地开了一条小缝,而且还未等对方说话,她就不客气地向对方破口大骂。

虽然出师不利,但韦普先生却并不服输,决心换个法子,碰碰运气。他顿时改变口气,大声地说:"布拉德太太,很对不起,打扰您了,我今天来拜访您并非为了电气公司的事,只是向您买一点鸡蛋。"听罢此言,老太太的态度稍微温和了一些,门也开大了一点。韦普先生接着说:"您家的鸡长得可真好,瞧它们的羽毛有多漂亮。您这些鸡大概属多明尼克种吧!能否卖给我一点鸡蛋呢?"

这时,门又开得更大了些,老太太很认真地问韦普:"您怎么知道这是多明尼克种鸡?"

韦普知道自己的话已经打动了老太太,便接着说:"我家也养了一些鸡,可是像您喂养的这么好的鸡,我还真是没见过呢!而且,我饲养的来亨鸡,只会生白蛋。夫人,您知道吧,做蛋糕时,用黄褐色的蛋要比白色的蛋好。我太太今天要做蛋糕,所以就跑这里来了……"

老太太一听这话,顿时高兴万分,不再有丝毫的戒备心理,立刻从屋里跑到门廊来。韦普则利用这短暂的时间,瞄了一下四周的环境,发现他们拥有整套的奶酪设备,于是继续恭维道:"夫人,我敢打赌,您养鸡赚的钱一定比您先生养乳牛赚得钱多。"这句话说到了老太太的心坎里,她简直心花怒放。因为长期以来,她丈夫虽不承认这件事,而她总想把自己得意的事告诉别人,真乃知音可遇而不可求也,老太太兴奋地带韦普先生参观了她的鸡舍。参观时,韦普先生不时发出由衷的赞美,他们互相交流养鸡经验与常识,彼此间相处得那么融洽,几乎无话不谈。

最后,布拉德太太在韦普先生的赞美声中主动向他请教用电的好处,韦普给她做了满意的回答。两周后,韦普在公司收到老太太交来的用电申请。韦普先生推销用电的实例正是"声东击西"的妙用。

第二章　敌战计处世智慧

7计　无中生有

《三十六计》第七计"无中生有"曰："诳也，非诳也，实其所诳也。少阴，太阴，太阳。"

意思是：用假象欺骗敌人，但不是弄假到底，而是巧妙地由虚变实。也就是说，开始用小的假象，继而用大的假象，最后假象突然变成事实。

从无到有是成功的标志。怎样才能白手起家，在空棋盘上做文章呢？这就要靠眼光，靠盘算，看准对手的弱点，然后猛然出击。其实，在很多情况下，无中生有都是长期谋略、精心策划的结果。

▶ 领导之艺

无中生有，简单地说，就是无事生非、无风起浪。针对领导方略，无中生有可以有所扩展，一方面"无中生有"有以假乱真、变假为真之意，以给一些人以出其不意的攻击，一方面指领导要有坚强的实力作后盾，身先士卒，利用自己和属下的能力创造奇迹。

巧中有巧　赢得人心

齐格菲是举世闻名的马戏团主持人，他曾经风靡了百老汇，由于他对赞美少女有绝妙功力，因此他赢得了不错的声誉。他不断地将那些人们看了一眼就不会再看第二眼的小家碧玉，摇身一变为令人感到既甜美又具诱惑力的性感女神。由于他非常深刻地了解赞美与自信的重要性，因此他用恳切与尊重的态度使那些女人感到自己是非常的美丽。他以实际的行动表现出他的恳切与尊重，他把歌舞女郎的薪水从周薪30美元提高到175美元。当她们在富里斯开幕的那个晚上，他打了一封电报给那些跑"龙套"的明星们，祝贺她们的演出，并且送了一大堆标有"美国小姐"的玫瑰给那些歌舞女郎。

菲德·蓝特在主演《统一维也纳》时曾说："我最需要的就是自尊心的滋养。"我们平常都很注重我们身体的营养，但是我们却很少注重自尊心的滋养，通常我们为了身体所需要的能量，就会多吃一点富有营养的食物，但是我们往往会吝于给予别人一些赞赏。有些读者在看到这里的时候也许会说："这是老套啦！无非是拍马屁、耍噱头、谄媚而已！这些我早已试过了，根本没用，至少对我这种聪明的人没有用。"谄媚对于聪敏的人当然是没有用的！因为那是虚伪的、自私的而且没有诚意的，所以根本不会有用的。当然也有人喜欢别人捧他，像是一个饥不择食的人一样，对于别人虚伪的赞美也会不假思索地接受。

举例来说，为什么迪凡尼在婚姻方面能如此风光呢？为什么这个被称做"王子"的人能先后娶到两个既美丽又有名的电影明星——一个闻名世界的歌剧女主角以及拥有数百万财产的芭芭拉·休顿为妻呢？到底是为什么呢？他又是如何做到的呢？波拉·奈格莉是一位闻名世界的女人，她最懂得鉴赏男人，也是一位伟大的艺术家，她曾说："他是我所见过最懂时代最令人迷惑的，我可以向你保证这就是迪凡尼迷人的原因。"

赞美与谄媚到底有什么不同呢？答案非常简单，赞美是真心的、是发自内心的、是大公无私的、是普遍为人所称赞的；而谄媚则是虚假的，是出自嘴里的，是自私的，是普遍为人所谴责的。

虚言吓人　达到目的

18世纪初，俄国和瑞典为争夺波罗的海制海权发生大规模的战争。瑞典在第一次进攻失利以后，经过认真的准备，纠集强大的海军和陆军，又向俄国发动第二次进攻。

瑞典的这次进攻来势凶猛，军队很快就在俄国沿海登陆。当时俄国沿海地区兵力薄弱，俄军被瑞典人逼得一再后退。俄国军民人心浮动，国内一片混乱。俄国统治集团内部意见分歧严重，有人建议俄军放弃沿海要地和正在修建的防御工程，退到俄国腹地后再作进一步的打算。

在俄国面临危急之际，彼得大帝异常冷静。他知道瑞典国王查理十二和瑞典军队的将领们，一向做事小心谨慎，优柔寡断，缺乏勇敢的精神和坚定的意志。如果利用瑞典人的这一弱点，俄国就会转危为安。

三十六计

于是,彼得大帝派遣一大批紧急信使携带着他的亲笔命令奔赴各地。他的这些命令要求各地的指挥官立刻派援军支援沿海地区。当然,彼得大帝所提到的这些援军有的根本不存在,有的远水解不了近渴。负责传送命令的信使故意糊里糊涂地乱走,粗心大意地暴露身份,结果被瑞典人俘获,身上的密信也被瑞典人搜出。瑞典将领对彼得大帝的绝密命令十分在意,认为俄国人隐瞒了军事实力,俄国军队之所以不加以顽强的抵抗退出沿海地区,是因为他们有着更深远的阴谋。在这种思想的支配下,瑞典军队放弃已占领的俄国沿海地区,迅速后撤回国。

彼得大帝以一纸假书信吓退了敌人,不费一枪一弹就解除了瑞典军队对沿海地区的围困,保住了新彼得堡和战略设施工程,使俄国度过了难关。

"无中生有"其实"无"中便蕴育"有","有"与"无"并非实存,而是就作用于敌人心理上的结果来讲的。

▶ 处世之道

"无中生有"之计是要求当事人善于制造诱惑对手的假象,把没有的想法说成有,把少的想法说成多,使对方真假难辨,信假为真。以假乱真,假中有真,真中有假,假假真真,真真假假,变假成真,乱中取胜是本计的绝妙之处。一个人完善自我,创造自我,也是无中生有的一个扩展应用。深刻体会此计并灵活运用,可妙中生妙。

无中生有　巧妙拒绝

如果异性上司想骚扰你,最好不要用拍案而起、大喊大叫之类的办法来对付他,尤其不要让别的同事知道。再"花"的上司也是上司,如果他感觉到在下级面前丢了面子,你的工作也就难保了。自尊当然要有,但为这种事丢了工作,最倒霉的还是你。你可以采用其他比较缓和但同样很坚决的手段来告诉他。你认为他的行为有失体统,不妨直接说出来"请你自重",或是站起身来离开,"我想过一会再来找你谈工作比较好。"事后,你还要表现出若无其事,因为无论如何你还要在他手下工作。

不要直接挖苦、斥责对方,而是顺着对方的思路谈下去,最后话锋一转,给对方意想不到的而自己知道是胡编乱造的结论。这种方式一波三折,很有攻击力量,让对方猝不及防。

下面举出两个例子,看看我们的女主人公是怎样对付纠缠的。

例一:

一位男上司看上了一位女下属,以"谈工作"的名义将其留在办公室。

上司:"你知道吗,小姐,我非常喜欢你。"

小姐:"喜欢我什么呢?"

上司:"喜欢你的一切。"

小姐:"我的一切包括丈夫和孩子,请问,你也喜欢他们吗?"

这位女士巧妙、幽默的对答,维护了自尊,表明了态度,也使男子碰了一鼻子灰,无可奈何。

例二:

有一个男经理对公司的女打字员爱慕已久。一天下班时,他特意把她留下来"谈心"。

经理:"请坐下来,我们谈谈。"

女打字员:"谈什么呢?"

经理:"谈事业和人生,谈婚姻和爱情。你知道,我有一个非常不幸的家庭⋯⋯"

女打字员:"是的,我知道。"

经理:"我觉得我们生活在一起,你将非常幸福。"

女打字员:"是吗?这得问问我的丈夫。"

面对上司的步步紧逼,这位女性从容应付,不卑不亢,最后把敏感的问题转移到丈夫身上,其实她连未婚夫还没有呢,却推说有了丈夫,意在言外,令经理哭笑不得。

保持沟通 上下齐心

每个人都有自己的工作作风,正如你也有自己的一套方法。问题是你既然是下属,就必须设法去协助上司们完成任务,达到为公司赚钱的目的。

适应不同上司的工作形式,也是办公室人士必须懂得的技巧。如何去适应?其实一点也不困难,只要本着诚意去与对方接触,撇除一切主观看法或者其他同事的意见就可以了。

与上司建立良好的工作关系,对你的工作有百利而无一害。

当上司向你委以任务,请先了解清楚对方的真意,再权衡做法,以免因误会而种下恶根招来麻烦。具体解决的方式,以不抗拒对方的意愿,又切合自己的要求为重,这样双方才会合作愉快。

做错了事,不要找借口和推卸责任。解释并不能改变事实,承担了责任,努力工作以保证不再发生同样的事,才是上策。与此同时,还得学习接受批评。

要使上司信任你,首先要准时完成工作。记住,做任何事都至少要检查两次,确认没有错漏才交到上司面前。牢记工作时限,若不能准时做好,应预先通知上司——当然,最好不必这样做。必须处处表现独立,圆满地把工作完成,不要等上司告诉你应该怎样去做,放胆、小心地按部就班地去做,从中就可学到不少东西。

耐心寻找上司的特点,以他喜欢的方式完成工作,不要逞强,更不要急于表现自己。

随时随地,抓紧机会表示自己对他忠心耿耿,永远站在上司这一边。不要逃避困难。接到一件工作,先详细想一遍,把预见的问题列出来,再想想迎战的策略,最好多给自己一点时间,以防有意想不到的问题出现。

以你的态度说明一个事实:我是你的好朋友,我会尽己所能让你觉得愉快。不要以为上司很鬼气,如果你真的努力这样做,他看在眼里,一定会很明白你的意思,对你日渐产生好感。在这方面要以诚实的姿态出现在上司的面前,用自己的行动去证实自己,逐渐树立起自己的形象。

▶ 经商之技

使竞争对手产生错觉,是生意场上出奇制胜的一种战法。示之弱而迎之强、示之柔而迎之刚。声言东进而实则西取,正是实现这种战法的有效计谋,尤其是在对手不辨情况、指挥失度、缺乏应变能力的时候。

图德拉单枪匹马闯乱营

图德拉原是委内瑞拉的一位自学成才的工程师。他想做石油生意,可是他既无石油界的老关系,又无雄厚的资金。于是,他想了一个无中生有的办法,即他先从一位朋友那里打听到阿根廷需要购买两千万美元的丁烷,并且又知道阿根廷的牛肉过剩。接着,他飞到西班牙,那里的造船厂正为没有人向其订货而发愁,他告诉西班牙人:"如果你们向我买两千万美元的牛肉,我就在你们造船厂定购一艘造价两千万美元的超级油轮。"

如果你们买我两千万美元牛肉,我就向你定两千万美元油轮

西班牙人愉快地接受了他的建议。就这样,他把阿根廷的牛肉转手卖给了西班牙。

最后,图德拉又找到一家石油公司,以购买对方两千万美元的丁烷为交换条件,让石油公司租用他在西班牙建造的超级油轮。就这样,图德拉凭着迂回的艺术,实现了无中生有的计划,单枪匹马地杀入了石油海运行列,开始了前途远大的经营。

假设敌国　象牌竞争胜泰佳

制造一个假设的敌国,有时对于振奋员工士气,让员工们产生斗志相当有效。这样可高扬士气,统一员工思想。

在日本热水瓶业,"象牌热水瓶"和"泰佳热水瓶"彼此敌视,不断展开激烈争斗是众所周知的。最初日本热水瓶业是泰佳热水瓶的天下,象牌热水瓶是后起的。当象牌热水瓶开始生产时,没有人想到象牌能成为一个跟泰佳争霸天下的企业。当时生产象牌的不过是一家小得不可再小的公司而已。

然而,一个叫市川重幸的年轻人就任董事长之后,情形就大变了。他一就任,就把独霸本行业的泰佳热水瓶公司视为象牌的大敌。

"你们到各地方出差时,在旅馆或是饮食店,如果服务生拿泰佳的热水瓶出来的话,你们就别在那儿吃饭,马上出去,到别的地方吃饭吧!"董事长对将要出差的每一个员工都这么再三吩咐。

当时员工们不太了解董事长的心意,但过了不久,董事长的话就传达到每一个员工了。这种有些过分的敌视政策不久就变成本公司一致的"打倒泰佳"的热潮了。

泰佳从大战前就高居热水瓶行业的王座,象牌在急起直追时,泰佳仍然不把象牌放在眼里。但是像牌是不可漠视的,销售额已经跟泰佳相差无几了。

"情况非常不妙,我们必须打倒象牌才能生存!"泰佳的董事长由菊池义人一接任,他就开始把象牌视为不共戴天的仇敌,大张挞伐。

在日本热水瓶业,这5年来,只有像牌和泰佳这两家的销售额不断增加,业绩蒸蒸日上。其中最大的原因,是这两家公司以强烈的敌对意识对立竞争所致。

竞争者假造"敌国"的做法,似乎有些缺少君子的风度,无缘无故地在推波助澜。然而二流企业要迈向一流企业,必须集中员工们的意见和力量,经营者有必要激起员工们的斗志,使他们为公司的强盛不顾个人的私利而奋斗。假设一个"敌国"有助于业绩突飞猛进,惊人地壮大,那么为了公司的壮大,你不妨假设一个"敌国"吧!

8 计　暗 渡 陈 仓

《三十六计》第八计"暗渡陈仓"曰:"示之以动,利其静而有主,益动而巽。"

其大意是:发起佯攻,故意暴露行动,引诱敌人投入重兵在这里固守时,悄悄地迂回到另一面偷袭,乘虚而入,出奇制胜。

路有很多,或大或小,或长或短,或明或暗。如果你选择了走"暗道",那么就要掩盖声势,装着自己的计谋悄然行进。只有到达目的地之后,才将其曝光,这是对"暗渡陈仓"最通俗的解释。可惜,有许多人做不到这一点,总是喜欢不分场合地在别人面前显能耐,显实力。

> ### 领导之艺

"暗渡陈仓"的前提是明修栈道。暗渡陈仓已经有了收获,开启暗渡陈仓胜利契机的是明修栈道。作为领导,要实施某一项决策,为了不使小人钻空子,或防止决策机密的泄露,往往需要做出假象来,掩盖实际的动机。领导和下属打成一片,通过自己的言传身教,感化下属,也不失为一种好的领导方法。

尊重你的下属

尊重员工,就要善于赏识与赞美员工。实践证明,使部属发挥最大能力的方法是赞赏和鼓励。真诚的赞扬可以收到极好的效果,批评和耻笑却会把事情弄糟。

美国康涅狄格为新贾尔菲尔德市的一名普通主管,她的职责之一是监督一名清洁工的工作。他做得很不好,其他的员工时常嘲笑他;并且常常故意把纸屑或其他的东西丢在走廊上,以显示他工作的差劲儿。这

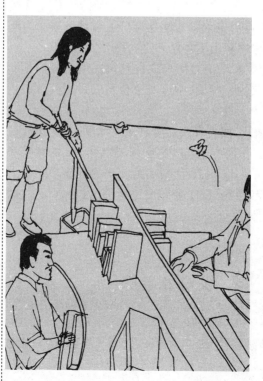

种情形当然很不好,而且影响工作质量。

这位女主管试过各种办法,但是都收不到效果。不过她发现,这位清洁工也偶尔会把一个地方弄得很清洁。她就趁他有这种表现的时候在大众面前公开赞扬他。于是,他的工作从此有了改进,不久他可以把整个工作都做得很好了。现在他的工作可以说再没有别人好挑剔的地方,其他的人对他也大为赞扬。真诚的赞美可以收到好的效果,而批评和耻笑却会把事情弄糟。

一位美国著名心理学家曾经这样说:"人性中最本质的愿望就是希望得到赞赏。的确如此,期待赞许或尊重,这正是人类行为原动力之一。如果没有这种需要,人们就会失去社会对他们的约束,他的行为就会无所顾忌。

美国商界有位年薪 100 万美元的钢铁公司总裁,他的名字叫查尔斯·施瓦布。像这样日均收入达 3000 美元的高收入,在西方世界也属少有的。那么,他究竟有什么样的本领呢? 他的买卖成功经验又是什么呢? 他说:

"我认为,能鼓舞起手下人的热情是我拥有的最大资本。""而使人们得以最大发挥的办法就是赞赏与鼓励。"

"上司的指责能扼杀一个人的抱负。我从未指责任何人。我相信鼓励能使人工作,因此我寻求表扬而不愿意找错。如果我喜欢什么,我就真诚地表示满意并慷慨地给予鼓励。"

可见,查尔斯·施瓦布成功的奥秘就在于他掌握了一个真理:"赞美是所有声音中最甜蜜的一种。"

真诚的欣赏的赞美,还可以改善人与人之对立、敌意关系,建立真挚的友谊。赞美声中,你的下属便会在愉悦的心情中做好他手头的事情,而属下的成就便铸就你的光环,不知不觉中,你已是"渡"过了"陈仓"。

和下属生活在一起

"无论是中国人或外国人,对方和我同样都是人,只要我以诚心相待就可以了。与对方一起喝酒、一起跳舞只不过是一种手段而已,老实说,重要的是要谦虚,如此一来,不管有缺点或困难,对方都会愿意亲近你、帮助你;即使对方原本极为嚣张,时间一久也会变得合群。"这是一个企业领导人多年积累的经验,总之,一起行动、一起吃饭、一起洗澡、一起睡觉,就像"同吃一锅饭的伙伴"这句话一样,同事间的关系会变得很亲密,这点由经验就可了解。例如:参加体育活动或研究活动时要住在一起,目的之一就在于获得这种效果。当一起从事艰辛的行动时愈感到痛苦,则彼此之间的关系就会愈密切。

以上的理论也适用于工作单位中主管和下属间的关系。如果只在工作单位亲密地称呼对方的名字,但总是一个人吃饭、喝酒,甚至打麻将时都单独行动,则主管和下属之间怎能亲密得起来? 因此,我们必须努力做到下列事项。

首先,自己要坦率。每个人对自己的优点都有信心,对于下属的批评,主管也要坦然接受。但如果是年纪较大的主管,对于下属揭发自己的缺点或弱点,通常会有所顾忌。其实,再怎样隐瞒缺点,在长期相处中总会暴露出来,如果一味隐瞒,在下属的眼中看来反而觉得可怜,既然如此,不如完全坦诚,从一开始就以本来的面貌对待下属。

再者,从下属的立场来看,如果主管各方面都比下属优秀而无可挑剔,则彼此必然不容易产生亲切感,只会有自卑感或不协调感。反之,一且下属发现：

"主管和我一样，也有缺点啊！"

因而在某方面可以感受到优越感，如此一来，才有信心与主管做进一步接触，甚至会产生帮助主管的意识。

其次，主管应融入下属中并和下属一起行动。例如：下属在工作上有困难时，可提供建议或派其他的下属支援等；或者和下属一起吃饭、喝酒，这些我们也曾经做过。但是，现在回顾当时我们的真正心情，究竟是诚心"要想办法帮助他"？还是认为下属"又惹出麻烦，真是令人头痛的家伙！"而心不甘情不愿地帮助他或指导他呢？和下属一起吃饭，一起游玩时，是怀着不得已的心态？还是想和下属一起享受？严格检讨这些是很重要的。因为下属往往能够敏锐地看穿主管的心态。

最后要注意的事项是，和下属一起行动时，必须表现得开朗而积极。假设下属在工作上犯了错误，为了弥补错误而留下来加班，或请同事帮忙时，主管痛苦地打电话向有关人员道歉，或者露出不愉快的表情或态度，则下属对主管会有何看法？只要仔细想想，就会了解上述做法是何等的重要。主管要经常提醒自己：部下的眼光是很敏锐的。

也许有人认为："理论上固然没错，但事实上却很难坦承自己的缺点，同时也难有开朗的行动。"但能否努力克服，就是读者今后能否成功的关键。只要回顾以往的人生历程，即可明了不努力就无法如愿。这个真理同样适用于获得下属的信赖感和一体感。这个也是"暗渡陈仓"在领导之艺中的应用。

▶ 处世之道

"暗渡陈仓"之计是"明修栈道，暗渡陈仓"的简化，它要求做人者善于制造假象，在表面上不与对方斤斤计较，甚至可以处处忍让对方，以此从正面迷惑对方；从侧面或暗地里精心策划，周密布置，小心行动，一直到对手要被击败时，他还蒙在鼓里。这才是此计的妙处所在。

以明隐暗　狐狸吃到天鹅肉

下面这则寓言故事，生动地说明了狐狸施展"暗渡陈仓"之计，制造假象终于吃到天鹅肉。

天鹅飞得很高，狐狸对天鹅肉涎流三尺，却毫无办法。但是天长日久，狐狸终于吃到天鹅肉。这是动物世界的真实现象。

夕阳西下，夜幕降临，一群天鹅有组织地成双成对地偎依在沙滩的草丛里，美美地睡觉。哨兵天鹅忠实地站在岗哨位置上，一有异常情况便发出警报。如有鹰类进攻，他们便群起反抗，张开翅膀扑打，并用坚硬的喙去反击。

一只对天鹅群试过多次都失败的狐狸，总结了经验。它趁着夜色，轻轻地、悄悄地向沉睡的天鹅群摸去。草发出了轻微的沙沙声，天鹅哨兵仍然发现了异常，立即发出警报，一声长鸣，群鹅立即惊醒，互相呼唤，做好准备。然而，狐狸就地扑倒，一动不动，连大气也不出。天鹅群以为没有敌人，虚惊一场，便又各自睡觉去了。

狐狸明白了，它可以用这种办法疲劳和麻痹天鹅。于是，它用自己的尾巴摇了摇，又把草打响了，天鹅哨兵又发出警报，天鹅稍再次从沉睡中惊醒。狐狸还是一动不动。天鹅群又认为是虚惊一场，对天鹅哨兵的警报逐渐不以为然。第三次，当狐狸再次拨动草响时，尽管天鹅哨兵仍然发出警报，天鹅们却懒洋洋地不当一回事。天鹅对警报失去了信任。如此多次，当狐狸轻轻走向熟睡的天鹅时，它的走路的响声引起哨兵的警报，但天鹅已经完全不理睬这警报了。于是狐狸迅速一口咬住那只半醒半睡的天鹅脖子，那只天鹅疼得怪叫起来，群鹅这才发现敌情是真的，惊慌逃去，留下了这只同伴给狐狸做了美餐。

以上事例虽然是动物之间的游戏，可它对我们做人也有一定借鉴意义。你可以警惕一些，比过去多提防一下那些制造假象的"狐狸"。这是暗渡陈仓之计的另一作用。

忽明忽暗　及时应对

潜隐说服术是"暗渡陈仓"之计的一大体现。

1957 年美国在一家影院做了这么一个实验：在放映故事片的全过程中，让"请喝可口可乐"和"饿了请吃爆米花"这两句话以三千分之一秒的速度在银屏上每隔 5 秒钟闪一次。文字再现的速度快得肉眼无法觉察，但实验持续了六周之后，影院小卖部爆米花的销量有显著增加，可口可乐销量竟增长了 57.7%。

这一项"发明"立即引起了轰动，人们称之为"潜隐说服"。也就是运用潜世故藏信息，在人们毫无觉察的情况下对人们施加影响。许多人强烈反对这种说服，认为它侵犯了人的基本隐私权，甚至建议将这种危险的精神实验列入核武器试验的类别加以制止。

关于这种潜隐说服的效果，有的人认为它能直接控制人的行为，而且由于人们处于无防备的状态,潜隐信息的效力超过了公开信息。

实际生活证明,潜隐说服的确具有一定的效用,尤其是在做人的实际工作中,你想改变对方的观点和想法,使他接受你的意见和主张时。

▶ 经商之技

"暗渡陈仓"这一计是根据历史故事"明修栈道、暗渡陈仓"得来。意思是指在双方对峙的时候,故意暴露自己的行动,用以迷惑或麻痹敌方,暗地里却积极地进行另一个进攻计划,利用对方的固有之见,悄悄地迂回到另一处偷袭,从而乘虚而入,出奇制胜。

在商战中,此计可引申为:故意暴露自己的行动意图,用以迷惑或麻痹竞争对手或以此吸引顾客,暗地里却准备另一个行动,以达到出其不意,战胜竞争对手或赢得顾客的目的。

"暗渡陈仓"之计,实际上就是"偷袭"的动用,但"暗渡"先要"明修",这就要求经营者先作好部署,另树目标,以转移竞争对手的注意,为"暗渡"铺好获胜的前奏。

明修栈道　小纸巾陈仓暗渡

在日本东京街头,每天早晨都可以看到一些热情大方的姑娘,向过往的路人发放一方湿润而带有香水的小纸巾。

初到日本的人,乍一碰到这些鞠躬、微笑的姑娘,也许会迷惑不解,但接过香气袭人的湿润小纸巾,擦拭略带倦意的脸时就会感到,这是多么细致的服务。人们没有理由不记住印在纸巾上的公司名称,以便事后向朋友、亲戚叙述这一件美好的事情。

原来,这是日本公司在向人们作广告。他们采取的是迂回战术,"明修栈道、暗渡陈仓",向社会提供人人都乐意接受的服务,把真实的意图隐藏在服务的背后,让人们在不知不觉中接受了公司的宣传。

诸如这一类的活动,不少企业都绞尽脑汁去设计、去寻找。其实,做到这一点并不难,只要掌握了"暗渡陈仓"的谋略思想,善于发现人们的需要,就可以构思出巧妙的形式。

以明隐暗　山叶乐器稳扎根

在商界竞争中,要善于通过表面现象迷惑和麻痹对手,暗中为真实目的而积极行动,以此来战胜对手,这样才能赢得顾客,获取经济效益。

日本人川上源一继承父亲的职位,担任日本乐器公司董事长时才38 岁,正是干事业的时候。川上上任后,分析了行业和市场情况,认为要在激烈的商业竞争中取胜,就必须先铺好制胜的道路,再一步步走向胜利。一个长远计划已经在川上脑中形成了。

第三编　《三十六计》处世智慧

过了没多长时间，川上非常热心地开办了山叶音乐教室，接收了数百万学生，并且为这项教育事业投入了20多亿日元的资金，积极推广音乐教育。音乐教室其实是山叶音乐振兴会的一部分，财力来源是独立的。音乐教室分好几种类型的班，有长笛班、电子合成器班、特殊人才训练班等，而且这些班级别不等，从幼儿班到妈妈班全部包括。音乐教室的师资相当不错，配备最好的老师、最好的教材。这看似一件亏本的事，但川上仍然兴趣极浓，照样给其投资。而且，川上声明这是纯粹为支持推行音乐教育事业而开办的教室，它不带有任何商业色彩。

那么，音乐教室真的就只是单纯为了音乐事业才开的吗？真的就与山叶乐器公司无关吗？

其实，虽然不允许教师在课堂上做任何一点山叶乐器的宣传，但学员的名单已通过他们送到了山叶乐器公司的手中，这些学员便成了山叶乐器推销员搞产品促销的对象。另外，电子琴的教程是音乐振兴会编的，如果不用山叶的电子琴，就无法弹奏出来；况且班级层次越高，学员的水平就越高，只有使用山叶乐器才能演奏好该级别的音乐。所以，实质上音乐教育对山叶乐器公司是益处多多。

川上源一的音乐教室为山叶乐器公司的成功奠定了基础，当他的对手猛然醒悟时，山叶乐器早已在市场上站稳了脚跟。不与对手硬拼，而是"明修栈道，暗渡陈仓"，这正是川上源一的成功之处。

*9*计　隔 岸 观 火

《三十六计》第九计"隔岸观火"曰："阳乖序乱，阴以待逆。暴戾恣睢，其势自毙。顺以动豫，豫顺以动。"

其大意是：敌方秩序混乱，宜静待他局势恶化。敌方自相残杀，便知其势必自取灭亡。顺应敌情策划计谋，还要适应敌情的变化见机行事。

竞争之道不在于勇，而在于巧。当一群人在一起为一点利益相互较量时，你可以躲在远处，静观事态的变化，从而借机从中捞到一点利益。退避三舍，不意味着与人无争。真正的竞争高手，总是先看、后想、再行动。

➤ 领导之艺

隔岸观火，就是静观两虎相争，坐收渔翁之利。所谓"坐山观虎斗"就是这个意思，两只猛虎相争斗时，不能帮助任何一方，只有以悠闲心，稳居于高山观看他们的相互杀斗。等到一方被杀之后，再动手收拾残局。在用人、管理上,和下属保持一定的距离,让其自行发展,避免自挖心窝;观看属下竞争不是冷眼看热闹,而是注意属下真实的面目,属于属下的任务让他们自己独立完成。

碰倒油瓶让他们自己扶

领导不要大包大揽,有时要采用"隔岸观火"之计,让下属自己解决自己的问题,以便提高他们的能力。

下属都希望自己的领导不但要有出众的才能,要有出色的运筹帷幄及决策能力,有大将风度,责人宽、责己严,不偏袒,不紧揪别人错处不放,要有人情味,更要起到工作中的表率作用。

作为一个领导,要掌握苛责和感情输入的良好运用。苛责过分,下属会认为你不近人情,缺乏理解,从而产生逆反心理,消极怠工,不愿干出成绩;感情输入得过分,会使你显得比较软弱,缺乏应有的威慑力,下属也会对你的命令或指示执行不力甚至是置若罔闻。

你交给下属去完成的工作非常多,你也不可能有精力一一过问,所以其完成的结果往往并不能与你预想的相一致,遇到这种情况,不要只是一味地对下属大加责难。只要事情有所成而没有搞砸,那么你就有必要进行赞赏。

基恩是美国新泽西州一家证券公司的经理。他虽然很年轻,但他的经营业绩却比许多在证券业发展多年的经营人还要好,而且他的下属们也个个精明强干,都能很好地完成自己的业务。基恩的工作就是统筹调配,搞好整个公司的宏观把握。许多公司都想从他的身边挖走他的助手,但没有人成功过,他们好像粘在一起的,是一个具有极强凝聚力的团体。

那么,是不是他和他的助手都比别的从事证券业的人更有能力呢?从基恩自己的叙述中我们即可尽知详情:

"许多人都以为我们的公司职员个个都非常出色,其实这犯了一个大错误,在很多时候,这些愣头愣脑的家伙都把交给他们的工作弄得一团糟,搞得客户对他们甚为不满,我就得放下手中的活计为他们填补这个漏洞。有时我就想,我这是干什么呢?简直是费力不讨好,我甚至想解雇他们,但最终我忍住了自己的脾气。

不要以为我会因此饶恕他们,我会狠狠地批评他们一顿,甚至把他们说得一无是处。但是我仍旧会把工作交给他们去做,而且对象仍是他们所得罪过的老客户。自己惹下的祸事得由自己亲自来搞定,这就是我灌输给他们的行事原则。如果谁觉得自己做不来,那就可以退出,我不会阻拦的。我会在自己认为恰当的时候把我的赞扬和夸奖毫不吝惜地分给他们。至于物质奖励,我也擅长,我让他们自己选择应该获得物质奖励的人,而他们的选举结果也往往与我的想象大致合拍。"

所以对待属下,不要太迁就他们,要采取隔岸观火的做法,他们自己的过失让他们自己去弥补,去修正。

▶ 处世之道

"隔岸观火"是指当那些往往无中生有、搬弄是非的人,当别人发生矛盾冲突、相互争斗时,自己可采用"坐山观虎斗"、"渔翁得利"的态度。一旦两败俱伤,形势发展有利于自己时,就采取行动,轻易地实现自己的目的。

隔岸观火　以静制动

在人们丢面子时,也完全可以采用这种"隔岸观火、以静制动"的战术,心态超然地静观事变。当有人妄图使你丢脸时,你可以对其采用不理睬战术,让他尽情表演,最终以自己的平静克制对方的躁动。

美国石油大王洛克菲勒年轻的时候,遇到这样一件事。有一天,他正在自己的办公室里繁忙地工作,突然一个男子怒气冲冲地闯入他的办公室,径直走到他的办公桌前,用力拍着桌子大声地说:"洛克菲勒先生,我想问你,为什么随便把我解职,今天你要是说不明白,我就死在你的眼前。"

这个男子的大声呼喊,在洛克菲勒办公室周围办公的职员们都听得非常清楚。大家认为洛克菲勒这次一定会火冒三丈,不是把墨水瓶掷过去,就是叫门岗把他赶走。然而,出乎意料,洛克菲勒并没有这样做,他仁慈地望着这个发怒的男子,并很耐心地听着那个男子的讲话。

该男子在洛克菲勒的公司工作过多年,深知自己上司的脾气秉性,这次来主要是想激起上司发火,同他干一场,解一解心头的怒火。他看了洛克菲勒的表情后,觉得很奇怪,于是,就按捺住自己的气愤,静待洛克菲勒的回答。

可是洛克菲勒依旧沉默着。

这个男子又拍了一次桌子,洛克菲勒干脆叉起双手,把身子略微转动了一下,把脸转向了窗外。过了一会儿,他拿起笔自顾自地继续做起了他的工作。那个男子觉得没趣,只好悻悻而去。

洛克菲勒对待这一男子采用的战术就是"隔岸观火",他自始至终

没有说一句话，只是看这个男子大发脾气，结果使这个男子感到没趣而离开。如果洛克菲勒向他解释，很可能越解释越麻烦，如果洛克菲勒让人把他赶出去，他可能不会心服，保不准以后还会找上门来。而采用"以静制动"战术既可以让他自己消气离开，还能表现出自己的涵养，不失为一条良策。结果证明，洛克菲勒"以静制动"的策略是对的。往往在处理人际关系时采取一种"隔岸观火"的冷处理的方法，有时也可以收到意想不到的效果。

经商之技

本计温和的使用方法是火中取栗；缴进的使用方法是煽风点火，在对方火光四起、八方冒烟之时趁势而动。西方金融财团在兼并工业财团时多用这种方法。同样，工业财团也会用这种方法抗衡金融财团的兼并。

两虎相斗　隔岸观火保平安

1984 年，香港超级市场之间发生了一场激烈的"战争"，所使用的武器不是枪炮、火箭，而是大减价。

这场"战争"由百佳超级市场集团打响第一枪。1984 年 4 月 26 日，在香港拥有 79 家分店的"百佳"集团，突然刊登减价广告，宣布几十种商品削价出售，减价幅度 10% 到 30% 不等。拥有 78 家分店的另一超级市场集团"惠康"立刻做出应战的姿态，把商品的价格压得比"百佳"更低。它所有的分店午夜关门之后，连夜更改价格标签，第二天早市，顾客们就发现价格大幅度下降。"战争"愈演愈烈，从食品到日用品，降价的商品越来越多。

"百佳"、"惠康"分属两个财团，互相之间早有激烈竞争。当时，香港超级市场越开越多。1984 年 4 月，香港有超级市场 393 家，商场云涌，再大的消费能力总是有限的，必然使竞争白热化。同时，香港市场物品增加，供过于求，加上货物进港渠道增多，许多工厂都希望到香港推销产品,而香港市民的购买力并没有什么提高,这就造成滞销积压。为了刺激消费,吃掉许多"小鱼",就爆发了这次降价战。

这两家集团所以敢发动降价战,是因为它们的货源与银期占有优势。香港的超级市场都向洋行订货,由于数量大,成交价十分优惠,售价削它十元八元还不亏本。它们的银期比较长,通常付款期是 60 天,如果是包购包销,可延长到 120 天。

这场商战把香港市场搅得风云乱滚。香港的"百佳"和"惠康"两大超级市场是集团经营,所订货物占全港超级市场购货量的 80% 以上,因此,享受优惠的成交价格,售价上回旋余地很大。两大超级市场集团为争取顾客,从 4 月下旬开始削价竞销,酣斗数月,不肯罢手,多数商品削价 10%—20%,甚至一些主要商品降价到成本以下。人们形容这是一场"肉搏战",而且"拳拳到肉"。

两大超级市场集团削价竞销,苦了众多的中小型超级市场和商店——有的应声而倒,有的气喘吁吁,岌岌可危,但也有的中小商店却安如泰山,还增加了部分顾客,有所发展。后者的诀窍就是采用了隔岸观火之计。在两大集团削价竞销之时,它们不是跟着削价,而是冷静分析两大超级市场集团经营的商品中竞相削价的有哪些,市场需求状况如何,采取你削价的商品我不经营,来个"你无我有","不搞热门钻冷门"。试想一下,能力本来很小的企业如果不采取隔岸观火之计,而跟着盲目介入,财不大,气不粗,必然倒霉。两大超级市场集团削价竞争战达 4 个月之久,元气均有损伤,随之,价格回升。这时,一些跟着起哄削价竞销的中小企业因无资金只好"望价兴叹"了。而隔岸观火的中小企业看到时机已到,积极经营,获益不少。

袖手旁观　莱维加冕"牛仔王"

如今年轻人穿上一条牛仔裤,信步走在街上,不会引起什么遐想。但你可知道,当初牛仔裤的诞生是"牛仔裤大王"莱维·施特劳斯"隔岸观火"的结果。

100 多年前,美国加利福尼亚因发现金矿掀起了一股淘金热。许多先行者一天之间成为百万富翁的消息不胫而走,吸引了更多后继者潮水似地涌来。

随着淘金者日益增多,竞争日趋激烈,除了矿脉成为角逐的对象之外,优良、适用的淘金用具和生活用品也炙手可热。

德国犹太人莱维·施特劳斯也来到这个巨大的竞争场,他带来的不是淘金工具以及所需的资金,而是他原来经营的线团之类的缝纫用品,和他认为可供淘金者作帐篷用的帆布。

一到目的地,缝纫用品便被一抢而空,这使他熟悉了当地的裁缝,帆布却无人问津。

莱维没有投入淘金者的竞争,而冷静地观察眼前千变万化的情况。莱维静静地等待着,他相信,他面前将会出现他所寻求的机会。

这机会终于被莱维等到了。

一天，莱维和一位疲惫不堪的矿工坐在一起休息。这位井下矿工抱怨说："唉，我们这样一整天拼命地挖、挖！吃饭、睡觉都怕别人抢在头里，裤子破了也顾不上补，这个鬼地方，裤子破得特别快，一条新裤子穿不了几天就可以丢了……"

"是吗？如果有一种耐磨经穿的裤子……"莱维顺着他的话说到一半就呆住了。帆布不正是最耐磨的布料吗？对！就这样！他一把扯起那个矿工就走。

莱维把矿工带到熟识的裁缝店里，对裁缝师傅说："用我的帆布给他做一条方便井下穿的裤子，你看行吗？"

"当然可以。最好是低腰、紧身，这样既方便干活，看上去又潇洒利索。"裁缝师傅出主意道。"行，你看着做好了，一定要结实。"

第一条牛仔裤的前身——工装裤就这样诞生了。由于它美观、方便、耐穿，深受矿工欢迎。

在此基础上，莱维不断地改进和提高工装裤的质量，逐渐演变成一种新时装——牛仔裤，从加利福尼亚矿区推向城市，从美国推向全世界。莱维成了闻名于世的"牛仔裤大王"。

如果当年莱维不假思索地投入了淘金角逐，而不是"以静待动"，冷静观之，寻找自己的突破点，那么"牛仔裤大王"恐怕就不是莱维了。

袖手旁观彼岸之火，混乱局面泰然处之。

"以治待乱"，静观其变化，直到事情发展到有利于自己的地步，才相机采取行动，从中取利。

激烈的商战中，若想少花本钱，多赚利润，此"隔岸观火"计不能不用。

10计　笑里藏刀

《三十六计》第十计"笑里藏刀"曰："信而安之，阴以图之；备而后动，勿使有变。刚中柔外也。"

其大意是：表现出十分友好、充满诚意的样子，使对方信以为真，从而对我方不加戒备；我方暗中策划，积极准备，待机而动，不要让对方有所觉察而采取应变的措施。这是外示友好、内藏杀机的谋略。

人与人之间会有许多防线，不可轻易穿越。你不要以为凡是对着你微笑的人，都不会为难你，不会折磨你；相反，恰恰是这伙人会在关键时刻收敛笑意，猛然一下把你击倒。最稳当的办法是：一定要察觉出笑意里面到底有多少善、恶的成分。

▶ 领导之艺

"笑里藏刀"之计，是一种使人防不胜防的策略。在敌不过强而有力的对手时，为了求得生存，或者跟该对手不发生正面冲突而欲削弱对方的力量时，笑里藏刀不失为一个好计谋。作为领导，可理解为对属下的一种关注，以提高他们的积极性；同时也可以认为是顺从属下的意志，从精神上激励他们。

明暗有别

不管我们的地位高低，我们总会面对一些同僚的咄咄逼人之势，无论我们怎样忍让，怎样闪避都无济于事，已经走投无路，作为领导，你总是无时无刻都承受着来自各方面的威胁。这些绝大多数都是隐性的，都是你很难体察到的，而且多数来自于你的同僚。许多同僚对你的态度很和顺，有说有笑，你甚至把他们当作了自己最亲近的人，把自己的所有情况，包括欢乐和悲伤，喜好和憎恶，都毫无保留地告诉了他们。但是，这些人往往并不会对你报以真心。反而透彻明晰地了解，而后洞悉你的弱点并作为打垮你的利器，从而把作为他们的潜在威胁的你清除掉，这才是他们的目的。所有的一切都是一个圈套。直到你被他们打得落花流水，地位全无，一直沉浸在畅想之中的你才会如梦初醒。

无论是在政界，还是在商界，明里拉帮结派，互帮互助，暗地里却互相拆台使绊的现象此起彼伏。如果你想成为一个成功的领导人，那么你就要有能力洞察别人是不是对你在明里赔笑，暗里动刀。要记住，这个世界并不是总充满着温馨怡人的亲情和友情，还有许多时间和场合里充满着伪情和欺骗。不要将自己的底细轻易地向人兜售出去，那样会被居心不良的人当成击败你的利器。

围绕在你周围的有很多人，都表现得对你非常友善，肝胆相照，并且信誓旦旦地要和你一起合作，共同创造一片新天地。面对这种情况，你也许会无所适从，因为你无法确定哪一个是真的，哪一个是假的。但是，如果你真正地观察体验，真假还是很容易鉴别出来的：

①对方在倾听你的诉说的时候是报以真诚的同情和感慨呢，还是目光闪烁，有时会出现若有所思的样子呢？如果是后者，那么对方很有可能是一个居心叵测的人。当然，这需要你去仔细观察他的言行并注视他

的眼睛。

②仔细地回想一下,当你有意无意地想结束自己倾诉的时候,他是不是很巧妙地利用一些隐蔽性极强的问题重新打开你的话匣子呢? 而且你随后所说的内容又恰恰是容易被别人利用的东西。

③如果你偶然得知有人总是在不经意之中向你所亲近的人打听一些有关你的消息,那么你最好疏远他们。

④有些笑容并不是很自然,而像是从脸皮上挤出来的。有时你觉得并没有丝毫可笑的地方,而对方却能够笑起来,这种人要适当地多加小心注意。

当然,了解哪些人将会对你产生不利之后,一方面你可以尽量避开他们,少做正面接触;另一方面你也可以方法活用,以其道治其人,与之周旋,掌握他们的一些情况,而后再设法把他们清除。